“十二五”普通高等教育本科国家级规划教材

教育部经济管理类主干课程教材

管理科学与工程系列

Quality Management

质量管理

（第2版）

主　编　苏　秦
副主编　张涑贤

中国人民大学出版社
·北京·

前　言

习近平总书记强调："质量是人类生产生活的重要保障。人类社会发展历程中，每一次质量领域变革创新都促进了生产技术进步、增进了人民生活品质。"党的二十大报告明确指出，"高质量发展是全面建设社会主义现代化国家的首要任务"，要求加快建设质量强国。加快建设质量强国，提高我国质量水平和竞争力，是在新一轮科技革命和产业变革中把握新机遇、迎接新挑战的战略选择。

《质量管理》作为教育部经济管理类主干课程教材，自 2011 年出版以来，得到工商管理及其他管理类学科领域广大师生的一致认可，有幸入选"十二五"普通高等教育本科国家级规划教材。为满足社会发展的需要，特别是我国质量强国建设对质量管理学科教学科研提出的新要求，并适时推广该学科领域理论与实践研究的新成果和应用，特对本教材进行修订。本次修订对教材的结构和内容进行了必要的调整和补充。

本教材从质量管理的基本内涵出发，以产品的生命周期为线索，从设计到顾客满意，从微观产品到企业再到宏观的质量战略、质量创新等内容，实时关注大数据、云计算、区块链等前沿技术在本学科领域的应用。修订以后的教材体现以下特点：(1) 突出质量管理理论的系统性和前沿性；(2) 突出质量强国战略，增加了质量创新章节；(3) 将传统质量管理扩展到供应商质量管理，突出供应商管理和顾客需求及满意的重要性；(4) 根据最新的 ISO 9000 标准对质量管理体系与认证进行更新；(5) 结合新的时代背景对每章的引例和案例进行更新，帮助读者进行理解；(6) 对既有内容进行详细修订和勘误，进一步提高教材质量。

修订以后全书内容共分为八章，包括质量管理概论、顾客需求及顾客满意、设计质量控制、供应商质量管理、过程质量控制、质量改进的基本工具、质量体系运行与认证、质量创新等内容。

本教材由西安交通大学管理学院苏秦教授担任主编，西安建筑科技大学张涑贤教授担任副主编，参加编写的还有西安交通大学管理学院的马俐、徐俊敏、孔鑫、王璧等。本书第 1 章、第 2 章、第 3 章、第 4 章、第 5 章、第 6 章由苏秦、马俐、王璧、徐俊敏、孔鑫等编写，第 7 章、第 8 章由张涑贤、徐俊敏、孔鑫等编写。

本教材在编写过程中广泛参考并引用了国内外多种同类著作、教材和教学参考书，在此向国内外的作者表示衷心的感谢。

由于时间仓促，加之编者水平有限，教材中难免有不足和疏漏之处，竭诚希望使用本教材的读者提出宝贵的意见。

苏　秦

目　录

第 1 章

质量管理概论

本章要点

- 质量的基本概念和维度
- 质量概念的发展和现代质量的理念
- 戴明、朱兰、克劳士比等质量大师的质量哲学
- 质量管理的内涵和发展过程
- 全面质量管理的理念及应用的注意事项

从 2000 年开始，华为走上发展的快速通道，有了完整的产品体系，而且开始了全球化的历程。正是在这种高速增长中，产品质量问题凸显，客户的抱怨声越来越大。以客户为中心的华为员工，倒是不吝惜时间与金钱，一趟一趟飞到客户身边，把坏了的产品换回来，通过售后服务弥补质量缺陷。但这就如同一个死循环，以客户为中心是华为的核心价值观，但若产品质量不行，客户的订单越多抱怨也就越多。从客户那里换回来的坏设备的主板以及往返机票被华为公司总裁任正非装裱起来当作“奖品”，时时提醒每一位当事人。

对于华为公司的员工来说，有这样一条关于质量的规定：“华为公司要做业界的标杆、质量的标杆。如果我们的产品质量与业界标杆有差距，我们就要快速赶超，每年必须以不低于 30%的改进速度去改进质量。即使我们成为业界标杆，每年依然要以 20%的改进速度去改进质量。”正是有了这样明确的规定，华为员工在产品质量方面丝毫不敢放松，牢记不断超越对手、超越自己！从流程管理到标准量化，到质量文化和零缺陷管理，再到后来的以客户体验为导向的闭环，华为质量管理体系随客户的发展逐渐完善。在这一过程中，华为还特别借鉴了日本、德国的质量文化，结合自身实际，建设尊重规则流程、一次把事情做对、持续改进的质量文化。

2016年3月29日，华为公司获得中国质量领域最高政府性荣誉“中国质量奖”，成为首个在制造领域获得该奖项的企业。

资料来源：华为：“零缺陷”质量管理体系的演进历程. 中国经营报，2016-05-16. http://dianzibao.cb.com.cn/html/2016-05/16/content_49855.htm?div=-1.

第1节 质量的概念

一、质量的基本概念

对于现代社会中的人来说，“质量”并不是一个新鲜的概念。对出土文物的考古研究证实，早在1万年前的远古石器时代，人类就有了质量意识，而且对所制作的石器进行简单的检验。随着人类社会的发展，人们对质量的理解逐渐加深，对它的重视程度逐渐提高，质量已经是人们最常提及的名词之一。

质量作为事物的一种本质特性，也是质量管理的主要对象。全面、正确地理解质量的内涵，掌握质量的概念实质，对开展质量管理工作、进行企业经营决策和提高经济效益具有重要的意义。

1. ISO 9000质量管理体系标准中质量的定义

国际标准化组织所制定的ISO 9000：2015《质量管理体系——基础和术语》这样定义质量：质量（quality）是“一组固有特性满足要求的程度”。

注1：术语“质量”可使用形容词如差、好或优秀来修饰。

注2：“固有的”（其反义是“赋予的”）意味着存在于可感知或可想象到的任何事物内。

理解要点如下：

- “特性”（characteristic）是指可区分的特征。特性可以是固有的或赋予的，也可以是定性的或定量的。固有特性是指本来就有的、长久不变的属性。赋予特性与固有特性是相关联的，为了适应不同要求而增加的特性是赋予特性，如产品的价格、保质期。特性有很多类别，可以是物理的，比如机械的、电的、化学的或生物学的特性；可以是感官的，比如嗅觉、触觉、味觉、视觉、听觉；可以是行为的，比如礼貌、诚实、正直；也可以是时间的，比如准时性、可靠性、可用性、连续性；可以是人体工效的，比如生理的特性或有关人身安全的特性；也可以是功能的，比如飞机的最高速度。
- “要求”（requirement）是指明示的、通常隐含的或必须履行的需求或期望。这里的“通常隐含”是指组织、顾客和其他相关方的惯例或一般做法，所考虑的需求或期望是不言而喻的。特定要求可使用修饰词表示，比如产品要求、质量管理要求、顾客要求等；而规定要求是明示的要求，比如在文件中阐明的要求。同时，要求可由不同的相关方或组织自己提出。特定要求可使用限定词表示，如产品要求、质量管理要求、顾客要求、质量要求。

组织、顾客和其他相关方的需求是动态的、广泛的，因此在理解质量的定义的同时，还应该考虑质量概念的以下特征：

（1）广义性。质量不仅指产品质量，还包括过程、体系的质量。

（2）时效性。组织、顾客和其他相关方的需求和期望会因时间、地点而变化，质量要求必须不断做出调整。

（3）相对性。需求的日趋多元化、个性化，导致即使是对同一产品的同一功能也可能有不同的需求。只要能满足需求，就应该认为产品质量是好的；也就是说，质量没有绝对的评价标准。

（4）经济性。"物有所值""物美价廉""性价比"等均描述质量的经济性，质量和价格是产品在市场中的两个基本参数。

2. 从不同维度定义质量

（1）产品维度（product dimension）。每个人对质量有着不同的理解，仁者见仁，智者见智，于是就产生众多对质量的定义。哈佛商学院的戴维·加文（David Garvin）将这些质量定义归类为五种：

1）难以形容的（transcendent）。质量是一种直觉，只可意会，不可言传，如同美丽或爱。

2）基于产品的（product-based）。质量存在于产品的零部件及特性之中。

3）基于用户的（user-based）。顾客满意的产品具有好的质量。

4）基于制造的（manufacturing-based）。符合设计规格的产品具有好的质量。

5）基于价值的（value-based）。物超所值的产品具有好的质量。

在上述五种质量定义的基础上，加文还提出八个质量维度，以描述产品的质量。这些维度的具体内容如下：

1）性能（performance），指产品达到预期目标的效率。一般而言，好的性能与好的质量是同义词。

2）特征（feature），指用来增加产品基本性能的产品属性，包括产品中的许多"新花样"。例如电视机或者计算机的环绕音效、高清晰度（HDTV）等，这些特征会强烈刺激顾客的消费欲望。

3）可靠性（reliability），指产品在设计的使用寿命期内，一致地完成规定功能的能力。可靠性管理作为质量管理的一个分支已经产生，它以概率理论为基础应用于质量。若产品在设计的使用寿命期内故障率很低，则称该产品具有高可靠性。

4）符合性（conformance），指产品的某一维度在规格允许的容差范围内的情况。通常我们在设计产品时会将产品的性能量化，量化的产品维度称为规格，规格容许的少量变动叫做容差。

5）耐久性（durability），指产品受到压力或撞击而不会出现故障的程度。

6）可服务性（serviceability），指产品易于修复的程度。如果一个产品可以很容易地修复且费用很便宜，则该产品具有很好的可服务性。

7）美感（aesthetics），指一种主观感觉，如味觉、触觉、听觉、视觉及嗅觉。基于美感这一维度，我们可以根据产品属性满足顾客偏好的程度来测量产品质量。

8）感知质量（perceived quality），指顾客以感知的好坏来判断产品与服务的质量。品牌形象、品牌知名度、广告数量与口碑等均能够影响顾客的感知质量。

（2）服务维度（service dimension）。加文归纳出的质量维度更多地关注实体产品的质量，而服务作为一种无形产品，具有顾客直接参与等特殊性，因此，服务质量就比一般产品的质量更难定义。

著名学者帕拉苏拉曼（A. Parasuraman）、蔡特哈梅尔（V. Zeithamel）和贝里（L. Berry）对服务质量的研究颇有造诣，提出的服务质量维度如下：

1）有形性（tangibles），包括服务设施、设备，服务人员的仪态、用词及口气和服务用品的外观等。例如，美容美发店投入大量资金营造良好的环境，员工衣着优雅等，可以吸引上流顾客；而酒店的床单泛黄、设备老化等，势必影响服务质量。

2）可靠性（reliability），涉及服务提供者可靠准确地履行服务承诺的能力。例如，顾客可能会仅依据名声来招聘顾问，如果该顾问能提供顾客需要的服务，顾客将会很满意，并支付顾问费；相反，如果顾问提供的服务不是顾客所期望的，顾客将不会支付顾问费。

3）响应性（responsiveness），指服务提供者帮助顾客并迅速提供服务的意愿。例如，当顾客打电话给公司客服寻求服务时，多久会得到响应，多长时间会解决问题，是否要等待很长时间等。

4）保证性（assurance），指员工具有知识、礼节、自信并值得信任的程度。例如，病人肯定愿意选择一位有能力的，而不是健忘且没有条理的医生来为自己做手术。

5）移情性（empathy），指公司给予顾客个性化的关怀。例如认识到顾客需求的重要性，根据顾客不同个性所设计的主题餐厅往往会有很多的回头客。

就像产品质量有许多维度一样，服务质量也有许多维度，如可用性（availability）、专业性（professionalism）、适时性（timeliness）、完整性（completeness）和愉悦性（pleasantness）等。在进行服务设计时，只有使这些不同的服务维度同时得以考虑，才能提升企业的整体服务质量。

二、质量概念的发展

质量概念由来已久，随着社会的不断进步，质量概念不断补充、丰富和发展。传统的质量概念以产品生产为基础，质量被认为是产品的某种特征。从制造技术发展的过程看，这种观念是与自动化大生产，为社会提供大批量的同质产品同步形成的。

在市场机制下，传统的质量概念不断扩展。人们逐渐意识到，质量不仅要符合耐用性标准，而且要包括可靠性、安全性、维修性等特征，这反映了人们价值观念的变化。对可靠性、维修性等特征的要求，是质量特征在时间维度上的扩展。

20世纪后期，市场环境快速变化，消费者需求日趋主体化、个性化和多样化，传统大批量生产制造模式的响应速度越来越慢。这就使质量的判断标准发生了根本的变化，从以生产标准变为以用户的满意度来度量质量，而产品的概念从实物产品发展为实物产品和服务，质量的主体扩展为产品、过程、系统、管理和工作等。

1. 对质量概念认识的阶段

近半个世纪以来，对质量概念的认识大体上经历了以下三个阶段。

（1）符合性质量。符合性质量的概念很简单，就是符合产品的设计要求，达到产品的技术标准即可。符合性质量观的表述比较直观、具体，要么是，要么非。其不足之处是仅从生产者的立场出发，静态地反映产品的质量水平，而忽视了最重要的顾客的需求。

（2）适用性质量。随着市场竞争日趋激烈与生活水平的提高，人们发现很多产品即使符合设计要求，达到技术标准，也不一定能够为顾客所接受。于是在20世纪中叶，美国著名质量管理专家朱兰提出了适用性质量概念。朱兰将质量定义为“一种适用性”，即设计质量、质量一致、可使用性和现场服务。其中设计质量涉及市场调查、产品概念及设计规范；质量一致包括技术、人力资源及管理；可使用性强调可靠性、维修性及物流支持；现场服务包括及时性、满意度及完整性。只有满足这四个参数，才能体现适用性质量观的内涵。适用性质量概念的判断依据是顾客的要求。这一表述跳出生产者的框框，把对质量的评判权交给用户，具有动态意识，适应了时代发展的潮流，实现质量概念认识上的一个飞跃。

（3）全面质量。20世纪90年代后期，桑德霍姆、费根堡姆、克劳士比等一批著名专家不约而同地提出“全面质量”的新概念，这一概念逐渐被人们认同。所谓全面质量，不仅指最终的产品，而且覆盖与产品相关的一切过程；不仅覆盖产品的整个生命周期，而且包括工作质量、服务质量、信息质量、过程质量、部门质量、人员质量、系统质量、公司质量、目标质量等。全面质量是一种以人为本的管理系统，其目的是以持续降低的成本持续增加顾客满意。

全面质量的概念更集中地反映了现代经济生活中人们所追求的价值观。顾客对企业提供的产品是否满意体现了顾客的价值观；企业是否能提供顾客满意的产品则体现了企业的价值观，二者尽可能完美地统一起来便形成了费根堡姆提出的质量价值链。这种质量价值链将受益的相关方（即顾客、业主、员工、供方和社区）的利益联结在一起，这也是全面质量概念的实质与核心所在。传统的狭义质量与这里所提出的全面质量的比较如表1-1所示。

表1-1 狭义质量和全面质量的比较

要素	狭义质量	全面质量
对象	提供的产品（包括服务）	提供的产品及所有与产品有关的事物（附加服务）
目的	本组织受益	本组织及所有相关方受益
相关者	外部顾客	内部和外部顾客
包含的过程	与产品提供相关的过程	所有过程：制造、支持、销售等
涉及人员	组织内部与质量有关的人员	组织内所有人员
产业	制造业	制造、服务等各个行业
相关工作	组织内部有关职能和部门	组织内所有职能或部门
培训	以质量部门的人员为主	组织内所有人员
质量的评价标准	符合工厂规范、程序、标准	满足和超越顾客需求

2. 现代质量的理念

（1）顾客满意。顾客是质量的鉴定人。顾客满意与不满意的信息对组织十分重要，因为理解这些信息有助于组织明确质量提高的方向。企业必须致力于创造满意的顾客，满意的顾客会以他们的忠诚、继续业务和积极推介等各种方式回报组织。组织的成功只能通过了解并满足顾客要求来实现。从全面质量的角度考虑，公司所有的战略都是“顾客驱动”的。我们现在可以看到很多企业都在实施顾客满意战略。

（2）适度质量。适度质量关注的是产品质量生产的经济性问题。随着人们对资源不可再生性的认识，以及广泛接受和认同可持续发展理念，企业与消费者对质量的要求由原来的尽可能完美发展到适度。过高的质量水平将造成不必要的浪费，而过低的质量水平则达不到全面质量满意。如何运用经济学原理确定适度的质量水平，是一个值得思考的问题。

（3）质量的时间性。时间性也是描述产品质量的一个维度。当自然环境与社会环境随着时间发生变化时，消费者的价值观、需求也必将随之改变。在当前能够满足顾客要求的产品，一段时间后可能被认为是不合格的产品。所以，质量具有一定的时间性。现代质量概念的发展已经证实了质量的这一性质。

三、质量的相关术语

这里介绍的一些常用的质量相关术语来自国际标准化组织制定的ISO 9000：2015《质量管理体系——基础和术语》。

（1）过程（process）——利用输入产生预期结果的相互关联或相互作用的一组活动。

注1：过程的“预期结果”称为输出还是称为产品或服务，需随相关语境而定。

注2：一个过程的输入通常是其他过程的输出，而一个过程的输出又通常是其他过程的输入。

注3：两个或两个以上相互关联和相互作用的连续过程也可作为一个过程。

注4：组织为了增值通常对过程进行策划并使其在受控条件下运行。

注5：对形成的产品是否合格不易或不能经济地进行验证的过程，通常称为“特殊过程”。

输入包括人员、资金、设备、设施、技术和方法，产品是过程或活动的结果。产品和服务的质量最终要由过程或活动来保证。

（2）程序（procedure）——为进行某项活动或过程所规定的途径。

注1：程序可以形成文件，也可以不形成文件。

（3）产品（product）——在组织和顾客之间未发生任何交易的情况下，组织产生的输出。

注1：在供方和顾客之间未发生任何必要交易的情况下，可以实现产品的生产。但是当产品交付给顾客时，通常包含服务因素。

注2：产品最主要的部分通常是有形的。

注3：硬件是有形的，其量具有计数的特性（如轮胎）。流程性材料是有形的，其量具有连续的特性（如燃料和软饮料）。硬件和流程性材料经常被称为货物。软件由信息组成，无论采用何种介质传递（如计算机程序、移动电话应用程序、操作手册、字典内容、音乐作品版权、驾驶执照）。

（4）质量特性（quality characteristic）——产品、过程或体系与要求有关的固有特性。

注1：“固有的”是指在某事或某物中本来就有的，尤其是那种永久的特性。

注2：赋予产品、过程或体系的特性（如产品的价格、产品的所有者）不是它们的质量特性。

就产品而言，质量特性有助于将顾客的要求转化为可以定量或定性的指标，为产品的实现过程提供依据。

（5）顾客满意（customer satisfaction）——对期望被满足程度的感受。

注1：在产品或服务交付之前，组织可能不知道顾客的期望，甚至顾客也在考虑之中。为了实现较高的顾客满意，有必要满足那些顾客既没有明示也不是通

常隐含或必须实现的期望。

注2：投诉是一种满意程度低的最常见的表达方式，但没有投诉并不一定表明顾客很满意。

注3：即使规定的要求符合顾客的期望并得到满足，也不一定确保顾客很满意。

（6）不合格（不符合）(nonconformity)——未满足要求。

合格与否的判定依据是“要求”，这反映了质量的概念从原来的符合性提升为适用性。当产品的特性未满足顾客的要求时，构成不合格品。当过程或体系未满足要求时，构成不合格项。

（7）缺陷（defect）——与预期或规定用途有关的不合格。

注1：区分缺陷与不合格的概念是重要的，这是因为其中有法律内涵，特别是在与产品和服务责任问题有关的方面。

注2：预期用途可能受供方信息内容的影响，如所提供的操作或维护说明。

缺陷是指未满足要求的特定项目，如安全性。所以，缺陷是一种特定范围内的不合格。

四、质量的不同职能观点论

一个决定质量感知的重要因素是个人在组织中扮演的角色。就像艺术家和科学家以不同方式处理信息一样，组织中执行不同职能的员工有着各自不同的感知质量的方式。

1. 工程观点

工程是一门应用科学，它有两个主要领域：产品设计和过程设计。产品设计工程包括所有形成产品的活动，即从产品概念开发到设计和实施。因为设计决定质量，所以产品设计是关键。传统上产品设计和过程设计是分开的，但近年来，并行工程（concurrent engineering）使它们可以同时进行，并且提高了质量，加快了新产品进入市场的速度。

通过将统计思想运用到可靠性问题上，可靠性管理可以评价并降低产品的故障率。概率理论可以用来确定产品在其使用寿命期内的故障率。寿命测试（life testing）是可靠性工程的一个方面，通过它可以了解产品在受控条件下是否会在规定的寿命期内损坏，以及某些元件的损坏是否会导致整个产品的损坏。如果某个元件故障率相当高且会影响产品的整体功能，则可以通过冗余（redundancy）增加后援系统来代替损坏的主要系统。

另一个对质量做出重要贡献的工程相关领域是统计过程控制（statistical process control，SPC），它可用来监测过程能力和过程稳定性。如果一个过程能力充分，则将持续生产符合规格的产品；如果一个过程是稳定的，则将仅仅出现随机或者一般变异。若该变异在允许范围之内，通常是可以接受的。

总而言之，质量的工程观点是技术导向的，强调生产高质量产品所需要的统计学知识和技术规格说明。

2．运营管理观点

质量的运营管理观点扎根于工程方法，但已经发展并且超越了技术工程观点。运营是管理中第一个将质量纳入其系统的职能领域，很快管理的其他职能领域也引入了质量。同工程师一样，运营管理者也关心产品设计和过程设计。然而，相比技术，他们更重视对这些活动的管理。起初运营管理仅强调统计过程控制，但从 20 世纪 80 年代早期开始，统计质量控制（statistical quality control，SQC）越来越以管理为本质。如今运营管理已发展成为一个综合领域，结合不同领域的概念来描述和解决质量问题。

运营管理（operations management，OM）也采用了现代质量管理思想中的系统观。系统观认为，产品质量是许多变量相互作用的结果，如设备、人员、程序、计划和管理。运营管理强调管理和转换过程的持续改进；而系统观则强调产生产品或服务的多个因素（即人员、政策、设备、程序）间的交互作用，也强调对产生质量问题的系统的管理。

近年来，运营管理者在运营和市场营销方面有了进一步的认识，增加了对顾客的重视。顾客参与设计过程有助于运营管理者向外拓宽视野，所以采纳外部的意见是非常重要的。

最近，运营管理转向战略管理观点。这种观点将质量作为其他竞争性维度（如可靠性、上市速度、成本效益）持续改进的基础。因此，质量可以作为预测公司成功与否的重要依据。

虽然运营管理者重视产品，但是顾客应该成为他们关注的焦点，这就需要他们更加重视服务质量。总之，运营管理在将质量管理提升为商业研究的重要领域的过程中起着举足轻重的作用。

3．战略管理观点

战略是指组织用以达到长期目标的规划，强调的重点是规划程序和长期导向。公司必须采取一系列与质量改进一致且紧密结合的有计划的行动才能达到目标。有关质量的目标、战术和战略是战略规划过程的一部分。

公司战略植根于任务和核心价值之上。组织的任务说明了组织存在的理由。组织的核心价值是指导性的运营原则，它们可以简化组织决策。因为任务和核心价值将对组织文化产生很大的影响，所以公司须在内部努力形成、沟通并强化对任务和价值的理解。组织文化常被视为质量改进成功与否的主要决定因素。

近年来，质量运动对战略过程产生了深远的影响。战略过程是指组织用来发展战略规划的步骤。战略规划通常包含详尽的环境分析，如影响质量绩效的长期的内部运营环境和外部环境分析。职能部门战略的发展有助于提高组织战略的凝聚力和协调性。假若组织基于战略观点追求质量目标，则应开展支持质量目标的人力资源、预算和市场营销等一系列行动。

战略规划的最终目标是帮助组织获得持续竞争优势。当质量成为竞争力的一部分时，质量的战略规划愈加重要。研究表明，质量是首席执行官（CEO）所关注的主要竞争力指标。

4. 市场营销观点

传统的市场营销是指产品和服务从生产者到顾客的流程所涉及的活动。最近在关系管理（relationship management，RM）的趋势下，市场营销的重点偏向于满足顾客和转移价值给顾客。越来越多的公司不再仅仅根据销售量，而是结合顾客满意度来决定薪酬。研究表明，忠诚顾客创造的价值远远高于单次交易的价值，因此，关系管理受到了重视，也提升了高水平的顾客服务和售后服务的重要性。

市场营销者注重产品和服务的感知质量。相对于从工程角度将质量定义为符合性，感知质量意味着顾客的看法。因此，市场营销观点致力于管理对质量的感知。研究表明，价格和广告对产品质量水平都有一定的影响，对质量的正面影响在产品生命周期后期更为显著，因为在后期产品更可能被标准化。

另外，市场营销观点也考虑系统性。市场营销系统涉及生产者、中间商和最终顾客间的互动。公司和组织很难对谁是顾客达成一致的看法，这就使公司对顾客的广泛性有了一定的准备，并积极地确认顾客。

市场营销观点的另一个重要贡献是注重交易服务和售后服务。市场营销帮助改进产品和服务质量的方法之一，是在产品设计时与工程部门和运营部门密切互动。市场营销将顾客需求纳入设计过程，并且在售后进行顾客服务调查。顾客服务调查是评价多个质量维度的重要工具，提供多维度感知图来测量质量。

总之，因为顾客是与市场营销有关的质量改进的焦点，所以质量的市场营销观点是明确的。质量战略需要在满足顾客不同需求和通过产品标准化降低生产复杂性之间求得平衡。

5. 财务/会计观点

质量改进可以作为减少浪费和增加收益的一种方法，但这种收益一般是长期的。戴明通过“戴明价值链”将质量改进和财务结果联结起来，也就是将质量管理与减少缺陷和改进组织绩效联结起来，同时强调质量是增加工作机会的一种途径。

财务部门最感兴趣的是投资风险与潜在投资回报之间的关系，其目标是在一定的风险水平下获得最大回报。虽然质量管理很难直接与财务和会计挂钩，但是可以通过识别和测量成本来表述质量观念。权衡和损益分析可能会涉及不同的质量成本，质量改进看似昂贵，但从减少废品、缺陷和返工所节省的成本来看能带来可观收益。然而这种收益必须依赖于良好的管理，并且能够克服边际收益递减规律（law of diminishing marginal returns）带来的持续改进的不经济。

简而言之，质量的财务/会计观点比较依赖于可量化性、可测量性和结果导向。

6. 人力资源观点

人力资源经理必须开发并利用人力资源以完成公司的目标。员工对整个组织实施质量改进起到重要作用，所以员工授权（employee empowerment）引起了人力资源经理的注意。

人力资源部门需要在员工需求与组织需求间进行平衡，既代表员工向管理层建言，也代表公司对员工提出要求。在员工需求和公司需求紧密结合的地方，通过质量管理可以使对公司有利的行为对员工也有利。另外，良好有效的培训有利于组织质量管理的垂直与水平展开，与质量相关的评价方法如360度评价使通过评价来激励员工成为可能。

最近，质量管理的概念对人力资源运作产生了积极的影响，并导致全面质量人力资源管理（total quality human resources management，TQHRM）的兴起。它涉及众多质量管理的概念，并提供了一个支持性的授权的环境。

总之，人力资源观点主要着眼于采用质量方法来改进组织绩效。

第2节　质量先驱及其重要贡献

质量管理作为一门独立的学科，能够发展到今天的水平，得益于不可计数的献身质量管理的前辈们的努力。从研究质量规律的专家到致力于质量改进的实践者，每个人都做出了自己的贡献。最突出的有戴明、朱兰、石川馨、费根堡姆、克劳士比，以及田口玄一等，他们对质量管理这门学科的发展产生了深远的影响，直接改变了世人对质量的看法，因而被称为质量大师。

一、戴明——现代质量管理之父

威廉·爱德华兹·戴明（William Edwards Deming）博士有一句颇富哲理的名言：“质量无须惊人之举。”作为质量管理的先驱者，戴明的学说对国际质量管理理论和方法始终具有非常重要的影响。

戴明

戴明1900年出生于美国艾奥瓦州，逝世于1993年12月。戴明于1928年获耶鲁大学数学物理学博士学位，这为他以后的质量观奠定了基础。1950年，戴明前往日本在工业界担任讲师和顾问，对日本的质量管理做出了巨大贡献，1956年荣获裕仁天皇颁发的二等瑞宝奖。以戴明命名的“戴明品质奖”，至今仍是日本品质管理的最高荣誉。1987年，里根总统给他颁发了国家技术奖。1980年，美国全国广播公司（NBC）播出《日本能，我们为什么不能》节目后，戴明的管理理念在美国掀起了一股质量革命的热潮，大幅提高了美国的生产力与竞争地位。戴明被誉为“现代质量管理之父”。

1．戴明的基本质量观

（1）戴明的质量定义。戴明没有对质量下过一个精确的定义。他在晚年的著作中曾这样写道：“如果一种产品或服务对别人有所帮助，并且能够持续占有不错的市场份额，那么可以说它有质量。”

（2）减少变异。戴明强调通过减少设计和生产过程中的变异来改进产品和服务的质量。在他看来，不可预测的变异是影响产品质量的主要因素。统计技术是不可缺少的管理工具。减少变异可以使系统获得可预测的稳定产出。戴明曾演示过两个著名的实验——红珠实验与漏斗实验，借此来表明不能正确认识系统中的变异可能导致的危害，以及由此做出的错误决策。

（3）持续改进。“质量以最经济的手段制造出市场上最有用的产品。”戴明认为，质量的改进应该是一个持续的过程。通过质量的改进，可以提高生产效率，降低生产成本，进而以较低的价格和较高的质量实现顾客满意，从而保持市场份额，为社会提供更多的工作岗位。戴明提出的质量改进连锁反应如图1-1所示，他特别强调高层领导对质量改进有不可推卸的责任。

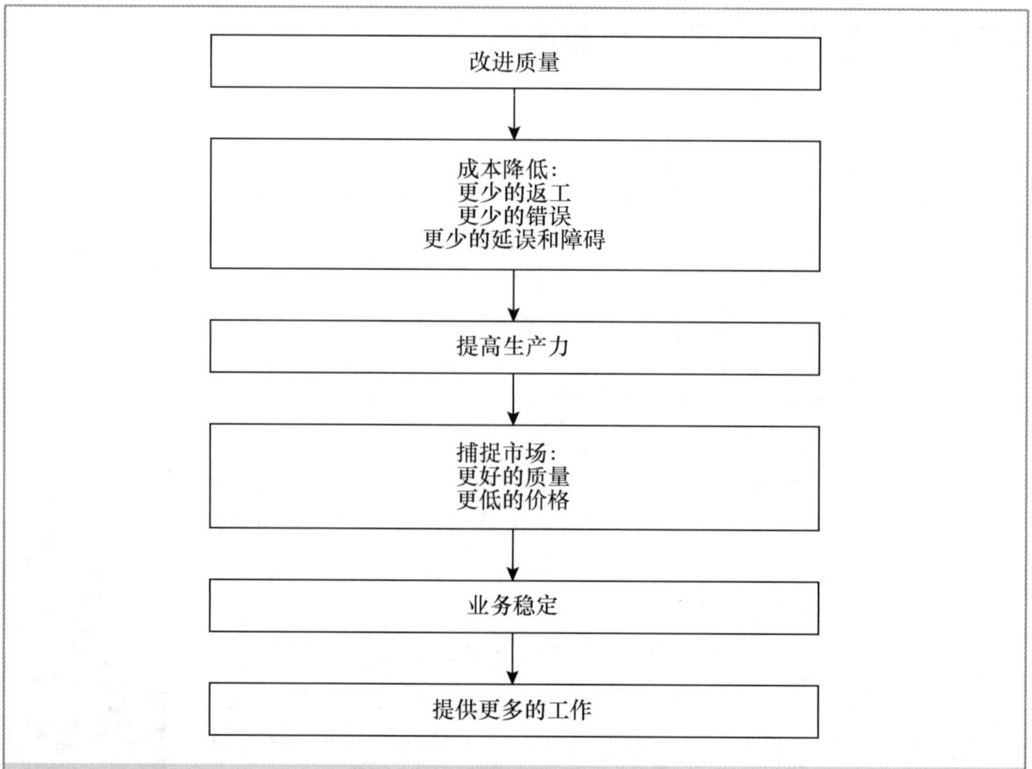

图1-1　质量改进连锁反应图

（4）戴明环（PDCA循环）。戴明博士最早提出PDCA循环的概念，所以这个循环又称为“戴明环”（Deming cycle）。PDCA由计划（plan）、执行（do）、检查（check）和处理（action）四个单词的英文首字母组成。PDCA循环是全面质量管理的科学工作程序，在质量管理中，PDCA循环得到广泛的应用，并取得很好的效果，因此有人称PDCA循环是质量管理的基本方法。

2. 戴明的质量管理十四点

戴明的学说简洁易懂，其主要观点“十四点”成为20世纪全面质量管理（TQM）的重要理论基础。戴明管理十四点的全称是“领导职责的十四条”，是戴明针对美国企业领导提出的。分述如下：

（1）确立产品与服务改进的恒久目的。最高管理层必须从短期目标回到长远建设的正确方向。也就是把改进产品和服务作为恒久的目的，坚持经营，这要求在所有领域进行改革和创新。

（2）采纳新的哲学。绝对不容忍粗劣的原料，不良的操作，有瑕疵的产品和松散的服务。

（3）停止依靠大批量的检验来达到质量标准。检验只能证实而不能减少次品的存在，等检验出次品再去处理为时已晚，且成本高、效益低。理解检验的目的是改进流程并降低成本，质量不是来自检验而是源于过程的改进。

（4）结束单纯靠价格标签选择供应商的做法。在原材料、标准件和零部件的采购中不要只以价格高低来决定对象，要有全面的考虑。

（5）持续改进生产及服务系统。在每项活动中，必须减少浪费和提高质量，无论是采购、运输、工程、维修、销售、分销、会计、人事、顾客服务还是生产制造。

（6）建立现代的岗位培训方法。培训必须是有计划的，且建立在可接受的工作标准上。必须使用统计方法来衡量培训工作是否奏效。

（7）建立并贯彻领导方法。督导人员必须让高层管理者知道需要改善的地方。知道之后，管理层必须采取行动。领导并不是单纯地监督。

（8）驱走恐惧心理。所有同事必须有胆量提出问题，或表达意见。消除恐惧，建立信任，营造创新的气氛。

（9）打破部门之间的围墙。每一个部门都不应只独善其身，而是需要发挥团队精神。跨部门的质量圈活动有助于改善设计、服务、质量，激发小组、团队及员工之间的合作。

（10）取消给员工制定的零缺陷和提高生产率的过度要求。和这些要求相关的指标、口号、图片、海报都必须清除，因为质量和生产率低下往往归咎于生产系统本身，这显然在一般员工的控制范围之外，这些指标、口号、图片、海报只会导致反感。虽然无须为员工定下难以实现的要求，但公司本身却要有这样一个目标：永不间歇地改进。

（11）取消工作配额及定额。定额把焦点放在数量而非质量上。计件工作制更不好，因为它在一定程度上相当于鼓励员工制造次品。取消目标管理，代之以了解流程性能及如何加以改进。

（12）消除妨碍员工获得工作自豪感的因素。任何导致员工失去工作尊严的因素都必须消除。

（13）制定严谨的教育及培训计划。质量和生产力的改善会导致工作岗位数目的改变，因此所有员工都要不断接受训练及再培训，包括基本统计技巧的运用，继续教育及自我提高。

（14）为实现转变采取行动。创造一个能推动以上 13 项内容的组织，为实现转变采取行动。

3. 渊博知识体系

随着戴明对质量的认识加深，他的质量哲学也在发生变化。他提出“渊博知识体系”（system of profound knowledge），将以上十四点的潜在基础系统化。渊博知识体系包括四大部分，彼此相互关联：对系统的认识、有关变异的知识、知识理论、心理学。

（1）系统（system）。系统是指组织内部可以共同作用，从而促使组织实现目标的各项职能或活动的总和。一个系统必须有目标，没有目标就不构成系统。任何系统的所有元素必须共同作用，系统才会有效。系统也必须加以管理。系统各部分越相互依赖，就越需要彼此之间的沟通与合作，同时整体的管理也日益重要。事实上，正是由于管理者未能了解各组成部分的依赖性，采用目标管理才造成损失的。戴明强调管理者的工作是实现系统的整体优化。虽然公司各部门各有职责，但产生的效果不是相加，而是相互影响。某一部门为达到自身的目标而独行其是，或许会影响到另一部门的成果。

（2）变异（variation）。渊博知识体系的第二个组成部分是有关变异的知识。变异无处不在，在生产系统中同样如此，它可能产生于生产过程的各个环节。消除生产过程中的变异，使其可以预测，获得稳定的产出，是戴明质量观的重要思想。变异可以分为两类，源自偶然性因素的变异和源自必然性因素的变异。第一类变异占总变异的80%～90%，它们是系统的自然属性，虽然个别现象是随机的，但是总体表现具有统计规律性；第二类变异来源于系统的外部干扰，通过合适的统计工具，很容易判断出来并加以消除。

仅受偶然性因素控制的系统通常处于稳定状态。管理者在尝试改善结果的时候，通常会犯两类错误，两者的成本都很高。这两种错误是：

错误1：把源自偶然性因素的变异误认为源自必然性因素而做出反应。

错误2：把源自必然性因素的变异误认为源自偶然性因素而没有做出反应。

过程或许处于统计控制状态下。如果在统计控制状态下，则未来可能的变异可以预测，成本、绩效、质量及数量也都可以预测，这种情形称为稳定状态。如果过程不稳定，则称为不稳定状态，绩效将无法预测。

（3）知识理论（theory of knowledge）。戴明强调任何认识都具有理论性，实践本身并不能产生理论。仅仅模仿成功的案例，而不借助理论真正地理解它，有可能会造成重大损失。任何理性的计划，无论多么简单，都会包含对状况、行为、人员绩效、程序、设备或原料的预测。理论引领我们做出预测。没有预测，经验与范例并不能教导我们什么。理性的预测有赖于理论，而预测可增加知识。企业取得持续不断的成功所运用的具体方法深深扎根于理论之中，管理者有责任学习并应用这些理论。

（4）心理学（psychology）。心理学有助于我们了解他人，以及人与环境，顾客与供应商，管理者与下属及任何管理系统之间的互动。每个人都各不相同。身为一个管理者必须察觉这种差异，并且利用这种差异，让每个人的能力与性格倾向发挥到极致。然而这并不等于给人们排列等级。

戴明的渊博知识体系中并没有过多的新东西。戴明的贡献在于将一些基本概念创造性地联系起来，他认识到这些不同概念之间的协调作用，并将它们发展成为一个完整的管理理论。

二、朱兰——质量三部曲

所有质量改进都应当一个项目一个项目地进行，没有其他捷径可走。

约瑟夫·朱兰（Joseph M. Juran）博士是世界著名的质量管理专家，1904 年出生于罗马尼亚的一个贫苦家庭，逝世于 2008 年 2 月。1924 年，他获得电力工程专业理学士学位并任职于著名的西方电气公司。1937 年，朱兰成为纽约西方电气公司首席工业工程师。1951 年，《朱兰质量管理手册》的出版让他赢得了国际威望。1954 年，朱兰抵日并召开了中高级管理者专题研讨会。1979 年，他建立了朱兰学院，这更有利于广泛传播他的观点，朱兰学院如今已成为世界上领先的质量管理咨询公司。

朱兰

朱兰所倡导的质量管理理念和方法始终影响着世界以及质量管理的发展。他的质量计划、质量控制和质量改进称为质量三部曲（quality trilogy）。他最早把帕累托原理引入质量管理。由朱兰博士主编的《朱兰质量管理手册》被誉为当今世界质量管理科学的“圣经”，为奠定全面质量管理的理论基础做出了卓越的贡献。

朱兰在戴明之后，于 20 世纪 50 年代在日本讲授质量原则，是质量研究机构的主要力量。与戴明认为统计学是共同的语言不同，他主张组织内部不同层次的员工使用不同的“语言”。高层管理者的语言是“钱”，以使质量问题引起人们的注意。工人的语言是“事情”。中层管理者应当会说这两种语言，起到上传下达的沟通作用。

1. 适用性质量

朱兰认为，质量的本质内涵是适用性。所谓适用性（fitness for use）是指使产品在使用期间满足使用者的需求的程度。朱兰提出质量不仅要满足明确的需求，也要满足潜在的需求。这一思想使质量管理范围从生产过程中的控制进一步扩大到产品开发和工艺设计阶段。

2. 质量三部曲

（1）质量计划——实现质量目标的准备程序。

（2）质量控制——对过程进行控制以保证质量目标的实现。

（3）质量改进——有助于发现更好的管理方式。

质量计划的制定应首先确定内部与外部的顾客，识别顾客需求，然后将顾客需求逐步转化为产品的技术特征、实现过程特征及过程控制特征；质量控制则包括选择控制对象、测量性能、发现差异并针对差异采取措施；质量改进包括论证改进需要、确定改进项目、组织项目小组、诊断问题原因、提出改进办法，证实改进办法有效后采取控制手段使过程保持稳定。

质量三部曲为企业质量问题的解决提供了方向。朱兰通过对很多公司的考察发现，在许多企业，人们把精力过多地放在质量控制环节，质量计划和质量改进没有引起应有的重视。因此，朱兰呼吁，组织应该将注意力更多地放在质量计划和质量改进两个环节上，尤其是质量改进环节。

3. 质量螺旋

朱兰提出，为了获得产品的适用性，需要进行一系列工作。也就是说，产品质量是在市场调查、开发、设计、计划、采购、生产、控制、检验、销售、服务、反馈等全过程中形成的，同时又在这个全过程的不断循环中螺旋式提高——也称为质量螺旋（quality loop）。每个环节具有相互依存性，因此对符合要求的全公司范围质量管理的需求巨大，高层管理者必须在其中起到积极的领导作用。

4. 80/20 原则

朱兰尖锐地提出了质量责任的权重比例问题。他依据大量的实际调查和统计分析发现，企业产品或服务质量问题，究其原因，只有20%来自基层操作人员，而有80%是由领导引起的。在ISO 9000中，与领导责任相关的要素所占的重要地位，在客观上证实了朱兰博士的80/20原则所反映的普遍规律。

三、石川馨——质量控制圈之父

石川馨

日本能够在战后迅速崛起，除了有戴明、朱兰等人的理论指导，在日本质量圈中有一位大师功不可没，他就是石川馨（Ishikawa Kaoru）。石川馨（1915—1989）于1939年从日本东京大学工程系毕业，1947年受聘为东京大学的助理教授，1960年晋升为教授，他的《质量控制》一书获得了“戴明奖”、“日本经济新闻奖”和“工业标准化奖”。石川馨活跃于戴明及朱兰访日后，协助翻译两位学者的著作。石川馨对品质管理强调良好的数据收集及报告，并发展出石川馨图，用于描述产品流程。1968年，他出版了一本为质量控制小组成员撰写的非技术质量分析教材《质量控制指南》。1972年，其质量控制教育项目获美国质量控制协会“格兰特奖章”。石川馨是日本质量控制小组的奠基人之一，被誉为“质量控制圈”（quality control circles）之父。

1. 基本质量思想

（1）质量始于教育，终于教育。

（2）了解顾客需求是质量改进的第一步。

(3) 当质量监督检验不再是必需的生产环节时，质量控制才达到理想的状态。

(4) 治标更要治本。

(5) 质量控制是企业所有员工的责任，并贯穿所有环节。

(6) 不要将目的与手段混淆。

(7) 质量优先，关注长期利润。

(8) 高层管理者应明白质量问题的产生并不都是下属的责任。

(9) 没有分布信息的数据是不可信的。

(10) 企业中95%的质量问题可以通过简单的分析工具解决。

(11) 质量圈。石川馨提出，在公司一个单独部门中非监督人员和领导者组成小组，自发地去研究如何提高他们工作的有效性。

2. 石川馨图

石川馨图又叫因果图，也称为鱼骨图、特性要因图等。它是利用头脑风暴法集思广益，寻找影响质量、时间、成本等问题的潜在因素，然后用图形来表示的一种方法，揭示的是质量特性波动与潜在原因的关系。我们将在后面的章节做详细介绍。

3. 广义的质量概念

石川馨对质量的概念也有许多重要的观点，他认为质量反映顾客的满意程度。顾客的需要和要求是变化的，因此质量的定义也是不断变化的，高质量就是满足顾客不断变化的期望。在谈到质量定义时，他认为，狭义的质量指产品质量；广义的质量包含工作质量、服务质量、信息质量、过程质量、部门质量、人员质量、系统质量、公司质量、目标质量等。这个广义的质量概念就是全面质量概念。

四、费根堡姆——全面质量管理

费根堡姆

阿曼德·费根堡姆（Armand V. Feigenbaum）1920年出生于纽约市。他先后就读于联合学院和麻省理工学院，1951年毕业于麻省理工学院，获工程博士学位。费根堡姆1942—1968年在通用电气公司工作，1958—1968年任通用电气公司全球生产运作和质量控制主管，1968年创建通用系统公司并担任总裁。他因1961年在其著作《全面质量管理》中提出“全面质量管理”而出名，并在1961—1963年间担任美国质量协会主席，后被选为国际质量科学院（IAQ）理事会创始主席。1988年，费根堡姆被美国商务部部长任命为美国马尔科姆·波多里奇国家质量奖项目的首届理事会成员。1992年，费根堡姆入选美国国家工程学院。他发展了“全面质量控制”的观点，提出“质量并不意味着最好，而是客户使用和售价的最适搭配”。

费根堡姆是全面质量控制的创始人。他主张用系统或者全面的方法管理质量，在质量管理过程中要求所有职能部门参与，而不局限于生产部门。这一观点要求在产品形成的早期就关注质量，而不是在既成事实后再做质量的检验和控制。他的质量观可以在以下三个方面得到体现：

1. 质量第一

管理层应将注意力放在制定合适的计划上，而不是只对不合格项进行处理、纠正。管理者要对质量给予持续的关注并付出努力。

2. 现代质量技术

由于传统的质量部门只能解决系统中10%～20%的问题，为了满足未来消费者的需求，从办公室人员到工程技术人员应协同一致地采用新的技术去改进系统。

3. 组织承诺

组织全体人员应得到持续的培训和激励，要鼓舞员工的士气和增强质量意识，并且认识到组织的每项工作都影响着最终产品的质量。

20世纪60年代，日本人将全面质量管理这一概念作为他们活动的基础，并将之命名为“公司范围的质量管理”。费根堡姆还传播了“隐性工厂”的概念，它指的是由于劣质而浪费掉的那部分工厂产能。他的许多观点被延续下来，成为美国马尔科姆·波多里奇国家质量奖准则中的关键要素。

五、克劳士比——零缺陷之父

克劳士比

菲利普·克劳士比（Philip Crosby）1926年出生于西弗吉尼亚的惠灵，1949年毕业于俄亥俄大学。他是世界著名的质量管理专家，对世人有着卓越的贡献及深远的影响，被誉为“20世纪伟大的管理思想家”“零缺陷之父”“一代质量宗师”。在半个多世纪的质量管理文献中，克劳士比是被引用得最多的作者之一，他的著作被公认为质量与管理科学中最好的著作。他开创了现代管理咨询在质量竞争力领域的新纪元。他于1979年创立了克劳士比学院并出版了脍炙人口的质量管理著作《质量免费》。克劳士比之所以受到商界的普遍欢迎，是因为他能够以通俗易懂的词汇来讲述晦涩而枯燥的质量管理思想。他后来还以这种风格出版了《质量无泪》等专著。1979—1980年，他担任美国质量协会主席，2001年成为美国质量协会终身荣誉会员。

1964年，克劳士比提出了“零缺陷”（zero defects）的口号：第一次就把事情做对。对待错误，即使是微不足道的差错，也决不放过，一定要消除原因，避免再次出现。零缺陷要求人们把一次做对和次次做对作为工作质量的执行标准，而不是口号。要做到这一点，就要把工作重心放在预防上，在每个工作场所和每项工作任务中进行预防。他提倡“质量是免费的，但它不是礼物”。

1. 质量管理的绝对性

（1）质量即符合要求。对于克劳士比来说，质量既存在又不存在，在他的质量哲学里没有不同的质量水平或质量等级，质量的定义就是符合要求。同时，质量必须清晰地表达，以帮助组织在可测量的目标的基础上，而不是在经验或个人观点的基础上采取行动。如果管理层想让员工第一次就把事情做对，就必须清楚地告诉员工事情是什么，并且通过领导、培训和营造一种合作的氛围来帮助员工达到这一目标。

（2）预防产生质量。预防产生质量，而检验并不能产生质量。检验只是在过程结束后，把坏的和不好的挑选出来，而不是促进改进。预防发生在过程的设计阶段，包括沟通、计划、验证以及逐步消除出现不符合的时机。通过预防产生质量，要求资源的配置能保证工作正确地完成，而不是把资源浪费在问题的查找和补救上。

克劳士比认为，培训、纪律、榜样和领导可以产生预防。管理层必须下决心持续营造以预防为导向的工作环境。

（3）工作标准是零缺陷。工作标准必须是零缺陷，而不是“差不多”。“差不多”的质量态度在克劳士比的方法中是不能容忍的。零缺陷的工作标准意味着任何时候都要满足工作过程的全部要求。它是一种个人承诺。

克劳士比相信，没有理由假设某些事情可以不符合要求。他强调，必须改变管理层对质量的认知和态度。在管理者当中普遍存在这样一个态度：错误是不可避免的，并且是企业日常经营活动的一部分，人们应该学会如何与它为伍。实际上，正是管理层的态度制造了绝大部分管理上的问题。质量改进过程的终极目标是零缺陷或无缺陷的产品和服务，即让质量成为习惯。零缺陷不仅是一个激励士气的口号，而且是一种工作态度和对预防的承诺。零缺陷是这样一种工作态度，即对错误“不害怕、不接受、不放过”。零缺陷并不意味着产品必须是完美无缺的，而是指组织中的每个人都有决心第一次及每一次都符合要求，而且不接受不符合要求的东西。

（4）质量的衡量标准是“不符合要求的代价”。不符合要求的代价是浪费的代价，是不必要的代价。质量成本不仅包括那些明显的因素，比如返工和废品的损失，还包括诸如花时间处理投诉和担保等问题的管理成本。通过展示不符合项的货币价值，可以增加管理者对质量问题的关注，从而促使他们选择时机去进行质量改进，并且这些不符合要求引发的成本可以作为质量改进取得成效的见证。

这些内容帮助管理层以质量改进为核心，更重要的是，帮助他们完成从克劳士比所称的“传统的智慧”（指认为质量提升必然伴随着成本上升的观念）到“质量和成本并不互相影响”这一认知的转变。根据克劳士比的理论，当质量提高时，成本降低，因此，质量没有经济成本。

2. 质量改进的基本要素

克劳士比把问题看作一种不符合要求的“细菌”，可以通过接种疫苗避免问题的产生。质量改进的基本要素由三个独特的管理行动组成——决心、教育和实施。当管理层了解到需要通过交流和赞赏以促进变革所需的管理行动时，决心就会表现出来。每位员工都应了解质量改进的必要性。教育提供给所有员工统一的质量语言，帮助他们理解自身在整个质量改进过程中所应扮演的角色，并掌握防止问题发生所需的基本知识。实施是通过发展计划、资源安排及支持环境共同构建一种质量改进哲学。在实施阶段，管理层必须通过榜样来领导员工，并提供持续的教育。

克劳士比认为，教育是任何一个组织在任何阶段都必不可少的过程，可用“6C”来表示，也可称为“变革管理的六个阶段”。

第一个C是领悟（comprehension），它表明理解质量真谛的重要性。这种理解必须始于高层，然后逐渐扩展到员工。没有理解，质量改进将无法落实。

第二个C是承诺（commitment），它也必须始于高层，管理者制定质量政策以显示自己的决心。

第三个C是能力（competence），这个阶段的教育与培训计划对系统地执行质量改进过程是至关重要的。

第四个C是沟通（communication），所有的努力都必须诉诸文字，成功的经验要在组织内共享，以使公司的每个人都能够完整地理解质量目标。

第五个C是改正（correction），主要关注预防问题与提升绩效。

第六个C是坚持（continuance），它强调质量管理在组织中必须变成一种行为方式。坚持基于这样一个事实，即第二次才把事情做对既不快也不便宜。所以，质量必须融入企业所有的日常经营活动，通过质量改进过程管理使质量成为一种习惯，成为人们的一种行为方式。

六、田口玄一——田口方法

田口玄一

田口玄一（Taguchi Genichi）博士生于1924年。他曾担任日本企业的顾问，这期间他发展了田口方法，并于1951年出版第一本书介绍直交表（orthogonal arrays）。他于1960年获得戴明奖，1980年首次将田口方法引入美国AT&T的贝尔实验室，并且在1982年担任日本标准协会的顾问。由于田口方法接受度和利用率的提高，它对改进质量的作用与戴明方法和费根堡姆的全面质量管理概念同样重要。质量改进工作始于休哈特在统计过程控制方面和戴明在改进质量上的努力，而田口方法是他们工作的延续。田口方法提供了一个用以确定可控产品或服务设计因子与过程输出之间关系的基础，一种通过优化可控因子调整过程均值的方法，一个检验过程中随机噪声与产品或服务变异之间关系的程序。其独特之处在于田口对质量所下的定义、质量损失函数（QLF）和稳健设计的概念。

（1）田口对质量所下的定义。他认为理想质量是用来确定产品或服务质量水平的一个参考点，它可表述为一个目标值。如果一个产品（或一项有形服务）在其设计的寿命期内被合理使用，能起到预期的功能且没有不良作用，则该产品就达到了理想质量。由于服务的产生和消费同时进行，所以其理想质量是一个有关顾客感知和满意度的函数。田口根据服务要求未得到如期满足所造成的社会损失来衡量服务质量。

（2）质量损失函数。田口认为任何与目标规格的差异都会导致社会损失，每项产品和服务都应该精确地达到它的预设值。

（3）稳健设计。稳健设计是指设计的产品和服务应该先天无缺陷且具有高质量。田口确立了一个实现稳健设计的三阶段过程，即概念设计、参数设计和容差设计。他提出“产品质量首先是设计出来的，其次才是制造出来的”。稳健设计的内容详见第 5 章。

七、其他质量管理专家

1. 沃尔特·休哈特

休哈特

沃尔特·休哈特（Walter A. Shewhart）1891 年生于美国伊利诺伊州，1917 年获得加州大学伯克利分校的博士学位。1918—1924 年，休哈特在美国西方电气公司担任工程师，之后成为贝尔实验室的一名统计员。他在 1924 年的一份工作备忘录中首次提出使用“控制图”的建议。现在，控制图已发展成为质量管理不可或缺的工具之一。休哈特被认为是质量改进的奠基人，现代过程改进建立在他所提出的过程控制概念的基础上。

休哈特认为变异存在于生产过程的每个方面，但是可以通过简单的统计工具来了解变异。他在 1931 年出版了《产品生产的质量经济控制》，该书很有影响力，描述了减少过程可变性的统计过程控制方法的框架，预言质量和生产率将会随着过程可变性的减少而提高。这一观点在 20 世纪 50 年代得到了日本工程师的验证。

休哈特关于过程控制的思想使日本企业界的质量管理模式发生了变化，提高了日本企业的生产率和市场份额，直到美国和欧洲的企业开始对日本的挑战做出反应，把质量管理放在应有的位置上。

2. 罗伯特·坎普

罗伯特·坎普（Robert C. Camp）是竞争性比较的先驱和最著名的倡导者，他在施乐公司物流部门进行了长达 17 年的竞争性比较研究。竞争性比较是指公司之间的信息共享，以此促进双方共同进步。之前大家认为竞争性比较不可能实现，但是罗伯特·坎普在施乐公司证明这是可行的。如今竞争性比较已是一个非常重要的在全世界范围内可行的方法。罗伯特·坎普所著的《竞争性比较：寻求导向更优绩效的最佳行业实践》是一本关于竞争性比较的畅销书。

3. 汤姆·彼得斯

汤姆·彼得斯（Tom Peters）出生于 1942 年，是一位著名的作家、咨询师和演说家。他曾获美国康奈尔大学土木工程学士及硕士学位，斯坦福大学工商管理硕士和组织行为学博士学位。他发起的研讨会非常受欢迎。他以经验为基础来研究卓越公司的质量。他的主要代表作《追求卓越》被称为“美国工商管理圣经”，仅在美国就销售了600万册。在该书中，彼得斯以几家卓越公司为研究案例，从中发现了八条基本规则，包括行为偏差、接近顾客、提倡企业家精神、员工生产率、价值驱动的管理、专注于核心竞争力、没有多余的员工，以及实行适当的监督和授权。该书虽然理论松散，却提供了一种评估商业实践的发人深省的方法。

4. 迈克尔·哈默和詹姆斯·钱皮

迈克尔·哈默（Michael Hammer）和詹姆斯·钱皮（James Champy）认为，当公司变得毫无弹性且拒绝改变时，就必须变革，以使其更有竞争力。他们提出了“再造”（reengineering）的概念：“对业务流程进行根本性的重新考虑和彻底的重新设计，以实现在苛刻的当代度量标准（如成本、质量、服务和速度等）方面的戏剧性改变。”但事实上，他们在《企业再造》一书中提倡的过程是有问题的。二人也承认企业再造的失败率高达70%以上。哈默和钱皮通过忽略细节和对世界一流公司的分析，引导许多公司进行激进的改革，结果惨遭失败。我们从中可以得到的教训是：有些质量和绩效改进方法只是一种凭空想象的产物；有些则在不同的组织、不同的文化和不同的领域获得成功。应该尽量避免前者而趋向后者，在决策时必须考虑失败的风险，而且不能忽视分析和对细节的关注。在某种程度上，哈默提出的思想并未被管理者正确地理解和应用，并且使劳动力成本大幅增加。

八、各种质量理论的比较

1. 主要质量理论之间的比较

戴明、朱兰和克劳士比的哲学体系为质量管理提供了基本原则。尽管这三种质量哲学中许多思想是共通的，但是仍然存在一些差异。组织应该根据自身的特殊情况，选择其中的一种特定哲学。

第一，他们对质量概念的理解与定义是不同的。戴明从未对质量下一个定义或加以准确描述；而朱兰则提出了适用性质量的概念；克劳士比则认为，质量既存在又不存在，质量的定义就是符合要求。

第二，对于如何提高企业的质量水平，戴明提倡的是一种企业甚至全社会范围内的广泛文化变革。他强调，质量管理制度的实施应采取强制手段，要求普遍性的接受，彻底改变员工的行为与认知。因此，戴明要求企业必须进行重大的变革来推动质量管理运动。与戴明“疾风骤雨”式的观点相反，朱兰和克劳士比的质量管理计划被设计成以最小的风险配合企业当前的战略业务计划，其质量改进方法与现有的组织结构十分吻合，企业无须进行大的调整。

第三，克劳士比提倡零缺陷，鼓励组织的全体人员做好本职工作，力求实现完美，第一次就把事情做对。但是戴明与朱兰认为，大多数的缺陷是由设计低劣的制造系统引起的，管理者要承担更大的责任，劝诫生产线工人实现完美毫无意义。

第四，与朱兰、戴明不同的是，克劳士比的质量哲学更偏重于行为理论，他更强调改变企业文化、管理者与员工的态度以及管理流程等，而不是统计技术的运用。

尽管存在着一些差异，但是我们应该看到，这些质量先驱的追求方向是一致的。他们对质量的重要性的感知比任何人都更深刻，提倡对质量永无终止的改进，为现代质量理论做出了巨大的贡献。

2. 权变的观点

实际上，在质量改进方面，管理者面前总是充斥着各种混杂的甚至相互矛盾的信息。这种现象并非质量领域所独有，财务、营销方面也有类似的情况。这就要求领导者和管理层有能力整理并合理解释这些含混不清的信息。

权变理论（contingency theory）认为，不存在任何一种企业经营理论或方案适用于所有情况。管理者应该采用针对主要环境变量的质量战略。例如，具有不同使命的公司可能采用不同的方式来服务顾客，有的可能将个性化服务融入与顾客的互动，有的则可能强调运用电子数据交换界面与顾客互动。同样是强调使顾客满意，由于采用不同的方法和策略，这中间就产生了差异。

既然存在多种方法可用来改进质量，那么将重点放在一些基础问题上是最好的方法。比如公司的核心优势是什么，公司的竞争力在哪里，何处需要改进，竞争对手正在做哪些改进，公司的组织架构如何，等等。一旦这些问题有了答案，便能获得对企业更深入的了解。以对企业的认知为基础，加上对各种质量改进方法的理解，便可选出适合本企业的观点、哲学、概念和工具，形成企业改进的基础。

以质量闻名的公司不仅仅采用一种质量哲学，而是采用各种方法中能帮助它们实现改进的那一部分，这称为权变观点。

权变观点的关键在于对质量方法的理解，对企业实际情况的了解，以及这些方法在企业中的创新应用。因此，最佳的战略是在权变基础上将质量哲学和方法应用于企业。管理者需要对有关质量的问题做出正确决定，即考虑不同质量专家所提出的概念和方法，选出对自己有意义的那一部分。

3. 集成的观点

本章中列举的各种质量理论之间虽然存在诸多差异，但是集成的观点认为与其将重点放在差异上，倒不如从中找出共同的主题和信息。管理者可以尝试从中提炼出经常出现的质量主题，思考各质量观点的核心内容和独特观点，为企业改善绩效提供参考。

如表 1-2 所示，将戴明、朱兰、克劳士比、田口玄一、石川馨和费根堡姆曾经论述的变量进行整理，其中也包括帕拉苏拉曼、蔡特哈梅尔和贝里（简称 PZB）所提出的服务质量理论，就可以利用集成的思想来协调诸多质量理论之间的差异。

表 1-2 质量改进内容的变量

变量	戴明	朱兰	克劳士比	田口玄一	石川馨	费根堡姆	PZB
领导力	√	√	√		√	√	
信息分析	√	√			√	√	
战略规划		√	√			√	√
员工改进	√	√	√		√	√	√
产品和服务的质量保证	√	√		√	√	√	√
顾客在质量中所扮演的角色	√	√				√	√
质量部门的角色	√	√				√	
环境特征和限制	√					√	
哲学驱动	√	√	√	√	√	√	
质量突破		√					
基于项目/团队的改进		√	√	√	√		

第3节 现代质量管理

一、质量管理的内涵

1. 质量管理的概念

ISO 9000：2015 中将质量管理定义为："质量管理（quality management）是在质量方面指挥和控制组织的协调的活动。"

> 注：质量管理包括制定质量方针和质量目标，以及通过质量策划、质量保证、质量控制和质量改进实现这些质量目标的过程。

理解要点如下：

质量管理职能是通过建立、实施、保持和持续改进质量管理体系来实现的。质量管理是组织全部管理活动的重要组成部分，由于其他管理活动本身都存在质量活动，所以只有将质量管理和其他各项管理融为一体，组织才能实现自身目标。在质量管理中组织也必须考虑经济因素，即考虑质量系统的经济效益。

- 质量方针（quality policy）是由组织的最高管理者正式发布的该组织总的质量宗旨和方向。通常，质量方针与组织的总方针相一致并为制定质量目标提供框架。质量方针应具有相对稳定性，同时必须根据组织内外部环境的变化及时修订。其内容应体现组织满足需求和持续改进质量管理体系有效性的承诺，要在贯彻中不断评估其适应性。质量方针应通过适当、有效的方式在组织各层次间得到沟通，使全体员工能够理解并实施。质量管理八项原则是制定和贯彻方针的理论基础，这八项原则分别是：以顾客为关注焦点；领导作用；全员参与；过程方法；管理的系统方法；持续改进；基于事实的决策方法；与供应商互利的关系。

● 质量目标（quality objective）是指与质量有关的目标。质量目标一般依据组织的质量方针制定，通常在组织的相关职能、层次和过程分别规定质量目标。质量目标是动员和组织员工实现质量方针的具体体现，是企业经营目标的重要组成部分。它应是可测量、切实可行并富有挑战性的。应根据质量目标实现的程度评价组织质量管理体系的有效性。

● 质量策划（quality planning）是质量管理的一部分，致力于制定质量目标并规定必要的运行过程和相关资源以实现质量目标。编制质量计划可以是质量策划的一部分。质量策划包括过程、产品实现、资源提供和测量分析改进等诸多环节的策划。它强调一系列活动谋划，质量计划是它的结果，是其书面表现形式之一。

● 质量保证（quality assurance）致力于让人们相信质量要求会得到满足。质量保证不同于保证质量，保证质量属于质量控制的范围，仅仅是质量保证的基础，质量保证的核心是提供足够的信任。质量保证分为内部质量保证和外部质量保证：内部质量保证是让组织的管理者确信组织的质量管理体系有效运行；外部质量保证主要是让顾客相信组织具备持续满足其要求的能力。

● 质量控制（quality control）致力于满足质量要求。质量控制通过控制产品质量形成各环节中的影响因素“5M1E”（人、机、料、法、测、环），达到规定的要求。它有统计过程控制、技术控制、自适应控制等形式，并具有动态性，应不断改进和完善。

● 质量改进（quality improvement）致力于增强满足质量要求的能力。要求可以是任何方面的，如有效性、效率或可追溯性。一般而言，质量改进应进行必要的策划，确定拟改进的项目，制定实施的计划，采取相应的措施，评价改进的效果等。

● 持续改进（continual improvement）是指增强满足要求的能力的循环活动。组织应持续改进质量管理体系的适宜性、充分性和有效性。同时，组织应考虑分析与评价输出，管理输出，以确认是否存在表现不佳的领域或应处理的机会，将其作为持续改进的一部分。组织应选择和使用适用的工具和方法对表现不佳的原因进行调查并支持持续改进。

2. 质量管理的基本原理

（1）体系管理原理。任何一个组织只有依据实际环境条件和情况，策划、建立和实施质量管理体系，才能实现其质量方针和质量目标。这就是质量管理的体系管理原理。

建立质量体系是开展质量管理工作的最有效的方法与手段。质量管理是企业管理的中心环节，负责制定和实施质量方针、质量目标和质量职责，是对所有质量职能和活动的管理。质量体系是组织为实现质量方针、目标在开展质量活动时采用的一种特定系统。全面质量管理的一切活动都是以体系化的方式来运行的。质量体系使质量管理的组织、程序、资源等实现系统化、标准化和规范化，它为质量管理活动提供了一种方法，是质量管理活动的核心和载体。质量体系既要满足组织内部管理的需要，又要充分考虑提供外部质量保证的要求。ISO 9000族标准是国际通用的质量管理体系要求。对企业产品或服务质量的体系化管理，可以使企业的质量控制和保证活动更加有效。

（2）过程监控原理。所有质量工作都是通过过程完成的，质量管理要通过对过程的监控来实现。任何一个组织只有建立和管理质量活动网络及其接口，才能改进质量并提供持续稳定的质量。这就是质量管理的过程监控原理。

全面质量管理强调过程概念，并要求对产品生命周期全过程进行控制。ISO 9000族标准指出："所有工作都是通过过程来完成的。"每一过程都有输入、输出，输出是过程的结果，过程本身应当是一种增值转换。产品质量是产品实现一系列过程的结果。

按照全面质量管理的要求，产品质量控制通过对组织中各个过程的控制来实现。对企业的各个过程进行监控，可以有效识别冗余环节，保证产品的质量，还可以预防质量问题的产生。通常可以提出以下问题：

- 过程是否确定？控制过程的程序是否形成了文件？
- 过程是否充分展开并按要求贯彻实施？
- 过程是否受控？在提供预期的结果方面，过程是否有效？

（3）人本原理。质量管理以人为本，只有不断提高人的质量，才能不断提高活动或过程质量、产品质量、组织质量、体系质量及其组合的质量。这就是质量管理的人本原理。

人是质量管理要素中的第一要素。全面质量管理作为一门现代管理理论，强调以人为本的自主管理。在影响产品质量的诸多要素中，对人这个因素的控制应该是最重要的，也是最见成效的。人的质量决定产品的质量：企业管理人员管理水平高，工人技能好，全体员工质量意识强，则工作质量高，企业的产品质量也高。国内外无数企业的实践充分证明了这一点。

质量人才的培训与教育是贯穿质量管理的重要基础工作。只有提高人的质量，才能提高产品的质量。质量人才绝不是天生的，也不是自然形成的，而是靠坚持不懈的质量培训与教育产生的。从最高管理者到基层员工，都要接受质量观念与质量技术的教育，这是提高企业质量水平的根本。

二、质量管理的发展过程

质量管理从产生到发展至今走过了漫长的道路，可谓源远流长。按照时间维度可以将质量管理的发展大致划分为三个时期。

1. 20世纪以前的质量检验思想——传统质量管理

人类自从有商品生产以来，就有了以商品的成品检验为主的质量管理方法。根据历史文献记载，我国早在2 400多年以前就有了青铜刀枪武器的质量检验制度。这个阶段从出现原始的质量管理方法开始，一直到19世纪末资本主义的工厂逐步取代分散经营的家庭手工作坊为止。这段时期受家庭生产或手工作坊生产经营方式的影响，产品质量主要依靠工人的实际操作经验，靠手摸、眼看等感官估计和简单的度量衡器测量。工人既是操作者又是质量检验者、质量管理者，经验就是“标准”。因此，有人称之为“操作者的质量管理”。这些质量标准基本上还是实践经验的总结。

2. 20 世纪的质量管理

（1）质量检验阶段。工业革命改变了一切。机器工业生产取代了手工作坊式生产，劳动者集中到一个工厂进行批量生产，于是产生了对正式的企业管理和质量检验技术的需要。由于生产规模的扩大以及职能的分解，为了保证产品的正确生产，独立的质量部门承担了质量控制职能。检验工作是这一阶段执行质量职能的主要内容。质量检验使用各种各样的检测设备和仪表，严格把关，进行百分之百的检验。大多数企业设置专职的检验部门和人员，因此，有人称之为“检验员的质量管理”。从 20 世纪初到 40 年代，质量管理一直处于这个阶段。

这种检验有缺陷：其一，它属于事后检验，无法在生产过程中完全起到预防、控制作用，一旦发现废品，就是“既成事实”，一般很难补救。其二，它要求对成品进行百分之百的检验，这样做有时在经济上并不合理（增加检验费用，延误交货期），有时从技术上考虑没有可行性（例如破坏性检验），在生产规模扩大和大批量生产的情况下，这个缺陷尤为突出。

（2）统计质量控制阶段。从 20 世纪 40 年代初到 50 年代末，以美国休哈特、戴明为代表提出抽样检验的概念，最早把数理统计技术应用到质量管理领域。企业运用数理统计方法从产品的质量波动中找出规律，采取措施消除产生波动的异常原因，使生产的各个环节处于正常状态，从而更经济地生产出品质优良的产品。这一方法最先在美国国防部，其后在民用工业得到应用。这一阶段的特征是数理统计方法与质量管理的结合。由于采取质量控制的统计方法给企业带来了巨额利润，第二次世界大战之后，很多国家积极开展统计质量控制活动并取得成效。利用数理统计原理预防产出废品并检验产品质量的任务，由专职检验人员移交给专业的质量控制工程师。这标志着事后检验的观念转变为预测质量事故的发生并事先加以预防的观念。

但是这个阶段过分强调质量控制的统计方法，忽视组织管理工作，使得人们误认为“质量管理就是统计方法”，而专业的数理统计方法比较深奥，因此质量工作成了质量管理专家的事情，人们对质量管理望而生畏。这在一定程度上限制了质量管理统计方法的普及。

（3）全面质量管理阶段。

1）全面质量管理产生的背景。全面质量管理的英文为“total quality management”，第二次世界大战以后，社会生产力迅速发展，科学技术日新月异，质量管理的理论出现很多新进展。最早提出全面质量管理概念的是美国通用电气公司质量经理费根堡姆。1961 年，他的著作《全面质量管理》出版。该书强调执行质量职能是公司全体人员的责任，应该使企业全体员工都具有质量意识和承担质量责任。而戴明、朱兰等美国专家在日本掀起了一场质量革命，使得全面质量管理运动最先在日本蓬勃发展起来。

20 世纪 80 年代以后，全面质量管理的思想逐步被世界各国所接受，在日本称为全公司的质量控制或一贯质量管理（新日本制铁公司），在加拿大总结为四级质量大纲标准（即 CSAZ 299），在英国总结为三级质量保证体系标准（即 BS 5750），等等。1987 年，国际标准化组织在总结各国全面质量管理经验的基础上，制定了 ISO 9000 质量管理和质量保证系列标准。

2）全面质量管理的概念。费根堡姆在其《全面质量管理》一书中首先提出了全面质量管理的概念："全面质量管理是在最经济的水平上，在充分满足用户要求的条件下进行市场研究、设计、生产和服务，把企业各部门研制质量、维持质量和提高质量的活动融为一体的一种有效体系。"随着在实践中全面质量管理理论的丰富，全面质量管理的概念得到进一步的发展。

日本企业界将全面质量管理定义为：企业所有部门和全体人员综合运用多种方法，对生产全过程中影响产品质量的各种因素进行控制，以最经济的办法生产顾客满意的产品。

日本著名的质量管理专家石川馨认为，全面质量管理是具有以下七种核心价值观的管理体系，它们分别是：以顾客为重、以员工为重、重视团队工作、重视安全、鼓励坦诚、要求全员参与、以过程为重。

1992 年，美国九大公司的主席联合重点大学经济学院/工程学院的院长及著名经济顾问，确认全面质量管理是一种以人为本的管理系统，其目的是持续降低成本，持续增加顾客满意。它是一个综合的系统（不是一个度量领域或程序），是高水平战略的组成部分。全面质量管理涉及所有职能，涉及从高层到基层的所有员工，并向前向后扩展至供应链与顾客链。全面质量管理要求企业不断学习并适应持续不断的变化，最终实现整体成功。全面质量管理的根基是哲学，包括系统、方法与工具。系统允许变化，哲学也是如此。全面质量管理强调个人与社会力量的价值。

3. 21 世纪的质量管理

回顾质量管理的发展历史可以清楚地看到，人们在解决质量问题中所运用的方法、手段是不断发展和完善的，这一过程又与科学技术的进步和生产力水平的不断提高密切相关。同样可以预料，随着新技术革命的兴起，人们解决质量问题的方法、手段会更为完善、丰富。知识创新与管理创新必将促进质量迅速提高。传统的质量管理，包括全面质量管理都是在相对稳定的市场环境下实施的，企业只要能够控制一部分市场就能使自身保持长久的竞争力。而在信息化时代，产品生命周期缩短，企业及其所处的市场环境都处在不稳定状态之中，在多变的环境中，质量管理的重点不是维持，而是创新。

（1）质量管理的创新。

1）从战略的层面关注质量。朱兰说："21 世纪是质量的世纪。"这是一种战略思维。质量因素的复杂性、质量问题的严重性及质量地位的重要性，在多变的环境中尤为突出。

在稳定的市场环境中，未来往往是过去的线性延续。例如，在质量管理中人们常用的“戴明环”，其实质是基于当前的反馈过程。但是，当多变代替稳定时，必须用对未来的预测加以补充。

当今世界产品的技术含量如此之高，可供选择的空间如此之大，广告如此之多，消费者很难做出最佳选择。战略决策的前提是科学预测。在开放的营销体系中，顾客是企业功能的外延，企业不仅要满足顾客现实的需求，更重要的是预测其未来的需求。

不仅如此，从基于信息不对称的货比三家的市场法则，到选择优秀的供方参与质量的开发，形成“共生共荣”的命运共同体，进而形成“供方—企业—顾客”的质量创新循环，也是企业质量战略的重要选择。

2）质量观念的创新。如今，企业的质量策划是围绕产品而不是围绕顾客，是围绕自己的产品让顾客满意而不是用顾客满意来塑造自己的产品。企业缺乏以产品铸就品牌、以品牌树立企业形象的视野。

顾客理念内部化已成为一种潮流。顾客是产品和服务的接受者。审视世界上卓越的公司，无不将顾客理念内部化。它们将内部顾客分为三类：职级顾客、职能顾客和过程顾客。顾客理念内部化，对于回归生产运作规律，构筑基于协调的企业文化有着重要的作用。

从符合性质量到适用性质量再到相关方满意的大质量观的确立，从微观质量到宏观质量的开拓，是知识经济时代及成熟市场经济的必然选择。国家“十一五”规划中提出除产品质量、服务质量外，还包括利用外资质量、经济发展质量等 32 种质量观，可以说是对大质量观的更全面的描述。

（2）质量管理的融合与回归。几十年来，科学技术的发展向人们展示了自然组织更深层次的统一。管理出现交叉、渗透及融合的新趋势。

信息技术的发展使得效率不一定产生于分工，而有可能产生于整合。由顾客主导的买方市场环境制约着企业的生存和发展。满足顾客的需求和期望，是企业各种职能管理的共同目标。管理是整合资源的动态活动，整合淡化了管理的职能边界，因此融合是必然的发展趋势。质量管理的发展已经展现出这种趋势。在推行 ISO 9000 质量管理体系的过程中，人们提出各种管理体系的整合。这些优秀的管理模式倡导的内容已经远远超出传统质量管理的范畴。美国质量协会 2002 年提出质量功能的分散和集成，指出：“质量知识的载体和工具将适用于更广泛的组织及更多类型的人员，所以现在要定义谁，以及什么机构从事质量专业变得越加困难。现在的质量人员往往不是在一个质量部门工作，而是分散在组织的多个部门。”“质量专业正在变成管理集成的一部分。”以市场为指导的质量经营把质量管理从内涵至外延推向一个新的世界。

（3）质量管理的国际化。以信息技术和现代交通为纽带的经济全球化的潮流正在迅猛发展，各国经济的依存度日益增加，从 20 世纪后期开始，人们对质量管理的国际化尝试从未停止过。

随着国际贸易的迅速扩大，产品和资本的流动日趋国际化，相伴而生的是国际产品质量保证和产品责任问题。1973年在海牙国际司法会议上通过了《关于产品责任适用法律的公约》。1977年，欧洲理事会成员国在丹麦斯特拉斯堡缔结了《欧洲共同体关于造成人身伤害与死亡的产品责任的欧洲公约》。同时，旨在消除非关税壁垒，经缔约国谈判通过的《技术标准守则》对商品质量检测合格评定、技术法规等方面做了详尽的规定。1994年3月签订的《世界贸易组织贸易技术壁垒协定》（WTO/TBT）提出了成员应遵守的原则，包括协调原则、透明度原则、采用国际标准和国际准则的原则以及等效相互承认原则等。

由于许多国家和地方性组织相继发布了一系列质量管理和质量保证标准，制定质量管理国际标准也就迫在眉睫。为此，经理事会成员国多年酝酿，国际标准化组织（ISO）于1979年建立质量管理和质量保证技术委员会（TC 176），负责制定质量管理的国际标准。1987年3月正式发布ISO 9000～9004质量管理和质量保证系列标准。该标准总结归纳了各先进国家的管理经验。标准发布后引起世界各国的关注，并得以贯彻。标准的适时更新（如2015年对ISO 9001标准的修订）适应了国际贸易发展的需要，满足了质量方面对国际标准化的需求。

在市场经济条件下，自由产生了效率，也带来了混乱。随着消费个性化趋势的增强，生产的随意性以及社会利益的冲突日益显现，法律法规的作用必须予以强化。技术法规、标准以及合格评定程序等的国际化，对企业以及整个市场行为的规范、制约和引导作用将会越来越大。

三、全面质量管理

1. 全面质量管理的内涵

全面质量管理（Total Quality Management，TQM）是指一个组织以质量为中心，以全员参与为基础，通过让顾客满意和本组织所有成员及社会受益实现长期成功。ISO 9000在许多方面反映了TQM的思想，可以把它看作TQM的一部分。

理解要点如下：

（1）有时把全面质量管理称为公司范围内的质量管理、全面质量控制等。

（2）全面质量管理是对一个组织进行管理的途径，除了这种途径，还可以有其他途径。

（3）全面质量管理是一个体系或途径，其目的在于：最经济地生产顾客满意的产品，通过让顾客满意和本组织所有成员及社会受益，实现企业持续发展。所谓全面质量，除了产品质量，还包括过程质量、体系质量；不仅包括固有质量特性，还包括赋予质量特性等。

（4）全面质量管理的基本特点是：以全面质量为中心，以全员（指组织中包括最高管理者在内的所有成员）参加为基础，通过对质量环的全过程进行管理，即“三全管理”，使顾客及其他相关方满意。

（5）全面质量管理取得成功的关键，是组织的最高管理者强有力和持续的领导，以及全员教育和培训。

全面质量管理的内涵如表 1－3 所示。

表 1－3　　全面质量管理的内涵

涵盖范围	所有活动（包括服务与行政）
错误的处理	预防错误发生
责任归属	每一成员均对质量负责
利益来源	持续改进各种工作的质量，建立质量管理系统，减少工作中的错误与浪费
对顾客的看法	对内部或外部顾客均强调整体输出过程的顺利
质量改进	长时间、顾客导向、组织学习
问题解决的重心	工作团队满足顾客要求并且解决顾客的问题
考核	重视与改善有关的事实，以事实为根据的绩效考评
员工的特性	将员工视为管理的内部顾客
组织文化	集体努力、跨部门合作、鼓励授权、顾客满意、追求质量
沟通方式	下行、平行、上行、多向沟通
意见表达与参与方式	正规程序、质量控制（QC）小组、态度调查
工作设计	质量、顾客导向、革新、控制幅度、工作范围、授权
培训项目	技能知识、跨部门业务、诊断与解决问题的相关知识等
绩效评估	团队目标，由顾客、平级部门以及领导三者共同考核，强调质量与服务
薪资制度	以团队为基础发放工资与奖金以及给予表扬
卫生医疗与工作安全	安全问题、安全计划、保健计划、员工互助
考评升迁与职业生涯发展	由同部门员工考评，以团体表现决定升迁，不同部门的水平式职业生涯发展途径

2．全面质量管理的基本要素

有多少种行业就有多少种全面质量管理方法，但是它们具有共同的基本要素：以顾客为导向；授权与团队合作；持续改进与学习；以事实为管理依据；领导与战略策划；供应商的质量保证；强调“源头质量”（quality at the source）概念。

（1）以顾客为导向。全面质量管理的核心是满足顾客的需求。企业为了取得长期经济效益，管理必须始于识别顾客的质量要求，终于顾客对他手中的产品感到满意。在当今的经济活动中，任何一个组织都离不开它的顾客。全面质量管理中的顾客分为外部和内部两种，他们都是企业关注的对象。外部顾客是企业产品或服务输出的接受者，是企业的生命线，企业开展的各项活动都要以他们为中心。内部顾客是一种相对的概念，企业生产和服务过程一般是由各种流程和工序组成的，下一道工序就是上一道工序的顾客。企业如果能树立为下一道工序服务的思想，使每一道工序都坚持高标准，那么企业的产品质量目标就能更加顺利地实现。内部顾客满意是外部顾客满意的基础。企业只有满足或超越内外部顾客的需求，才能获得生存下去的动力和源泉。

（2）授权与团队合作。全面质量管理要求企业全体员工参与质量改进的运动。

授权与培训是必需的。既然整个企业的工作以顾客为导向，那么离顾客更近的员工必然受到更多的重视。对一项工作最了解和最熟悉的是执行者，只有他们才真正知道如何去改进这项工作的质量。为了对顾客需求做出更迅速的响应，要给予他们更多的决策权。为了保证员工有能力做出决策，首先要对员工进行必要的培训，使他们具备足够的技能。只有当管理者相信他们的员工能够为企业的质量改进做出贡献时，员工才会真正努力去提高质量。那些一方面要求员工提高工作质量，一方面却不给下属授权和培训机会的管理者，采取的是叶公好龙的做法。

创造合适的组织结构是实现全员参与的重要手段。一个普遍的做法就是组建跨职能的工作团队。企业部门之间目标分割、各自为政，可能会导致不同部门的员工努力方向不同，不利于整个企业目标的实现。一个跨职能的工作团队可以在团队内部形成一个整体目标，有效地避免个体利益掩盖整体利益的现象，并且可以利用成员的不同知识背景，更加迅速、准确地解决问题。

（3）持续改进与学习。持续改进是全面质量管理的核心思想，统计技术和计算机技术的应用正是为了做好持续改进工作。持续改进每一项工作的质量，是全面质量管理的目标。顾客需求的迅速变化，促使企业必须持续改进才能持续获得顾客的支持。另一方面，激烈的市场竞争中企业经营如逆水行舟，不进则退，这要求企业以顾客需求为导向，不断改进产品或服务质量。这也注定了企业各项工作的质量改进是一个没有终点的持续过程。为了实现产品质量的持续改进，需要制定必要的质量战略及计划，认真实施、及时评估。

学习是指通过实践和结果间的关联来了解成功的原因，并引导出新的目标和方法。一个完善的学习循环过程有四个阶段：计划、执行计划、评价进展、根据评价结果修正计划。可以看出，学习过程其实也是一种持续改进。

（4）以事实为管理依据。有效决策建立在数据和信息分析的基础上。为了防止决策失误，必须以事实为管理依据。要广泛收集数据和信息，并用科学的方法处理和分析，不能“凭经验，靠运气”。为了确保数据和信息的充分性，应该建立企业内外部的信息系统；为了确保数据和信息的真实性，除了保证采集过程的可靠性之外，还应该建立“有据可依，有证可查”的可追溯体系。坚持以事实为基础进行决策，克服“情况不明决心大，心中没数点子多”的不良决策习惯。实事求是的作风是全面质量管理的基本要求之一。

（5）领导与战略策划。领导在质量管理中至关重要，朱兰的80/20原则就说明了这一点。领导者是企业质量方针的制定者和质量任务的分配者，承担着质量改进的主要责任。领导者要将组织的宗旨、方向和内部环境统一起来，并创造一个能使员工充分参与的环境，带领全体员工共同实现组织的质量目标。原则上，总经理应作为全面质量管理工作的“总设计师”，组织的所有员工和资源都应参与全面质量管理。

（6）供应商的质量保证。供应商必须建立并实行质量保证制度，努力实现质量改进，以确保其生产过程能够及时地交付所要求的零部件和原材料。供应商是公司整个生产过程中的合作伙伴，应提倡与其建立一种长期的友好伙伴关系，这实际上是一种有价值的重要投资。通过这种方式，可促使它们供应高质量的产品和服务。同时，供应商要通过贯彻“源头质量”这一观念来保证并改进质量。

（7）强调“源头质量”概念。让每一位员工对自己的工作负责，这体现了“第一次就做对”的理念。企业寄希望于员工能够制造出满足质量标准的产品，同时能够发现并纠正差错，实际上，每个员工都是自己工作的质量检查员。当员工所完成的工作的成果传递到整个流程的下一道工序（内部用户），或者作为整个流程的最后一步传递到最终顾客时，员工要保证其工作满足质量标准。

通过给全体员工灌输“源头质量”这一概念，可完成以下任务：使对质量产生直接影响的员工负起质量改进的责任；消除经常发生在质量控制检查员与员工之间的敌对情绪；通过对员工的工作进行控制以及使他们为自己的工作感到骄傲这些方式来激励员工保证并改进质量。

全面质量管理还需要企业从战略层面对质量活动进行界定和规划，这也是对领导作用的一种强化。战略策划为质量活动的开展提供内部政策保证和控制策略、改进策略。如果相关的战略策划能和企业的使命、价值观一样得到全面的贯彻，它就能为组织成员指明统一、清晰的方向，从而实现组织的质量目标。实际上，全面质量管理反映了人们对质量的一种全新看法，它是公司的文化。为真正从全面质量管理中得到好处，必须改变公司的文化氛围。表1-4说明了贯彻全面质量管理的公司和坚持传统质量管理的公司之间的差异。

表1-4　贯彻全面质量管理的公司和坚持传统质量管理的公司的比较

项目	传统质量管理	全面质量管理
总使命	使投资得到最大回报	达到或超过用户的期望
目标	强调短期效益	在长期效益和短期效益之间求得平衡
管理	不常公开，有时与目标不一致	公开，鼓励员工参与，与目标一致
管理者的作用	发布命令，强制推行	指导，消除障碍，建立信任
用户需求	并非至高无上，可能不清晰	至高无上，强调识别和理解的重要性
问题	责备，处罚	识别并解决
问题的解决	不系统，个人行为	系统，团队精神
改进	时断时续	持续不断
供应商	抵触	合作伙伴
工作	狭窄，过于专业化，个人努力	广泛，更全面，更看重发挥团队作用
定位	产品取向	流程取向

3. 实施全面质量管理的障碍和误区

同样是实施全面质量管理，不同公司取得的成效却不大相同。有些公司取得显著的成效，有些公司虽经各种努力却收效甚微。收获不大的原因在于实施全面质量管理的过程，而不是这种管理方法本身。综合一些文献成果，以下是实施全面质量管理的障碍：

（1）缺少在全公司范围内对质量概念的理解。不能共同努力，各自为政。对成功标准的理解不同。

（2）缺乏改进规划，成功的机会少。不能强调改进规划的战略意义。

（3）不能以顾客为关注点，增加了顾客不满的概率。

（4）公司内部的交流不够，彼此不沟通。有矛盾、浪费并导致混乱。

（5）授权不够，不相信了解问题本身的员工能解决所遇到的问题。官僚作风严重，推诿扯皮。

（6）急功近利，认识不到提高质量水平的长期性和持续性。

（7）过于看重改善产品质量所产生的费用。“头痛医头，脚痛医脚。”“今天少花一分钱，明天多花一元钱！”

（8）表面文章多，实际操作少，结果是劳民伤财。

（9）激励不够，管理者不能激发员工提高质量的热情。

（10）不愿花时间实施质量改进计划，增加工作以增加额外的资源为代价。

（11）领导的作用不够。

以上诸条无论对想要实施全面质量管理的公司还是在实施过程中遇到问题的公司都是一个警示。

全面质量管理被推崇为美国公司重新获得竞争地位的一种手段。重新获得竞争地位是美国公司一直努力追求的目标。但是，如果不纠正某些错误的做法，全面质量管理就不会成功。全面质量管理在实施中主要存在以下误区：

（1）盲目追求全面质量管理。尽管可能会有需优先解决的问题（例如，对竞争对手的行动作出快速反应），但过于热心的全面质量管理支持者可能会把注意力集中在质量问题上。

（2）未能以有效的方式把全面质量管理与公司的战略联系在一起。

（3）在做出与质量有关的决策时没有考虑市场作用。例如，顾客期望可能过度满足，与质量保证和质量改进有关的成本远远超过从中获得的直接或间接利益。

（4）没能在实施全面质量管理之前制定缜密的计划，导致失败以及毫无意义的结果。

（5）当需要突破性改进时，组织却追求持续改进。

（6）质量的效果并不是与结果密不可分的。

值得注意的是，全面质量管理本身没有任何问题，只是有些人误用了它。

□ 本章小结

ISO 9000质量管理体系标准中定义质量是“一组固有特性满足要求的程度”。质量具有广义性、时效性、相对性和经济性等特征。产品质量维度包括性能、特征、可靠性、符合性、耐久性、可服务性、美感和感知质量等；服务质量维度包括有形性、可靠性、响应性、保证性、移情性等。质量概念经历了符合性质量、适用性质量和全面质量三个阶段。现代质量的理念包括顾客满意、适度质量和质量的时间性。经常用到的质量术语包括过程、程序、产品、质量特性、顾客满意、不合格（不符合）和缺陷等。还可以工程、运营管理、战略管理、市场营销、财务/会计和人力资源等观点对质量进行全方位的刻画。

质量先驱对质量的贡献卓著，其观点各有侧重。戴明主要提出了PDCA循环、质量管理十四点等；朱兰提出了适用性质量、质量三部曲、质量螺旋和80/20原则；石川馨发明了石川馨图；费根堡姆最先提出了全面质量管理的观点；克劳士比是零缺陷的提倡者；田口玄一提出了田口方法；休哈特、坎普等质量先驱也为质量理论做出了巨大的贡献。戴明、朱兰和克劳士比的哲学体系为质量管理提供了基本原则，但他们对质量概念的理解和定义不同，各自的侧重点也有所差别。权变的观点认为不存在任何一种质量理论适用于所有情况，而集成的观点则试图找出各质量理论中的共同主题和信息。

质量管理是在质量方面指挥和控制组织的协调的活动，它的基本原理包括体系管理原理、过程监控原理和人本原理。质量管理的发展历程按照时间维度分为传统质量管理、20世纪的质量管理和21世纪的质量管理三个阶段。20世纪是质量管理的理论与观点飞速发展的时期，经历了质量检验阶段、统计质量控制阶段和全面质量管理阶段，各阶段质量管理的侧重点各不相同。21世纪的质量管理主要侧重于创新、融合与回归以及国际化。

□ 基本概念

质量（quality）
产品维度（product dimension）
服务维度（service dimension）
戴明环（Deming cycle）
质量三部曲（quality trilogy）
零缺陷（zero defects）
质量管理（quality management）
全面质量管理（total quality management）
源头质量（quality at the source）

□ 思考题

1. 简述质量的概念及其发展。观察并思考当前企业、消费者、政府对质量的看法分别是怎样的。叙述你对质量的定义。

2. 什么是戴明环？选择一些与你有关的活动，利用戴明环为改进这些活动制定一个计划。

3. 考虑如何将戴明的质量管理十四点应用到你熟悉的组织中，你认为其中的哪些要点会与组织现有的运作思想产生较大的冲突？

4. 朱兰的质量三部曲包括哪些内容？

5. 总结克劳士比的质量哲学。它与戴明、朱兰的哲学有何不同？

6. 什么是质量管理？质量管理有哪些基本原理？

7. 质量管理经历了哪几个发展阶段？每个阶段有什么特点？

8. 全面质量管理的基本特点是什么？

9. 实施全面质量管理存在哪些障碍和误区？

□ 案例分析1-1

联想集团的质量管理模式

创立于1984年的联想集团经过30多年的发展，从一个默默无闻的企业成长为如今全球最大的计算机高科技制造企业。联想目前的营业收入达2 900亿元，利润达70多亿元，海外收入占比达70%，拥有电脑、移动、企业级、云服务四大业务集团。2015年，联想位列全球《财富》500强第202位，成为仅有的跻身Interbrand全球品牌百强的中国品牌。

联想集团全球标准与质量部总监李继成说："质量一直是联想的核心DNA。"现代质量管理经历了漫长的发展过程，质量管理理论的运用需要与企业的实际相结合，形成具有企业特色的质量管理模式。双引擎驱动正是联想将质量管理理论与企业的现状相结合而形成的具有联想特色的质量管理模式。

产品引擎驱动质量管理是很多企业都必须经历的阶段，在此阶段企业的关注点在企业内部、在产品本身。联想的产品引擎则是以产品为核心，以集成产品交付流程为保障，通过在产品开发的概念、策划、开发、验证、"智造"环节的精细控制、严谨决策以及质量管理计划、早期预警机制等工具方法的合理使用，确保了联想产品在质量方面的竞争力。公司领先的战略、文化、使命、愿景等则是该引擎能够充分发挥作用的基础。

经过多年的发展，联想产品引擎驱动的质量管理日臻完善，业务主流程已经由集成产品开发流程（IPD）升级为集成产品交付流程（IOD），并在流程中引入质量管理计划来增强项目的风险识别、管控以及产品的优化设计。在智能制造方面，联想已经建立从客户定制到资源管理、制造排产、物流运输到客户这一完整的闭环，这一闭环覆盖的客户涉及160多个国家。为此联想投入数以千计的服务器，搭建了全新的IT系统，以实现对数百家供应商、11家自有工厂及20家合作伙伴工厂的高效管理。

全面质量管理理论首次将客户纳入质量管理的范畴，但在具体实施过程中出现缺乏客观的客户满意度的衡量指标和管理工具等问题。产品引擎驱动的质量管理只在产品设计和销售两个环节与客户有接触和互动，一次开箱合格率、维修率这两个传统质量指标只能反映生产的稳定性及产品的可靠性，因此就会出现产品质量指标很好，但产品销量却不高以及客户抱怨很多的矛盾。随着对客户理解的加深以及互联网的兴起，联想引入客户引擎来解决质量方面的矛盾。

客户引擎驱动的大质量管理，是以客户为核心，以企业与客户互动过程为保障，通过大数据、用户体验研究等手段来提升客户在接触、购买、使用及参与产品设计阶段的满意度。由净推荐值、总退货率、客户满意度、新品指标等构成的客户满意度指数是客户引擎驱动质量管理结果的客观衡量指标。客户引擎的引入为企业提供更多的质量改进机会和相对客观的评价体系，确保企业质量改进方向正确。

大数据便是客户引擎驱动的利器之一，作为互联网时代的新型工具，联想建立了相应的IT系统，可以从技术网站、社交媒体、论坛等地方抓取客户的反馈信息，并运用专门的工具对数据进行初步的处理。有专业的队伍对数据进行深入的分析，形成分析报告。各团队可根据自己的需要将分析结果用于产品设计改进、质量或服务改进以及产品的推广营销等活动。大数据工具的运用使联想能够更加快速、准确地把握客户的需求。

2001年总裁柳传志第一次在联想提出“复盘”的概念。2011年，“复盘”（FU PAN）方法论向联想全球推出，目前复盘已经被联想广泛地应用于战略规划、业务或项目总结等日常工作的改进中。在双引擎驱动质量管理模式中，联想将复盘作为连接产品和客户两个引擎的纽带，通过复盘来保证两个引擎协调工作。

双引擎驱动质量管理模式是联想面向“互联网＋”时代提出的具有联想特色的质量管理工具，将质量管理由产品驱动转变为产品、客户双驱动，借助复盘工作来保证双引擎协调工作，借助大数据、智能制造等工具来提升联想的创新能力以及生产效率，助力联想由中国制造走向中国创造。

资料来源：双引擎驱动质量管理模式助力联想由中国制造走向中国创造. 中国质量新闻网，2016-01-11. http://www.cqn.com.cn/news/zgzlwlx/1114450.html.

思考题

1. 概述联想集团的质量管理模式及其组成部分。

2. 联想集团在质量管理过程中运用了全面质量管理中的哪些理论，举例说明这些理论是如何与企业实际相结合的。

3. 在“互联网＋”时代，联想集团的质量管理模式对其他企业有哪些借鉴意义？

□ 案例分析1-2

将质量原则注入KARLEE公司

位于得克萨斯州加兰市的KARLEE是一家精密钢板和加工部件合约制造商，业务范围涉及电信、半导体和医疗器械等行业。KARLEE为顾客提供从最初的部件设计到最终成型的装配产品的垂直一体化服务。它的服务内容包括：

- 先进的设计工程技术支持；
- 原型制作；
- 精密机械加工及金属制品的制造和装配；
- 产品精加工（喷漆、丝印、电镀）；
- 增值拼装一体化（综合布线、电源和背板安装、电气试验）。

纵观其业务，KARLEE在商业实践中体现了全面质量的原则。下面给出了一些示例。

（1）以顾客为关注焦点。KARLEE做出一项战略决策，要慎重选择支持自己价值观的顾客，以期建立长期的合作伙伴关系，并成为全球领导者。管理人员和团队领导会与每位顾客共同合作以确定当前的需求和未来的需求，为每位顾客分配一个“三人顾客服务团队”，全天24小时随叫随到，处理日常生产问题。

（2）领导作用。高级行政领导（Senior Executive Leaders，SEL）和KARLEE领导委员会（KARLEE Leadership Committee，KLC）设定公司的战略方向，并通过绩效考核、参与改进项目、与顾客和团队成员定期交流以及表彰团队成员的成就，实现对价值观和愿景的沟通和加强。

（3）全员参与。生产和交付过程都是围绕单元而设计的。团队有责任了解顾客的需求，并根据这些需求进行生产。团队有权改变战略计划设定的目标——如果相信这有助于实现更高绩效的话，类似地还可以安排工作、管理库存以及设计工作区的布局。

（4）过程方法。诸如原型开发、调度、生产计划、制造、组装和交付等过程要求过程负责人负责维护过程以满足顾客的要求。质量保证团队成员与制造团队共同创建过程文件。

（5）改进。各团队使用一种结构化的方法来评估和改进其过程，并进行记录，提交改进的状态报告给高层领导和KARLEE领导委员会。各团队通过与竞争对手、“最佳实践”企业和顾客进行对标，向他人学习。

（6）循证决策。团队通过分析缺陷数据、顾客投诉的问题以及在生产过程中产生的控制图，识别出问题和改进的机会。每项业务目标和计划都定义了测量的方法，高层领导每周召开一次会议审查公司的绩效，并确保公司方向和计划保持一致。

（7）关系管理。KARLEE选择和发展那些与它分享对顾客满意度的承诺的供应商，以确保它们拥有支持顾客所需要的材料和服务。公司会与个体供应商就供应商绩效问题和期望进行讨论，并在年度供应商研讨会上发布相关内容。

所有这些都促成了销售额的增长、高水平的顾客和员工满意度，以及高水平的经营业绩和质量，为KARLEE创造了一个强大的增长基础，将KARLEE推向市场领先地位。KARLEE曾获得波多里奇质量奖。根据2015年的新闻报道，KARLEE公司具有最先进制造能力的区域面积高达200 000平方英尺（1英尺＝0.3米），处于行业领先地位。

资料来源：詹姆斯·埃文斯，威廉·林赛．质量管理与卓越绩效．北京：中国人民大学出版社，2016.

思考题

1. 结合本章内容及对质量的定义分析KARLEE如何定义质量。
2. 讨论KARLEE公司的质量实践如何体现戴明、朱兰和克劳斯比的理念。

第 2 章

顾客需求及顾客满意

本章要点

- 顾客满意的概念与特点
- 顾客忠诚的概念与作用
- 服务质量的定义、维度及主要的服务质量测量模型
- 服务质量与制造质量的异同
- 顾客满意度测评的分类
- 顾客满意度测评的步骤
- 顾客关系管理

K&N Management, Inc. 是一家位于得克萨斯州首府奥斯汀的特许经销商，它是 Rudy's "Country Store" & Bar-B-Q 和 Mighty Fine Burgers, Fries and Shakes 的投资开发商和授权代理商，它们代表两种新的快速休闲餐饮理念。K&N 公司的文化以质量和卓越为基础，公司与被称为"客人"的顾客建立良好的关系。公司的愿景是"成为每次都让每位客人感到愉悦的世界知名品牌"。K&N 公司创建并维持的一个聚焦点是"愉悦顾客"，即通过创新和技术手段创造出满足甚至超越客人需求的产品种类。客人可以通过网站和社交媒体了解店面信息和相关事件，还可以通过公司自创的方式（如每家店铺都设有的 EyeClick 交互系统）实现访问。公司在用餐时间利用 iPad 进行简短的问卷调查，得到顾客反馈信息，并将信息上传到第三方服务器进行汇总；不在餐厅就餐的客人则被引导通过网络方式接受在线调查。

公司各层领导都随身携带一部掌上电脑，以处理客人的意见和投诉以及每天的绩效结果等信息。公司通过不断倾听和学习的方式维持一份与关键业务驱动因素相一致的关键客人需求（key guest requirements，KGR）清单。公司会对 KGR 的绩效情况进行系统的测量，并与全体员工沟通交流。绩效差距和改进机会被归纳成从问题解决到战略计划的各种适当的规划方案。

在销售方面，K&N公司旗下的餐馆明显优于当地竞争对手和全国各家连锁店，客人对其食品质量、热情程度、整洁程度、服务速度和价格的满意度打分在5分制中不少于4.7，高于最强有力的竞争对手。

资料来源：Adapted from Malcolm Baldrige National Quality Award，Profiles of Winners，National Institute of Standards and Technology，Department of Commerce.

第1节 顾客满意概述

一、顾客的识别

1. 顾客的概念

顾客的概念有狭义和广义之分。狭义的顾客是指愿意以一定的代价购买产品或服务的人。广义的顾客还包括出于设计、开发、生产、运输、储存等需要对产品（包括中间产品）或服务的供应者有要求的组织与人员，还可以推广到经济以外的领域，如政府的"顾客"是公众，教师的"顾客"是学生等。朱兰认为："顾客是公司为实现目标所需要的产品和过程而影响到的人。"这一概念既包括目标达到而影响到的人，也包括目标未达到而影响到的人。从"大质量"的意义上看，顾客指的是"任何被影响到的人"。

在顾客满意度测评中，顾客的概念更广泛，有时还包括那些未与企业发生交易关系的顾客，即那些可能会购买你的产品或服务的顾客和那些可以选择你但不愿选择你的顾客，因为他们是你的产品或服务的目标市场，是你巩固和发展顾客关系的对象。

2. 顾客的分类和识别

（1）外部顾客与内部顾客。

1）外部顾客（external customer）。外部顾客是指不是本公司的组成部分，却受到本公司活动影响的个人和组织。外部顾客按照其消费方式可分为以下三大类：

● 中间顾客。产品往往要经过若干流通环节，如批发商、零售商，才能到达最终使用者手里。这些处于产品流通渠道中的顾客即中间顾客。

● 最终顾客。最终顾客指的是产品与服务的最终使用者。最终顾客对产品质量最有体会，也最有发言权。最终顾客一般有两种类型：购买者和使用者。有时，购买者就是使用者（如为自己购买汽车、服装、设备、软件），但使用者不一定是购买者（如组织购买设备、软件，其使用者为操作人员）。因此，使用者这一类型具有复杂性，导致最终顾客内涵的复杂化。最终顾客满意与否，对中间顾客和内部顾客是否满意起着决定性作用。组织应充分识别、把握最终顾客的特点，并将其作为监控和测量的重点。

● 潜在顾客。当前的潜在顾客可能就是日后的顾客，因此，对于潜在顾客应给予必要的关注。

2）内部顾客（internal customer）。内部顾客是相对于外部顾客而言的。内部顾客是指企业内部相互有业务交流的人，包括企业员工、股东、经营者。内部顾客与外部顾客识别示意图如图 2－1 所示。

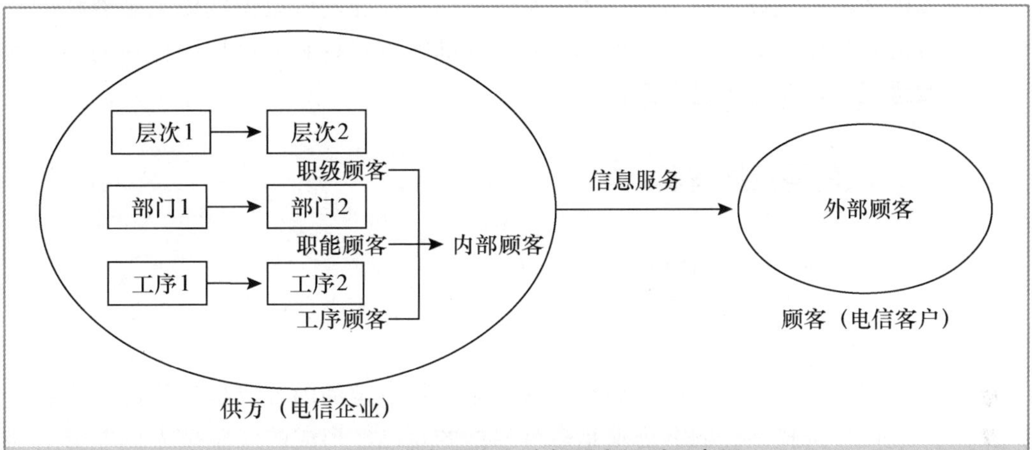

图 2－1　内部顾客和外部顾客识别示意图

在传统的经营理念中，顾客是一个狭隘的概念，仅仅指外部顾客。而从现代企业管理的理论来看，把顾客分为内部顾客和外部顾客比仅注重外部顾客有更广泛深远的意义。因为在现代市场经济条件下，成功的企业特别是服务行业的企业，取得成功的秘诀主要有两个：一是具有与自己生产的产品或提供的服务相适应的市场份额；二是企业内部具备科学的管理体制和高效的执行力。二者有机结合，相辅相成，缺一不可。对于前者而言，关键在于客户的满意度与忠诚度，而后者与企业员工的保有率和工作效率息息相关，这就是我们通常所说的内部顾客和外部顾客全面满意的问题。只有实现顾客的全面满意，才能最终实现企业的经济效益。

员工的满意度较之外部顾客对企业的生存和发展更为重要。没有外部顾客，企业的员工可以去寻找、去发现、去发展；而缺乏优秀的内部员工，企业就不可能建立一支高效忠诚的员工队伍，外部顾客更无从谈起。能否拥有优秀的员工队伍，关键取决于员工的留用率。因此，员工（内部顾客）的满意是企业获得效益的前提和基础。当内部顾客与外部顾客的满意统一时，就能实现企业效益的最大化。企业在参与市场竞争时首先应考虑的是如何搭建平台，如何创造良好的工作环境，如何营造和谐的工作氛围，促使员工个人价值在企业提供的平台上有效释放，从而提高员工满意度。可以说，内部顾客的满意是企业创造价值的根本。

（2）关键的少数与次要的多数。

1）关键的少数。根据帕累托原理，在任何一个群体中，较少的人发挥着相当大的作用；占总数比例较大的群体往往只能起到较小的作用。一个常见的例子是：在一个市场中，约 80％的销售额来自 20％的客户，这些客户就是关键的少数。对关键顾客的服务应按个人需求实施差异化战略。

2）次要的多数。一般情况下，次要的多数的积累应该看作关键的多数。只不过相对于真正的关键的少数来说，没有必要在非常具体的层面上进行分析，而要以集体的原则进行研究，制定策略。

（3）利用流程图识别顾客。利用流程图识别顾客便于了解整体情况。每一个小组的成员都充分了解组织整体以及本部门的情况，可以识别原来被忽略的顾客。通过流程图可以清楚地识别外部顾客和内部顾客；将服务过程中存在的各种问题视为改进机会，制定改进方案。

二、顾客需求的理解

1. 顾客需求的特点

科特勒在《营销管理》中指出：需求是指人类那些有能力满足而且愿意满足的需要。顾客需求具有如下特点：

（1）对象性。所有的顾客需求总是包括一定的内容或是某种具体的事物。

（2）选择性。顾客需求是多种多样的，已经形成的经验使人们能够对需求的内容进行选择，包括需求对象的选择。

（3）连续性。顾客的需求总是不断地出现、满足、再出现。在大多数情况下，会有多种需求同时产生，但总有一种需求占主导地位，起支配作用。当主要需求满足后，原先处于次要地位的需求就可能上升为主要需求，成为支配人们行为的目标和动力。

（4）相对满足性。顾客需求存在一个可以达到的具体标准，只要等于或高于这一标准，人们便会有需求满足后的愉悦感。

（5）发展性。顾客需求会随着社会经济和文明的不断发展，由低级到高级，由物质到精神，由简单到复杂，不断发展变化。

（6）伸缩性。顾客对某种商品的需求量会随着条件的变化而变化——或增加，或减少。条件包括收入水平、价格波动、社会舆论等。

（7）可诱导性。在外部各种刺激的影响下，消费者的需求也会发生变化，它既可以诱发，也可以引导和调节。

（8）可替代性。只要能获得相同或类似的效用，顾客就可以在不同的替代产品与服务之间选择。这种选择有时与市场的供应量有关，有时与顾客的消费倾向以及消费习惯的变化有关。

（9）不满足性。一方面，当顾客旧的需求得到满足后，新的需求便会产生并有待满足；另一方面，由于市场生产能力的限制，需求有时不能得到完全满足。即使能找到替代品，不满足感也会在一段时间里一直存在。

2. 顾客需求的内涵

人类的各种需要和欲望是市场营销的出发点，顾客满意是企业取得良好业绩的保证。需要、欲望、需求和满意之间存在密切的联系。

（1）需要。需要是指人们力求获得满足的心理倾向。人们为了生存，需要食品、衣服、安全、归属感和受人尊重。这些需要都不是社会和营销者创造的，它们存在于人的生理及心理活动之中。需要是个体动力的源泉，直接影响着人的基本行为。为满足需要，人们有时要付出巨大的努力，克服各种困难。因此，没有需要就不会有顾客的认识、情绪和意志，也就不会有购买行为。需要是顾客购买行为的原动力。

（2）欲望。欲望是指想达到某种目的的要求。需要是一种不稳定的状态，当它明确指向一定目标，并产生希望满足的要求时，便成为欲望，所以欲望是需要的发展。欲望具有指向性的特征，也就是说，它指向一定的目标物。但这并不表明个体一定会去满足它，因为欲望只是一种愿望，无论它多么强烈。欲望的广度比需要窄得多，它仅是有明确指向的需要部分。但它的强度比需要高得多，因为它向现实迈进了一步。

（3）需求。需求是指对愿意并且能够购买的某个具体产品的欲望。购买能力是常量，欲望则是变量。当具有购买能力时，欲望便转化为需求，因此需求与需要和欲望有本质的不同。需求构成现实市场，具有当前获利性；而需要和欲望构成未来市场，具有未来获利性。需求的广度比欲望和需要窄得多，它只是有购买力支持的欲望和需要。在需要和欲望上，个体之间难分高低，但一旦与购买力结合，社会就分出了层次。在强度上，需求比欲望和需要大得多，因为它距现实最近，是可以满足的需要。随着顾客对事物认识的变化以及环境的变化，顾客的欲望也会相应地发生变化。因此需求的下限是指在一定的购买能力下，顾客的最低满足标准。需求的参数包括价格、功能、性能、品牌、综合、性价比等六个方面。满足需求是以六大参数为内容，顾客做出选择，并实现价值的过程。每个参数都有一个值域，值域越广，企业能提供的产品系列就越多。顾客在六个值域内进行选择，需方选择是值域内的具体点。因此需求有两个约束条件：企业对需求的理解与购买能力，这两个因素随着其他条件而不断变化。

（4）满意。满意是对需求是否满足的一种界定。当需求满足时，个体便有一种积极的情绪反应，称为满意，否则称为不满意。高度满意的顾客会忽视竞争品牌和广告，对价格不敏感。顾客需求是人类的一种需要与欲望。在无限的需要与永远无法完全满足的欲望当中，那些对顾客来说有足够的经济实力可以满足的需要与欲望，构成顾客需求的主体。对企业来说，只有这部分的需要得到满足，也就是满足了顾客需求，才可能使顾客满意。

3. 顾客需求的层次

日本学者狩野纪昭（Noriaki Kano）提出了著名的KANO模型（KANO model），将顾客需求分为三个层次：基本型需求、期望型需求和兴奋型需求，如图 2－2 所示。

（1）基本型需求。基本型需求是最低层次的需求。这类需求是指顾客认为产品必须具有的属性或功能。基本型需求得到满足，顾客满意度不会提升；但如果未获得满足，顾客便会产生不满。

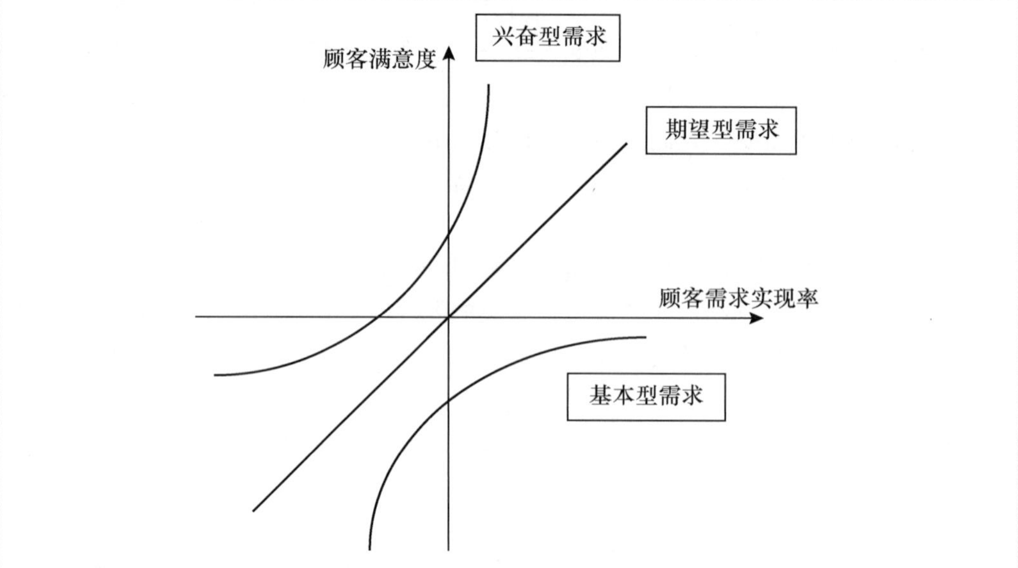

图2-2 KANO模型

（2）期望型需求。期望型需求是第二层次的需求。这类需求是指提供的产品或服务比较优秀，但并不是必需的产品或服务。这些需求是顾客期望满足的，与满意度成正相关关系，即企业满足这类需求越多，顾客就越满意。

（3）兴奋型需求。兴奋型需求是第三层次的需求。这类需求是指提供给顾客一些出乎意料的产品或服务，使顾客惊喜。当提供这类产品或服务时，顾客就会非常满意，从而提高忠诚度。这类需求是顾客并未期望满足的，即使没有满足也不会造成顾客不满；但如果得到满足，顾客的满意度就会很快提升。因此，满足兴奋型需求是提高顾客满意度的最佳途径。

在实际操作中，组织首先要全力以赴地满足顾客的基本型需求，保证顾客的问题得到认真解决，重视顾客认为组织有义务做到的事情，尽量为顾客提供方便。然后，组织应尽力去满足顾客的期望型需求，提供顾客喜爱的额外服务或产品功能，使其产品和服务优于竞争对手并有所不同，引导顾客加深对组织的良好印象，使顾客满意。至于兴奋型需求，组织在综合考虑成本和收益的情况下，可以适当考虑增加产品特性或服务属性。

在KANO模型的基础上可以延伸出新的KANO满意度模型，如图2-3所示。

（1）魅力因素。魅力因素是顾客意想不到的产品特性或服务属性，即不会被顾客明确表达出来的需求，或从未被顾客期望过的需求。当产品/服务具有魅力因素时，顾客满意度会大幅提升；即使此类因素未提供，顾客满意度也不会受到显著影响。比如笔记本电脑的时尚设计。

（2）期望因素。期望因素指的是与顾客满意度成正比的需求，即企业对这类需求满足得越多，顾客满意度就越高；反之，对这类需求的背离会导致顾客满意度的下降。比如笔记本电脑的运行速度。因为关系曲线呈直线形状，所以期望因素又称为一维需求。

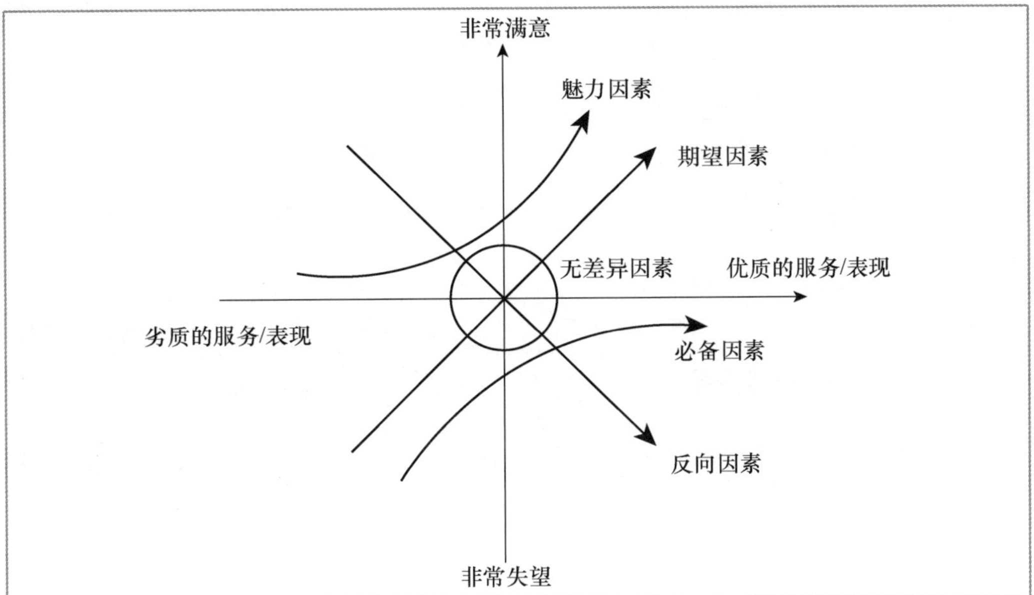

图 2-3　KANO 满意度模型

（3）必备因素。必备因素又称基本需求，在顾客看来是产品必须具备的特性。所以，这类需求如果得到满足，顾客满意度并不会提升；但是如果这类需求得不到满足，顾客的满意度会显著下降。比如电视机的彩色显像功能。

（4）反向因素。顾名思义，反向因素指的是该类因素的出现会导致顾客满意度的下降。

（5）无差异因素。无差异因素指的是顾客不了解或根本不感兴趣的需求，满足与否都不会对顾客满意度产生影响。

KANO 满意度模型颠覆了“满意度以一维的方式被顾客感知”的传统观点，对顾客需求深层次结构的分析能够帮助企业确定那些能显著提高顾客满意度的产品属性，从而科学地确定需求满足的先后和程度。对于必备因素，企业必须全部满足；对于期望因素，企业应该确保与市场上同类产品的领头企业保持竞争关系，而魅力因素则可以选择性满足，以和竞争对手保持差异。如果企业在满足必备因素和期望因素后无多余预算空间，则可以选择放弃魅力因素。

在应用 KANO 模型进行优化的过程中，必须特别注意 KANO 模型最重要的一个特点——KANO 需求内在的动态演化特性。顾客品位和偏好的动态变化是这一特性产生的内在因素；在快速变化的市场上，同质化产品的充斥导致了顾客的快速适应性，是这一特性产生的外在因素。KANO 需求的这种动态演化过程如图 2-4 所示。比如手机刚推向市场时，对于广大消费者来说，内置摄像头可以说是一个能带来愉悦体验的魅力因素，但如今，内置摄像头已经是手机的一项必备需求。

在同一类型的 KANO 需求内，如果考虑其动态演化特性，那么可以预见的是，这类需求还可以分成更细的子类。在五类 KANO 需求的基础上，考虑其中各个需求对顾客的重要性，将五类需求细分成八类需求，最终得到改进的 KANO 模型，

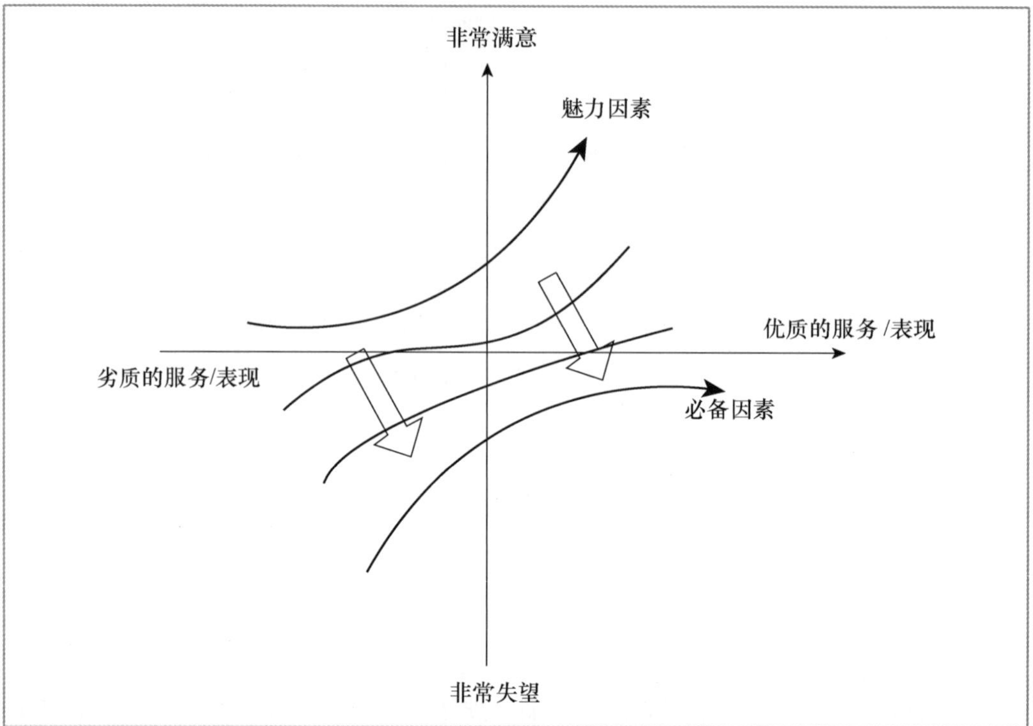

图 2-4 魅力因素随时间推移向必备因素演化的过程

这八类需求分别是：高魅力需求、低魅力需求；高增加值期望需求、低增加值期望需求；关键的必备需求、普通的必备需求；有潜力的无差异需求、无须考虑的无差异需求。比如，汽车的自动变速箱和豪华载物器都是魅力需求，但大多数顾客会认为自动变速箱具有更高的重要性。因此，相比豪华载物器，自动变速箱的采用将会带来更高水平的顾客满意度。所以当新品开发受到经费和时间等因素的限制时，管理者将在魅力需求的选取上做出更符合顾客需求的决定，其余三类需求同理。

值得注意的是，在关于 KANO 模型的大部分研究中，一般考虑的是魅力因素、期望因素和必备因素这三类，无差异因素不予考虑。但是考虑动态演化特性时，无差异因素中的一部分可能会逐渐转化成魅力因素。因此从无差异因素中细分出有潜力的无差异因素，不仅符合需求的演化规律，更为管理者在市场竞争中增加了制胜的法宝。

4. 识别顾客需求的方法

想要把握顾客的需求，就要弄清楚一些最基本的问题：顾客真正的要求是什么？顾客对提供产品或服务的整个过程和各个环节是否都满意？顾客有什么特殊要求？为了解这些问题，企业要视每个顾客为有特殊要求的“单一顾客”。了解顾客需求的方法有很多，包括组织镜像法、实地调查法、角色转换法等。

（1）组织镜像法。组织镜像法是一种从顾客那里了解他们对组织的印象和意见的方法。这是一种间接的调查方法，因为该方法是根据顾客对组织的印象或意见来推测顾客的真正要求。具体做法是：发邀请函给有关消费群体的代表，请他们对组织的产品、服务和其他方面提意见，参加组织召开的镜像会议。会前单位顾问或有关人员分别与代表会晤，做到心中有数，并为回答他们的问题做好准备。

会议开始，主持人表示希望听取意见，顾问或有关人员把会晤所得到的信息通报一下，以启发大家。然后让来宾发表意见，本组织成员则虚心倾听，也可就不明白的地方发问。接着由本组织成员同来宾组成若干小组，讨论为提高组织效率、增加顾客满意度需要解决的主要问题。各小组充分讨论后，向大会汇报。在此基础上大会讨论并制定专门的行动计划。镜像会议的优点是能在短期内获得有效的反馈信息，其缺点是与会代表不一定能跳出组织原有的行为模式。

(2) 实地调查法。实地调查是指企业派出调查人员或小组，通过深入顾客购物现场或跟踪顾客接受服务的全过程来寻找问题、征求意见。这种方法可辅以摄像和录音等手段，以便事后分析。这种方法的优点是调查人员可以观察顾客的实际态度和反应，得到顾客有针对性的反馈信息；其缺点是由于时间限制，调查结果与实际情况有出入。

(3) 角色转换法。角色转换法是一种由企业中参与再造工程的有关成员设身处地地分析顾客需求的方法。这种方法的关键是要把参与讨论的人员的角色转换为顾客。在这样的讨论会上要鼓励参与人员充分发挥想象力，提出全新的设想，然后对所提设想中最有创新的部分进行分析讨论，最后形成一致的方案。

三、顾客满意的重要性

随着经济全球化的趋势越来越明显，企业间的竞争比以往任何时候都更加激烈。市场经历了从生产导向到顾客导向，从卖方市场到买方市场的转变。购买产品或接受服务的顾客在努力寻找具有明显竞争优势的企业，并利用对不同企业所感受到的差异来指导选择过程和决定所支付的价格。企业开始认识到顾客对产品或服务满意与否对企业有着至关重要的作用。

ISO 9000：2015《质量管理体系——基础和术语》中明确提出“以顾客为关注焦点”，亦即“组织依存于顾客”，而且把它作为质量管理七项原则的第一项。因此，组织应当理解顾客当前和未来的需求，满足顾客要求并争取超越顾客的期望。同样，对一个国家来说，要想实现“质量兴国”，首先要引导企业树立“以顾客为关注焦点”的经营理念。世界 500 强企业（如沃尔玛、通用、丰田、三星等）的成功无不是从关注顾客做起的。

顾客满意与否，对组织的影响是巨大的。赢得一个新顾客的成本大约是维护一个老顾客的成本的 5～6 倍。间接或者其他刺激措施固然可以快速吸引新的顾客，但这些顾客也会以同样的速度在竞争者的诱惑面前离你而去。而且，将已经离开的顾客再次吸引回来的成本比使他们一开始就满意所花的成本要高。顾客满意能够为组织带来巨大的经济效益：企业销售利润的 10%由一般顾客带来，30%由满意顾客带来，60%由忠诚顾客带来。但是，顾客满意又是顾客忠诚的前提条件，可见顾客满意是关系到组织效益的重要指标。施乐公司的高层领导相信：高度满意顾客的价值是一般满意顾客的 10 倍。一个高度满意的顾客比一个一般满意的顾客留在施乐公司的时间更长且购买的产品更多。美国朱兰学院曾做的一项调查表明，美国最大的200家公司中有90%的最高管理者同意以下观点：最大限度地提高顾客满意可以赢得最多的利润和市场份额。其中90%的公司通过系统地跟踪和提高顾客满意度等活动证实了他们的想法。

通常，一个满意的顾客会：(1) 长期作为企业的顾客；(2) 购买更多更高级的产品；(3) 向其他人或潜在顾客传播企业的正面信息；(4) 忽视竞争品牌和广告并对价格不敏感；(5) 向企业提出产品或服务的建议；(6) 由于交易惯例比新顾客的服务成本低；(7) 从购买到满意，从满意到忠诚，最后到口碑传播，每个过程都会给企业带来利润。所以，满意顾客的价值不是他一次购买的金额，而是他一生所能带来的总额，包括他自己的购买以及对亲朋好友的影响。此外，维系老顾客远比争夺新顾客更具有隐蔽性，更不易激起竞争者的反击。满意的顾客还有助于减少或消除不满意的顾客的负面宣传。

至于不满意的顾客：(1) 大多数（约70%）会转向其他品牌；(2) 使更多人对产品或服务质量产生不良印象；(3) 24%的人会告诉其他人不要到提供劣质产品或服务的商店购物。

一些研究表明，顾客每四次购买中会有一次不满意，而只有5%的不满意的顾客会抱怨。大多数顾客会少买或转向其他供应商。而54%～70%的顾客在投诉得到解决后会再次购买；如果顾客投诉很快得到解决，再次购买的顾客会上升到惊人的95%。顾客的投诉得到妥善解决后，他们会把处理的情况告诉遇到的每个人。

四、顾客满意的概念及特点

1. 顾客满意的概念

顾客满意（customer satisfaction，CS）作为一个科学概念，始于消费心理学中的一个普通术语——满意，是对顾客需求是否得到满足的一种界定。当顾客需求被满足时，顾客便有一种积极的情绪反应，称为满意；否则，顾客会有一种消极的情绪反应，称为不满意。

按照ISO 9000：2015《质量管理体系——基础和术语》，顾客满意即顾客对期望被满足程度的感受。通过关于顾客满意的信息，可以评价组织在满足顾客要求方面的状况、满意度的趋势及不足。当满意度很低时，顾客会抱怨，但没有抱怨并不一定表示顾客很满意。即使顾客的要求是适宜的并得到满足，也不一定确保顾客很满意。营销大师菲利普·科特勒将顾客满意定义为："满意是指一个人通过对一个产品的可感知效果（或结果）与他的期望值进行比较，所形成的愉悦或失望的感受。"这个定义清楚地表明，满意水平反映可感知效果和期望值之间的差异。这样既符合消费心理学对满意的定义，也为对顾客满意度进行测定与分析提供了理论基础。

顾客通过购买行为获得三种不同的感受：如果效果低于期望，需求得不到满足，则顾客不满意；如果效果与期望相当，需求得到满足，则顾客满意；如果效果超过期望，需求得到超值满足，则顾客完全满意。

2．顾客满意的特点

（1）主观性。顾客满意是顾客对企业的产品或者服务的一种主观的感知，具有很强的主观性，受到本人经济地位、文化素质、需求层次、性格、习惯等诸多方面的影响。

（2）客观性。顾客只要接受了企业的产品或服务，其满意与否就客观存在。

（3）动态性。顾客满意并非一成不变，而是随着顾客的需求层次、客观条件、经济文化水平的发展而变化。变化的需求促使企业不断提升产品和服务质量，使顾客从不满意转变为满意。

（4）全面性。顾客对企业所提供的产品和服务的评价是全面的，而不是针对某一质量特性而言的。在顾客接受产品和服务的全过程中，任何一个环节出现差错都会导致不满意。

（5）模糊性。由于顾客满意是顾客基于自身的感知和情感来判断的，并且难以量化，所以，具有一定的模糊性。

五、顾客忠诚

满意和忠诚是两个不同的概念。满意是一种态度，忠诚则是一种行为。满意的顾客固然重要，但现代的公司应该看得更长远。要获得更高的盈利和市场份额必须依靠忠诚的顾客，即追随一家公司并积极向他人推荐的那些顾客。只是满意的顾客可能因便利、促销或其他因素而转向竞争者。忠诚的顾客将与某家特定的企业做生意放在优先的地位，他们常常愿意绕道或是出高价与某个企业保持来往。忠诚的顾客花费更多，他们愿意支付较高的价格，会推荐新的主顾，企业与之做生意的成本较少。

1．顾客忠诚的概念

所谓忠诚，就是“相对于竞争者，消费者更偏爱购买某一产品或服务的心理状态或态度”，或是“对某种品牌的一种长期的偏好”。顾客忠诚是消费者在消费产品或服务的过程中高度满意与愉快的结果，是一种对品牌的共鸣。顾客忠诚实际上是顾客行为的延续。顾客忠诚可以理解为顾客的一种信念：当顾客想要购买或是将来可能需要购买一种曾经使用过的产品时，他首先想到的就是某一个企业的产品。那些能够为顾客提供高水平产品和服务的企业往往拥有较高的顾客忠诚。如表 2－1 所示，1975—2000 年，宣称自己在购买某种产品或服务时会坚持选择某个品牌的消费者比例已经大幅下降。这就说明顾客随其个性化需求的增长，对产品质量和服务质量的追求已经超过了对品牌的追求。这也迫使企业为了获得更多的顾客忠诚，必须提供更优质的产品和服务，以满足顾客不断增长的消费期望。

表2-1 1975年和2000年的消费者比例

年龄（岁）	1975年	2000年
20～29	66%	59%
30～39	73%	59%
40～49	77%	60%
50～59	82%	59%
60～69	86%	65%
70～79	93%	73%

2. 顾客忠诚对企业的积极作用

顾客忠诚对企业具有积极的作用：忠诚所带来的收益是长期的而且具有积极效果。一个顾客保持忠诚的时间越久，企业从他那里得到的收益就越多。增加顾客的忠诚可以在以下几个方面为企业节省费用：

（1）减少营销费用。

（2）减少经营管理费用，如合约的谈判等。

（3）减少新顾客的开发费用。

3. 顾客忠诚的衡量

虽然顾客忠诚本身很难量化，但是可以通过以下形式进行间接的衡量：

（1）外部顾客。可以通过顾客重复购买的可能性、购买同一企业其他产品或服务的可能性、对价格变化的敏感性、是否口头传颂或推荐他人、是否参与其他顾客的购买行为等方面加以衡量。

（2）内部顾客。可以通过员工抱怨率、员工流失率、违纪违规率（损失率）、员工参与程度、合理化建议比率、参与培训员工比率等方面加以衡量。

4. 顾客忠诚的获得

企业可以通过产品和顾客两个方面来获得顾客忠诚。

（1）产品方面：企业应该提供高质量、低价格、性能稳定的产品。通用电气公司前董事长韦尔奇认为："质量是我们维护顾客忠诚的最好的保证，是我们对付外国竞争者最有力的武器，是我们保持增长和盈利的唯一途径。"

（2）顾客方面：企业应该采取"多做少说"的策略，守信，提供个性化服务，珍惜每一位顾客。

为了提高顾客忠诚度，很多企业推行顾客忠诚计划——对重复购买特定产品或服务的消费者给予回报的计划，包括提供各种奖励，如折扣、赠品、奖品等。美国一家著名的调查公司的调查显示，美国七大行业的十大企业中有一半推行了顾客忠诚计划，英国的情况也大体相似。麦肯锡通过调查发现，在加入日用品及休闲服饰忠诚计划的消费者中，多数人比加入前增加了消费支出。现在比较流行的会员卡制度以及积分返现规则，就是顾客忠诚计划的具体实例。

六、顾客满意驱动质量循环

顾客的需要和期望转化为设计、生产和交付过程的输入，如图 2－5 所示。真实的顾客需要和期望可称作期望质量（expected quality），期望质量是顾客认为将会从产品和服务中得到的东西。企业识别这些需要和期望并将之转化为产品和服务的规范。实际质量（actual quality）是生产过程产出并交付给顾客的东西。但是，如果信息在从图 2－5 的一个步骤到下一个步骤的传递过程中丢失或者被误解，实际质量就可能会与期望质量出现相当大的差别。例如，差劲的市场调研活动可能会错误地评价实际的顾客需要和期望，产品和服务的设计者可能会制定出不能充分反映这些需要和期望的规范，生产人员或客户服务人员可能未按照规范进行交付。

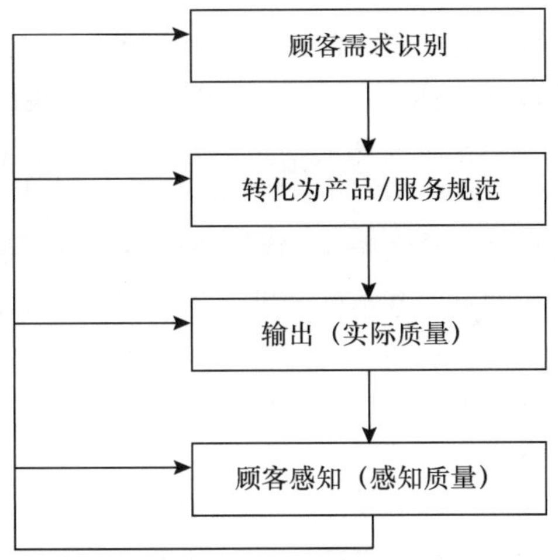

图 2－5　质量循环过程

通过比较期望质量和实际质量，顾客对质量形成自己的感知（感知质量）。如果期望质量比实际质量高，顾客可能会不满。如果实际质量超过期望质量，顾客就会满意，甚至有可能得到意外的惊喜。因为感知质量驱动顾客的行为，所以，企业应该尽其所能保证实际质量和期望质量一致。当顾客看到并确信的产品质量（感知质量）与其实际得到的（实际质量）大不相同时——可能是受广告的影响，也可能是由于之前的负面体验——事情就会变得更为复杂。因此，感知不总是准确的，甚至可能会随时间而变化。

鉴于这些关系的存在，我们必须有一个顾客满意度测量系统，以便利用顾客反馈来进行改进。企业必须确保通过设计和制造过程满足和超越顾客的需要。这就要求企业以顾客的视角而不是组织的视角来看过程。组织的关注重点通常反映在测量绩效的指标上。当一个组织关注生产成本、生产率或产出质量胜过产品的易用性、可获得性时，就很难创造一个顾客导向的组织文化。

顾客不满不能全部归咎于生产或服务缺陷或者员工的错误。顾客有时不能正确使用产品，或对产品的用途有不切实际的期望；营销部门有时会做出难以兑现的承诺；广告有时会有误导性。这些问题表明，企业必须重视顾客的整体体验，包括提供更好的使用手册、更恰当的产品包装信息以及避免言过其实的广告等。

第2节　服务质量及其度量

一、服务质量概述

1. 服务质量研究的发展历程

服务领域是从20世纪80年代初开始引入质量的，其标志是1980年克里斯琴·格朗鲁斯（Christian Cronroos）发表的一篇关于服务质量的文章。当时服务领域的研究完全以营销为导向，营销模型中没有质量概念和质量管理模型。之后关于服务质量（quality of service）的研究如雨后春笋般出现，也日益深入，服务质量逐渐成为服务营销中相对成熟的研究领域。服务质量研究的发展大致可分为三个阶段：

第一阶段（1980—1985年）：这一阶段属于研究的起步阶段，主要对服务管理和服务质量管理中的一些基本概念进行了界定，如格朗鲁斯提出的顾客感知服务质量。这个阶段的研究为后期的研究奠定了坚实的基础，但该阶段的研究大多局限于单个概念，所设计的大多是静态模型。有关服务质量与其他要素如顾客满意、顾客忠诚的关系的研究比较少见。

第二阶段（1985—1992年）：这一阶段的研究主要针对服务质量的构成要素，如顾客感知服务质量度量要素的选择、服务质量测量模型和指标的确定等，突出的研究成果体现在帕拉苏拉曼、蔡特哈梅尔和贝里所提出的恰当服务和期望服务的概念及其在差距理论基础上提出的SERVQUAL模型中。

第三阶段（1992年至今）：这一阶段的研究具有深入性、系统性和整合性，所设计的模型朝动态化方向发展。在该阶段，服务质量与顾客满意、顾客忠诚、顾客价值、关系质量等要素的关系得到学者的广泛关注，产生一系列具有理论价值和实践意义的研究成果。

2. 服务质量的定义

不同的学者对服务质量的定义有不同的侧重点。格朗鲁斯认为服务质量（quality of service）是顾客的期望与实际感知的服务比较的结果。服务质量不能由管理者决定，而必须建立在顾客需求和期望的基础之上。服务质量不是客观决定的，而是顾客对服务的主观感知。与此观点类似，瑞典学者列迪宁（Lehtinen）提出服务质量是消费者通过对比他们认为服务提供者应该提供的服务与他们实际感知到的服务而产生的，是消费者所感知的质量，具有主观性。菲利普·科特勒（Philip Kotler）等人将服务质量定义为相对于顾客的期望而言，企业所提供的服务是否处在一个较高的水平上。这一定义说明了两个关键问题：第一，提供的服务的质量水平必须高于顾客的期望值；第二，顾客对服务质量的感受才是与顾客期望值直接相关的因素。

综合以上对服务质量的定义，我们可以将服务质量定义为其满足规定或潜在要求（或需要）的特征和特性的总和。特征是用以区分同类服务中不同规格、档次、品位的概念。特性则用以区分不同类别的服务，如旅游可以陶冶人的性情、给人愉悦感，旅馆给人提供休息场所。服务质量最表层的内涵应包括服务的安全性、适用性、有效性和经济性等一般要求。

二、服务质量与制造质量的比较

服务质量与制造质量有很大的差别，只有充分了解服务质量与制造质量的异同，才能有针对性地采取措施来提升服务质量。

1. 服务与制造的区别

（1）无形性。首先，服务本身是无形的。制造企业为用户生产的产品具有一定的重量、颜色、体积、形状和轮廓等外部形态特征。而服务是通过员工的言行举止来传递无形产品的一种过程，它看不见，摸不着。比如，顾客在饭店、医院享受的服务。其次，消费服务所获得的利益也是无形的。在服务被购买之前，消费者很难去品尝、感觉和触摸到服务，购买服务必须参考多方面的信息；在服务被购买之后，消费者仅获得一种消费经历，而不像购买产品那样能获得产品的所有权。

（2）不可储存性。制造企业生产出来的产品如果过多，可以通过库房储存起来，以备将来销售。服务却具有不可储存性，所有的服务都不能提前生产、运输、储存，因此顾客购买的服务应当是适时的。酒店的空房间、轮船起航后的空舱位、电影开始放映后的空座位，在一定的时间内如果没有被利用就不再具有价值。基于服务与制造的这一区别，在制造中经常应用的存货控制与管理在服务中就不再适用。服务能力的设定以及服务需求的管理反而显得尤为重要，服务企业如何充分利用现有资源，尽可能提高其使用效率，使服务能力尽量适应变化的服务需求显得至关重要。

（3）差异性。制造企业生产的产品往往具有统一的质量标准，这使得同一企业在一定时期内所提供的同种产品基本无差异。但服务是以人为中心的产业，由于服务人员的差异，对于服务质量很难制定统一的标准。一方面，受服务人员自身因素的影响，其在不同时间提供的服务的质量水平可能不同；而在同样的环境下，不同服务人员提供的同一服务的质量水平也可能不同。另一方面，同一顾客在不同的时间接受相同质量的服务可能会有不同的感受；不同的顾客对相同服务的需求也可能不同。因此，服务企业对服务质量水平应有更高的标准。

（4）生产和消费的同时性。制造企业的产品在从生产、流通到最终消费的过程中，往往要经过一系列中间环节，生产与消费具有一定的时间间隔，即生产和消费是分割的。生产在先，消费在后。然而服务却具有生产和消费的同时性，二者在时间上不可分割。例如去医院看病、搭乘出租车等，在服务人员提供服务的同时，顾客也在享受服务。由于服务的生产过程和消费过程同时发生，服务人员经常与顾客进行面对面的接触，服务人员的行为方式对顾客今后的购买决策有很大影响，所以服务企业要加强对员工服务行为的管理。

（5）顾客参与程度较高。在制造业中，顾客往往游离在企业的生产过程之外，只有在销售或者售后服务环节，客户才会参与其中。而在服务业中，顾客完全参与服务过程，有的学者甚至认为顾客是服务业的共同生产者。

2. 服务质量与制造质量的异同

（1）服务质量与制造质量的相同点。对制造企业和服务企业而言，顾客均是核心，且顾客需求是设计的主要输入因素，无论是服务质量还是制造质量，顾客都是唯一的评价者。因此无论是制造企业还是服务企业，在进行产品和服务设计时，都必须以顾客为核心，以最大限度地满足顾客需求为目标，不断提升产品和服务质量以及顾客满意度。

（2）服务质量与制造质量的不同点。

1）服务质量比制造质量更难评估。制造业的产品是有形产品，因此其质量可以通过许多具体指标（如高度、宽度等）来进行评估。只要对各种指标制定统一的标准，符合一定标准的产品即视为达到一定的质量水平。但这在服务业中却很难实现。由于服务的无形性，顾客对服务质量的评价一般比较主观，除了响应时间等指标，很难找到其他具体指标对其进行测量。顾客一般用经验、感受和安全等方面的语言描述服务，十分抽象，并且由于个性的差异，不同的顾客可能对同样的服务有不同的评价标准，因此难以制定统一的服务质量评价标准，使得服务质量相比制造质量更难以评估。

2）服务质量比制造质量更难保证。制造业产品的生产和消费过程不是同时发生的，因此可以在生产完之后进行质检，保证只有合格的产品才可以进入市场，不合格的产品直接回收。如果产品在投放市场之后发现质量问题，还可以通过召回的方式予以弥补。例如近年来频繁发生的汽车召回事件，即在发现汽车存在质量问题时，通过及时召回返修使质量得以改善。但服务业所提供的服务具有生产和消费的同时性，因此很难对服务过程进行监控。一旦服务过程出现质量问题，将直接影响到顾客的满意度，并且可能无法弥补。因此服务业要想保证质量，必须保证第一次就把事情做好，并完善事前和事中质量控制。

3）服务质量比制造质量更难使顾客获得事前感知。顾客在购买之前可以通过观察、触摸、嗅闻，甚至是试用等方式对产品质量进行初步感知，从而决定是否购买该产品。但在大多数情况下，顾客很难在购买服务之前对服务的质量进行感知，而只能根据他人的知识和经验以及企业的广告宣传等来初步判断服务质量，决定是否购买该服务，这有可能造成消费者被误导，盲目购买。

4）服务质量问题比制造质量问题更难解决。当消费者发现产品的质量问题时，可以凭票据和产品要求企业退货并获得相应的赔偿。但服务具有不可储存性，企业为消费者提供服务之后，服务就立即消失，因此购买劣质服务的消费者通常无货可退，无法要求企业退款。

三、服务质量的维度

服务质量比产品质量更难定义。虽然服务与产品具有许多共同的特性，但是顾客的大量参与使得服务具有更多样的质量特性。例如，一位使用手机的顾客关心的只是手机的质量，而不在乎工人在生产手机时心情的好坏；然而顾客在餐厅就餐时，如果服务员心情不佳，那么即使饭菜本身是好的，顾客感知到的服务质量也可能是有问题的。目前应用比较多的主要有以下两种维度划分方法。

1. B2C 下服务质量的维度

帕拉苏拉曼、蔡特哈梅尔和贝里于 1985 年提出了测量质量性能时通常使用的 10 个维度。以此为基础，他们又于 1988 年提出了 SERVQUAL 五维度模型，即服务质量的有形性、可靠性、响应性、保证性和移情性，各个维度的具体定义第 1 章已做过详细介绍。SERVQUAL 模型至今仍然被许多服务公司采用以测量质量水平。

2. B2B 下服务质量的维度

B2B 下的服务质量不仅与服务结果有关，也与服务过程有关，基于此，可以把服务质量的维度划分为过程服务能力、过程交互质量、潜在服务能力以及结果质量四个方面。这也是目前比较常用的服务质量维度划分方法。

（1）过程服务能力，即服务过程中顾客对服务提供方服务能力的评价。这些能力主要表现在服务人员的仪态仪表、服务态度、服务程序、服务行为是否满足顾客需要等方面。服务提供方提供服务的能力越强，提供的服务质量就越高，因此这是服务质量的一个重要维度。

（2）过程交互质量，即服务过程中顾客对双方交互行为的质量的评价。在服务的生产和消费过程中，顾客要与服务企业发生多层次和多方面的交互。过程交互质量反映的是企业在提供服务的过程中这种交互作用的程度。过程交互质量越高，说明顾客参与服务过程的程度越高，相应地，服务质量就会提高。

（3）潜在服务能力，即顾客对服务提供方持续提供高质量服务的能力的评价。比如，某企业具有一定的信誉、形象和实力，拥有一批经验丰富、专业素质较高的服务人员，顾客可以从员工身上感受到独特的企业文化和管理理念等，这些都会对企业的服务质量产生直接的正面影响。

（4）结果质量，即顾客对服务最终结果的质量的评价，主要包括服务本身的质量标准、环境条件、网点设置，以及服务项目、服务时间、服务设备等是否适应顾客的需要。一般来说，结果质量主要涉及技术方面的内容，因此顾客可以通过较为直观的方式加以评估，对结果质量的衡量也较为客观。

四、服务质量测量模型

为了更好地改进服务，提升服务质量，需要对服务质量进行测量，常用的服务质量测量模型有以下几种。

1. 感知服务质量模型

格朗鲁斯于1982年提出了顾客感知服务质量模型，如图2-6所示。按照这个模型，顾客感知的服务质量是顾客的期望与亲身体验的服务相比较的结果。如果经历超出期望，那么感知的质量便是高的；相反，如果经历没有达到期望的水平，那么感知的质量便是低的。由此模型还可以看出，企业形象对服务质量起到过滤器的作用：如果在消费者心目中企业形象是好的，那么即使消费者遇到某些质量问题，事态也会由于企业形象得以缓解。当然，如果问题连续出现，最终还是会损害企业形象。如果消费者心目中的企业形象不太好，那么质量问题很容易被感知为比实际更糟。

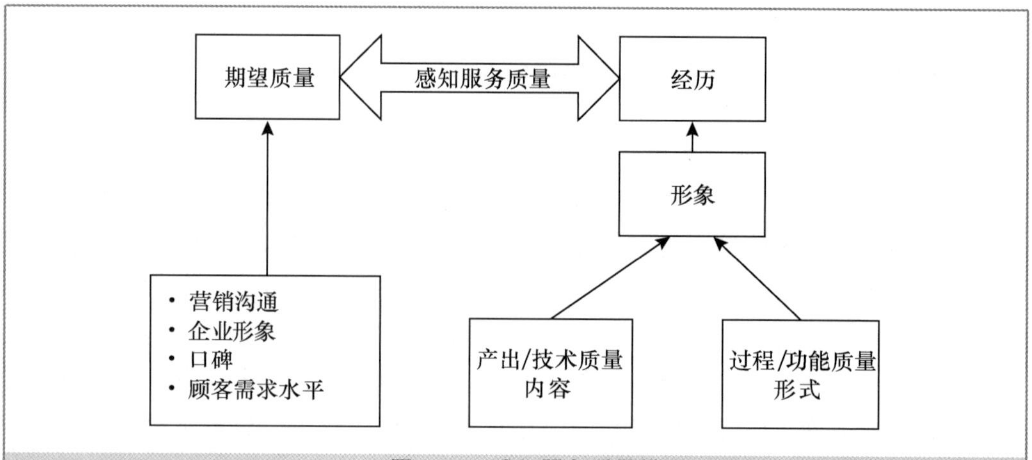

图2-6 感知服务质量模型

2. 差距分析模型

1985年，帕拉苏拉曼、蔡特哈梅尔和贝里在格朗鲁斯提出的感知服务质量模型的基础上，提出了最广为使用的、服务质量研究中最为经典的差距分析模型（gap analysis model），如图2-7所示。该模型区分了服务质量的五种差距，专门用来分析服务质量问题产生的根源，从而帮助管理者研究如何采取措施提高服务质量。服务质量差距分析模型奠定了服务质量评价的理论基础。

差距分析模型的作用体现在以下三个方面：

（1）模型说明了服务质量是如何形成的。由模型的结构可以看出，其上半部分是与顾客有关的内容，下半部分是与服务企业有关的内容。期望的服务质量受口碑传播、个人需要及过去的经历等因素的影响。

（2）模型说明了顾客感知的服务质量的产生过程。顾客感知的服务质量产生于服务企业的一系列内部决策和活动。管理层根据自身对顾客期望的认知制定服务质

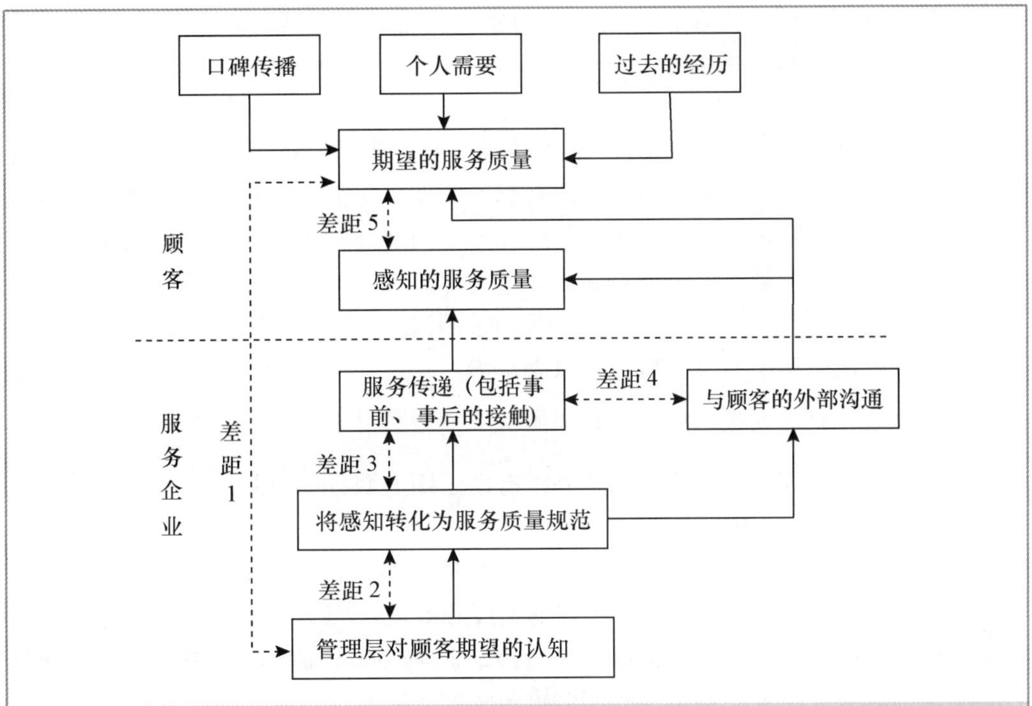

图 2-7　服务质量差距分析模型

量规范；当服务进行传递时，服务质量规范成为服务组织必须遵循的原则；顾客体验到服务的生产和提供过程，并感受到服务的技术质量与功能质量，将这种感知与自己预期的质量相比较（比较时还会受到企业形象的影响），最终形成自己对服务质量的整体感知和认识，这就是顾客感知的服务质量。

（3）模型指出了服务质量形成过程中的差距。服务质量形成过程中的差距体现在五个方面，分别是管理层认识差距（差距 1）、服务质量规范差距（差距 2）、服务传递差距（差距 3）、市场信息传播差距（差距 4）和可感知服务质量差距（差距 5）。

1）管理层认识差距是指服务企业管理层没有准确理解顾客对服务质量的期望。此差距的产生是由于服务提供者不能充分了解顾客对服务的期望。

2）服务质量规范差距是指服务企业所制定的服务质量规范未能准确反映出管理层对顾客期望的理解。此差距的产生是由于资源条件有限、市场状况不确定或管理者疏忽等，导致服务提供者无法提供顾客真正需要的服务。

3）服务传递差距是指企业在生产和提供服务的过程中未能达到服务质量规范。此差距的产生是由于在提供服务时，服务传递系统的绩效无法达到管理者所设定的服务质量标准。即使服务提供者制定出满足顾客需要的服务标准，但是由于服务无法标准化，服务传递系统受太多不确定因素的干扰，因此无法保证顾客得到的服务与此标准相吻合。

4）市场信息传播差距是指企业在市场信息传播过程中所承诺的关于服务质量的信息与企业实际提供的服务质量不一致。此差距的产生是由于顾客对服务的期望和感知受到大众传播的影响而发生变化。承诺或保证可提高顾客的期望，但是，当顾客接受的实际服务无法达到设定的期望值时，则会降低对服务质量的感知。

5）可感知服务质量差距是指顾客体验和感受到的服务质量与预期的服务质量不一致。此差距是由顾客消费前对服务的期望与消费后对服务的感知之间的差异造成的。如果顾客消费后对服务的感知高于消费前对服务的期望，则顾客对服务质量感到满意；否则就会降低对服务质量的评价。

其中，差距5是差距1到差距4的函数，受到这四个差距的大小和方向的影响。在该模型中，服务质量可以表示为：

服务质量＝实际感知的服务－期望的服务

因此，缩小或消除前四个差距有助于缩小服务质量差距。

3. SERVQUAL 模型

SERVQUAL 是著名的服务质量测量模型，包含5个主要维度，由22个项目组成。SERVQUAL 量表有很好的信度和效度，广泛应用于服务行业，可以阶段性地考察服务质量趋势，也可以评估特定企业的每个维度的服务质量和最终质量，确定影响服务质量的各维度的相对重要程度。

SERVQUAL 模型包括两部分，即顾客期望和顾客感知，调查表分别如表2-2和表2-3所示。可以将 SERVQUAL 项目归类到五个不同的服务质量维度，如表2-4所示。

表2-2　SERVQUAL 期望调查表

1. 公司拥有现代化设备。
2. 公司的硬件设施具有吸引力。
3. 公司的员工穿着得体、整洁。
4. 公司制作的与服务有关的材料（例如宣传小册子）很有吸引力。
5. 公司会在其约定时间内履行承诺。
6. 公司会表现出解决顾客问题的热忱。
7. 公司首次即能提供顾客所需的服务。
8. 公司会在其承诺时间内为顾客提供服务。
9. 公司会保持零缺陷的工作记录。
10. 公司的员工会告知顾客其提供服务的确切时间。
11. 公司的员工会给顾客提供即时的服务。
12. 公司的员工必定乐于帮助顾客。
13. 公司的员工绝对不会因太忙碌而忽略顾客的需求。
14. 公司员工的表现会使顾客对公司有信心。
15. 顾客在接受公司的服务时感到安全。
16. 公司的员工永远对顾客保持礼貌。
17. 公司的员工能够回答顾客的所有问题。
18. 公司会关注每一位顾客。
19. 公司的营业时间方便所有顾客。
20. 公司拥有能够给予顾客所需服务的员工。
21. 公司会考虑顾客的利益。
22. 公司的员工了解顾客的特殊需求。

表 2-3　SERVQUAL 感知调查表

1. 公司拥有现代化设备。
2. 公司的硬件设施具有吸引力。
3. 公司的员工穿着得体、整洁。
4. 公司制作的与服务有关的材料（例如宣传小册子）很有吸引力。
5. 公司会在其约定时间内履行承诺。
6. 公司会表现出解决顾客问题的热忱。
7. 公司首次即能提供顾客所需的服务。
8. 公司会在其承诺时间内为顾客提供服务。
9. 公司会保持零缺陷的工作记录。
10. 公司的员工会告知顾客其提供服务的确切时间。
11. 公司的员工会给顾客提供即时的服务。
12. 公司的员工必定乐于帮助顾客。
13. 公司的员工绝对不会因太忙碌而忽略顾客的需求。
14. 公司员工的表现会使顾客对公司有信心。
15. 顾客在接受公司的服务时感到安全。
16. 公司的员工永远对顾客保持礼貌。
17. 公司的员工能够回答顾客的所有问题。
18. 公司会关注每一位顾客。
19. 公司的营业时间方便所有顾客。
20. 公司拥有能够给予顾客所需服务的员工。
21. 公司会考虑顾客的利益。
22. 公司的员工了解顾客的特殊需求。

表 2-4　SERVQUAL 的项目和维度

维度	项目
有形性	1～4
可靠性	5～9
响应性	10～13
保证性	14～17
移情性	18～22

SERVQUAL 模型最重要的功能是通过定期的顾客调查来了解服务质量的变化趋势。在多场所服务组织中，管理者可用 SERVQUAL 判断是否有些部门的服务质量较差。如果有的话，管理者可进一步考察造成顾客不良印象的原因，并提出改进措施。SERVQUAL 还可用于市场调研，确定企业的服务质量在哪些地方优于对手，在哪些地方劣于对手。

使用 SERVQUAL 模型作为评估服务质量的工具具有如下优点：（1）作为评估不同服务质量的标准；（2）适用于多种服务类型；（3）具有可靠性，即不同的人对问题有类似的解释；（4）该表只有 22 个调查项目，使用简单，顾客和员工可在短时间内填完该表；（5）具有标准的分析过程，便于解释和分析调查结果。

第3节 顾客满意度测评

一、顾客满意度测评的分类及原则

1．顾客满意度测评的分类

在进行顾客满意度测评以前必须明确测评的目的。顾客满意度测评可以分为四大类，如表2－5所示。

表2－5　　顾客满意度测评的分类

	概况调查	事务性调查	可靠性调查	后继或诊断调查
何时进行	固定周期	尽可能接近业务活动时间	在一个使用周期后或达到某个使用（拥有）的重要阶段	收到特别好或特别坏的反馈时
覆盖范围	普查或科学的抽样调查	接触或使用要考评的业务的顾客	抽取样本或者普查	那些作出回答并需要探究的顾客
评价的问题	普遍性的问题，如总体业绩，对关键的、基本的问题的满意情况，非常宏观	与企业运作相关的特定问题，非常具体	与总体的可靠性和售后服务水平相关的问题	以深入研究为目的的特定问题，寻求解决方案

2．顾客满意度测评的原则

进行顾客满意度的测评，必须首先建立顾客满意度测评指标。顾客满意度测评的原则有：

（1）全面性原则。顾客满意度评价体系应该力求准确地反映顾客的满意状况，因此，其指标必须全面且有代表性。

（2）独立性原则。顾客满意度评价体系中的指标必须有较高的区分度，便于调查对象辨别。体系中的每个指标都能反映产品和服务的不同方面。

（3）层次循序渐进原则。影响顾客满意的因素很多，可以分成几个层次，采用层次渐进、循环交替的方法，逐渐将顾客满意度调查推向深入。

（4）可测性原则。顾客满意度测评的结果是一个量化的值，设定的测评指标必须是可以进行统计、计算和分析的。

（5）可行性原则。顾客满意度测评的最终目的是发现问题，改进产品或服务，因此各指标的内容和意义必须能被员工和顾客理解。

二、顾客满意度测评的步骤

企业为了使其产品的质量特性满足顾客需求，甚至超越顾客的期望，同时尽量减少不合理的缺陷以降低成本，需要实施顾客满意度调研、分析。完整的顾客满意度测评程序如图 2－8 所示。

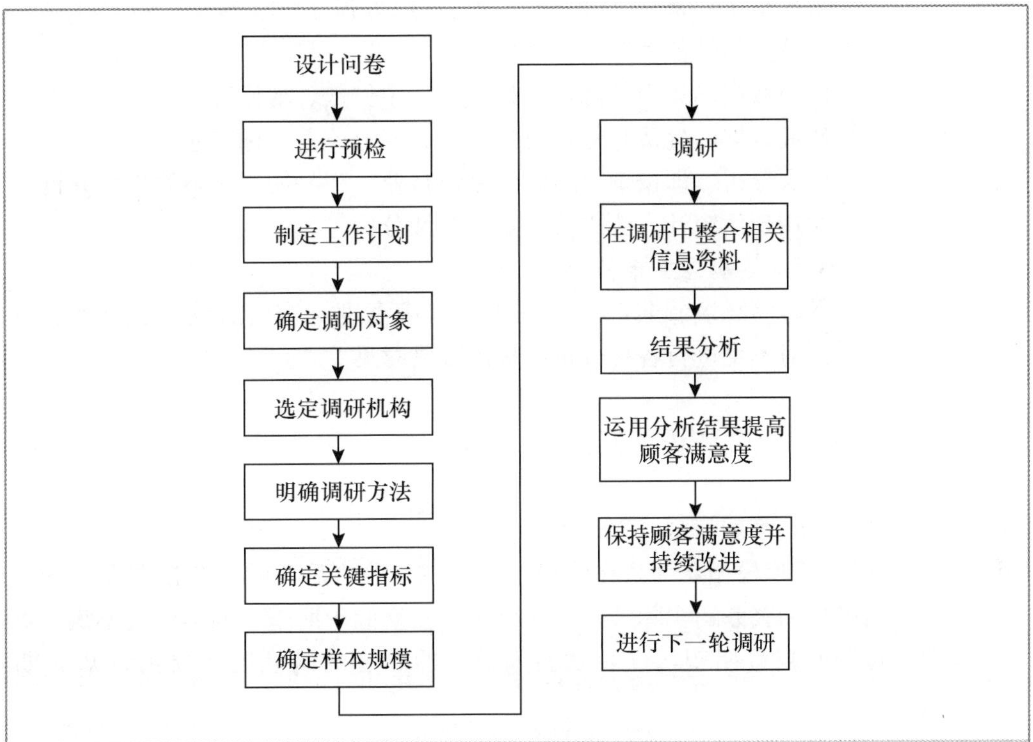

图 2－8　顾客满意度测评程序

顾客满意度测评程序中有以下几点需要说明：

1．关键绩效指标

（1）与产品有关的：产品主要性能、产品外观和造型、产品质量、产品特色、全生命周期费用（LCC）、产品设计、产品可靠性、价格、支付方式等。

（2）与服务有关的：保修期、维修性、顾客投诉数量、投诉响应时间、备品备件、服务质量等。

（3）与购买有关的：沟通、竞争力、信誉、礼貌、承诺等。

（4）与社会责任有关的：安全性、环境影响等。

对绩效指标要逐一准确定义，并在选择时考虑到所有顾客都能作出判断。如生产大型产品的组织，其产品有一定的平均无故障时间，顾客在售后服务这一栏可能无法填写。又如生产小型、简单产品的组织，顾客在组织形象这一栏因不了解而无法填写。

2．提高回收率和有效问卷率的措施

（1）在用户中选择全面了解产品购买、使用、维修的人。

（2）问卷设计要简明扼要，措辞准确，防止歧义。

（3）问卷发出后要跟踪催促。

（4）在问卷中承诺小礼品，收到填好的问卷后即发出小礼品以资鼓励。

（5）对空白栏目要再次征求顾客意见。

3. 数据处理的方法

（1）采用最小二乘法（OLSE）计算回归方程。

（2）计算点估计值和区间估计值。

（3）研究数据的集中趋势，包括众数、中位数、均值等。

（4）研究数据的分散趋势，包括极差、四分位差、标准差。

（5）分层分析，即按销售地区、用户行业、产品使用年限等进行分析。

（6）运用现代统计方法进行多重共线性分析等。

4. 撰写顾客满意度报告

撰写顾客满意度报告时，要列出顾客满意度调查的置信度、误差、点估计值等，还要针对不足进行各种分析，提出改进意见。

三、顾客满意度测评的方法

1. 认知-预期模型（P-E 模型）

认知-预期模型认为，在消费过程中或消费之后，顾客会根据自己的期望及认知评估产品和服务的实际效果。如果实际效果低于期望，顾客就会不满；如果实际效果符合或超过期望，顾客就会满意，即顾客的满意度主要由认知和期望之差决定。

$$SQ_i = \sum_{i=1}^{k} W_j (P_{ij} - E_{ij}) \tag{4-1}$$

式中，

SQ_i——对于激励 i 的总体服务质量满意度；

k——服务（产品）特性的数目；

W_j——特性 j 对 SQ_i 的权重；

P_{ij}——与特性 j 相关的激励 i 的认知大小；

E_{ij}——与特性 j 相关的激励 i 的预期大小。

2. 四分图模型

四分图模型又称重要因素推导模型，是一种偏向定性研究的诊断模型。它列出组织产品和服务的所有绩效指标，每个绩效指标有重要性和满意度两个属性，根据顾客对该绩效指标的重要程度及满意程度的打分，将影响组织满意度的各因素归进四个象限内，如图 2-9 所示。组织可按归类结果对这些因素分别处理。如果组织需要，还可以汇总得到一个组织整体的顾客满意度值。

A——优势区。指标分布在这些区域，表示对顾客来说，这些因素是关键因素，顾客目前对这些因素的满意度评价较高，这些因素需要继续保持并发扬。

B——修补区。指标分布在这些区域，表示这些因素对顾客来说是重要的，但当前组织在这些方面的表现比较差，顾客满意度评价较低，需要重点改进。

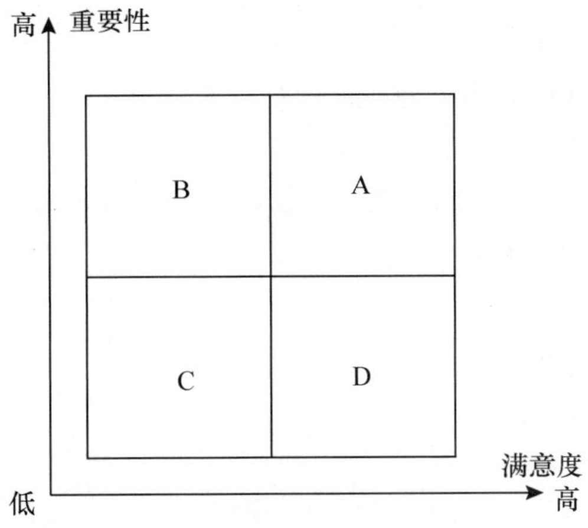

图 2-9　四分图模型

C——机会区。指标分布在这些区域，表示这些因素对顾客不是最重要的，顾客满意度评价也较低，因此不是现在最需要解决的问题。

D——维持区。指标分布在这些区域，表示满意度评价较高，但对顾客来说不是最重要的，属于次要优势（又称锦上添花因素），对组织实际意义不大。

对所有的绩效指标归类整理后，可从以下三个方面对组织的产品和服务进行改进：

（1）消费者期望。消费者最为关注的，并且影响他们对组织满意度的最重要的因素。

（2）组织的优势。组织在这些因素上做得到位，消费者满意度高。

（3）组织的弱点。组织在这些因素上工作不足，或是没有意识到这些因素对满意度的影响。

如果需要计算组织整体的顾客满意度，可按下式计算：

$$I_i = \sum_{j=1}^{m} K_j R_{ij}, \quad i = 1,2,\cdots,n; j = 1,2,\cdots,m \tag{4-2}$$

式中，

I_i——第 i 个指标的重要性；

i——影响顾客满意的指标个数；

K_j——指标相对重要性为 j 时所对应的分值；

j——评价各指标相对重要性的分类等级；

R_{ij}——第 i 个指标重要性为 j 级的顾客占总人数的比例。

顾客满意度的计算公式如下：

$$P_i = \sum_{j=1}^{k} X_j Y_{ij}, \quad i = 1,2,\cdots,n; j = 1,2,\cdots,k \tag{4-3}$$

式中，

P_i——顾客对第 i 个指标的满意程度；

i——影响顾客满意的指标个数；

X_j——满意程度等级为 j 时所对应的分值；

j——顾客满意的分类等级；

Y_{ij}——第 i 个指标满意度为 j 级的顾客占总人数的比例。

总体满意度的计算公式如下：

$$P=\frac{\sum_{i=1}^{n} P_i I_i}{X_k \sum_{i=1}^{n} I_i} \tag{4-4}$$

式中，

X_k——满意度等级最高时对应的分值；

P——总体满意度；

P_i——顾客对第 i 个指标的满意程度；

I_i——第 i 个指标的重要性；

i——影响顾客满意的指标个数。

3. 顾客满意率

顾客满意率是指在一定数量的目标顾客中表示满意的顾客所占的百分比，是用来测评顾客满意程度的一种方法，其计算公式为：

$$T=\frac{S}{C}\times 100\% \tag{4-5}$$

式中，

T——顾客满意率；

S——在目标顾客群体中表示满意的顾客数量；

C——目标顾客数量。

4. 调查表式的顾客满意度评估

（1）调查表式的顾客满意度评估方法的步骤为：1）确定顾客满意度评价指标；2）设计顾客满意度评价调查表；3）发放调查表；4）根据顾客打分计算顾客满意度分值。关于某项服务的顾客满意度调查表如表 2-6 所示。

表 2-6　顾客满意度调查表

项目	很满意	满意	一般	不满意	很不满意
服务的可靠性					
服务的及时性					
服务的准确性					
服务的完整性					
服务的情感性					

注：很满意为 100 分，满意为 80 分，一般为 60 分，不满意为 40 分，很不满意为 20 分。

服务的可靠性是指组织对顾客承诺的兑现程度；服务的及时性是指组织解答顾客咨询问题的及时性、回复电话的及时性、送货的及时性等；服务的准确性是指在顾客购物后，组织送货的质量和数量的准确性；服务的完整性是指售前组织对商品信息的介绍具有完整性，售后的各项保障服务具有完整性；服务的情感性是指组织在服务过程中应该尊重顾客、关心顾客、了解顾客、熟悉顾客，尽可能提供个性化的服务。

$$\text{顾客满意度} = \frac{\sum n_i X}{N} \times 100\% \tag{4-6}$$

式中，

N——抽样调查总人数；

X——$\in\{100, 80, 60, 40, 20\}$，为顾客满意档次分值；

n_i——打分为 X 的顾客人数。

（2）收集和分析顾客的信息。

1）资料整理。经过调查策划、调查表的设计、调查的实施，企业可以获得大量数据，但这些数据仅仅是原始的信息，不对其进行整理，数据本身并不能说明任何问题，也就达不到顾客满意度调查的最终目的。调查组织者的任务是，通过对这些数据的整理和分析得出顾客满意情况的结论，指出不满意的方面和造成这些结果的原因，找出需要改进的优先事项，为企业的管理者决策提供信息。

调查资料的整理和评价的基本步骤如下：

第一步：接收与核对调查表。对于收集来的调查表，应当认真细致地做好接收与核对工作。一般应注意以下几点：

● 调查表的登记。负责接收调查表的人员要事先设计好表格，用于登记交上来的调查表。表格的项目一般包括调查员姓名、调查地区、调查实施的时间、交表日期、实发调查表数、拒答调查表数、剔除调查表数、其他调查表数、合格调查表数等。

● 调查表的接受和剔除。负责调查表回收的工作人员要将全部调查表检验一遍，将无效的或不能接受的调查表剔除。无效的调查表指的是以下几种情况：

a. 不完全的调查表，即有相当多的部分没有填写，其缺失值难以处理，并且缺失值对调查结果有直接影响的调查表。

b. 被调查者没有理解调查表的内容，造成答案错误，或是没有按照指导语的要求进行回答，其回答内容与调查表要求的内容大相径庭的调查表。

c. 回答没有什么变化的调查表。比如调查表有 20 个问题，所有问题都选择一个答案，这样的调查表可能没有认真回答，应检查其真实性。如果这样的调查表数量不是太多，可以考虑剔除；如果这样的调查表所占比例较大，很可能是因为调查表的设计或调查方法有问题，应进行认真研究，不可急于得出结论。

d. 缺损的调查表，即有数页丢失或无法辨认的调查表。

e. 由不符合要求的其他人填写的调查表。有时候顾客满意度调查的被调查者是特定的对象，如果发现不是由目标对象回答的调查表，那么数据真实性就值得怀疑。

f. 信息前后矛盾或有明显错误的调查表。

● 估算剔除后样本的数目是否符合预定样本量要求，确定是否需要补充调查。

第二步：不合格调查表的处置。对于不合格的调查表，常用的处置方法有以下几种：

● 退回重新填写。不合格的调查表可以退回让调查员找到原来的答卷人重新填写。在小规模的市场调查中，样本量较小，被调查对象很容易识别，所以退回去重新填写的办法是可行的。不过第二次调查得到的数据可能会与原来的不同，因为调查的时间不同，或者调查的方式不同。

大规模调查时，退回去重新填写的方法可能行不通，即便行得通也会产生很多负面影响，例如造成顾客抱怨、增加调查成本、延误调查时间等。所以在调查表的设计阶段就应该考虑到这些问题，以便留有余地。

● 剔除。在以下情况下，可以考虑将不符合要求的调查表剔除：

a. 不符合要求的被调查者的比例很小。

b. 样本量较大，在设计阶段已经考虑将不合格调查表剔除，而且剔除不合格调查表之后仍然符合调查设计的样本量要求。

c. 不符合要求的答案在全部问题中占有很大的比例。

d. 不是由具有代表性的顾客填写的调查表。

e. 缺失关键问题回答的调查表。

不过，剔除不合格调查表可能会产生系统误差，因为不符合要求与符合要求的调查对象之间的差异可能是实质性的。其次，判定一个调查对象不符合要求可能是主观的。如果调查者决定剔除一些调查表，应事先制定不合格调查表的标准和剔除控制程序，剔除的调查表不应立即销毁，必要时企业应对剔除的调查表进行检查。在顾客满意度调查报告中应当说明剔除不合格调查表的理由以及剔除的数量。

第三步：缺失数据的处理。

缺失数据是指未知的变量值，可能是由于被调查者没有给出明确的答案或调查员没有记录下他们的答案。

● 按照缺失值处理的情况：

a. 不符合要求的调查表数量较少。

b. 这些调查表中不符合要求的回答的比例很小。

c. 不符合要求的回答不是关键问题的回答。

● 处理缺失数据的方法：

a. 用一个中间值替代。通常可以用一个中间值，特别常用的是该变量的平均值，来代替该变量的某些缺失值。这样代替的结果是，该变量的数值不会受到影响，其他参数例如相关系数等也不会受到很大的影响。这种方法虽然有一定的优点，但从逻辑上看是有问题的，因为缺失值对应的调查对象如果给出了答案，可能会是高于或低于平均值的其他数值。

b. 用一个估算的答案代替。用调查对象对其他问题的回答来估计或计算出适合缺失问题的答案。调研者试图根据现有的数据去推断答卷人如果回答该问题可能给出什么答案。利用一些统计方法，根据现有的数据，可以找到该问题的答案。例如，洗衣粉的购买量与家庭人口数之间的关系可以通过回答这两个问题的所有填表人给出的答案来确定。因此，如果某位填表人没有回答洗衣粉的购买量，就可以通过其家庭人口数估计出洗衣粉购买量。不过，这种方法有可能会造成一定的偏差。

c. 配对删除。在配对删除中，并不删除有缺失值的所有数据。只使用那些回答完整的数据。因此，在分析中不同的项目计算可能会基于不同的样本量。这种方法对样本量较大、缺失数据不多、变量间不是高度相关的情况是可行的。

上述几种处理缺失数据的方法得到的结果可能是不同的，特别是当缺失值不是随机出现以及变量间的相关程度较强时。因此，应当想办法使缺失的回答的数量保持在最低的水平。在选择处理缺失数据的特定方法时，要认真考虑可能出现的各种问题。

2）标分。对测评结果进行标分是对顾客满意度测量结果量化的关键步骤。调查表的标分可以在数据汇总和分析阶段进行，也可以在调查表的设计阶段进行。有资料建议，标分分为 5 级比较合理；标分超过 5 级，一般人难以有足够的辨别力。但是对于具体的调查活动，标分也可以采用其他分级方法。常用的标分方式有以下几种：

● 梯级分值法。让评定者按一定的梯级给所消费的产品或服务进行评级，每一个梯级对应一定的分值。这样，评定结果就由梯级变成分值。比如，按 5 个梯级来标示顾客的感受，可用：很满意、满意、一般、不满意、很不满意。这 5 个梯级可以分别对应 20，10，0，－10，－20 五个分值，这样，调查结果的评定就可以量化了。当然，也可以采用 10，8，6，4，2 等分值方法。具体各梯级设定多少分值，可以根据不同的情况而定。

● 直接分值法。直接分值法就是提供一个分值区间，由评定者根据自己对产品或服务的感受，直接给出相应的分值。比如，给出（0，10）这个分值区间，评定者可在 0～10 这个范畴内给产品或服务打分。这种方法不需要转换分值，非常简单，但准确性较差。其原因是评定者虽然明白自己的消费感受，但不一定能把这种感受用恰当的分值表示出来，而且不同的顾客对同一产品给出的分值可能相差很大，这种分值的差别就可能导致调查结果的不准确。有人建议增加详细的评分说明，这当然有一定的道理，但是在实际应用中难以对每一分值给予说明，有时候说明太具体反而限制了被调查者，造成新的信息失真。

● 关键词分值法。提供给顾客一系列表示感受的关键词，这些关键词分别代表顾客满意与不满意的状态，顾客可以找到相应的关键词来表达自己的满意水平。这些关键词都与一定的得分值相对应，于是评定得以量化。比如，关键词是“愤慨”为－3 分，“气愤”“烦恼”为－2 分等。这种方法的重点在于关键词是否准确，是否能够代表顾客的感受，关键词之间的梯级关系是否清楚，能否明确区分开来，每两个梯级之间是否基本等值。由于顾客是从自己的角度来看待这些关键词，很可能与调查者的角度不完全相同，因此调查者在调查表设计阶段应该给予重视。关键词分值法与梯级分值法比较相似，两者可以结合应用。

3）顾客满意度测量报告的编写。一份完整的顾客满意度测量报告，既可以让人全面了解顾客的满意状况，也可以为质量改进提供依据。

● 顾客满意度测量报告编写的一般要求：

a. 语言简洁。顾客满意度调查的结果是为企业实施和改进顾客关系管理服务的，因而企业的管理层往往是顾客满意度测量报告的读者。顾客满意度测量报告应简明扼要，报告的撰写者应设法避免使用大量晦涩难懂的专业词汇，或罗列大量烦琐的计算过程，报告的语言不必追求华丽，要简洁、准确、易懂。

b. 结构严谨。在撰写调研报告时，各部分内容的中心要明确，各部分之间的逻辑性要强，努力使读者看一遍就能明白整个调研的基本过程和结果。千万不可把一大堆资料简单地堆积在一起。

c. 结论明确。在调研报告中，对调研得出的结论要明确地加以阐述，不能模棱两可、含糊其词。

● 顾客满意度测量报告的主要内容。顾客满意度测量报告包括封面、目录、索引、摘要、调查目的、调查方法、调查结果、结论和改进建议、附录等内容（可以简化处理）。

a. 调查目的。顾客满意度测量的目的通常包括以下几方面：

√了解顾客群体对本企业产品和（或）服务的满意程度。

√发现本企业产品和（或）服务的各种特性之间顾客满意度的差异，找出薄弱环节，寻找改进机会。

√发现顾客对产品和（或）服务不同特性的偏好程度的差异，为市场营销部门更好地制定市场细分策略提供一手数据。

b. 调查方法。在这部分中，需要简单叙述的内容包括以下几方面（注意必须简单明了）：

√顾客群体。说明从什么样的顾客群体中抽取样本进行调查。

√样本的结构。根据什么样的抽样方法抽取样本，样本的结构如何，是否具有代表性。

√使用的调查表。调查表中涉及哪些项目，选择这些项目的原因是什么。

√调查方法。是面谈调查还是电话调查等，对调查过程如何实施质量控制。

√调查员介绍。对调查员的条件以及训练情况可以简略地介绍。

√调查完成情况。调查多少人，收回的调查表有多少，有效调查表的回收率是多少，不合格调查表被剔除的原因及数量，是否采取补救措施等。

√顾客满意度指标计算方法。说明如何标分，如何确定权重，如何计算等。

c. 调查结果。这部分将调查所得结果报告出来，通常有必要报告如下内容：

√顾客满意度、顾客满意率或其他顾客满意指标的计算结果及准确程度。

√与以往相比较，对顾客满意度指标的变化趋势做出合理的解释。

√数据分析的结果。

d. 改进建议。在可能的情况下，针对调查获得的结论提出可以采取哪些纠正或预防措施。

5. 顾客满意度指数

（1）概述。随着对顾客满意理论的深入研究，产生了定量评价的方法——顾客满意度指数（customer satisfaction index，CSI）。实施顾客满意战略，用顾客满意度指数来测评产品和服务的质量已成为发达国家和先进企业推进质量管理的新趋势。自 1989 年瑞典构建世界上第一个国家顾客满意度指数以来，已经建立的国家或地区层次上的顾客满意度指数，包括瑞典顾客满意度指数 SCSB（Sweden Customer Satisfaction Barometer，1989）、美国顾客满意度指数 ACSI（American Customer Satisfaction Index，1994）、德国顾客满意度指数 DK（Deutsche Kuden-barometer，1995）等。另外，许多国家和地区都建立了自己的顾客满意度指数，截至 2017 年，已经有瑞典、德国、加拿大等 20 多个国家和地区先后建立了全国和地区性的顾客满意度指数模型。在我国，北京和上海两地已经启动了各自的 CSI 项目。

顾客满意度指数是以市场上消费过和正在消费的商品和服务为对象，量化各种类型和各个层次的顾客的评价，从而获得的一种综合性经济指标。它从顾客的角度出发，测量经济产出究竟在多大程度上满足了顾客的需求，不同于由政府质量监督部门根据质量技术指标来评价产品质量的做法，符合经济个性化趋势。

（2）美国顾客满意度指数（ACSI）。美国顾客满意度指数的模型和方法由美国质量协会、密歇根大学商学院国家质量研究中心负责。ACSI 基于这样一个理论，即顾客满意度与顾客在产品购买前的期望及在产品使用中的感受有密切的关系，并且顾客满意度的高低会导致两种基本结果：顾客忠诚和顾客抱怨。

ACSI 使用的是一种由多重指标（问题）支持的六种潜变量组成的模型，如图 2-10 所示。

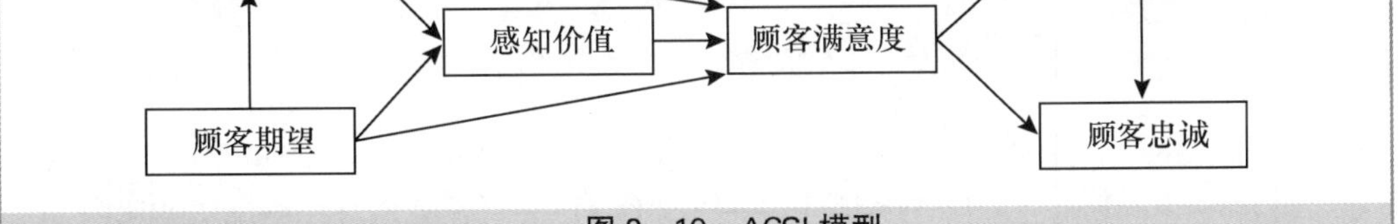

图 2-10　ACSI 模型

ACSI 的模型显示，在六个潜变量中，顾客期望、感知质量和感知价值是三个原因变量；顾客满意度、顾客抱怨、顾客忠诚是三个结果变量。原因变量综合影响并决定着结果变量。顾客满意度是由顾客在购买和使用产品的过程中，产生对产品质量和价值的实际感知，并将这种感知同购买前或使用前的期望值做比较而得到的感受和体验决定的。顾客满意度低将产生顾客抱怨甚至投诉，而顾客满意度高会提高顾客的忠诚度。如果重视并妥善处理顾客的投诉，化解顾客抱怨，同样可以提高顾客忠诚度。

如表 2－7 所示，ACSI 由四个层次的满意度测评指数构成，这四个层次分别是：

- 消费者对国内销售的所有产品和服务的整体满意度指数。
- 各个经济部门的满意度指数。
- 部门内各个行业的满意度指数。
- 行业内具体单位的满意度指数。

表 2－7　美国顾客满意度指数测量模型的结构变量和观测变量

结构变量	观测变量
顾客期望	1. 对产品质量的总体预期 2. 对产品满足需求的预期 3. 对产品可靠性的预期
感知质量	4. 对产品质量的总体评价 5. 对产品满足需求的评价 6. 对产品可靠性的评价
顾客满意度	7. 总体满意程度 8. 产品质量同预期的比较 9. 产品质量同理想产品的比较
顾客抱怨	10. 向厂商抱怨的次数 11. 向经销商抱怨的次数
顾客忠诚	12. 重复购买的可能性 13. 重复购买所能接受的心理价位

行业的满意度指数能够代表行业，是在国内本行业中市场份额高的若干大企事业单位的满意度指数，通过对销售额加权求和计算得出。

（3）中国顾客满意度指数（CCSI）。国家质量监督检验检疫总局委托清华大学中国企业研究中心对中国 CSI 进行首创性研究，历时 7 年提出了顾客满意度指数模型，如图 2－11 所示。

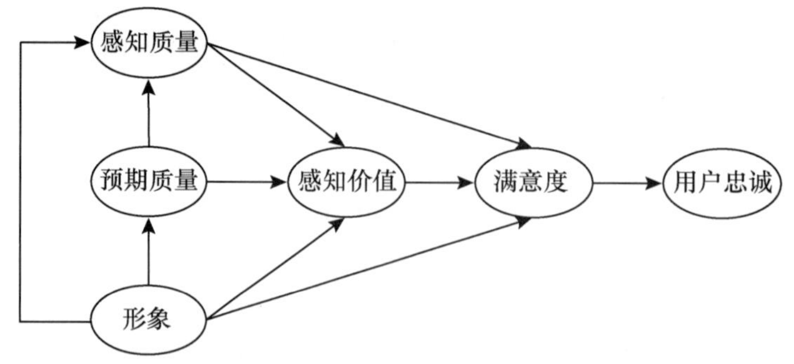

图 2－11　中国顾客满意度指数模型

6. 顾客满意度测评方法的比较

认知-预期模型的作用仅仅是了解认知与消费者期望的差异，让企业明白顾客对产品的期望值高低及企业实现该期望的程度，为下一步改进产品指明方向。但它不能解决诸如顾客对产品的期望与产品特性之间的偏差等问题。例如，顾客无法购买到自己最喜爱的产品或服务时，就不得不购买其他产品或服务。虽然顾客觉得产品或服务的实际价值符合或超过自己的期望，但由于无法购买、消费自己最喜爱的产品或服务，他们仍可能感到不满。

四分图模型在国内应用很广，大多数组织在做顾客满意度调查时均采用该模型。这个模型简单明了，分析方便有效，而且不需要使用太多的数学工具和手段。无论是设计、调研，还是分析、整理数据，都易于掌握，便于操作。但是，这个模型也存在不足之处。它孤立地研究满意度，没有考虑顾客感知和顾客期望对满意度的影响，也没有研究满意度对顾客购后行为的影响。在实际操作中，该模型列出各种详细的绩效指标由顾客来评分，这就可能导致许多顾客重视但调查人员和组织没有考虑到的因素未能包含在调查表中。该模型不考虑误差，仅通过各指标得分加权平均算出顾客满意度的数值，因此得出的数据不一定准确，同时也不利于组织发现和解决问题。另外，由于该模型使用的是具体的绩效指标，很难进行跨行业的顾客满意度比较。由于各地区经济发展不平衡，顾客要求不同，各指标对顾客的重要程度也可能不同，导致同一行业跨地域的可比性大大降低。

调查表式的顾客满意度评估和顾客满意率这两种方法只能处理单一变量和简单现象总体的问题，而无法处理多变量和复杂现象总体的问题；不能给出统一的产品或服务质量的衡量标准，所以不同产品或服务之间无法比较。

客观世界存在着两种不确定性：一类是随机性，一类是模糊性。模糊性是由于人们对某些事物不能给予明确定义和确定性的评定标准而产生的不确定性。如果忽视了模糊性，进行统计的原始数据的真实性将会存在很大的问题。在这样的认识基础上，可以应用模糊统计和模糊综合评价来测评顾客满意度，因此顾客满意度的模糊综合评价法是目前组织普遍应用的一种测评方法。利用模糊数学来对组织顾客满意度进行综合评价，能综合考虑影响组织顾客满意度的多种因素，并且不是简单的加权平均，避免了个人进行评价容易主观臆断的缺点，较好地保证了测评工作的公正性和操作实用性。但模糊数学也有局限性，所得结论不完全准确。运用模糊数学方法来进行综合评价，可以为评议专家进行科学决策提供一定的参考。微观层面的具体组织进行满意度调查时可以应用这个方法。

顾客满意度指数（CSI）法注意到客观世界中变量的不确定性中的随机性，并且采用数理统计方法予以处理。在 CSI 体系中，不同的组织、行业及部门间的顾客满意度都是一致衡量并且可以进行比较的。它不仅让顾客满意度能在不同产品和行业之间进行比较，还能在同一产品的不同顾客之间进行比较，体现出人与人的差异。

CSI 模型提出顾客期望、感知质量和感知价值这三个变量，它们影响顾客的满意度，是顾客满意的前因。感知价值作为一个潜变量，将价格这个信息引入模型，增加了跨组织、跨行业、跨部门的可比性。

CSI 模型各组成要素之间呈现因果关系，该模型不仅可以总结顾客对以往消费经历的满意程度，还可以通过评价顾客的购买态度，预测组织长期的经营业绩。CSI模型最大的优势是可以进行跨行业的比较，同时能进行纵向跨时间段的比较。同时，CSI是非常有效的管理工具，它能够帮助组织与竞争对手比较，评估组织目前所处的竞争地位。

需要指出的是，虽然CSI是以先进的消费者行为理论为基础建立起来的精确的数量经济学模型，但是其建立的目的是监测宏观经济运行状况，主要考虑的是跨行业与跨产业部门的顾客满意度比较，而不是针对具体组织，因此它调查的目的是以组织为基准来计算行业、部门和全国的满意度指数。

第4节　顾客关系管理

一、顾客关系管理的定义

顾客关系管理（customer relationship management，CRM）作为新兴的管理概念，从不同角度有不同的定义。

定义1：顾客关系管理是指吸引并保持有经济价值的客户，驱逐并消除缺乏经济价值的顾客。

定义2：顾客关系管理是通过围绕顾客细分来鼓励满足顾客需要的行为，并实现顾客与供应商之间的联系等手段，来提高盈利、收入和顾客满意度的遍及整个组织的商业策略。

定义3：顾客关系管理通过协调、整合、集成组织同顾客的所有接触点，即整合销售、营销和服务流程，来增强组织的获利能力，增加组织的收益，致力于建立、开发、利用与重要顾客之间的良好个人关系。

上述这些关于顾客关系管理的界定各有侧重之处。定义1是从顾客关系本质出发，强调“关系”的经济价值；定义2强调商业策略；定义3则强调整合顾客接触点和前台各流程。

二、顾客关系管理的理解

顾客关系管理有三种理解思路：（1）顾客关系管理是把顾客置于决策出发点的一种商业哲学，它使组织与顾客的关系更加紧密。（2）从组织战略的角度，认为顾客关系管理是通过组织对顾客关系的引导，实现组织盈利最大化的组织战略。（3）从系统开发的角度，认为顾客关系管理是帮助组织以一定的方式来管理顾客的互联网软件系统。它们之间的关系是：顾客关系管理的理念是促成组织战略形成的思想基础，顾客关系管理系统是在互联网环境下辅助这一组织战略得以实现的有力工具。

三、卓越的顾客关系管理

卓越的顾客关系管理取决于可达性和承诺、选择和培养客户服务人员、顾客接触要求、有效的投诉管理以及战略伙伴关系与联盟等。

1. 可达性和承诺

以顾客为中心的组织会向顾客提供与雇员联系的便利途径。宝洁公司是第一家引入免费服务电话的公司，那时是 1974 年。Ames 橡胶公司的顾客可以直接接触公司的部门主管、生产人员、质量工程师、销售和服务代表以及技术支持人员。近年来，电子邮件和网络日益成为顾客选用的媒介。

笃信其产品质量的公司向顾客做出强有力的承诺。这些承诺针对的是顾客关注的焦点，不会附加可能会削弱顾客信任的条件，沟通清晰而简洁。一项顾客承诺可以简单如保证电话询问能够得到迅速回复。许多承诺采取明确的保证和担保的形式。联邦快递的保证广为人们称道：货物送达即使只晚到 1 分钟，也将全额退款。

超乎常规的保证承诺了非凡的质量和顾客满意，尽全力、无条件地保证顾客的好感以此支撑对顾客的承诺，这是企业用来改进自身的最有力的举动之一。L. L. Bean 的保证便是一个很好的例子："我们出售的一切东西均提供 100%的无条件的保证，我们不希望您从 L. L. Bean 得到任何不能完全满意的东西，否则您可以以任何理由在任何时候退回您购买的任何东西。"通过将顾客不满的每一要素转化为财务成本，公司能够迅速注意到存在的问题，并指出事情的轻重缓急。员工对企业和质量改进有了更好的了解，这些反过来又提升了销售额，带来了更高的利润。

2. 选择和培养客户服务人员

客户服务人员是非常重要的，他们的职责使得他们成为日常与顾客打交道的人，这种交道或者是当面，或者是通过电话或其他方式。宝洁公司的消费者关系部每天都会收到来自消费者的各种询问，消费者关系顾问可以给出专业的解答或建议。他们的使命表述为："我们是一个世界级的消费者响应中心。我们向与宝洁联系的消费者提供卓越的服务，促使人们再次购买产品，帮助构筑品牌忠诚。我们保护公司的形象和品牌声誉，在投诉扩散到政府主管机构和媒体之前将之解决。我们收集消费者的数据并提供给关键的公司职能部门，识别和共享消费者的真知灼见，就消费者议题和趋势给产品类别提出建议。"今天，许多公司以呼叫中心作为与顾客接触的基本手段。然而，呼叫中心必须有适当的技术来支持，例如，常规性电话应答实现自动化以最大限度地减少对同一问题的重复回答，将电话分配给具有相应知识的人员等。低效率的过程只会导致顾客失望。

许多公司以招募过程为起点，选拔那些具有顾客关系管理能力和愿望的雇员。诸如宝洁这样的大公司要求候选人具备以下素质：具有良好的人际沟通能力、较强的分析问题和解决问题的技能，果断，能够承受压力，耐心、体贴、精确、注重细节，熟练应用计算机。候选人常常要经过严格的筛选，主要包括智力测试、角色扮演、背景审查、信用审查以及体检等。

致力于顾客关系管理的公司会确保客户服务人员对产品和服务有充分的理解从而可以回答任何问题。有效的培训不仅增加了雇员的知识，而且提升了他们的自尊以及对公司的忠诚度。丽思卡尔顿酒店的雇员在入职后还要接受培训，取得上岗证书。该公司每天都在强化其价值观，表彰突出的成就，根据在入职培训、岗位培训和认可过程中传达的期望来评价绩效。对许多组织而言，顾客关系培训涉及与顾客接触的每个人，包括接待员在内。

在寻求信息或解决问题时，顾客不喜欢在没完没了的雇员之间被推来推去。崇尚全面质量的组织会向一线人员授权赋能，使他们能够做必要的一切事情让顾客满意。在丽思卡尔顿，所有雇员都被授权可以做必需的任何事情来实现"即刻解决"。如果某个正在处理客人投诉的同事求助，其他的雇员无论其正常的职责如何，都必须立即提供帮助。丽思卡尔顿酒店的员工不需要任何请示有权动用2 000美元来处理顾客的投诉。但是，对于应当和可以采取哪些行动，雇员要有一致的理解。

客户服务人员为了履行其职责，还必须获得正确的技术和公司的信息。例如，联邦快递公司向雇员提供了他们持续改进绩效所必需的技术和信息。其调度系统通过车载显示屏与快递员保持通信，使他们能够对取货和送货指令做出迅速的响应。这种技术使得快递员能够高效地安排他们的时间和路线。信息技术提高了生产率，增进了沟通，使得客户服务人员能够处理几乎所有类型的顾客问题。

3. 顾客接触要求

日常与顾客接触的一线人员对于顾客满意肩负着巨大的责任。顾客接触要求（customer-contact requirement）是规定组织的顾客接触质量的可测量的绩效指标。其中包括技术要求，如响应时间（在铃响两声之内应答电话），以及行为要求（称呼顾客的姓名）。以卓越服务著称的迪士尼公司在其顾客服务指南中清晰地规定了顾客接触要求，其中包括与每位顾客的视线接触，微笑、问候和欢迎，留意需要帮助的顾客并及时提供服务，向每一位顾客致谢。

企业必须将这些要求传达至所有客户服务人员，这通常发生在新员工入职培训中。然而，为了保持这些标准的一致性和有效性，企业还必须不断地对这些标准进行强化。另外，许多客户服务人员要依靠内部顾客的支持，这些内部顾客必须了解他们在满足这些要求时所发挥的作用。使外部顾客满意的关键是首先使内部顾客满意。

最后，公司还应跟踪这些要求的遵守情况并向雇员提供反馈以促使其改进绩效。信息技术为有效跟踪顾客接触要求的遵守情况提供了数据。

4. 有效的投诉管理

即使千方百计使顾客满意，企业还是会遇到不满意的顾客。如果得不到有效处理，顾客的抱怨会对企业产生负面影响。一家名为TARP的公司（曾用名称为技术支援研究规划公司）进行的研究揭示了以下的信息：

（1）有96%的不满的顾客的声音不会被企业听到。公司所接到的每一次投诉表示有26个以上的顾客碰到了问题，其中有6人的问题非常严重。

（2）对于提出投诉的顾客而言，如果其投诉得到解决，有一半以上还会再次光顾。如果顾客感觉到投诉解决得很快，这个数字会跃升至95%。

（3）遇到问题的顾客会将其问题告诉另外的 9 个或 10 个人。其投诉得到满意解决的顾客只会将问题的解决告诉另外 5 个人。

（4）随着互联网的出现，有 4%的满意的顾客将其感受写成文章传到网上，但有 15%的不满的顾客会做同样的事情。

那些领先的组织将投诉视为改进的机会，鼓励顾客投诉，使投诉更为方便，通过有效地解决投诉来增加顾客的忠诚度。一个非常有名的例子是沃尔玛的一位顾客写给《财富》杂志的一封信。他打电话给沃尔玛总部投诉沃尔玛在阿根廷的分店。电话立即被转给负责跨国经营的副总裁处，副总裁首先感谢他的来电，询问细节，然后问他是否愿意将问题向拉美区的副总裁再重复一遍，随后电话立即被转接过去。之后他又被询问是否愿意和阿根廷店的经理谈一谈。十分钟后，该顾客接到来自阿根廷的电话。该顾客说道："当我一年后再去阿根廷时，我发现该商店已经脱胎换骨。难怪沃尔玛是世界上最大的零售商！"

许多顾客都不投诉，因为觉得没用或是不方便。那些领先的公司鼓励投诉。例如，日产公司会打电话给每一位购车者或是遇到重大保修问题的顾客，其目标是在 24 小时内消除所有的不满意。

开展顾客关系管理的公司要培训客户服务人员与愤怒的顾客打交道。客服人员必须仔细地倾听以了解顾客的感受，要表示同情，确保真正搞清楚顾客的投诉。他们应尽一切努力来迅速解决问题。许多公司都有明确规定的投诉处理过程。例如，在 BI 公司，所有的投诉，无论来自哪里，都会提交给业务单位经理。该经理遵循服务修复过程（如图 2-12 所示），直接联系顾客以澄清问题并进一步获取信息。

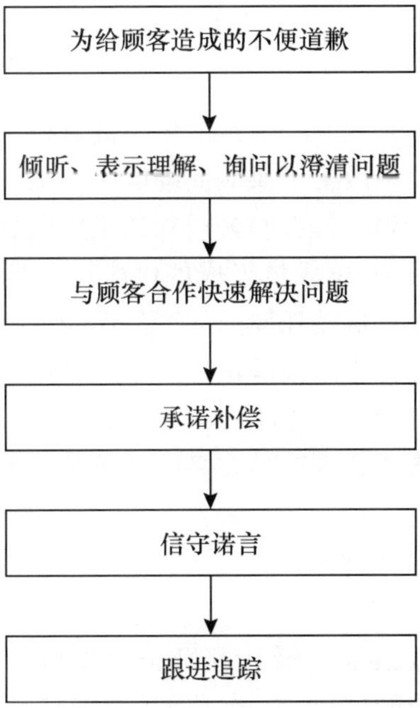

图 2-12　BI 公司的服务修复过程

所了解到的情况通过电子邮件传达给分管高层主管、销售经理和客户经理以及所有相关业务单位的人员。这一过程使得 BI 的团队能够与顾客合作来处理问题并给出顾客满意的解决方案。最后还会有一份关于解决问题的书面追踪文件分发给与顾客一道工作的所有 BI 团队的成员。

为了有效地改进产品和过程，除了纠正当前的问题，公司需要做更多的事情。它们需要有一个系统的过程来收集和分析投诉数据，并应用这些信息进行改进。投诉为产品和过程改进的创意提供了一个来源。领先的公司以诸多正式或非正式的方式鼓励雇员将投诉显现化，如采用响应中心，鼓励雇员打电话提供创意、实施过程改进以及处理投诉，并对参与这一过程的雇员给予奖励和认可。投诉的代价是巨大的，包括生意丢失、投诉处理成本以及诉讼和赔偿等。企业不能只满足于纠正问题，而必须有一个系统的过程来收集和分析投诉数据并利用这些信息进行改进。通常由跨职能的团队来分析信息，确定投诉的真正原因，并提出建议。投诉数据的获取、分析和报告通常要应用一定的技术。

5. 战略伙伴关系与联盟

如今供方要承担更大的责任来帮助其顾客。由于各公司更加聚焦于其核心能力，即它们做得最好的事情，对于非关键的支持性过程，它们往往会寻求组织外部的协助。顾客-供方合作伙伴关系（customer-supplier partnership）成为实现卓越和经营成功的关键。这种伙伴关系的好处包括，利用自身不具备的对方的技术和分销渠道，在新投资和产品开发中分担风险，利用基于供方能力的早期设计建议来改进产品，通过更好的沟通减少运营成本。例如，联邦快递与 Jostens 结成战略伙伴，这使得双方均从珠宝和年鉴的销售中获益。它们发挥了各自的优势，Jostens 提供优质的产品和卓越的服务，联邦快递则提供可靠而快速的送货，时间对于这类产品而言是至关重要的。

许多公司都与拥有共同价值观的供应商进行密切的合作。通过交流质量方面的做法，这种紧密的关系改善了供应商的能力。虽然许多公司都有用于评价供应商的正式的供应商认证计划，但有些公司却请供应商从顾客的角度来评价自己。摩托罗拉公司采用了一个由 15 位成员组成的供应商委员会，针对摩托罗拉提供的生产日程计划或设计图等来评价摩托罗拉的产品性能并提出改进建议。一些公司向供应商询问的典型问题包括：你未被满足的期望有哪些？你希望从我们这里获得哪些技术帮助？你希望从我们这里得到什么类型的反馈？你希望在合作关系中得到什么好处？好的双向沟通既能改进产品，又能改善关系。

四、顾客关系管理技术

顾客关系管理（CRM）旨在帮助企业提高顾客忠诚度，针对最有盈利性的顾客以及优化顾客沟通的过程。一个典型的 CRM 系统包括市场细分和分析、顾客服务和顾客关系的构建、有效的投诉处理、交叉销售产品和服务、订货流程以及现场服务等。

CRM 通过以下方面让企业建立和保持竞争优势：

（1）根据人口统计学特征和行为特征来细分市场。

（2）根据顾客和市场细分来跟踪分析销售趋势和广告有效性。

（3）识别哪些顾客拥有更高的反应率而应当成为营销举措的重点。

（4）预测顾客保有率（和流失率）并就消费者为何离去等提供反馈。

（5）研究哪些商品和服务是一起销售的，进而找到将它们捆绑销售的方法。

（6）研究和预测哪种网页风格对消费者最有吸引力以及如何改善网站。

技术是 CRM 的关键推动力。CRM 系统为经理人员提供了多种多样的有用的运营数据，包括对顾客的问题、言论和关注点的平均反应时间，平均订货时间，每个顾客（有时包括他们的家人）购买的所有产品和服务所产生的总收入——顾客对公司的经济价值，每次营销活动的成本等。

□ 本章小结

顾客的概念有狭义和广义之分。狭义的顾客是指愿意以一定的代价购买产品或服务的人。广义的顾客还包括出于设计、开发、生产、运输、储存等需要对产品（包括中间产品）或服务的供应者有要求的组织与人员。顾客可以分为外部顾客和内部顾客，外部顾客是指不是本公司的组成部分，却受到本公司活动影响的个人和组织。按照其消费的方式，外部顾客可以分为中间顾客、最终顾客和潜在顾客三大类。内部顾客是指企业内部相互有业务交流的那些人。顾客需求具有对象性、选择性、连续性、相对满足性、发展性、伸缩性、可诱导性、可替代性和不满足性等特点。狩野纪昭的 KANO 模型将顾客需求分为基本型需求、期望型需求和兴奋型需求三个层次。

服务质量可以定义为其满足规定或潜在要求（或需要）的特征和特性的总和。不同环境下服务质量的维度各不相同，B2C 下包括五个维度，即有形性、可靠性、响应性、保证性和移情性；B2B 下包括四个维度，即过程服务能力、过程交互质量、潜在服务能力以及结果质量。服务质量测量模型主要有感知服务质量模型、差距分析模型和 SERVQUAL 模型。感知服务质量模型认为顾客感知的服务质量是顾客的期望与亲身体验的服务相比较的结果；差距分析模型指出了在服务质量形成过程中可能存在五个方面的差距；SERVQUAL 模型则通过对顾客进行期望和感知调查之后计算差异得分来评估服务质量。

顾客满意是指顾客对期望被满足程度的感受。通过关于顾客满意的信息，可以评价组织在满足顾客要求方面的状况、满意度的趋势及不足。顾客满意的特点包括主观性、客观性、动态性、全面性、模糊性等。满意和忠诚是两个不同的概念。满意是一种态度，忠诚则是一种行为。所谓忠诚，就是“相对于竞争者，消费者更偏爱购买某一产品或服务的心理状态或态度”，或是“对某种品牌的一种长期的偏好”。

顾客满意度测评可以分为四大类：(1) 概况调查；(2) 事务性调查；(3) 可靠性调查；(4) 后继或诊断调查。顾客满意度测评包括10个步骤：(1) 设计问卷；(2) 进行预检；(3) 制定工作计划；(4) 确定调研对象；(5) 选定调研机构；(6) 明确调研方法；(7) 确定关键指标；(8) 确定样本规模；(9) 调研；(10) 结果分析。

顾客满意度测评的方法包括：(1) 认知-预期模型。该模型认为，在消费过程中或消费之后，顾客会根据自己的期望及认知，评估产品和服务的实际效果。(2) 四分图模型。该模型列出了组织产品和服务的所有绩效指标，每个绩效指标有重要性和满意度两个属性，根据顾客对该绩效指标的重要程度及满意程度的打分，将影响组织满意度的各因素归进四个象限内。(3) 调查表式的顾客满意度评估。此方法首先确定顾客满意度评价指标，其次设计顾客满意度评价调查表，再次发放调查表，最后根据顾客打分计算顾客满意度分值。

顾客关系管理从不同角度有不同的定义，卓越的顾客关系管理取决于可达性和承诺、选择和培养客户服务人员、顾客接触要求、有效的投诉管理、战略伙伴关系与联盟等。

□ 基本概念

外部顾客（external customer）
内部顾客（internal customer）
KANO模型（KANO model）
差距分析模型（gap analysis model）
服务质量（quality of service）
顾客满意度指数（customer satisfaction index，CSI）
顾客关系管理（customer relationship management，CRM）

□ 思考题

1. 根据KANO模型，顾客需求可以分为哪几个层次？
2. 什么是顾客满意？顾客满意有什么特点？
3. 内部顾客与外部顾客有何不同？
4. 如何理解顾客满意与顾客忠诚之间的联系？顾客满意如何转化为组织的收益？
5. 简要叙述服务质量的概念及维度构成。
6. 服务质量与制造质量存在哪些区别？
7. 简述SERVQUAL模型的主要内容。
8. 顾客满意度测评的步骤和方法是什么？
9. 收集顾客需求信息的方式有哪些？各有何优缺点？
10. 顾客关系管理的定义有哪些？如何理解？
11. 卓越的顾客关系管理取决于哪些条件？

□ 案例分析2-1

UPS：在顾客服务中递送完整包裹

1907年，美国对个人邮递员和递送服务的需求很大，而当时的美国邮政局（U. S. Postal Service）并不提供包裹递送服务，而且很少有公司和家庭装有电话，因此只好依赖人力递送信件和包裹。为满足顾客的需求，19岁的詹姆斯·E. 凯西（James E. Casey）在西雅图创建了美国快递公司（American Messenger Company）。尽管公司当时人手很少，还面临激烈的竞争，但由于詹姆斯一丝不苟的处事原则，公司运营得非常出色。詹姆斯建立的公司有四大原则：礼貌待客、值得信赖、全天候服务和低费率。

詹姆斯的公司后来更名为联合包裹服务公司（UPS）。公司名称中有“联合”一词，意在强调包裹需整合运送，以提高效率；而“服务”一词充分表明公司意识到服务是其业务的核心。UPS成长很快，其深褐色的货车和殷勤有礼的司机更是家喻户晓。公众很喜欢UPS的经营理念，相信UPS能将包裹安全地运送到目的地。

UPS一直秉承礼貌待客的理念。20世纪80年代中期之前，它主要依赖科技来提供高效率、低费用和创新的服务。而在80年代中期，UPS决定将重点由科技转向满足顾客需求，因为UPS意识到顾客需求越来越复杂，而许多需求是公司的现有能力不能满足的。顾客对信息的需求持续增加，希望能更快、更有效地运送包裹，提供量身定制的价格和服务。

UPS通过开发新的服务以快速满足顾客的需求。例如，UPS网站上的Total-Track可让顾客获得所有标有条形码的UPS包裹的物流信息，也有助于卖主了解顾客何时收到货物。存货快递（inventory express）是一项需签约的物流管理服务，UPS将顾客的货物存放在仓库中，需要运送时再取出运送，通常以准时化为基础。

UPS改进了基本的包裹取送业务。顾客若有紧急需求，可给UPS打电话获得即时空运取件服务。公司会迅速派人到顾客家中取包裹，并连夜运送。为便于将顾客的包裹运送到美国人口稀少的地区以及国外，UPS将业务发展至美国的各个地方，并延伸至200多个国家和地区。

资料来源：托马斯·福斯特. 质量管理：整合供应链. 北京：中国人民大学出版社，2013.

思考题

1. 根据以上对UPS的描述，你认为UPS的优势和劣势分别是什么？
2. UPS如何利用科技来提供高质量的服务？详述理由。
3. 说明你接受UPS（或其竞争对手）的服务时好的或不好的经历。若是好的经历，其是否符合UPS实施的以满足顾客需求为中心的方针？若是不好的经历，UPS应如何做才能更好地满足你的需求？

□ 案例分析 1-2

ASOS：利用大数据定位客户需求

ASOS于2000年由Nick Robertson与Quentin Griffiths创立于英国伦敦，是一家针对年轻消费群体的全球性时尚服饰及美妆产品线上零售商。除了自有品牌之外，ASOS还销售全球超过800个第三方品牌产品，提供超过75 000件时尚商品，涵盖女装、男装、鞋履、配饰、首饰及美妆产品等品类，平均每周约有3 000件新产品上线。

2009年，ASOS推出Life社区 。ASOS Life于2009年4月13日发布社区beta版。此社区系统允许用户创建自己的用户档案，并通过论坛、博客、创意、成员、群组几个模块进行交流。社区系统的认证与网店系统是连通的，用户无须重复注册。官方称社区系统会不断添加新功能，已经有第三方开发了对应推特和脸书的插件。ASOS还声称，工作人员将在社区中与用户互动，收集各类建议与创意，共同对网站进行完善。

2010年，ASOS推出Marketplace。ASOS Marketplace是一个C2C时装拍卖市场，允许顾客在ASOS上销售他们自己的服装与饰品。他们给这个Marketplace的定位是：更新你的衣柜。在这里，顾客可以为了更新自己的衣柜而将旧衣服变现，也可以直接销售自己设计的服饰。

ASOS目前的数据量庞大，已经达到了PB（PB=1 024 TB）级。内部IT团队使用像Hadoop这样的大数据工具来处理这些信息，并提取ASOS需要的分析数据，比如什么样的产品卖得好、客户正在寻找什么。这使信息生成的速度满足公司的需求，并且可以降低成本。使用数据来分析环境变化以及客户的行为，了解客户需求的趋势，可以确保将正确的产品放到仓库中。相反，了解哪些产品不是客户需要的并及时更新能让ASOS赢得更多新潮消费者的青睐。通过对庞大信息量的处理，ASOS能够准确地确定顾客需求，例如，专门针对女性顾客的ASOS Salon和ASOS Black x Puma原创运动系列。那些曾经带来增长的非常独特的自有品牌系列，例如，ASOS Curve，ASOS Maternity和ASOS Petite，使每位顾客都能找到属于自己的那一款产品。通过这种方式，ASOS在快时尚和个性化之间取得了某种平衡，满足了顾客的不同需求。目前，ASOS月独立访问量达到19 800 000次，拥有超过11 150 000个注册用户，活跃用户达到6 020 000。在大本营英国，ASOS已经成为与Next并列的众多女性买家首选的购物网站。

资料来源：ASOS电子商务公司案例分析. https://wenku.baidu.com/view/d6335969960590c69ec376f6.html.

思考题

1. ASOS采用什么方式来确定顾客需求？
2. 为了更好地服务顾客，ASOS应该怎样利用其庞大的数据？

第 3 章

设计质量控制

本章要点

- 设计的定义和过程
- 设计产品质量因素
- 设计质量模型
- 设计质量特性分级
- 设计质量评价
- 设计质量控制技术
- 设计质量控制实施

一直以来，三星 Galaxy Note 系列机型都被视作安卓阵营的旗舰机型；而三星Galaxy Note 7 由于双曲面屏、蓝色机身、虹膜识别功能、全新的 S Pen、防水防尘功能等被诸多网友视为“机皇”。然而这么一款备受关注的旗舰产品却不幸遭遇“滑铁卢”，深陷电池爆炸事故。从 2016 年 8 月 3 日全球首发到 10 月 11 日全球停产，69 天内三星 Galaxy Note 7 受到全世界的关注。

起初，三星认为爆炸事件的罪魁祸首是电池质量问题，但是在更换电池供应商之后，仍不断有爆炸事件发生。此后，三星一直未找出 Note 7 爆炸的真正原因，不得不在全球范围下架该产品。2016 年 10 月 11 日，三星宣布“暂停 Note 7 的生产，做出调整以保证质量和安全”。同一天，三星（中国）投资有限公司向原国家质检总局备案了召回计划，决定自 2016 年 10 月 11 日起，召回在中国大陆地区销售的全部 SM-N 9300 Galaxy Note 7 数字移动电话机，共计 190 984 台（包含 2016 年 9 月 14 日公告首次召回的 1 858 台）。随后官方又发出声明，向中国消费者致歉并承诺召回全部国行版三星 Note 7 手机。

不久，第三方检测机构 Instrumental 发布了关于三星 Note 7 电池爆炸的调查报告。报告中提到，三星在 Note 7 的外形设计上很激进，电池仓的预留空间严重不足，这导致电池的正负极很容易挤压到一起，从而引发电池起火爆炸。尽管电池位于CNC加工的保护罩内，这种昂贵的工艺致力于让电池不被其他内部组件戳压，但三星的工程师在设计过程中极力扩大电池体积，以获取更大的电池容量和更强的续航能力，电池最终还是因为受到挤压而爆炸。

2017年1月23日，三星召开发布会，总裁高东真在发布会上表示，Note 7的电池尺寸与电池仓不匹配，存在设计缺陷，导致电池过热起火爆炸。三星表示为了达到机身更薄的设计目标，忽略了更多安全上的测试，为此向全球大众与热爱Note 7的朋友表示深深的歉意，并允诺未来会以更努力的态度以及严谨的把关来挽回消费者的信心。

资料来源：第三方机构公布三星Note 7爆炸原因，这锅该三星自己背. 新浪科技.（2016-12-05）. http://tech.sina.com.cn/t/2016-12-05/doc-ifxyiayq2390323.shtml.

第1节　设计质量概述

产品成本的70%～80%取决于产品的设计，因此，在产品设计过程中，降低成本具有决定性的意义。设计决定新产品的质量，大部分构成产品竞争力的要素都是在产品的设计阶段确定的。产品的功能由设计决定。产品的质量虽然主要取决于设计和制造两方面，但产品最终能否满足用户要求取决于产品设计。因此，设计是影响产品质量的一项重要活动，新产品的设计质量控制是质量管理的核心。

一、设计的定义及过程

1. 设计的定义

ISO 9001：2015标准对设计的定义是："设计和开发是将对某一对象的要求转化为更具体的要求的过程集合。"

从以上定义可以看出，设计是将已确定的与产品有关的要求转换为规定的产品图样及质量特性（制造业）或服务规范、服务提供规范和服务质量控制规范（服务业）的一组过程。其中设计的输入是与产品有关的要求，这些要求来自顾客或市场信息、法律法规、组织的附加要求；设计的输出是规定的产品特性（制造业）或规范（服务业），同时为后续的产品实现过程（如采购、生产、服务提供过程）、测量过程提供规定的产品信息；设计的转换即设计过程。

2. 设计的过程

具体来讲，产品设计过程一般包括九个阶段，即产品理念形成，顾客未来需求预测，面向产品开发的技术选择，面向过程选择的技术开发，最终产品定义，产品营销与分销准备，产品设计与评价，制造系统设计，产品制造、交付和使用。

（1）产品理念形成。产品理念形成是设计过程的第一步。在这一阶段，企业内部与外部将开展头脑风暴，产生新的理念。企业内部包括营销部门、管理部门、研发部门及其雇员；提供产品新理念的企业外部主要是顾客。原始设备制造商和合同制造商与顾客紧密合作以开发新产品。另外，还可确定顾客需求以形成产品理念。其他的企业外部可以是与市场关联的人员，例如，企业专家、顾问、竞争对手、供应商和发明家。研发部门提出的理念（又称研发推力）与营销部门提出的理念（又称营销拉力）有本质区别。前者往往打破常规，具有风险和技术创新。而营销部门提出的理念更倾向于拓展性（通常基于现有设计），且与顾客需求联系紧密。例如，在产品理念形成阶段，应识别出市场与顾客需求之间的差距，初步分析产品的适销性，并为产品原型的早期开发提供资金。电脑的近期发展包括更多的技术改进，例如提升多媒体性能、更快的速度以及更新颖的外观设计（如鲜艳的色彩与透明塑料外壳），这些都是以营销为导向所做的改变。

（2）顾客未来需求预测。设计过程的第二阶段是顾客未来需求预测，即利用数据预测未来的顾客需求。英特尔的设计师和个人电脑的微处理器制造商总是能正确预测，并适时推出符合科技发展潮流的新产品。网络中图片大量增加，英特尔推出新的芯片以满足这些需求。英特尔公司总是以不超过市场消化新科技的速度推出这些微处理器，同时总是能保持在技术曲线稍前的位置，从而领先竞争对手一步。产品设计师需仔细计划、缜密思考，以便能够随时提供超出顾客需求的有价值的产品。获得未来顾客需求信息的途径不唯一，问卷调查或许可以带来新见解，但这些信息通常不足以让人完全掌握顾客的未来需求。

（3）面向产品开发的技术选择。在面向产品开发的技术选择阶段，设计师在顾客可接受的成本范围内，以及能够提供最佳性能产品的前提下，选择产品的材料和技术。在设计过程中使用技术可行性报告，分析出现的种种情况，例如，产品性能参数、制造需要、材料的局限性、特殊考虑、制造技术的改变以及检测时产品的质量状况等。本阶段可进行部分初步工作，以识别关键质量特征，以及因材料不同而导致变异的可能性。

（4）面向过程选择的技术开发。面向过程选择的技术开发阶段，是指根据材料转化为最终产品的过程进行相应的技术选择。从质量的角度来看，因为需要开发稳健的机械、过程和流程，所以不论是自动的还是手工的过程，均需选择要使用的技术。

（5）最终产品定义。最终产品定义阶段为产品的最终设计和规格拍板定案，并通过识别基本产品和衍生产品来定义产品族。

（6）产品营销与分销准备。产品营销与分销准备阶段包括与营销相关的一系列活动。例如，提出营销计划，营销计划应定义顾客和分销流程。与企业生存相关的活动应识别供应链，并定义分销网。如今，该步骤经常要求涵盖顾客购买产品后的售后服务过程，如保养、质保和修理等。

（7）产品设计与评价。产品设计与评价阶段需要定义产品结构、设计、生产、装配件以及生产系统的检测。产品设计规格意味着对产品主要特征、功能及状况进行设计，其中包括产品特征、预期寿命、预期用途、产品开发的特殊要求、生产设施、包装和营销计划。

（8）制造系统设计。制造系统设计是指选择过程技术，以生产出低成本高质量的产品。过程技术的选择应考虑项目要求和公司的财务状况，过程必须稳定，且具有能够生产出满足规格要求的产品的能力。该领域的一个发展是先进的公司渴望以最低成本和最少缺陷生产出新的产品。但在过去，生产出一定比例的缺陷品以证明系统有效被视为标准运作过程。例如，早期的炉管生产商先生产出一小批炉管进行检查，然后调整生产线，再生产另一批炉管检查，如此重复直到合格为止，而这早已不是推出新产品的最符合成本效益的方法了。

（9）产品制造、交付和使用。产品制造、交付和使用是设计过程的最后阶段，之后顾客便可享受这一系列设计过程的成果。

二、面向质量的产品设计

设计产品时，首先必须回答许多问题。例如，顾客所需的功能是什么？目前产品具备哪些功能？产品所选用的材料有何局限性？有更好的材料可用吗？生产该产品需要多少成本？需要多少成本才能使产品在市场上获得成功？

何谓面向质量的产品设计？质量有许多维度，每个维度都有不同的设计问题。以性能维度为例：何谓关键性能特征？顾客需要多少性能？有多少性能是不必要的？如何平衡性能的各竞争性维度（例如音频输出与失真）之间的关系？从产品质量维度中可以衍生出许多类似的问题，必须在设计过程就回答所有这些问题。例如，对电脑生产商来讲，耐久性是一个重要的质量维度，所以设计小组应积极寻找新的聚合体来制作坚固的外壳，以保护内部电路。电脑晶片以价格低廉且性能可靠的硅为原料，但近年来，研究人员发现了其他可作为晶体的材料，比如导电性聚合物、有机晶体结构、无机化合物砷化镓以及稀土陶瓷等耐高温的超导体，每一种材料都有其超越硅的独特优势——或速度快，或低耗，或易于制造。但时间证明：由于其成本低廉且资源丰富，硅仍然是制作晶片的首选材料。也许将来的某一天，电脑内存会装在被称为“气泡”的电磁场中，或是处于其他状态下。

工程师需从营销和生产部门获得信息，以了解顾客需求、营销需求和实际生产状况。若完全放手让工程师去做，他们将设计出许多超出需求的产品。以一个录像机或电视机遥控器为例，遥控器上的许多按钮是你从来不会使用的，索尼公司曾对顾客实际使用的按钮进行调查，并根据调查的结果来简化电视机遥控器的设计。

三、设计质量与产品质量

设计质量（design quality）是指所设计的产品是否能够满足顾客需求、是否易于制造和维护、经济性是否合理、对生态环境是否造成危害、风险是否最小等。对产品设计过程中的质量进行有效的管理、控制，对产品的质量起着关键作用。

国际标准化组织指出产品质量包含以下四个方面：

（1）与确定产品需要有关的质量，即市场调研质量。市场调研质量是产品质量的出发点，是企业执行市场研究和产品销售两个质量管理职能环节共同构成的营销职能的首要任务。利用市场调研和售后用户的反馈意见，确定市场对产品质量的需求和期望，以便设计出市场需要的产品。

（2）与产品设计有关的质量，即设计质量。设计质量是设计过程及加工制造过程中所考虑的质量，如产品的适用性、可靠性、互换性、可装配程度、加工制造难度和可维修性等。产品的设计决定产品的质量水平，决定产品满足用户适用性需求的程度，同时也决定企业的经济效益和企业的生存发展。

（3）与产品设计的符合性有关的质量，即制造质量。制造质量是在制造过程中产品符合设计图样和技术文件要求的程度，也就是制造过程和结果符合产品设计质量的程度。制造质量易受到生产手段（包括产品工艺方法、加工设备、检测仪表和试验设备等）和制造人员素质的影响。

（4）与产品保障有关的质量，即顾客质量。顾客质量是指在产品生命周期内按需要向用户提供的售后保障服务，它涉及产品的使用质量和服务质量。

根据国际标准化组织指出的产品质量的四个方面，可以看出设计质量是产品质量的一部分，也是最关键、最核心的部分，它直接决定了产品质量。

设计是针对具体产品的一项独立的工作，具有继承性和创新性。任何新产品的设计都会产生新的质量问题，产品设计阶段是产生这些问题的主要阶段。如果没有对产品的设计质量进行有效的控制，就做不到产品质量的全面管理，产品质量也就无法从根本上得到提高。

四、设计质量因素

在产品质量管理活动中，影响产品质量的因素称为质量因素。这些因素决定产品质量的优劣。因此在产品的设计质量控制过程中，对质量因素的选取是否恰当，直接影响产品的固有质量。

根据各种质量因素对产品质量的影响不同，从设计的观点看，质量因素可分为控制因素、标示因素、信号因素和误差因素。

1. 控制因素

控制因素是指为了改进产品的质量特性，在技术上能控制其水平（取值范围）的因素，也称为可控因素或设计变量、设计参数。例如，材料种类、产品结构形式、结构参数、时间、温度、压力、浓度等易于控制的因素。在产品的设计质量控制过程中，要选择最适宜的控制因素及其组合，以得到价廉物美的产品。

2. 标示因素

标示因素是指维持环境与使用条件等方面的因素，其水平值在设计前就已经确定。产品的各种使用条件、设备的差别、操作人员的熟练程度等都属于标示因素。例如，在利用 X 射线对钢板焊缝进行无损检测过程中，X 射线机的电压有三种取值，对应于同一焊缝，就要根据这三种电压分别选择适合的曝光时间，以便在X光底片上得到清晰的焊缝成像。在这种情况下，X射线机的三种电压就是标示因素，曝光时间是控制因素。在产品的设计质量控制过程中，针对标示因素的某种水平，通过调节其他各个控制因素的水平，寻求各控制因素最适宜的水平与使用范围。

3. 信号因素

信号因素是为了实现目标结果而选取的因素，指产品的质量特性需要达到的目标值。汽车的方向盘转角、压力机的压力、染色工艺的染料用量等都属于信号因素。信号因素可对产品质量特性值（即产品输出特性值）和目标值之间的偏差进行校正。因此，设计过程中选取的信号因素应具有易于改变的水平，一般要求其水平易于控制、检测、校正和调整，并与产品的输出特性值呈线性或非线性关系，使输出特性值按一定比例随其改变而改变，以保证输出特性值符合目标值。所以，在产品的设计质量控制过程中，设计人员应根据行业规范、用户需求和经验选择信号因素，而不能任意选择。

4. 误差因素

误差因素是指除控制因素、标示因素和信号因素以外，难以控制、不可控制或控制代价很高的，并且对产品质量有干扰的其他所有因素。误差因素通常是引起产品质量波动的主导因素，因此又称为质量波动源、噪声因素、质量干扰因素、不可控因素。

根据误差因素使产品质量特性产生波动的原因，大致可以把误差因素分为三种类型，即外部干扰、内部干扰和随机干扰。

（1）外部干扰。外部干扰是指在产品使用过程中，由于环境因素和使用条件发生变化而影响产品质量稳定性的干扰因素。

（2）内部干扰。内部干扰是指产品在存放和使用中，其组成部分随时间的推移出现老化、磨损、腐蚀、蠕变以及失效等现象，从而影响产品正常发挥其功能的干扰因素。

（3）随机干扰。随机干扰是指在同一设计制造条件下，由于操作人员、材料、机器设备、环境等方面存在波动，从而使产品质量特性值发生波动的干扰因素。这种干扰具有随机性，因此称为随机干扰。

这三种质量干扰引起的产品质量特性值波动越小，产品质量就越稳定，产品质量也就越好。在产品的设计质量控制和制造质量控制过程中，对这三种干扰因素的控制是否可行如表3-1所示。

表3-1 干扰因素与设计质量控制、制造质量控制的关系

控制	外部干扰	内部干扰	随机干扰
设计质量控制	可行、有效	可行、有效	可行、有效
制造质量控制	无效	无效	可行、有效

一般来说，产品的质量波动是客观存在的，不可能完全消除。通过设计质量控制和制造质量控制，可以减小波动的幅度。合格产品是指其质量波动在允许范围内

的产品，不合格品是指质量波动超出允许范围的产品。由表 3－1 可知，设计质量控制可以有效地控制和减少外部干扰、内部干扰和随机干扰引起的质量波动，而制造质量控制只能控制由随机干扰引起的质量波动。所以说，设计质量控制对产品的质量起着重要的作用。

五、设计质量模型

设计质量模型包含的基本要素有：设计参数（即可控因素）x、误差因素（或噪声因素）z、信号因素（即输入因素）y_0、质量特性（即输出特性）y。设计参数 x 和误差因素 z 影响着产品的输出特性 y。一般而言，不能选择标示因素的水平，它只是帮助调节各个控制因素的水平，寻求控制因素的最佳水平与最佳组合。因此，在产品质量设计模型中，将标示因素归入设计参数中，不单独列出。产品质量设计模型如图 3－1 所示。

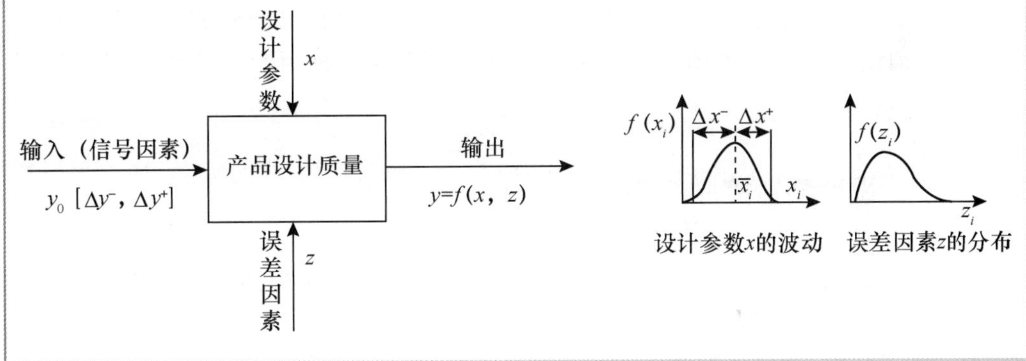

图 3－1　产品质量设计模型

图 3－1 所示的质量设计模型中，y_0 指产品的输出特性需要达到的目标值，它有一定的极限偏差范围，为［Δy^-，Δy^+］。设计参数 x 是各个控制因素的集合，由于设计阶段确定的水平值在制造过程中会产生偏差，因此设计参数也有一定的极限偏差 Δx，它是各个控制因素极限偏差的集合。误差因素 z 是其他不可控因素的集合。由图 3－1 可知，产品的质量特性 y 与对其有影响的设计参数 x 和误差因素 z 有关。可用函数表示为：

$$y=f(x,z)$$

如果通过一组试验观测到产品质量特性 y_i（$i=1$，2，…，N）的一组值，就可以利用数理统计学中的方法计算这一组值的均值和标准差：

$$\bar{y}=\frac{1}{N}\sum y_i$$

$$S=\sqrt{\frac{\sum (y_i-\bar{y})^2}{N-1}}$$

产品的质量设计过程中，为了稳定产品性能，应该使设计输出结果的均值和标准差满足以下两个条件：

条件1：$\overline{y} \equiv y_0$，一批产品的质量特性均值应恒等于目标特性值。

条件2：$|S| < \frac{1}{k}|\Delta y|$，一批产品的质量特性值的标准差应小于目标特性值极限偏差与一常数的比值。

条件2中的k为常数，它与误差因素的概率分布有关。例如，当误差因素的概率分布为正态分布时，k取3。满足上述两个条件的产品才是合格产品。

第2节 设计质量控制分析

设计质量控制就是按规定程序和规范，控制和协调各阶段的设计工作，以保证产品的设计质量，及时地以最少的耗费完成设计工作。因此，设计质量控制就是对设计过程的工作质量进行控制。设计过程划分为设计策划过程、设计输入过程、设计输出过程、设计评审过程、设计验证过程、设计确认过程、设计更改过程和设计的状态管理过程。设计质量控制要相应地对每一个设计子过程进行质量控制。

一、设计质量控制的原则

为了对产品的设计质量进行控制，在设计过程中应遵循以下原则：

1. 需求原则

设计过程中最基本的出发点是满足客观需求，即满足顾客或市场的需求。只有满足市场需求的产品才会有生命力。通过市场调研了解市场信息，确定产品的需求，不能主观臆断，这是确保设计成功的关键因素。设计过程中应注意区分显性需求和隐性需求，应从动态的角度观察市场需求，适时进行产品升级换代，以适应市场的需求。

2. 信息原则

在设计质量控制过程中，应注意信息的收集和交流，包括市场信息、科学技术信息、测试信息、评审信息和制造工艺信息等。为了保证设计质量，设计人员必须全面、充分、正确和可靠地掌握这些与设计相关的信息。

3. 系统原则

设计的对象都可以看成是一个待定的技术系统。任何系统的输入都有物质流、能量流和信息流，输出为满足特定要求的功能。因此，设计质量控制中将设计问题视为功能结构系统，引入系统论的方法来解决设计中的问题。

4. 继承原则

科学技术发展的规律表明，任何新技术、新工艺的产生，都是基于原有技术和工艺的重大创新或局部革新。完全抛弃原有技术和工艺在经济上是很不合算的，也是不可能的。因此在设计过程中，为了降低产品成本，缩短产品设计研发周期，应继承原有技术中先进、合理的部分，抛弃其落后的部分，开发出具有创新性的产品，加快产品的更新换代。

5. 效益原则

产品成本的70％～80％取决于产品的设计过程，产品的制造、使用和报废等成本在设计过程中就基本确定了。因此设计要讲求效益，包括技术经济效益和社会效益。在设计质量控制中应把设计过程管理与预期效益紧密联系起来，同时兼顾社会效益与生产制造过程的经济性。

6. 简化原则

为了降低成本、确保产品质量、提高产品可靠性，在确保产品功能的前提下，设计应遵循简化原则。

7. 定量原则

计算机软硬件技术的迅速发展和广泛运用，使信息的分析和处理成为可能，促使各个领域都尽可能做出科学的定量评价。因此在设计过程中，除了对技术参数明确定量外，其他也应尽可能进行定量评价，使产品的技术与经济性得到辩证的、统一的评价，实现设计管理的科学化。

8. 时间原则

随着市场竞争的全球化，竞争越来越激烈，谁先推出新产品谁就先获益，新产品是确保企业获得竞争力的前提。因此在设计开发产品的过程中，必须估计市场的变化，以免设计出来的产品没有市场需求。

9. 合法原则

设计活动必须符合国家的法律、法规、政策以及国家标准等。在设计过程中会涉及许多法律和法规，还会涉及相关的国家政策和标准化问题，因此设计人员应熟悉相关的法律、法规、政策、标准，提高设计质量，避免法律纠纷。

10. 审核原则

设计过程类似生产制造过程，它是一种信息加工、分析、处理、判断、决策和修正的过程。生产制造过程中为了保证每一道工序的质量，必须对每一道工序的质量进行检验。同样为了对设计质量进行控制，必须对设计的每一个程序进行审核或评审，以免有错误的设计信息进入下一个设计程序。严格的审核制度是确保设计质量的重要措施。

二、设计质量特性的分类

在产品设计过程中，通常测定或测量产品特定的功能或特性，用所得的数值来评定其好坏，这一数值称为质量特性值。产品的设计质量特性有以下几类：

1. 输出特性和原因特性

对于设计过程而言，输出特性是指设计输出的产品质量特性。对输出特性有影响的原因系统的特性，称为原因特性。一般来说，把产品本身特性定为输出特性，把零部件或子系统的质量特性定为原因特性。产品的输出特性相对于影响它的原因特性，称为上位特性；而影响输出特性的原因特性，称为下位特性。

2. 计量特性和计数特性

当产品的有些输出特性表现为一定的连续量时，把这类特性称为计量特性。例如，产品的重量、寿命、长度、强度等，都可用连续的量来表示，这些特性都属于计量特性。

当产品的输出特性不能用连续量表示，只能定性地分成若干等级，一个一个地计数时，则把这类特性称为计数特性。

3. 静态特性和动态特性

产品在使用过程中，对于任何时刻给定的输入信号都产生恒定的输出结果，则称其质量特性是静态的。对于使用者的某个意志或某个目标值，每发出一个信号，系统便产生相应的输出结果，即产品质量特性随输入条件的变化而变化，则称这样的质量特性是动态的。

4. 望目特性、望大特性和望小特性

当产品的设计质量特性存在理想的目标值 y_0（即标准中心，一般不为零）时，如果产品的输出质量特性值的波动极限偏差在目标值的两侧对称分布，且波动越小，其设计质量特性就越好，则称这类特性为望目特性（nominal the best）。此类设计质量特性值可以在望目特性值的上下限范围内波动。例如，对于某一轴，要求其尺寸为 50 ± 0.05mm，则该轴尺寸的望目特性值 y_0 为 50mm，实际加工制造的尺寸应满足 $|y-y_0|\leqslant0.05$mm，误差越小，轴的质量特性就越好。

某些产品的质量特性值增大时，产品的质量性能越好，理想的质量特性值是取无穷大。这类质量特性值规定了一个下限值，产品的输出质量特性值不能低于该值，这种特性称为望大特性（the larger the better）。例如，材料的抗拉强度越大越好，但不能低于某一给定的最小值。

与望大特性值相反，某些产品的质量特性值增大时，产品的质量性能越差，因此这种质量特性值越小越好，其目标值为零时，产品性能达到理想状态。这种质量特性就称为望小特性（the smaller the better）。例如，汽车排放的尾气对环境的污染越小越好，最理想的情况下其目标值为零。

三、设计质量特性的分级

1. 设计质量特性分级的重要性

一个产品是由许多零部件组成的，产品的设计包括零部件的设计，产品的设计质量也就由产品零部件的设计质量来保证。每个零部件又包含许多设计质量特性，产品的设计质量就是由这些零部件的设计质量特性的有机组合和关联所决定的。

如果能识别各个零部件的设计质量特性对产品的安全性、功能、经济性等造成的不利影响，在设计过程中便可以区别对待各个零部件的设计质量特性。对于影响产品设计质量较大的、关键的和重要的零部件，可以抓住重点，提高这些零部件的设计质量特性。对于影响产品设计质量较小的、次要的零部件，则不必要求较高的设计质量特性。这样，在设计过程中，对各个零部件设计质量特性的重要度进行分级，有利于降低产品的成本，提高产品的设计质量。同样，当各个零部件在制造过程中的质量特性超出规定的设计范围时，也会在不同程度上影响产品的质量。如果某些零部件的制造质量未达到规定的设计质量要求时会影响产品的质量，则在设计时可以确定适当的生产制造方法和检测手段，以提高这些零部件的制造质量。因此在产品设计过程时，应对产品的设计质量特性的重要度进行分级，并将设计意图和要求传递给制造、采购、检验等后续过程，以便制定制造质量计划和质量检验计划，采取重点预防措施，保证产品的质量。

2. 设计质量特性分级的内容

产品的设计质量特性分级涉及整个产品及其零部件。产品的设计质量特性分级首先是针对整个产品而言的；其次，产品的质量是由其零部件的质量特性来保障的，因此，也要对产品的各个零部件进行相应的设计质量特性分级。

产品及其各个零部件的设计质量特性较多，没有必要对所有设计质量特性都进行分级，应根据产品的总体设计质量要求，对关键零部件的关键设计质量特性进行分级。一般对产品性能、安全性、环保特性以及可能导致用户索赔和投诉的明显影响产品功能的设计质量特性进行分级。例如，对于制造业而言，包括产品零部件制造过程中的尺寸公差、形状位置公差、表面粗糙度、表面硬度以及产品外观等方面。

当然，对于产品或零部件中未进行分级的设计质量特性或次要的设计质量特性，并不意味着可以忽视，这些设计质量特性应满足产品的使用要求。

3. 设计质量特性重要度分级的方法

一般由设计人员运用专业技术知识，根据产品的总功能，按照产品→部件→零件的步骤进行功能展开，并结合产品及其零部件的设计质量特性值的容差进行分级。如果某些质量特性直接影响产品性能、安全性等产品设计质量特性分级的内容，则可确定其为关键特性或重要特性。如果某些质量特性仅仅是可能导致产品功能逐渐丧失，则可确定其为次要特性或一般特性。

具体对设计质量特性重要度分级时，根据企业和产品的具体情况，运用专业技术知识和功能分析法，找出影响产品功能、性能、可靠性的关键特性和重要特性。依据可靠性分析的结果，确定每一个零部件失效后的危害性、失效发生的概率，将零部件划分为关键件、重要件和一般件。最后编写产品的质量功能特性分析文件，在关键件、重要件的设计图样和技术文件上标注设计质量特性重要度分级与分类符号。

《机械工业产品质量特性重要度分级导则》（JB/T 5058—2006）对质量特性重要度的分级定义如表 3－2 所示。

表 3-2　　质量特性重要度分级定义

特性分级	分级定义
关键特性	如发生故障，会发生人身安全事故、丧失产品主要功能、严重影响产品使用性能和降低产品寿命、对环境产生违反法规的污染，以及必然会引起使用单位申诉的特性
重要特性	如发生故障，会影响产品使用性能和寿命，使用单位可能提出申诉的特性
一般特性	如发生故障，对产品使用性能及寿命影响不大及不致引起使用单位申诉的特性

4. 设计质量特性重要度分级的标识

产品设计质量特性重要度分级的标识常采用符号表示法和表格法。

（1）符号表示法。在零件的设计图样上直接用符号来标注设计质量特性重要度分级，比较直观、方便，传递准确，施工人员一目了然，传递效果和所起作用较好。常见的设计质量特性重要度分级的标识方法如表 3-3 所示。

表 3-3　　设计质量特性重要度分级的标识

设计质量特性分级	特性分级标识形式					
	1	2	3	4	5	6
关键特性	[G]	[1]	[A]	·	⊕	▽S
重要特性	[Z]	[2]	[B]		□	▽I
一般特性	不标注	[3]	[C]	○	不标注	

例如，有一标识为：$28_{0}^{+0.02}$ [Z]

∇ [G]

表面硬度 62-64HRC [Z]

接触面积不小于 80% [A]

该标识表示：尺寸的上偏差为一般特性，下偏差为重要特性；表面粗糙度为关键特性；表面硬度为重要特性；接触精度为关键特性。

（2）表格法。虽然在零件的设计图样上直接标注设计质量特性重要度的传递效果和所起作用较好，但是，对于复杂的零件，由于其尺寸较多，将质量特性标注在图样上就显得拥挤。这时宜采用表格法标注设计质量特性。采用表格法标注分级要求时，需要设计专用的表格，说明零件的质量特性重要度分级情况，将其作为独立的文件发放给施工人员，以配合零件的设计图样进行零件的施工。

用专门的表格对零件的设计质量特性重要度进行说明和分级，由于它与设计图样是分开的，因此施工人员容易忽略零件的设计质量特性重要度分级情况，造成传递效果差，制造质量不能满足设计质量，最终影响产品质量。

四、设计质量评价

1. 设计质量评价指标

选用什么特性来表现质量问题，是专业技术人员必须考虑的。但选取什么样的特性值及其评价指标和评价方法，则是设计质量控制人员应考虑的问题。人们常常根据产品的功能特性来评价产品的设计质量特性。可用以下指标来评价产品的设计质量特性：部分缺陷、功能特性指数、质量损失函数、质量信息熵函数。

2. 设计质量评价分类

设计质量评价是根据确定的目标来测定对象的质量属性，并将这种质量属性变为客观定量的值或主观效用的行为。设计质量评价体系是由技术性评价、经济性评价、市场环境评价、生态环境评价、效益和风险评价等组成的综合评价体系。

根据设计所处的阶段，质量评价分为：（1）事前评价，即在决定产品或系统是否要进行设计开发，对产品进行规划研究时进行的评价；（2）中间评价，即在产品或系统的设计中期所进行的评价；（3）事后评价，指完成产品或系统的设计后，评价设计输出结果是否达到预期的目标；（4）跟踪评价，产品或系统经过一段时间的使用或运行后，发现某些意想不到的情况，需要重新进行评价。

3. 设计质量评价方法

用于评价设计质量的方法很多，常用的评价方法有以下几类：专家评价法、经济分析法、运筹学和其他数学方法、混合法。每一类评价方法又可分成很多种方法。运筹学和其他数学方法中用到的数学知识要多一些，常用的有多目标决策法、层次分析法、模糊评价法、灰度评价法、数理统计法等。

第 3 节　设计质量控制技术

20 世纪 80 年代以后，国外的大公司和国内一些企业逐步认识到产品设计质量对产品质量的贡献，认识到产品设计质量创新在产品生命周期内的重要地位，因此把许多新技术、新理论和新方法运用到产品的设计阶段，以控制产品的设计质量，从源头控制产品质量。

设计是产品开发研制的首要程序，是产品质量的源头，决定了产品的固有质量。常用的设计质量控制技术有质量功能展开（quality function deployment，QFD）、发明问题解决理论（theory of inventive problem solving，俄文首字母缩写为 TRIZ）、田口方法（Taguchi method）和可靠性设计中的故障树分析法（FTA）、失效模式及影响分析法（FMEA），以及失效模式、影响及危害性分析法（FMECA）。其中，QFD 理论解决“做什么”的问题，TRIZ 理论解决“怎么做”的问题，田口方法解决“具体怎么做”的问题。将QFD、TRIZ和田口方法进行有机集合，可以为产品的设计质量提供有力的支持工具。

一、质量功能展开（QFD）

1. QFD概述

QFD理论在20世纪60年代后期起源于日本三菱重工，目的是建造复杂货轮的后勤系统，创造出一种体系，使建造货轮的每一个步骤满足客户的具体要求。1966年，在日本政府的支持下，赤尾洋二（Yoji Akao）和几所大学的教授提出了QFD设计理论方法，取得了很好的成效。后来该方法被日本的其他公司采用，逐步得到世界各国的重视，现在已成为一种重要的产品设计质量控制技术。

QFD是使传统生产质量控制转向设计质量控制的典范。传统的生产质量控制是通过对生产过程的实物检验，用观察、测试和检测的手段进行控制的。采用QFD可使检验生产质量转向检查产品的设计质量——产品的内在质量。QFD在设计成为现实之前就引进许多无形的要素，将产品质量融于设计之中。

QFD有两层含义：(1) 狭义的质量功能展开，即用目的-手段，将形成质量的功能乃至业务，以不同的层次展开到具体的部分。(2) 质量展开，是将顾客的需要转换为图纸和设计要求及产品生产过程中各阶段的要求，以确定产品的设计质量，并将其系统、关联地展开为零部件要求、工艺要求以及生产要求等，如图3-2所示。

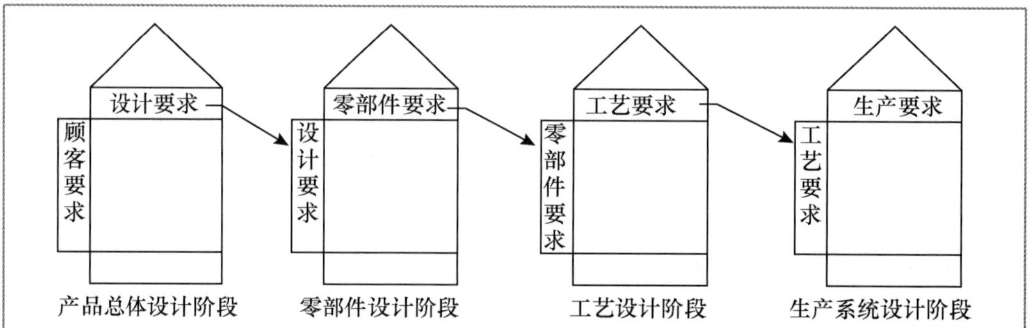

图3-2 质量功能展开示意图

QFD展开的过程是：先用一系列矩阵和图表把顾客要求转化为工程特性或设计要求；然后根据同样的原理把设计要求转化为部件和零件质量特性，再把部件和零件质量特性转化为工艺和工序要求，直到制造过程中详细而精确的操作和控制。设计要求、零部件要求、工艺要求和生产要求大多为定量的工程技术要求，故又称为工程特性，有时也称为代用的质量特性，以区别于顾客需求的真正产品质量特性。

QFD是一种集多学科团队工作过程于一体的用于规划和设计开发新产品的方法，它通过收集顾客或市场需求信息，用一系列矩阵和图表将顾客的需求特性转化为产品设计过程中的产品质量特性和设计要求，进而展开为部件、零件质量特性的技术要求、工艺要求、制造和检验要求。这样来自顾客或市场的需求信息准确地转移到产品生命周期的每一个设计阶段，减少了顾客或市场需求和产品设计制造之间的隔阂，保证产品的设计质量满足顾客或市场需求。QFD 过程加强了各部门的协作和配合，因此可以大大缩短产品研制设计周期，减少设计和试制过程中技术文件的更改，提高工作效率和降低成本。采用 QFD 方法可以集中反映顾客需求，利用竞争环境和市场潜能来优化设计目标，加强各部门的团队协作精神，提供柔性的易于理解的信息，并把顾客的潜在需求或定性需求转化为产品设计的定量目标，从而使设计的产品能在最短的时间内，以合理的价格和质量满足市场需求，赢得商机。

2. QFD 的体系结构和步骤

QFD 的核心是质量屋（house of quality，HOQ）。质量屋由一系列二维矩阵和图表构成，根据不同的应用目的，质量屋的结构有一定的差异，但构建质量屋的基本思想和方法是一致的。QFD 的质量屋基本上是由八个不同参数的矩阵图表和一项目标声明构成的，如图 3－3 所示。

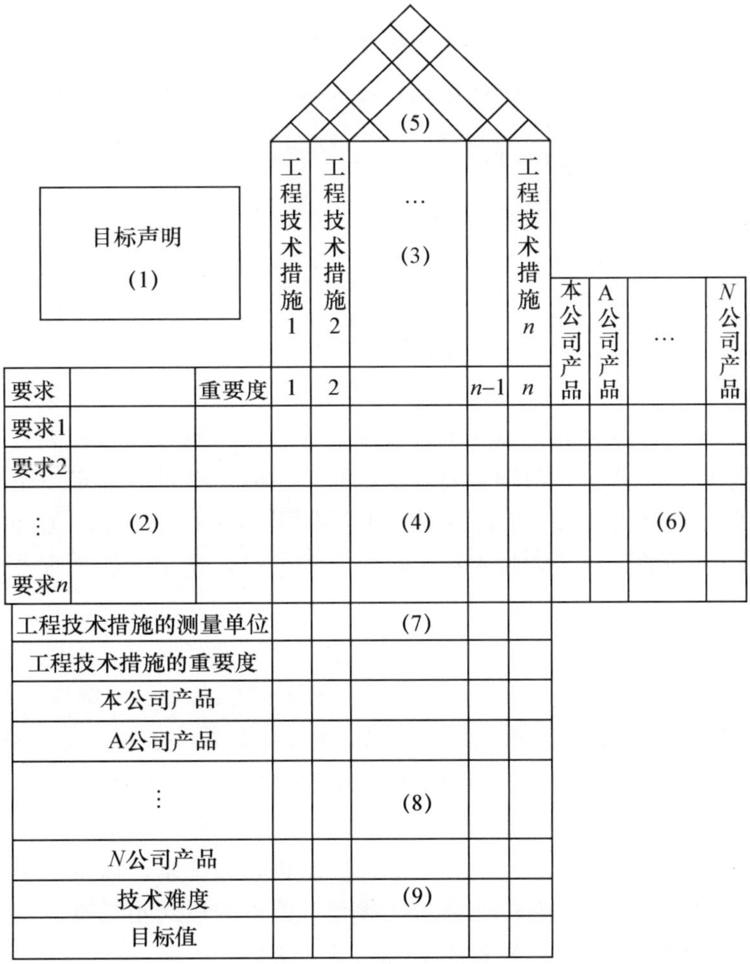

图 3－3　QFD 质量屋的构成

图3-3所示的质量屋中，各组成部分及步骤为：

（1）目标声明。目标声明在质量屋的左上方，描述需要设计的产品或设计小组要努力达到的目标。有时目标声明可不列在质量屋中，而是在其他资料中描述。

（2）顾客要求及其重要度。顾客要求及其重要度在质量屋的左部，该部分是对顾客要求及其重要度的描述。实现顾客满意首先得倾听顾客的要求。产品设计的初始阶段是确定顾客要求的阶段，根据顾客的要求选择和确定产品设计方案。通过对顾客或市场进行调查，获取顾客对需要设计的产品即目标产品的要求，并对每个要求进行重要性度量即确定权重。

顾客提出的有些要求比较笼统，必须分类、分级逐步展开、细化。对顾客提出的所有要求，要确定哪一项更重要，可用1～5或1～10来衡量其重要性，数字越大说明越重要。重要性度量在QFD过程中起到很重要的作用，重要性的数值必须准确反映顾客的意见。

（3）工程技术措施。工程技术措施在质量屋的上部，描述实现顾客要求的方式。通过对顾客要求及其重要度的分析，明确顾客对所设计的产品的看法。顾客需要什么已经清楚，应如何做呢？这时就需要用设计生产过程中有关人员都懂的工程语言来描述产品的特性。根据顾客的各项要求，在产品设计和生产过程中相关人员应协作，运用集体智慧，多层次多方位思考如何满足这些要求，即根据顾客要求确定可定量的工程技术措施。

（4）关系矩阵。关系矩阵位于质量屋的中部，描述顾客要求与工程技术措施之间的关系，是分析每项工程技术措施怎样满足相应顾客要求的方法，明确了哪一项措施可以最好地满足顾客要求。

关系矩阵有助于设计、生产等过程中的人员厘清对复杂事物的思维，并提供对思维的正确性进行反复交叉检验的机会。关系矩阵中的顾客要求可能与一项工程技术措施相关，也可能与多项工程技术措施相关。例如，当在关系矩阵中发现某项工程技术措施与任何一项顾客要求都没有关系时，就可以确定该工程技术措施可能是多余的，或者设计人员在收集信息时漏掉了某项顾客要求。另一方面，当某项顾客要求与所列的任何工程技术措施都没有关系时，就应增加工程技术措施以满足顾客要求。

关系矩阵中可用数字表示工程技术措施与顾客要求之间关系的紧密程度，也可用符号来表示。用数字时，可用0～5或0～10来表示。例如，用0～5表示：0表示没有关系存在；1表示关系不紧密；3表示关系一般；5表示关系紧密；2和4分别表示1～3和3～5中间的程度。用符号时，表示相关与不相关的符号有：两个“＋”号表示强烈的正相关关系；一个“＋”号表示正相关关系；一个“－”号表示负相关关系；两个“－”号表示强烈的负相关关系；通常两个“×”号表示要删除的负相关关系；没有标注表示无关系。符号的形式不是唯一的，也可用其他符号表示，所用的符号要在质量屋中说明其含义。

（5）相关性矩阵。相关性矩阵是位于工程技术措施顶部的一个三角形矩阵，形状像一个屋顶，故也称为“屋顶”，表示各个工程技术措施之间的相互关系。相关性矩阵是由各个工程技术措施的X，Y两条轴线相交旋转45度而形成的，它体现了各个工程技术措施之间哪些是相互支持的，哪些是有冲突的。如果某两项措施之间有冲突，表明需要对这两项措施进行更多的研究。相关性矩阵可以帮助设计研究人员运用同一资源达到多种目标。

在相关性矩阵中运用符号来表示工程技术措施之间的关系，可以让人知道各个措施之间的相互关系。相关性矩阵的符号表示方法与关系矩阵是一样的。在相关性矩阵中，正相关关系说明两种措施之间关系协调，而负相关关系说明两者之间有不利影响。

(6) 市场竞争性评价矩阵。市场竞争性评价矩阵位于质量屋的右部，描述了顾客对本公司产品和其他公司产品的看法。顾客要求矩阵中明确了顾客对产品的具体要求，对照这些要求调查顾客对本公司产品和其他公司产品的评价。用顾客的评价作为同竞争对手进行比较的依据，这有助于明确本公司与其他公司之间的差距并消除这种差距，保持自己的优势，提高自己的竞争力。

用数字对本公司产品和其他公司产品的优劣进行度量，把每项顾客要求中得分值最高的竞争对手作为公司的最低奋斗目标。如果在某项顾客要求中本公司的分值最高，则继续保持。顾客对产品的市场竞争性评价工作结束后，产品设计开发人员就能清楚地知道什么样的产品或服务能满足顾客要求，这样开发出来的产品才会畅销，有市场竞争力。

(7) 工程技术措施特性指标及其重要度。工程技术措施特性指标及其重要度位于关系矩阵的下方，描述每项工程技术措施的指标（单位）及其重要性。

(8) 技术竞争性评价矩阵。技术竞争性评价矩阵位于质量屋的下方，由工程技术人员提供评估数据，描述本公司和竞争对手的产品在所采取的工程技术措施方面的具体观测值和技术难度。根据对观测值的对比分析，可以确定每项工程技术措施的最大值，找出本公司与其他公司在某项工程技术措施方面的差距。

(9) 技术难度和目标值。技术难度和目标值位于质量屋的最下部。设计人员根据工业技术水准和本公司的水平，确定各项工程技术措施的技术难度，设定各项工程技术措施的目标值，以便对原有产品进行相应的改进，使产品在技术特性上立于不败之地。

按照以上步骤，一家汉堡包店建立了一个质量屋（见图3-4）。房间是每一个顾客属性与技术特征的关系矩阵。例如，口味好与调味料关系密切，与脂肪呈正相关关系。在质量屋的顶部，尺寸与成本控制呈强正相关关系（尺寸增加，成本必定提高）。通常需要进一步对这些关系做量化处理，然后进行数据分析，找出对满足顾客要求贡献最大的技术特征，即关键特性，作为下一步活动的重要输入。

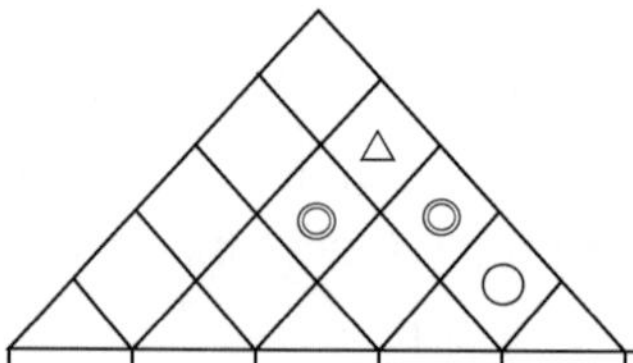

顾客要求	重要度	调味料	尺寸	卡路里	成本控制	脂肪	市场竞争性评价：我们	A公司	B公司
口味好	4	◎		△		○	3	4	5
营养丰富	4	○		◎		◎	3	2	3
视觉效果美观	3		◎		△	△	3	5	4
价格适中	5		○		◎		4	3	4

技术竞争性评价	调味料	尺寸	卡路里	成本控制	脂肪
我们	5	4	4	4	5
A公司	2	5	3	2	4
B公司	3	4	4	4	3

说明：

1＝低　5＝高

△负相关
○正相关
◎强正相关

图 3-4　汉堡包店的质量屋

二、TRIZ 理论

1. TRIZ 理论概述

TRIZ 的英文含义为发明问题解决理论（theory of inventive problem solving），它是一种创新性问题解决方法的指导理论。TRIZ 是俄文首字母缩写，是苏联的根里希·阿尔特舒勒（Genrich Altshuller）在阅读和研究分析世界各国大量专利后，提出的一种创新设计理论。创新并不是灵感的闪现和随机的探索，它存在解决问题的一般规律，这些规律可以告诉人们按照什么样的方法和过程进行创新并使结果具有预测性和可控性。阿尔特舒勒通过对大量专利的研究发现，同样的原则在不同行业的创新性问题解决方法中被应用。因此阿尔特舒勒认为，将已有解决问题的方法建成知识库，问题就可以通过类似的方法得到解决（即类推方法）。而对于一些从未遇到过的问题（创新性问题），可以从现有方法中总结出设计的基本原则、方法和模式，通过这些方法和原则的应用解决问题；反过来又可以扩展类似问题的知识库。

产品创新主要取决于产品的概念设计阶段，产生一个新概念的传统方法是试错法，这种试错的过程类似于艺术家的艺术创作，主要取决于灵感和经验。阿尔特舒勒等人在对世界各国大量专利进行分析研究的基础上，认为产品的创新设计是有规律可循的，提出了发明问题解决理论即 TRIZ 理论。

TRIZ 理论将产品设计过程的核心——概念设计过程具体化，为设计者提供了设计过程模型、设计工具和设计方法，可以很好地支持产品设计过程中对设计质量的控制。

2. TRIZ 理论的工具

TRIZ 理论的主要内容和工具有：产品的进化分析、39 个工程参数、40 条发明原理、矛盾矩阵、分离原理、物质-场分析、科学和技术成果数据库、ARIZ 算法等。这些内容和工具很好地实现了对产品设计过程中的设计质量的控制。TRIZ 理论认为，产品在设计过程中存在管理、技术和物理三种矛盾冲突，TRIZ 理论只研究技术矛盾和物理矛盾。技术矛盾是指产品或系统的一个作用同时导致有用和有害两种结果，常常表现为一个系统中两个子系统之间的矛盾。物理矛盾是指设计过程中为了实现某种功能，一个物体或系统中的子系统或部件应具有一种特性，但同时出现与该特性相反的特性。对于设计过程中的技术矛盾和物理矛盾，TRIZ 提供了解决问题的思路和过程，分别见图 3－5 和图 3－6。

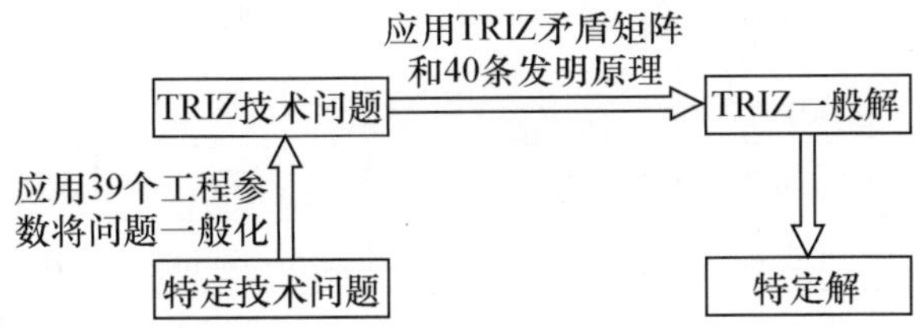

图 3－5　技术矛盾解决过程

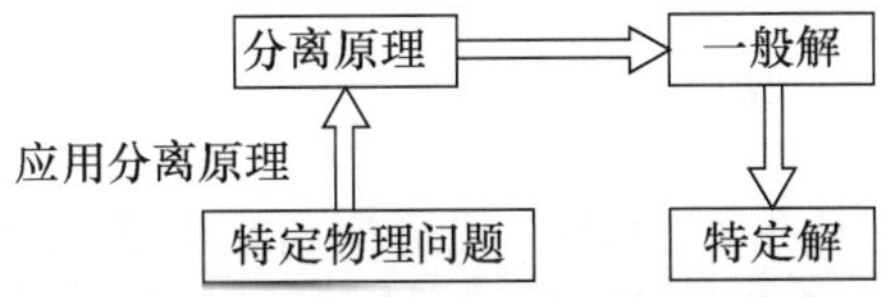

图 3－6　物理矛盾解决过程

（1）产品的进化分析。TRIZ 理论认为，从历史的观点看，产品处于不断进化之中，其核心技术从低级向高级变化。TRIZ 理论根据时间与产品利润、产品专利数量、专利发明的级别三组曲线的进化分析，综合评价、预测产品的技术成熟度，并用分段线性 S 曲线来表示，分为婴儿期、成长期、成熟期和衰退期。S 曲线的评价和预测结果可为企业的决策指明方向，决定是否需要对产品进行设计研究。对处于婴儿期和成长期的产品，企业应增加投入，对产品的结构、参数等进行优化，以获得更多的利润；对处于成熟期和衰退期的产品，企业应开发新的替代技术，推出新一代产品，使企业在未来的市场竞争中盈利。

（2）39 个工程参数。TRIZ 理论对技术矛盾进行一般化处理，提出用 39 个通用工程参数描述实际设计问题的技术矛盾，把设计过程中的具体设计矛盾转化为一般的或标准的技术矛盾。39 个通用工程参数名称如表 3－4 所示。

表 3-4　　通用工程参数名称

序号	名称	序号	名称
1	运动物体的质量	21	动力
2	静止物体的质量	22	能量的浪费
3	运动物体的长度	23	物质的浪费
4	静止物体的长度	24	信息的浪费
5	运动物体的面积	25	时间的浪费
6	静止物体的面积	26	物质的量
7	运动物体的体积	27	可靠性
8	静止物体的体积	28	测定精度
9	速度	29	制造精度
10	力	30	物体外部有害因素作用的敏感性
11	拉伸力、压力	31	物体产生的有害因素
12	形状	32	可制造性
13	物体的稳定性	33	可操作性
14	强度	34	可维修性
15	运动物体的耐久性	35	适应性及多样性
16	静止物体的耐久性	36	装置的复杂性
17	温度	37	控制与测试的困难程度
18	亮度	38	自动化水平
19	运动物体使用的能量	39	生产率
20	静止物体使用的能量		

（3）40条发明原理。TRIZ理论提出了解决技术矛盾的40条发明原理，如表3-5所示。它们是对不同领域的已有创新成果进行分析、总结后得到的具有普遍意义的规律，提示设计者最有可能解决问题的方法，是解决技术矛盾的关键。

表 3-5　　发明原理

序号	名称	序号	名称	序号	名称	序号	名称
1	分割	7	嵌套构成	13	反向、逆问题	19	周期性作用
2	分离	8	质量补偿	14	曲面化	20	有效作用的连续性
3	局部改变	9	预加反作用	15	动态化	21	紧急行动、超高速作业
4	不对称	10	预操作	16	未达到或超过的作用	22	变有害为有益
5	合并	11	预补偿	17	维数变化	23	反馈
6	多用性、多功能	12	等势性	18	振动	24	中介物

续前表

序号	名称	序号	名称	序号	名称	序号	名称
25	自助机能	29	气动与液压结构	33	同质性	37	热膨胀
26	复制、代用品	30	柔性壳体或薄膜	34	抛弃与修复	38	加速强氧化
27	低成本、不耐用的物体代替昂贵、耐用的物体	31	多孔材料	35	参数变化	39	惰性环境
28	机械系统的替代	32	改变颜色	36	相变化	40	复合材料

(4) 矛盾矩阵。虽然 39 个工程参数和 40 条发明原理解决了设计中的技术矛盾，但如何选用发明原理是设计者比较关心的问题。TRIZ 理论提出了矛盾矩阵，如表 3 - 6 所示，将 39 个工程参数与 40 条发明原理建立了对应关系，很好地解决了选择发明原理的难题。

表 3 - 6　　矛盾矩阵

改善的特性 / 恶化的特性	1. 运动物体的质量	2. 静止物体的质量	3. 运动物体的长度	4. 静止物体的长度	5. 运动物体的面积	…	39. 生产率
1. 运动物体的质量			15，8，29，34		29，17，38，34	…	35，3，24，37
2. 静止物体的质量				10，1，29，35		…	1，28，15，35
3. 运动物体的长度	8，15，29，34				15，17，32，4	…	14，4，28，29
4. 静止物体的长度		35，28，40，29				…	30，14，7，26
5. 运动物体的面积	2，17，29，4		14，15，16，4			…	10，26，34，2
⋮	⋮	⋮	⋮	⋮	⋮		⋮
39. 生产率	35，26，24，37	28，27，15，3	18，4，28，38	30，7，14，26	10，26，34，3	…	

应用 TRIZ 矛盾矩阵的过程为：1）在 39 个标准工程参数中，确定使产品某一方面特性恶化（降低）的参数和使产品特性提高的参数的序号；2）从矩阵的第 1 列和第 1 行中找到对应的序号；3）在两序号对应行和列的交叉处确定一特定矩阵元素，该元素所给出的数字即所推荐采用的发明原理序号。例如，希望提高产品中运动物体的质量，在 39 个标准工程参数中对应的序号是 1，但提高运动物体的质量往往会增加运动物体的长度，即恶化的技术特性是运动物体的长度，在 39 个标准工程参数中对应的序号是 3。在矛盾矩阵中改善技术特性的序号 1 和恶化技术特性的序号 3 对应的交叉矩阵元素是序号 8，15，29，34，该数字就是推荐采用的发明

原理序号。

（5）分离原理。TRIZ 理论在总结解决物理矛盾的各种方法的基础上，提出了四种分离原理以解决物理矛盾：空间分离、时间分离、基于条件的分离、整体与部分的分离。

（6）分离原理与发明原理的关系。英国 TRIZ 理论专家曼恩（Mann）通过研究提出，解决物理矛盾的分离原理与解决技术矛盾的发明原理之间存在一定的关系，对于一条分离原理，可以有多条发明原理与之对应。分离原理与发明原理的关系如表 3－7 所示。

表 3－7 分离原理与发明原理的关系

分离原理	发明原理（序号）
空间分离	1，2，3，4，7，13，17，24，26，30
时间分离	9，10，11，15，16，18，19，20，21，29，34，37
基于条件的分离	1，7，25，27，5，22，23，33，6，8，14，35，13
整体与部分的分离	12，28，31，32，35，36，38，39，40

（7）其他工具简介。TRIZ 理论还包括物质-场分析、科学和技术成果数据库、ARIZ 算法。科学和技术成果数据库集中了包括物理、化学、地理和几何学等方面的专利和技术成果，研究人员如果需要实现设计过程中的某个特定功能，该库可以提供多个可供选择的方法。该知识库是以“从技术目标到实现方法”方式组织专利的成果库，设计人员可以根据物质-场（S-Field）模型决定设计目标需要实现的基本功能（即技术目标），找出设计过程中的技术矛盾，根据矛盾矩阵找到推荐的解决原理。对于某些没有明显矛盾的复杂问题，不能直接依靠矛盾矩阵或物质-场分析来解决，必须进行分析并构建矛盾。TRIZ 理论为这类设计问题提供了 ARIZ 分析工具，ARIZ 为复杂问题提供了解决方法的逻辑结构化过程。

在应用 TRIZ 理论进行产品创新设计时，矛盾矩阵中推荐的发明原理只是提示设计人员解决设计问题最有可能的方向，需要设计人员根据具体的设计问题确定解决问题的具体方法。

三、稳健设计方法（田口设计方法）

1. 稳健设计概述

稳健设计是一种低成本、高质量的设计方法，起源于 20 世纪 70 年代日本的田口玄一提出的三阶段设计，国际上又称为田口方法。

田口认为，产品质量是“产品出厂后直到使用寿命完结，给社会带来的有形与无形的损失”。该定义与传统的产品质量定义不同，田口的观点是产品的质量可用给顾客和社会造成的损失来衡量。例如，电视机出现质量问题时，用户就要修理，而修理过程中的维修费、路费以及用于修理电视的时间等就是给顾客造成的损失，也是给整个社会造成的损失。该质量损失与产品出厂后的功能特性同目标值之间的偏差成正比。偏差越大，给社会带来的损失就越大，产品质量就越差；反之，产品质量越好。控制这种质量偏差的传统方法是在生产过程中，对产品的材料、工艺等质量因素进行严格控制，并对制造出来的产品进行检验或测量，以剔除不合格品。而田口方法则是从传统的制造过程的质量控制转向设计过程的质量控制，旨在从产品的源头控制产品质量。

任何产品都有影响其性能的因素。例如，产品性能与某个质量因素有关，当该因素发生微小变化时，产品性能也随之发生变化。如果产品性能发生的变化很小，则认为产品性能对该质量因素的变化不敏感，即产品性能具有稳健性。如果产品性能与多个质量因素有关，当产品性能对某个因素敏感时，可以通过调整其他因素的变化，使产品性能对总的因素的变化不敏感。

稳健设计就是产品在制造和使用中各种因素发生偏差，以及在规定的寿命期间内产品发生老化、性能变差时，使产品的性能保持稳定的一种设计方法。即使选用廉价的零部件，通过稳健设计调整影响产品质量的可控因素（即设计参数）的水平和组合以及容差，使总的产品性能对质量因素的敏感程度降低，也可以提高和稳定产品抗干扰的能力，获得低成本高性能的产品。不进行稳健设计的产品，有时即使选用优质零部件，也未必能组装出质量好、性能稳定的产品。

田口博士提出的三阶段设计将产品的设计优化过程分为三个阶段：系统设计、参数设计、容差设计。

为了获得产品的质量特性信息，必须对设计的参数水平及其变化范围进行试验。试验结束后，必须对试验结果进行分析，以确定各个参数对产品质量影响的大小和最适宜的参数组合。因此，正交试验设计和信噪比分析是田口方法中两个重要的工具。田口把正交试验设计、信噪比分析和产品三阶段设计的思想结合起来，提出了通过产品的参数设计和容差来解决产品质量特性不稳定的问题，这就是田口的稳健设计方法。由于田口认为产品质量与产品给社会造成的损失有关，所以稳健设计又称为基于质量损失模型的稳健设计。田口提出的三阶段设计是稳健设计的核心，因此田口方法是狭义的稳健设计。

2. 质量损失函数

产品设计质量控制的目的是从源头保证和提高产品质量。要达到此目的，就要控制产品质量特性值的波动，使波动缩小到最小范围，这样就能使质量波动引起的质量损失降到最低程度。

根据田口的观点，产品的质量特性值偏离目标值时，不管偏离多少都会给社会和顾客造成一定的损失。为了定量地描述产品质量波动造成的损失，田口提出用质量损失函数 $L(y)$ 来度量。图 3－7 介绍了三种常用的质量损失函数（quality loss function）。

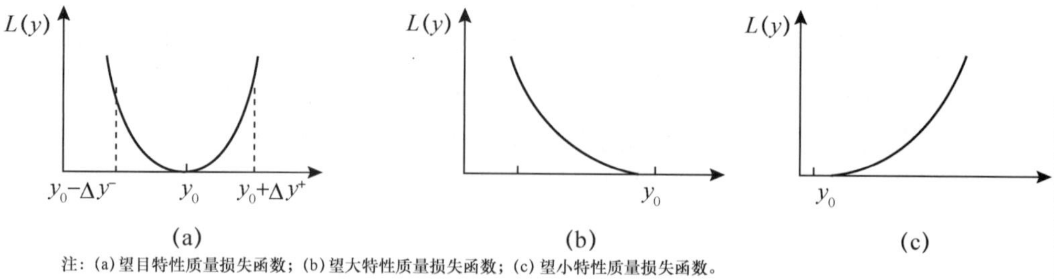

注：(a)望目特性质量损失函数；(b)望大特性质量损失函数；(c)望小特性质量损失函数。

图3-7 三种常用的质量损失函数

望目特性、望大特性和望小特性的质量损失函数表达式如表3-8所示。表3-8中，y_0为产品质量特性的目标值，y，y_i表示实际生产的产品的质量特性值；$L(y)$和$\overline{L(y)}$分别表示实际生产的产品的质量特性值相对于目标值的质量损失、N个产品的平均质量损失；N表示测量产品质量特性值的产品个数；K表示质量损失系数，它是在产品质量设计时就应确定的量。由表3-8可知，不仅产品质量波动偏差超过容差的不合格产品会造成质量损失，即使在容差范围内的合格产品，相对于目标值而言也存在质量损失，偏差越大，质量损失就越大。因此，产品的输出特性值偏离目标值越大，造成的质量损失就越大。

表3-8 望目特性、望大特性、望小特性的质量损失函数

序号	质量特性的类型	质量损失函数	平均质量损失函数
1	望目特性	$L(y)=K(y-y_0)^2$	$\overline{L(y)}=K\frac{1}{N}\sum(y_i-y_0)^2$
2	望大特性	$L(y)=Ky^2$	$\overline{L(y)}=K\left(\frac{1}{N}\sum y_i^2\right)$
3	望小特性	$L(y)=K\frac{1}{y^2}$	$\overline{L(y)}=K\left(\frac{1}{N}\sum\frac{1}{y_i^2}\right)$

3. 正交试验设计

英国学者费希尔（R. A. Fisher）等人为了以合适的试验次数分析多因素情况下农田的试验，最早提出试验设计技术。但试验设计技术应用于产品的设计，以提高和稳定产品质量，应归功于田口玄一，该技术逐渐发展为产品质量管理的一种重要工具——正交试验设计（orthogonal experimental design）。

在试验结果受两个或两个以上因素影响的情况下，要对各个因素的组合进行试验，试验次数会很多。例如，影响某产品质量的因素有6个，若每个因素取3个水平（即分别取3个不同的值），则6个因素3个水平的试验组合有$3^6=729$种。对于729种组合都要进行试验的话，无论在费用还是时间上都是不可行的。如果只针对单一因素进行试验，试验次数则为$3\times6=18$次，但是试验的结果不具有代表性。运用正交试验设计技术可构造一些正交向量，从多个试验因素组合中选出最有代表性的少量试验，就能获得可靠的试验结果。6个因素3个水平的试验，若采用正

交试验设计，只需要采用 $L_{18}(3^7)$ 型正交表，安排 18 次试验即可。因此，利用正交试验设计技术来安排试验，试验次数大大减少，从 729 次减少到 18 次，从时间和费用上看都是可行的。

正交试验设计的步骤为：(1) 确定各个试验因素的个数及其水平数；(2) 分析各个影响因素之间是否有相互作用；(3) 根据人力、物力、时间、费用等确定大概的试验次数；(4) 最后选用合适的正交表，安排试验。

正交试验结束后，需要用到数理统计学中的数据分析方法对试验数据进行分析。根据分析计算结果，可以定量地确定各个因素的影响程度和各个因素的最佳组合。因素的最佳组合只考虑对产品性能影响大的因素及其水平值，次要的因素可根据经济条件、制造条件等确定。

4. 信噪比（SN 比）

信噪比最初是作为通信效率的一种测度，用以测量通信时输出功率中信号（signal）和噪声（noise）功率的比值。

$$\eta=\frac{S}{N}=\frac{\text{信号功率}}{\text{噪声功率}}$$

式中，η 表示信噪比，或称为 SN 比。η 越大，信号功率相对噪声功率越大，表明通信效果越好。

田口将这一概念引入产品设计质量控制，仍沿用原来的记法，但意义不同。SN 比指影响产品质量特性的主效应与误差效应的比值，即主效应相当于信号，误差效应相当于噪声。在设计质量控制中，用 SN 比模拟误差因素（即噪声效应）对产品设计质量特性的影响。对于设计质量特性是望目特性和望大特性的，SN 比越大，产品质量特性越好、越稳定；而对于望小质量特性，则 SN 比越小，产品质量特性越好。因此，根据正交试验，分析对比各个影响因素不同水平的 SN 比，就可确定各个因素的最适宜水平和组合，以及哪一个因素的容差应严格控制。

对应于三种常用的望目特性、望大特性、望小特性的质量损失函数模型，SN 比表达式如表 3-9 所示。

表 3-9　望目特性、望大特性、望小特性下 SN 比的计算公式

序号	质量特性的类型	SN 比表达式	信噪比度量说明
1	望目特性	$10\lg(S_m-V_e)/(N\times V_e)$	信噪比越大，质量特性越好
2	望大特性	$-10\lg\left(\frac{1}{N}\sum\frac{1}{y_i^2}\right)$	信噪比越大，质量特性越好
3	望小特性	$-10\lg\left(\frac{1}{N}\sum y_i^2\right)$	信噪比越小，质量特性越好

注：$S_m=N\times(\bar{y})^2-\frac{1}{N}(\sum y_i)^2$；$V_e=\sqrt{\frac{1}{N-1}\sum(y_i-\bar{y})^2}$

5. 系统设计

产品设计的第一次设计称为系统设计，是指决定产品功能和结构的设计。它在根据市场调查确定用户需求的基础上，应用科学理论、专业技术知识探索新产品功能原理，对产品功能原型进行设计开发，决定产品的功能、结构，因此也称为概念设计或功能设计。

系统设计的方式有：（1）技术引进、利用专利的方式；（2）自行设计与技术引进相结合的方式；（3）独立研制方式。系统设计属于专业技术范畴，不属于管理技术范畴。

6. 参数设计

产品设计的第二次设计称为参数设计，它是稳健设计的核心，是田口三阶段设计的重要阶段，是在系统设计确定产品功能、结构之后进行的。这一阶段是为了保证和提高产品性能，同时考虑成本因素，以优化产品性能为目标，设计出质量稳定、成本合理的产品。

产品是由许多部件、零件组成的复杂系统，产品的性能既取决于零部件的质量，又取决于产品的设计方法。零部件的质量性能好，其成本就高；相反，质量性能差，成本就低。工程设计的经验表明，零部件全部采用优质产品，组装起来的产品性能未必能达到优质。当然，即使达到优质，也不足为奇，但其成本很高。因此，在质量设计过程中，如果各个零部件的参数水平及其组合选择得当，即使搭配使用部分价格低廉的零部件，也能设计出性能稳定的优质产品。

采用参数设计方法，能找出尽量不受误差干扰影响的最佳设计参数水平及其组合，抑制和衰减产品质量特性的波动。其目的是搭配使用一部分成本低廉、质量波动大的次等品，以及一部分质量波动小、成本高的优质品，以便设计出成本合理、质量性能稳定的产品。因此，参数设计是稳健设计质量控制的中心环节。

例如，某产品的质量特性即输出特性 y 与设计参数 x_1 和 x_2 之间的关系分别呈如图 3-8（a）和图 3-8（b）所示的非线性和线性关系。

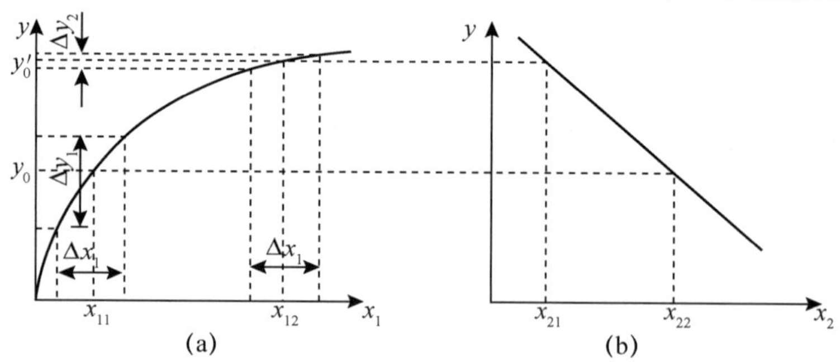

图 3-8 利用参数设计调整优化产品质量的一般原理

如图 3-8（a）所示，当参数 x_1 的水平取 x_{11}，波动值为 Δx_1 时，引起的质量波动值为 Δy_1，但产品的输出特性值 y 为 y_0，与目标特性值一致。当参数 x_1 的水平取 x_{12}，波动值同样为 Δx_1 时，引起的质量波动值为 Δy_2，此时 Δy_2 明显小于 Δy_1，质量波动减少了，但是输出特性值 y 却变为 y_0'，偏离了目标值，偏移量 $\varepsilon=$

$y_0' - y_0$。

如何消除此偏移量，做到既使产品的质量特性值的波动小，又使其值与目标值相一致呢？这就是参数设计要考虑的问题。这时，如图 3－8（b）所示，可设法找到与产品质量特性值 y 呈线性关系的设计参数 x_2。只要将参数 x_2 的水平值由 x_{21} 增加到 x_{22}，即可补偿图 3－8（a）中输出特性值的偏移量 ε，从而使其值从 y_0' 降到 y_0，与目标值一致。由图 3－8 可知，对于该产品，通过参数设计，可以确定设计参数 x_1 和 x_2 的最佳水平组合为 $x_{12}x_{22}$，这样就可以稳定产品的性能。由此可见，在产品的质量设计过程中，采用参数设计对改进产品质量是非常有意义的。

参数设计主要运用实验设计技术进行，以正交表和 SN 比为基本工具。参数设计常采用的方法有内外表法和直积法，一般程序为：

（1）运用专业知识选出主要的质量因素及其水平，包括控制因素、标示因素、信号因素和误差因素。

（2）根据质量因素的个数及其水平数，选取合适的正交表和试验次数。

（3）按照正交表中的各个因素水平进行试验。

（4）根据试验数据计算 SN 比，并用 SN 比代表每组试验的特性值，进行方差分析。

（5）根据分析结果，选取最佳参数水平及其组合，得出参数设计结论。

7．容差设计

产品设计的第三次设计称为容差设计（tolerance design）。经过系统设计和参数设计后的产品，不一定能满足产品性能的稳健性要求。还需要进一步围绕设计参数的中心值，探索能减少产品质量波动、降低用户损失、提高产品质量稳健性的容差。

在工程技术中，一般把零部件或产品的质量特性值与目标值之间允许的最大偏差称为公差，而在田口稳健设计方法中，将其定义为容差。容差设计就是在产品质量设计过程中，通过控制可控因素的容差，衰减或减少误差因素所引起的产品质量波动，调整产品质量与成本关系的一种设计方法。

容差设计的目的是确定各种影响产品质量波动的因素的主次，即确定哪些是质量波动的主要因素，哪些是次要因素，进而有针对性地衰减或减少主要因素引起的质量波动。因此，容差设计的主要任务是针对主要的误差因素，选择容差小的优质零部件，衰减或减少产品质量的波动。但是由于优质的零部件价格较高，会相应地增加产品的成本，而在参数设计阶段，出于经济考虑，一般选用低廉的零部件，其容差较大，因此，如果参数设计后产品的质量特性达到要求，则不需要进行容差设计。

通过系统设计、参数设计和容差设计，可以获得价格合适、性能稳定的产品。

四、QFD、TRIZ 和稳健设计的集成应用

在产品的设计质量控制中，采用 QFD 方法可以了解顾客对产品的要求，知

道顾客想要什么样的产品，从而确定设计的方向和目标。然而根据顾客要求确定需要采取的工程技术措施后，QFD在如何解决工程技术措施之间的矛盾方面显得无能为力。因此，产品质量设计过程中采用QFD方法能使产品最大限度地满足顾客的要求，但无法进一步向设计人员提供可操作的实现产品创新设计的具体方法。

TRIZ理论是实现产品创新设计的有力工具，它将产品创新的核心——概念设计（在稳健设计中称为系统设计）过程具体化，并提出了规则、算法与发明原理供设计人员使用。它提供的矛盾矩阵能很好地解决QFD中工程技术措施之间的矛盾或冲突问题，从而得到满足顾客要求的产品功能结构（即系统设计）方案。虽然TRIZ理论能在概念设计阶段提供创新性设计方案，但是在具体的产品性能、结构参数选择方面存在不足，这正是稳健设计的优势。

这样，再通过稳健设计，对采用TRIZ理论得到的系统功能原型进行参数设计和容差设计，得到产品各个设计参数的最佳水平值及其组合，就能获得价格合理、性能稳定的产品。

因此，将QFD、TRIZ和稳健设计集成为一体，便能控制产品的设计质量，得到用户需要、新颖、价格合理、质量稳定的产品。

第4节　设计质量控制实施

ISO 9001：2015标准规定设计质量控制实施的主要活动有设计策划、设计输入、设计控制、设计输出与设计变更五个环节。在产品设计质量控制实施过程中，为了使产品具有国际竞争力，必须符合ISO 9001：2015标准的规定。

一、设计策划

ISO 9001：2015标准中8.3.2对设计策划的要求为：在确定设计和开发的阶段及其控制时，组织应考虑：a）设计和开发活动的性质、持续时间和复杂性；b）所要求的过程阶段，包括适用的设计和开发评审；c）所要求的设计和开发验证和确认活动；d）设计和开发过程涉及的职责和权限；e）产品和服务的设计和开发所需的内部和外部资源；f）设计和开发过程参与人员之间接口的控制需求；g）顾客和使用者参与设计和开发过程的需求；h）后续产品和服务提供的要求；i）顾客和其他相关方期望的设计和开发过程的控制水平；j）证实已经满足设计和开发要求所需的形成文件的信息。

每项设计开始之前都要制定计划，明确项目负责人以及各阶段的进度要求和工作重点，委派具有资格的人员并规定这些活动中有关人员的职责和权限。具体实施设计质量控制时，应根据一定的设计策划原则，拟订质量设计策划的内容、质量设计策划的输出以及质量设计策划输出的更新等。

二、设计输入

根据设计目标和标准要求，确定质量设计输入的内容、形式、评审要求以及评审方式等。

ISO 9001：2015 标准中 8.3.3 对设计输入的要求为：组织应考虑：a）功能和性能要求；b）来源于以前类似设计和开发活动的信息；c）法律法规要求；d）组织承诺实施的标准和行业规范；e）由产品和服务性质所决定的、失效的潜在后果。设计和开发输入应完整、清楚，满足设计和开发的目的。应解决相互冲突的设计和开发输入。组织应保留有关设计和开发输入的形成文件的信息。

根据 ISO 9001：2015 标准中为设计输入提供的指南，设计输入的内容可包括：

（1）内部输入。比如：方针、标准和规范；技能要求；可信性要求；现有产品的文件和数据；其他过程的输出。

（2）外部输入。比如：顾客或市场的需求和期望；合同要求和相关方规范；相关的法律和法规要求；国际或国家标准；行业规则。

（3）对确保安全和功能起关键作用的产品或过程的特性的其他输入。比如：运行、安装和使用；储存、搬运、维护和交付；物理参数和环境；处置要求。

应注意，在软件和服务产品的设计和开发中，最终使用者要求的和直接顾客要求的输入可能特别重要。这类输入应以贯穿后续验证和确认能进行有效试验的方式来表达。

三、设计控制

ISO 9001：2015 标准中 8.3.4 对设计控制的要求为：组织应对设计和开发过程进行控制，以确保：a）规定拟获得的结果；b）实施评审活动，以评价设计和开发的结果满足要求的能力；c）实施验证活动，以确保设计和开发输出满足输入的要求；d）实施确认活动，以确保产品和服务能够满足规定的使用要求或预期用途要求；e）针对评审、验证和确认过程中确定的问题采取必要措施；f）保留这些活动的形成文件的信息。

四、设计输出

对产品设计质量的输出，应确定输出的形式、内容、要求等。

ISO 9001：2015 标准中 8.3.5 对设计输出的要求为：组织应确保设计和开发输出：a）满足输入的要求；b）对于产品和服务提供的后续过程是充分的；c）包括或引用监视和测量的要求，适当时，包括接收准则；d）规定对于实现预期目的、保证安全和正确提供（使用）所必须的产品和服务特性。组织应保留有关设计和开发输出的形成文件的信息。

五、设计更改

ISO 9001：2015 标准中 8.3.6 对设计变更的要求为：组织应识别、评审和控制产品和服务设计和开发期间以及后续所做的更改，以便避免不利影响，确保符合要求。组织应保留下列形成文件的信息：a）设计和开发变更；b）评审的结果；c）变更的授权；d）为防止不利影响而采取的措施。

□ 本章小结

设计质量是指所设计的产品是否能够满足顾客需求、是否易于制造和维护、经济性是否合理、对生态环境是否造成危害、风险是否最小等。产品设计过程中的质量控制对产品的质量起着关键作用。影响产品质量的因素可分为控制因素、标示因素、信号因素和误差因素。在产品的质量设计模型中，误差因素称为不可控因素，其余因素称为可控因素或设计变量、设计参数。为了对产品的设计质量进行控制，在设计过程中应遵循需求原则、信息原则、系统原则、继承原则、效益原则、简化原则、定量原则、时间原则、合法原则和审核原则等。

在产品设计过程中，通常测定或测量产品特定的功能或特性，用所得的数值来评定其好坏，这一数值称为质量特性值。产品的设计质量特性有以下几类：输出特性和原因特性；计量特性和计数特性；静态特性和动态特性；望目特性、望大特性和望小特性。在设计过程中，对产品各个零部件设计质量特性的重要度进行分级有利于降低产品的成本，提高产品的设计质量。应将设计意图和要求传递给制造、采购、检验等后续过程，以便制定制造质量计划和质量检验计划，采取重点预防措施，保证产品的质量。

设计质量评价是根据确定的目标来测定对象的质量属性，并将这种质量属性变为客观定量的值或主观效用的行为。根据设计所处的阶段，质量评价分为事前评价、中间评价、事后评价和跟踪评价。用于评价设计质量的方法很多，常用的评价方法有专家评价法、经济分析法、运筹学和其他数学方法、混合法。

在产品的设计质量控制中，QFD 方法确定了设计的方向和目标，但无法进一步向设计人员提供可操作的实现产品创新设计的具体方法。TRIZ 理论提供的矛盾矩阵能很好地解决 QFD 中工程技术措施之间的矛盾或冲突问题，从而得到满足顾客要求的产品功能结构（即系统设计）方案。稳健设计方法对采用 TRIZ 理论得到的系统功能原型进行参数设计和容差设计，从而获得产品各个设计参数的最佳水平值及其组合。因此将 QFD、TRIZ 和稳健设计集成为一体，便能控制产品的设计质量，得到用户需要、新颖、价格合理、质量稳定的产品。

产品设计质量控制是按规定程序和规范控制和协调各个设计阶段的工作，从源头上抓产品的质量，及时地以最少的耗费完成设计工作。ISO 9001：2015 标准规定设计质量控制实施的主要活动有设计策划、设计输入、设计控制、设计输出、设计变更五个环节。

□ 基本概念

设计质量（design quality）　　望目特性（nominal the best）
望大特性（the larger the better）　　望小特性（the smaller the better）
质量功能展开（quality function deployment，QFD）
田口方法（Taguchi method）　　质量损失函数（quality loss function）
发明问题解决理论（theory of inventive problem solving）
正交试验设计（orthogonal experimental design）
容差设计（tolerance design）

□ 思考题

1. 产品的设计过程主要包括哪些阶段？

2. 影响产品质量的因素有哪些？设计质量控制和制造质量控制可以对哪些质量影响因素进行有效、可行的控制？

3. 设计质量控制的原则有哪些？

4. 设计质量特性有哪几类？设计质量特性重要度常采用什么方法表示？

5. 试述质量功能展开（QFD）中质量屋的基本构成。QFD 质量控制方法是怎样确定产品的技术竞争力的？

6. 试述 TRIZ 理论解决设计质量问题的过程。TRIZ 理论在将实际问题用 39 个通用设计工程参数表示后，是如何采用 40 条发明原理中的原理来解决这些问题的？

7. 田口的三阶段设计是指哪三个设计阶段？田口方法中的质量损失函数的含义是什么？

8. 设计质量控制实施有哪些环节？

9. 如何利用 QFD、TRIZ 和田口方法的有机组合来控制产品的设计质量？

□ 案例分析 3－1

小米官网设计分析

电子商务 B2C 网站构架要从用户获取信息和购买产品便捷性的角度进行设计。B2C 网站的最终目的是销售商品，网站的易用性有利于带来良好的用户体验。网站易用性主要包含两个部分，即网页内容的相关性与吸引力，它们折射了整个搜索行为，包括检索查询、信息展示、页面整体风格保持一致、内容是否符合需求、交互逻辑等。

整体设计风格：小米官网整体呈现扁平化设计风格，主色调采用＃FF4A00 橘黄与＃FAFAFA 银白色配色方案，网站布局兼具传统 B2C 网站多列布局和“苹果风格”横向单列布局的特点。

欢迎页面：小米官网的欢迎页面放有新产品信息，用户可通过此页进行预约或购买，想要进入首页可以使用“进入小米网”按钮。

顶部标题栏：顶部标题栏展示了小米旗下各类产品，排列顺序依次为硬件（小米手机等）、软件（MIUI）、互联网服务（米聊、云服务等）。

交互流程（主要是预约购买）界面：小米网站涉及的领域众多，站在用户体验的角度，网站的交互操作相对人性化，比如将所有信息尽量展示在首页上，在首页的突出位置展示关注度高的产品；在其他位置放置论坛、云服务等的“发烧友”选项；在纯信息展示页面加入动态效果和超高清图片，满足“发烧友”的需求。另外，在购买操作过程中，页面简洁易懂，通过“选择免费预约产品”→“选择机型、容量、颜色”→“选择套餐搭配”→“结算”四项操作就可以完成购买，这符合中国大部分网民购物时的操作习惯。

网站导航设计：优秀的网站导航设计思想是将整个网站中最重要的频道或者功能用导航条突出展示出来，且不能显得杂乱（分类越少越好）。在这一点上，小米官网做到了极致，其将部分畅销品放在横向导航条内以吸引顾客眼球，迎合目标性强的购买者。例如，首页导航栏分为：首页、小米手机、红米、小米平板、盒子、路由器、合约机、服务、社区这九个部分，小米手机、红米、盒子、路由器这四个一级菜单下分别设有两个二级菜单。二级菜单是对两款对应类型产品的简单介绍，用户通过单击可进入相应的产品页面。其余的一级菜单通过单击会跳转到相应页面下。网站同时将所有的产品清单放在左侧栏位置，设有手机、电视与平板、路由器与智能硬件、移动电源与电池、耳机音响与存储卡、保护套与贴膜、后盖与配件、生活方式这八个大类，以方便查找相关产品的购买者。另外，在导航栏中不得不提的就是小米社区，小米社区的新版网站设有首页、产品、酷玩帮、同城会、商城、切换旧版这六个选项。论坛的整体风格类似于天涯、百度贴吧。相较于旧版，新版社区与小米官网的设计风格更为统一，这一点尤其体现在Logo、整体配色及UI设计上。

网站搜索框设计：搜索框主要有两种设计类型。一种是全站商品模糊搜索框，这种搜索框看起来简单明了，也是目前国内网站较为普遍使用的。另一种是目录选择性搜索框，这类搜索框带有目录选择功能，国外的电子商务网站普遍使用它。

内容展示部分：小米官网将苹果官网的简约风格模仿到了极致，比如采用占据全屏的极具冲击力的大照片、别具特色的动画效果及扁平化的设计模式等。另外，小米和苹果产品介绍页面都采用了动态效果的图片显示，但小米官网的这种动态效果无法重复显示。

资料来源：电子商务案例分析——“小米官网构架分析”. 新浪博客.（2015-03-19）. http://blog.sina.com.cn/s/blog_e88fba430102viy1.html.

思考题

1. 小米官网的设计有什么特点？是否体现易用性？
2. 如何改进小米官网以使网站易用性进一步提升？

□ 案例分析3-2

飞机机翼的进化——TRIZ应用

1. 应用背景。早期的飞机机翼都是平直的。最初，飞机采用的是矩形机翼。这种机翼很容易制造。但由于翼端较宽，给飞机带来很大的飞行阻力，严重地影响了飞机的飞行速度。

后来，德国、英国、美国的喷气式飞机先后上天。飞机开始进入喷气式时代，飞行速度迅速提高，接近音速。这时，机翼上出现“激波”，使机翼表面的空气压力发生变化。同时，飞机的前进阻力剧增，比低速飞行时大十几倍甚至几十倍，这就是所谓的“音障”。为了突破音障，许多国家都在研制新型机翼。后掠翼型机翼（三角翼）一举突破了音障难题。德国人发现，把机翼做成向后掠的形式，像燕子的翅膀一样，可以延迟激波的产生，缓和飞机接近音速时的不稳定情况。

但是，新的问题又出现了。在同样的条件下，向后掠的机翼比不向后掠的平直机翼产生的升力要小。这不仅给飞机的起飞、着陆和巡航带来不利的影响，而且浪费燃料。能否设计出一种适应各种飞行速度又具有快慢兼顾特点的机翼呢？这成为当时航空界面临的一大难题。

2. 问题描述。根据上述分析，系统存在的技术矛盾为：

(1) 传统的固定翼不适合高速飞行。这是因为在突破音障的时候会产生非常大的阻力，容易导致飞机在空中解体。此时飞机消耗的能量也相应加大。

(2) 改进的三角翼不适合低速飞行。这是因为在起飞与降落以及巡航时，在相同推力条件下，飞机产生的升力小，飞机消耗的能量也相应地加大了。总之，矛盾集中体现在飞机的飞行速度与飞行时消耗的能量这两个工程参数之间。

3. 问题分析。我们要解决的这个问题涉及两个工程参数：19＃运动物体的能量消耗；9＃速度。根据这两个工程参数，我们从矛盾矩阵中得到以下四条创新原理：8＃重量补偿原理；15＃动态特性原理；35＃物理或化学参数改变原理；38＃强氧化剂原理。

显然，重量补偿原理不适合解决这个问题。因为战斗机要求机身轻便、灵活、机动。加重机身还会使速度这个技术特性恶化。我们可以使用强氧化剂原理，使燃料的燃烧更加充分，从而使飞机获得更大的推力。但是战斗机使用的是特制的高热量的航空油，它在涡轮喷气发动机中的燃烧已经比较充分，再使用强氧化剂原理来改善燃油的作用就不是很明显了。

我们再来看一看后面两个原理：15＃动态特性原理；35＃物理或化学参数改变原理。按照这两条创新原理提供的方法，技术人员对机翼进行改进，使其成为活动部件。在飞机飞行的时候，飞行员可自由地控制机翼的形态，使之能够在比较大的范围内改变后掠角的大小，从而实现从平直翼到三角翼的变化。这就满足了飞机从低速到高速不同飞行状态下的要求。以F111战斗机为例，它在起飞阶段处于低速飞行状态。此时，机翼呈平直状，飞机可以获得较大的升力，表现出良好的低速特性。另一方面，由于避免了长距离滑行所浪费的能量，有效地解决了飞机在低速状态下速度与能量消耗之间的矛盾。F111 在云层之上高速飞行时，两翼后掠以减小飞行阻力。这样，不仅减少了飞机的能耗，也延迟了激波的产生，从而缓和了飞机接近音速时的不稳定情况，使飞机能够安全地达到更高的速度。飞机在不同的速度下采用不同的后掠角，可以很好地满足不同的飞行要求。

4. 讨论结果。综合考虑上面几个创新原理，最终的解决方案为：应用 15＃动态特性原理；应用 35＃物理或化学参数改变原理。

改变飞机的飞行形态，使飞机在不同的飞行状态下得到不同的气动外形，可以在很大程度上节约不必要的能耗。根据 35＃创新原理，并结合 15＃创新原理，技术人员将飞机的机翼设计成一个活动的部件（可变翼）。这是飞机设计观念上一个大胆的创新，它一举突破了传统的固定翼设计理念，在飞行器设计领域开辟了一个新天地。

5. 最终方案。依据上述分析的结果，技术人员成功地设计出当时最新型 F111 可变后掠翼战斗/轰炸机。这是世界上第一架采用可变后掠翼思想设计的飞机，开创了新一代超音速战斗机的新纪元。

资料来源：赵敏，史晓凌，段海波．TRIZ 入门及实践．北京：科学出版社，2009.

思考题

1. 通过 TRIZ 理论的应用，飞机的设计质量在哪些方面得到提升？
2. 是否还有其他 TRIZ 创新原理可以用于提升飞机的设计质量？请具体阐述。

第 4 章

供应商质量管理

本章要点

- 价值链的内涵和外延
- 供应链管理的内涵
- 供应商选择、评级与审核
- 供应商质量控制
- ISO 标准中供应商质量控制的内容

本田在美国俄亥俄州有分公司，其与零部件供应商长期保持紧密的合作关系并且一直致力于支持和帮助零部件供应商快速发展。本田汽车有超过 80%的零部件不是自己生产的，而是从零部件供应商处购买的。纵观世界汽车企业，这一比例是最高的。因此可以说，本田的成功是本田和供应商共同努力的结果。本田有一整套体系来扶植和培养当地的汽车零部件供应商。本田扶植和培养起来的汽车零部件供应商可以满足本田公司所要求的绩效水平。本田的想法是更多依靠供应商团队的力量来发展，因此其制定的目标是零部件的采购量要占到供应商产量的 30%～100%。为此，本田公司必须与零部件供应商建立一种你中有我、我中有你、彼此交融、彼此信赖的亲密关系。本田甚至会通过拥有零部件供应商一部分产权或者股份的形式，来建立此种关系。这样，零部件供应商就会更加重视它，更加信任和依赖它。本田付出如此大的精力来加强与供应商的关系，不断改善和提升与供应商之间的关系，主要目的是：建造一个满足本田的要求，并且能够全力支持本田发展，实现本田长远目标的供应商集团。为了使供应商能够满足要求，不断提升，达到一流的水平，本田投入大量的人力、物力和财力：设置专门的培训人员帮助零部件供应商培训员工，形成供应商的专家库；从采购部门中抽调全职工程师帮助供应商提升现场管理，提高生产的效率和产品的质量；质量保证部门有 120 多个工程师帮助供应商解决外购零部件存在的问题，并帮助供应商处理自身存在的生产问题。

资料来源：吕宝刚. 一汽-大众汽车零部件供应商管理研究. 吉林大学硕士学位论文，2015.

第1节 供应链与关系质量

一、价值链

价值链（value chain）的概念由迈克尔·波特于1980年在其所著的《竞争优势》一书中提出，在过去30多年中获得很大的发展，并被当今先进管理者所采用，成为研究竞争优势的有效工具，如图4-1所示。

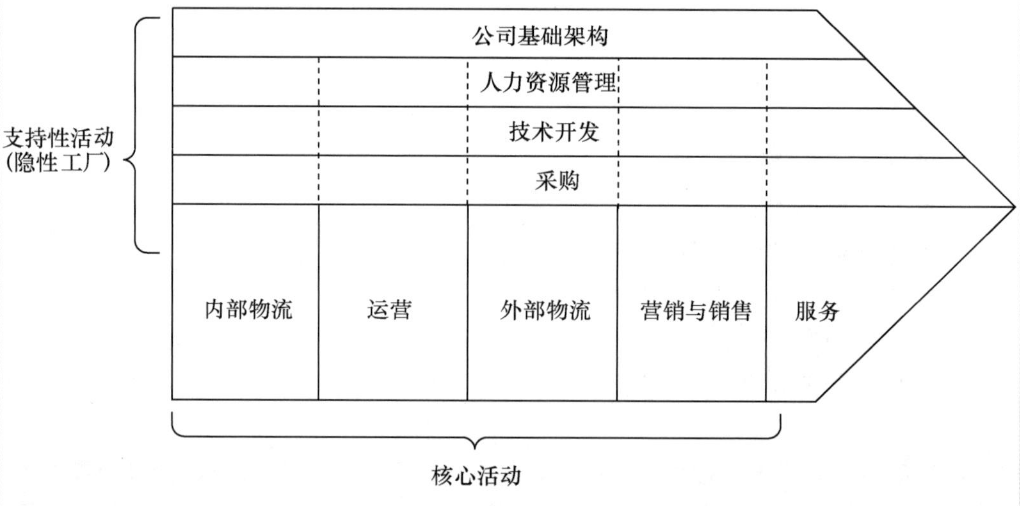

图4-1 波特提出的价值链

值得注意的是，这是一条单一公司的价值链。图中的核心活动称为价值链活动，包括内部物流、运营、外部物流、营销与销售、服务。价值链活动可以给顾客增加价值，这些核心活动运作良好，顾客的满意度就会提高。而非价值链活动虽然有成本支出，但是对顾客并无影响，被称作隐性工厂（hidden factory）。隐性工厂一般包括所有的行政过程。

价值链通过划分公司的核心活动来降低成本和识别公司竞争力来源，多个价值链网络组成价值系统（value system）。

迈克尔·波特的价值链被认为是传统意义上的价值链，偏重于以单个企业的观点来分析企业的价值活动、企业与供应商和顾客可能的连接，以及企业从中获得的竞争优势。新的价值链观点把价值链看成一些群体共同工作的一系列工艺过程，以某一方式不断地创新，为顾客创造价值。价值链思想认为企业的发展不只是增加价值，还要创造价值。在价值链系统中，不同的经济活动单元（供应商、企业合作者和顾客）通过协作共同创造价值，而价值不再受限于产品本身的物质转换。

从质量的观点来看，价值链的另一个说法是顾客链（chain of customers）。如果沿价值链顺次检查所有的活动，就会发现价值链实际上是靠人们发挥不同的作用而连接在一起的链条。如果将链条中的下一个环节视为顾客，就会出现顾客链的概念。此链从原材料开始，经由供应商至生产商，最后到达产品的最终消费者。其根本思想是：链条中的每一个人都尽力满足自己的顾客，最终的消费者将会得到最大限度的满意，由此生产的产品和服务将是无瑕疵的。

二、供应链管理

供应链（supply chain）管理的概念是价值链概念的延伸，它涵盖了多个供应商、工厂、分销中心和顾客群。价值链所注重的内部物流和外部物流同样属于供应链活动。供应链最重要的一个方面是一系列供应商和消费者之间的联系，涉及物流、系统和人的行为之间复杂的相互作用，因而非常复杂。

供应链管理的几个比较公认的定义如下：

（1）供应链管理是从物料供应者到产品消费者的物料和产品流动的技术。

（2）供应链管理是为了生产和提供最终产品，包括从供应商的供应商到顾客的顾客的一切努力。

（3）供应链管理是一种跨越企业组织边界，作为一个完整的流程共享经营资源和信息，以整体优化为目标，彻底消除流程中的浪费的管理技术。

综合上述各定义，可将供应链管理的概念概括如下：供应链由原材料零部件供应商、生产商、批发经销商、零售商、运输商等一系列企业组成，原材料零部件依次通过“链”中的每个企业，逐步变成产品，产品再通过一系列流通配送环节，最后到达最终用户手中，这一系列活动就构成一个完整供应链的全部活动。供应链管理的思想是把整条“链”看做一个集成组织，把“链”上的各个企业都看做合作伙伴，对整条“链”进行集成管理。供应链管理的目的是通过“链”上各个企业之间的合作和分工，致力于整条“链”上物流、商流（链上各个企业之间的关系形态）、信息流和资金流的合理化和优化，从而提高整条“链”的竞争力。

供应链管理包括四个基本流程：计划、采购、制造、配送，如图 4－2 所示。从图上可以清楚地看到，供应链管理是一种跨企业，跨企业多种职能、多个部门的管理活动。

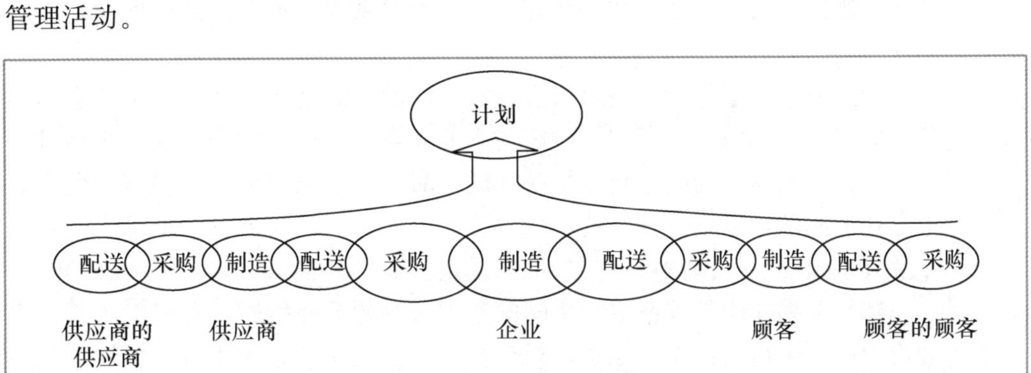

图 4－2　供应链管理的基本流程示意图

三、关系质量的内涵

1. 关系质量的定义

关系质量（relationship quality）的概念最早是由古默森（Gummesson）提出来的，他认为关系质量可以看作企业与顾客间交互的质量，这种质量可以用累计价值的形式加以说明。可以看出，古默森的定义中质量是用价值来衡量的，高价值就是高质量。

克劳士比等人定义B2C情境下的关系质量为：关系质量是对买卖双方关系强度的整体评价，此评价符合双方的需求与期望，这些需求与期望是以双方过去成功或失败的遭遇或事件为基础的。

格蒙登（Gemuenden）定义B2B情境下的关系质量为：关系质量就是对纯产品（服务）领域的交换、组织间的联系、个体间的交流和组织间的权力关系的评价。

我国学者刘人怀和姚作为没有区分B2C和B2B的情境，认为关系质量是感知总质量的一部分，其实质是能够增加企业提供物的价值，增强双方的信任与承诺，维持长久关系的一组无形利益。

综上所述，关系质量是关系双方对目前或者过去彼此之间关系的一种复杂的、总体的、模糊的评价，这种评价是定性且随着时间变化的，所处的情境不同，关系质量的定义就会不同。

2. 关系质量的内涵

关系质量的内涵包括以下几个方面：

（1）关系质量是顾客或企业感知总质量的一部分，即顾客（或企业）从感知的角度，按照一定的标准对双方关系状态的主观评价。

（2）关系质量是价值创造过程中的无形提供物。关系质量的形成离不开实体产品或服务中有形部分的支持，但它所代表的是互动关系中所蕴涵的价值创造过程中的无形提供物，也就是为双方带来共赢的信任、承诺、尊重等无形价值。

（3）关系质量意味着关系对买卖双方需求的满足程度。关系之所以存在，是因为买卖双方均能从关系中获得需求的满足，而各自的需求主要体现为对关系价值的期望。因此，关系质量高往往代表着各方对关系提供给自己的价值与期望符合程度的评价高。

（4）关系质量强调的是对买卖双方之间问题的处理能力。由于信息的不对称与各自立场及感知角度的不同，顾客与企业在合作过程中均会面临不少困难。关系双方在尽力使交易行为程序化、惯例化的同时，应该采取各种办法与手段来处理交易中存在的问题，以维持良好的信任关系。因此，对长久关系中出现的问题的处理能力及其娴熟程度，预示着不同的关系质量。

（5）关系质量是关系双方之间的心理契约的重要指标。心理契约是组织行为学理论中的一个重要概念，原意指对企业与雇员之间的互惠协议的感知，是各类关系中隐含的内生变量。关系良好的买卖双方之间不仅存在具有正式约束力的长期交易契约，还存在只有非正式约束力但影响更深远的心理契约，而关系质量是反映心理契约稳固程度的重要指标。

四、关系质量的维度

关系质量是一个高阶的构造，与产品质量和服务质量一样，关系质量也是一个多维度的概念。不同学者研究的行业不同或者关注点不同，往往导致关系质量的维度也有很大区别。一般区分 B2C 和 B2B 的情境探讨关系质量的维度。

1. B2C 情境下关系质量的维度

克劳士比等人是最早提出关系质量维度并对其进行实证研究的学者，他们在以人寿保险业为背景的研究中提出关系质量至少由两个维度构成：（1）对于服务销售人员的信任；（2）对于服务人员的满意。在他们之后的很多学者（如拉加塞（Lagace）、沃里（Wary）、Hsieh、Hiang 等人）都比较认同这个观点，并且在不同的行业如医疗服务业、金融服务业和零售业中验证了这一观点。

有学者对克劳士比的两维度理论进行了扩展，认为顾客对企业或关系的承诺也应该纳入关系质量的维度。伍尔夫（Wulf）、罗伯茨（Roberts）等人也都在各自的研究中验证了这一观点。

不管是二维论还是三维论，学术界普遍认可这样一个观点，即在 B2C 情境下关系质量的维度主要由信任、满意和承诺组成。

（1）信任。信任在市场营销中，特别是在长期销售关系中尤其重要。从交易成本的角度分析，信任可以有效降低双方的交易成本，因而信任常常和成功关系的发展联系在一起。摩根（Morgan）等人认为信任是对交易伙伴可靠、正直的有信心的认知，信任促使未来双方合作，合作破裂直接源自双方信任的崩溃。

（2）满意。满意可以定义为交易伙伴对合作关系各方面评估后的一种积极情感。高水平的满意将对合作关系产生正向影响，满意的顾客更有可能和他的供应商保持一种高质量的关系，同时，越满意的顾客对供应商的角色和绩效表现了解得越清楚，对彼此关系的质量也越容易识别。

（3）承诺。承诺指双方对未来关系的一种允诺，是一种建立和维护长期合作关系的持续意图。德怀尔（Dwyer）等人提出承诺是交易伙伴之间对于关系明示或暗示的持续约定，它被视为交易伙伴间良好互动的结果。通常认为，高的关系中止成本、关系利益与分享价值会产生高水平的关系承诺，进而导致可靠的合作行为。承诺是在合作双方认为彼此关系值得维持与发展的前提下产生的。

2. B2B 情境下关系质量的维度

鉴于在 B2C 情境下对关系质量维度取得的共识，一些学者开始把关系质量这一概念引入 B2B 情境中。史密斯（Smith）、帕森（Parson）和沃尔特（Walter）等人认为在 B2B 情境下，企业和企业之间的关系质量维度也应该由信任、满意和承诺组成，他们的研究也证实了这一点。多什（Dorsch）等人认为在 B2B 情境下，关系质量的维度不仅有信任、承诺和满意，还包括最少的机会主义行为、顾客导向和道德形象。约翰逊（Johnson）提出公平和无机会主义行为也应该是关系质量的维度。诺德（Naude）和巴特尔（Buttle）提出在供应链背景下，企业和企业之间的关系质量还应该包括供应链合作、权力和利益。Woo 和 Ennew 则认为应该从更一般、更全面的角度来看待企业与企业之间的关系，他们基于欧洲的国际工业营销与采购研究小组（IMP）的交互模型，提出在 B2B 情境下关系质量的维度主要有合作、适应和交互氛围。

可见，学者们对 B2B 情境下关系质量的维度并没有形成统一的意见，目前比较主流的观点认为 B2B 情境下关系质量的维度主要包括合作性、适应性及关系氛围。

（1）合作性。合作性指与有相同兴趣或利益的一方共同开展活动。这个定义既包含双方的情感，也包含对彼此未来行为的预期。合作性被认为是 B2B 情境下关系质量的关键维度。从 B2B 的角度来看，企业之间的合作包含的内容很多，如为实现共同的目标而采取的行动，或者为维持和发展彼此之间的关系而采取的行动等。学者们用很多特点来描述合作性这个概念，如合作解决问题、彼此互惠互利、持续性等。

（2）适应性。适应性指为了改善企业之间的关系，双方在特定的交易环节中进行特殊投资。除了合作性以外，适应性也是企业彼此关系中非常重要的一部分。适应性可以给双方创造价值，因为它可以降低成本，增加收入，创造彼此的依赖性。企业之间适应性的存在意味着彼此愿意进行长期交易，而它的缺失则表示双方只是进行短期交易。也就是说，企业彼此之间适应是关系存在的一个充分条件。

（3）关系氛围。关系氛围表示关系所处的一个状态，它存在于双方的交互过程中，在双方建立和发展关系的过程中只要有交互就会产生关系氛围。企业之间的竞争与合作是关系氛围这一概念中最重要的一个方面。关系氛围正是在企业这种持续交互的模式中逐渐发展形成的。此外，企业之间的关系氛围还应该包括企业之间的信任和承诺。因此，应从更为广阔的角度来看待企业之间的关系。

第2节 供应商选择、评级与审核

一、供应商选择

一个持续稳定的供应商对于企业来说越来越重要，它不仅会影响到企业的运营，而且会影响到企业的盈利能力。因此，供应链构建中最重要的一个环节就是供应商。一个企业不可能在所有的领域都具有核心竞争力，因此必须利用外部资源快速响应市场需求。企业为了保持和扩大市场份额，加强供应商的管理是必不可少的。第一步要做的工作就是选择持续而稳定的供应商。

1. 供应商选择的原则

供应商选择（supplier choice）的原则包括：

（1）目标定位原则。这个原则要求新供应商评审人员注重对供应商考察的广度和深度，依据所采购产品的质量特性、采购数量和产品要求选择供应商，使建立的采购渠道能够满足质量要求，减少采购风险，并有利于自己的产品打入目标市场，让客户对企业的产品充满信心。

（2）优势互补原则。选择的供应商应当在经营方面和技术能力方面符合企业的要求，供应商在某些领域应具有比采购方更大的优势，在日后的配合中两者能在一定程度上实现优势互补。尤其对于关键、重要零部件的采购，更需要对供应商的生产能力、技术水平、长期供货能力等方面有清楚的了解。

（3）择优录用原则。在相同的报价及相同的交货承诺下，毫无疑问要选择那些企业形象好、可以给世界知名企业供货的厂家作为供应商。信誉好的供应商更有可能兑现承诺。

（4）可操作性原则。选择供应商的指标体系应具有足够的灵活性和可操作性，使选择工作易于进行。

2. 供应商选择的标准

供应商选择的标准如图 4－3 所示。

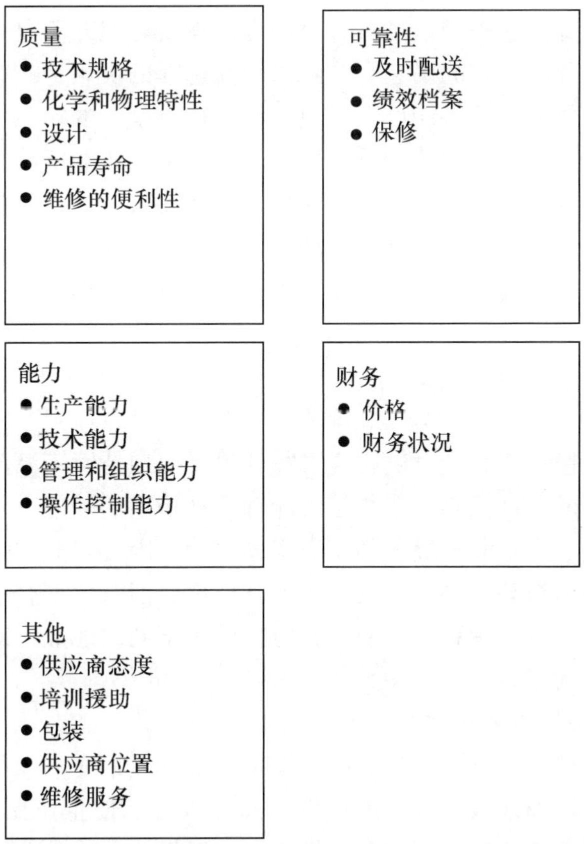

图 4－3 供应商选择的标准

（1）质量。质量通常是供应商选择中最重要的因素。供应商所提供的产品必须满足采购企业的要求，比如技术规格、化学和物理特性、设计等。此外，质量还包括其他一些要素，如产品寿命、维修的便利性等。在今天全面质量管理的条件下，不但质量的标准提高了，供应商还必须承担产品质量的主要责任。

（2）可靠性。可靠性对于大多数采购人员来说是排在第二或第三位的因素。这是因为采购企业需要供应商持续、稳定的配送，以防止生产线停产的危险。同时，由于供应商所提供的产品质量直接影响到采购企业最终产品的质量，采购企业将保修和索赔作为最终产品可靠性的保证。

（3）能力。能力包括供应商的生产能力、技术能力、管理和组织能力以及操作控制能力。这些因素说明了供应商按时提供所需质量和数量的物料的能力。选择供应商时不仅要考察供应商向用户提供所需产品的能力，还要考察供应商在较长时间内持续提供这种产品的能力。如果供应商缺乏持续供货的能力，那么向该供应商购买物料的企业就会面临存货成本上升的风险。

（4）财务。财务中价格是首要考虑的一个因素。除了价格之外，采购企业还应考虑供应商的财务状况。财务不稳定的供应商有可能在长期的供货过程中发生中断。特别是提供关键原材料的供应商，如果因为财务不稳定而破产，将使采购方的生产完全中断，从而造成重大损失。

（5）其他。这类因素虽然有时候也很重要，但并不是必要条件。虽然供应商的态度不易量化，但它的确会影响到供应商选择的决策。例如，消极的态度会减少采购方选择该供应商的可能性。供应商给采购方留下的印象对供应商选择决策同样有影响。而培训援助和包装的重要性则取决于采购企业所购买的产品。如果采购企业购买的产品很容易损坏，例如玻璃等，包装就很重要；但是对于不容易损坏的大宗产品，包装就不那么重要。企业如果要采购技术性设备，如电脑等，培训援助对于采购企业就很重要；但如果企业采购办公用品，培训就没什么意义。

二、供应商评级

在选定供应商后，对供应商进行评价是一项持续不断的工作，主要目的在于保持对供应商的监督控制，看其是否能够实现预期的绩效。对供应商的评价有正式和非正式之分。小企业一般采用非正式的评价，因为企业中采购人员和采购产品的使用人员很容易对某一供应商的绩效做出评价。但对大型企业来说，由于沟通渠道被拉长，企业中采购者和产品使用者可能位于不同的地点，对供应商的评价以正式的供应商评级为主。

1. 评级的原因

供应商评级一直是完整的质量体系的基本元素之一，很多大型企业建立并实施了自己的供应商评级系统。进行供应商评级可以使企业更注意已有供应商的表现。同时，与其他运行功能相结合，供应商评级系统可以达到许多目标——从监控质量成本到跟踪来料时间等。一个严格的评级系统可以提供影响变化的必要信息并为提高组织的利润做出贡献。同时，进行供应商评级能有效降低采购产品的成本，通过对过去和目前表现的分析，可以协助供应商改进项目以降低缺陷成本，进而向无缺陷产品目标迈进。总之，一个完整供应商评级系统可以提供计划和持续质量改进所需的信息。

2. 评级系统的元素

供应商评级系统至少有以下三个元素：

（1）质量。质量的衡量一般是以缺陷报告的形式来体现的，一些常见的质量指标是：缺陷百分比（对于零件或批次）、每百万缺陷数等。

（2）交付。由于越来越多的企业希望减少库存，因此交付成为更加关键的指标，一些常用的指标是：准时交付的百分比（订单规定）、提前交付的百分比、延期交付的百分比、多于订货量的百分比、少于订货量的百分比等。

（3）成本。一个重要的供应商评估标准就是交易的成本。如果企业有了质量成本系统，那么成本就可以纳入供应商评级系统中。这样企业就可以看到与每个供应商做交易的真正成本，包括检查、返工、退回等的成本。

3. 供应商评级的应用

供应商评级的应用包括以下几个方面：

（1）业绩评估。在业绩评估中，供应商的表现应按最重要的类目进行排序，这样的排序有两种方法：第一种是列出具有最大改进潜力的供应商；第二种是以递减的顺序列出最好的供应商，这可以使采购企业迅速确定应获得更多业务的供应商。

（2）规划行动。对一个位次低的供应商，可以通过改进工作使它的位次上升，从而达到期望值。根据数据，采购企业可以确定位次低的原因，是偶然出现一批次品，还是一系列批次有问题；已经采取了什么措施，下一步还需要做些什么。

（3）与供应商会谈。供应商评级是采购企业和供应商对话的一种方式。由于供应商了解评级是怎么进行的，所以与供应商会谈加强了彼此之间的信息共享，同时一些客观的数据可以用来反驳错误的意见。

（4）产品和过程的审查。发生问题时，进行审查是必要的。审查通常需要额外的资源，因此需要对审查措施分出轻重缓急，以最大限度地利用资源。

（5）改正措施计划。评级的目的是影响变化。问题发生以后，采购企业需要采取措施以解决问题。采购企业应该把改正措施作为一个出发点，对组织目标以及未来长期活动重新进行评估。

（6）供应商认可。对持续表现优异的供应商给予认可。

三、供应商审核

供应商审核（supplier audit）是企业在供应商管理（supplier management）方面进行持续改进的重要步骤。通过供应商审核，企业可以持续监督供应商提供合格产品和服务的能力。对审核中出现的问题，企业可以及时向供应商提出改进的建议，从而降低企业经营的风险，防止质量事故的发生。

审核时，企业可选派有经验的审核员或者委托有资质的第三方审核机构到供应商处进行现场审核和调查。在审核过程中，企业应有自己的审核标准，要把握关键要素和过程。对于已经通过体系认证的供应商，应关注其反映持续改进的管理评审、内审、检验等较易发现问题的过程。对于未通过体系认证的企业，应从控制的有效性入手，关注其采购、检验等重要过程。

1. 供应商审核的时机

供应商的审核会耗费企业很多的人力和物力，所以审核必须有针对性。一般来说，对于现有的供应商，主要是对批量提供产品的供应商或质量有问题的供应商进行重新评价审核；对于新入选的供应商，企业在初步筛选的基础上，对提供重要零部件、大批量供货的供应商进行审核。一般来说，审核的时机是在批量供货之前。对于提供主要产品的一类供应商，企业可能会将供应商审核提前到产品试制阶段；有些产品特别重要或者投资巨大，企业为了减少风险，甚至在产品设计和开发的初期对供应商进行审核。

2. 供应商审核的分类

供应商审核一般分为产品审核、过程审核和质量管理体系审核三类。

（1）产品审核。产品审核主要是确定供应商的产品质量，必要时还可以要求供应商改进产品质量以符合企业的要求。

（2）过程审核。过程审核视企业产品的实际情况而定，不是每一种采购产品都要进行过程审核。一般来说，只有当供应商提供的产品对生产工艺有很大的依赖性时，才有必要进行过程审核。有时候，供应商邀请企业对自身的过程能力进行“会诊”，也可以看作一种过程审核。

（3）质量管理体系审核。质量管理体系审核是针对供应商的整个质量管理体系进行的审核，这其中不可避免地包括过程审核和产品审核。一般选择 ISO 9001：2015 作为审核的标准，有时也可以根据供应商或产品的不同情况选择其他标准。一般来说，对供应商审核的顺序应该是：首先进行产品审核，只有在产品审核合格的基础上才能进行其他审核，而当产品不符合要求时，就没有必要进行质量管理体系审核和过程审核；然后进行过程审核；最后进行质量管理审核。对于不同的产品、不同的供应商，并不是三种审核都是必需的，有时只进行一两种审核就可以对供应商提供合格产品的能力得出结论，在这种情况下就没有必要进行其他审核。

3. 供应商审核的方法

供应商审核有时与质量管理体系审核不完全一样，不能千篇一律地套用质量管理体系审核的程序和方法。企业可以根据自己的实际情况在确保对供应商进行客观、公正的评价，确保审核结果有效性的前提下进行供应商审核。一般情况下，审核方法有调查表法、现场打分评比法、供应商综合审核等。

（1）调查表法。调查表法就是将事先准备好的标准格式的调查问卷发给供应商填写，而后收回进行比较。该方法常用于招标、询价以及对供应商的情况进行初步了解等。使用该方法应该注意供应商所填信息的真实性。

（2）现场打分评比法。现场打分评比法是指预先准备好一些问题，组织有关人员到现场核查、确认。同调查表法相比，这种方法获得的信息更加真实有效。

（3）供应商综合审核。供应商综合审核是企业对供应商进行的全面审核，这种全面审核包括质量、价格、交货期、技术、工艺等方面，一般这种审核将调查表法和现场打分评比法结合起来。

四、供应商选择的程序和方法

1. 供应商选择的程序

（1）进行市场分析。物料的供应源可能处于完全竞争市场（许多供应商）、寡头垄断市场（几个大的供应商）或者完全垄断市场（一个供应商）中。了解市场类型有助于采购人员确定市场上供应商的数量、权限与依存性的平衡点以及何种购买方法才是最有效的（协商谈判、公开招标等）。

（2）识别所有可能的供应商。关于潜在供应商的信息来源有很多，如供应商网站、商业杂志、专业组织等。需要注意的是，现有供应商也是一个主要的信息来源。和现有供应商进行合作可以使采购企业减少评价新供应商能力所用的时间和资源，还可以进一步稳固彼此的关系。供应链管理也要求采购企业集中精力发展当前的供应商，加强和改进它们的能力。

（3）对所有可能的资源进行预先筛选。采购企业可以采取一些简单的方法，剔除那些明显不合格的供应商，使供应商数目减少到足以满足用户需求的范围。筛选的方法可以是财务风险分析、供应商的绩效评价等。

（4）评估剩余供应商。一旦最初的筛选去掉了不能胜任的供应商，采购企业就必须决定如何评价那些剩余的相对合格的供应商。对于简单、低价值的采购，只要对获得的信息进行检查就足够了。而对于复杂、高价值的采购或重大产品的采购，采购企业首先要对供应商进行调研。如果调研结果不错，采购企业还需要拜访供应商，考察其设施设备的情况。考察之后，采购企业有必要对供应商的管理、生产能力、服务、信息技术等各个方面进行详细的分析和评估。

（5）选择供应商。这一阶段的活动很大程度上依赖于采购企业的采购项目。对于惯常的项目，可能仅仅需要通知供应商并签订采购合同。对于重要的采购，步骤就变得更加复杂。买卖双方可能要进行详细的谈判以在采购条款的特定细节上取得一致意见。

2. 供应商选择的方法

供应商选择的方法较多，一般要根据供应商的多少、对供应商的了解程度以及产品需要的时间是否紧迫等来确定。目前较常用的方法如下：

（1）直观判断法。直观判断法是根据征询和调查所得的资料并结合个人的分析判断，对供应商进行分析的一种方法。这种方法主要是倾听和采纳有经验的采购人员的意见，或者直接由采购人员凭经验做出判断。该方法是一种纯粹的主观判断方法，常用于选择企业非主要原材料的供应商。

（2）招标法。当订购数量大，供应商竞争激烈时，可以采用招标法来选择适当的供应商。由企业提出招标条件，各供应商进行竞标，然后由企业决标，与提出最有利条件的供应商签订合同或协议。招标法可以是公开招标，也可以是指定竞标。公开招标时对投标者的资格不予限制；指定竞标则由企业预先选择若干可能的供应商，再进行竞标与决标。招标法的竞争性强，企业能够在更广泛的范围内选择适当的供应商，以获得便宜而适用的产品。但招标法的手段较复杂，时间长，不能适应紧急订购的需要；从订购机动性来看，有时候订购者对投标者了解不够，双方未能充分协商，造成货不对路或不能按时到货。

（3）协商选择法。在供应商较多，企业难以抉择时，也可以采用协商选择的方法，即由企业事先挑选出几个供应商，同它们分别进行协商，再确定适当的供应商。与招标法相比，协商选择法由于供需双方能够充分协商，在产品质量、交货日期和售后服务等方面较有保证。但由于选择范围有限，不一定能得到报价最合理、供应条件最有利的供应来源。当采购时间紧迫、投标单位少、竞争程度低、产品规格和技术条件复杂时，协商选择法比招标法更适用。

（4）采购成本比较法。在质量和交货期方面都有要求的采购方需要通过计算采购成本来进行比较分析。采购成本一般包括售价、采购费用、运输费用等各项支出。采购成本比较法是通过计算分析选择采购成本较低的供应商的一种方法。

（5）ABC成本法。ABC成本法（Activity-Based Costing）起源于20世纪80年代，主要用于制造业。基本原理是“产品需要作业，作业消耗资源”。作业成本计算的出发点是通过研究、分解生产所需要的各种作业活动，分析各种作业活动的成本构成，从而找到降低成本的途径。企业通过该方法计算供应商的总成本，进而选择合适的供应商。

除了上面介绍的几种方法外，企业也可采用层次分析法、线性权重法、数据包络分析法、神经网络算法等方法来选择合适的供应商。

五、供应商数量的确定

1. 供应商数量多与少的利弊

（1）少数供应商的有利之处在于：在同样采购规模的情况下，可以增加与每个供应商的交易频率，有利于双方建立长期合作关系，增进双方信任，促进关系专用投资，降低交易成本；另外，长期交易关系有利于双方信息共享，促进知识转移，加强协作，共同创造价值。其弊端在于：由于过多地依赖少数供应商，在供应商发生断货时，很难及时找到替代供应商，风险大。另外，长期供应关系造成对供应商一定程度的依赖，缺少创新与降低生产成本的激励，不利于生产成本的降低。

（2）多数供应商的有利之处在于：在某个供应商断货时可以及时找到替代供应商，风险小；多数供应商之间的激烈竞争促进创新与生产成本的降低。其弊端在于：在同等采购规模下，采用多数供应商势必降低与每个供应商的交易频率，双方很难建立战略合作伙伴关系，妨碍关系专用投资，从而增加交易成本，不利于交易双方紧密协作，妨碍共同价值创造。

不同的供应商数量导致不同的交易成本、生产成本、共同创造的价值水平和风险水平。所以在评价不同供应商数量的利弊时需要将这几个方面结合起来考虑。

2. 最优供应商数量的影响因素

最优供应商数量的影响因素包括：

（1）产品专用性程度。产品专用性强，需要进行专用资产投资，这时少数供应商便于双方建立长期合作关系，促进专用投资，降低交易成本。标准化产品可选择较多数量的供应商。

（2）产品复杂程度。产品越复杂，需要的环节越多，产品可靠性就越难以保证，为了便于对产品质量进行监控，减少供应商的机会主义行为，与少数供应商建立长期合作关系更为有利。

（3）协调需求程度。如果供应商与制造商需要更多地协作、协调，则少数供应商便于双方紧密合作，共同创造价值。例如，日本丰田通过与供应商建立长期合作关系，共同对工作流程、产品进行改进创新，大大提高了公司的竞争力。

（4）产品更新换代速度。更新换代速度快的产品，需要供应商与制造商进行紧密合作，共享信息，缩短产品开发周期，加快新产品面市速度，适于选用少数供应商。

第 3 节　供应商质量控制

一、供应商质量

1. 供应商质量的定义

供应商质量（supplier quality）是指在特性的绩效范围内，符合或超过现有和未来客户期望或需求的能力。这个定义有三个主要内容：

（1）供应商每次都能满足或超出买方的要求。如果供应商在产品质量或者即时配送方面反复变化，则说明其不是高质量供应商。

（2）供应商不仅能够满足或超出现有的需求，也有能力满足未来需求。供应商必须做到能随时改进。能满足现在的标准却达不到未来标准的供应商不是高质量的供应商。

（3）供应商质量不仅仅是指产品的实体特性，好的供应商还能在以下方面满足买方的期望：

1）产品或服务的配送。这涉及产品或服务的配送和所需信息的传递。不管供应商能在多大程度上满足客户要求，配送延误都表明供应商绩效低下。

2）产品或服务的一致性。这反映了产品或服务满足买方实际期望或需求的能力。

3）售后服务。售后服务（如维修）对很多商品都很重要，尤其是资本设备或耐用品。

4）技术特点。供应商保持先进技术的能力（如开发技术流程的能力），是采购部门需要注意的一个方面。如果买方的最终产品要保持竞争力，那么供应商开发先进技术并将技术运用到产品中就很重要。

5）成本管理。改善质量和降低成本有直接关系。供应商改进流程后，可以削减成本，从而降低价格，与采购企业共同分享盈余部分。

2. 供应商质量体系评估

采购企业准备与新供应商进行合作时，进行一次现场检验来评估供应商的质量体系是一种普遍的做法。评估质量体系的主要目的就是确保系统能够有效地、经济地完成预期的功能。采购企业对供应商质量体系的评估应集中于大的方面，而一些质量控制的具体细节往往留给供应商自己去把握。

（1）评估类型。供应商质量体系常用的评估类型有三种：

1）计划评估。计划评估主要判断基于运行条件的计划的有效性，考察的内容主要是设施和员工的类型和数量等。计划评估的一个基本假设就是，如果设施、人员和计划本身都有效工作，至少能达到令人满意的质量水平。

2）产品评估。评估的主要内容是搜集证据证明产品和设计的符合程度。

3）过程评估。过程评估的一个基本假设是，在工厂、人员和设备都能够满足产品要求的前提下，运用正确的方法将得到预期的效果，并且当活动直接与目的和目标相关时，这样的结果可以更有效地获得。

（2）评估步骤。评估是一个系统收集选定质量体系参数的证据，并基于收集到的证据做出决定的过程。它包括以下三个步骤：

1）选择、定义评估参数。

2）对参数进行测量。

3）对证据给出恰当的数值以提供决策的基础。

质量体系评估的方法有很多，其中最为简单的方法就是参观工厂。不过，这种方法的危险性也是显而易见的。例如，一些表面的东西有可能夸大整个体系，或者一些细微的错误不成比例地被反映出来。因此，应用更正式的技术方法，以有序的方式收集信息，才能够得到更可靠的结果。

二、设计和开发阶段对供应商的质量控制

越来越多的企业让供应商及早参与到产品设计和开发中来，以充分利用供应商的技术优势和专门经验。产品设计和开发阶段的供应商质量控制（supplier quality control）常用的做法有以下两种：

（1）邀请供应商参与产品的早期设计与开发，鼓励供应商提出降低成本、改善性能、提高产品质量和可靠性、改善可加工性的意见。让供应商参与设计和开发的过程，采购企业表现出诚意，这样供应商就可以充分了解产品的质量要求。为了共同的利益，供应商从价值链的起点就开始控制质量，这对产品的最终质量有利。

（2）对供应商进行培训，明确设计和开发产品的目标质量，与供应商共同探讨质量控制过程，达成一致的产品质量控制、质量检验和最终放行的标准。

当然，邀请供应商参与新产品的早期开发会涉及企业的技术秘密。在产品的设计和开发阶段，新产品信息和技术的外泄有可能会使竞争对手抢得先机，特别是在供应商同时为企业的竞争对手供货的情况下。一定要注意保护企业的技术和商业秘密，防止泄密事件的发生，以免对供应商和企业造成损害。

三、试制阶段对供应商的质量控制

在设计和开发阶段主要是对供应商资源进行策划、优选和沟通，而在试制阶段则要求供应商提供样件，这就产生了外购件质量检验、不合格品控制等过程。根据试制阶段的特点，对供应商的质量控制主要包括以下几个方面：

（1）与供应商共享技术和资源。企业首先与选定的供应商签订试制合同，目的是使初选供应商在规定的时间内提供符合要求的样件。合同中应包括技术标准、产品接受条件、保密要求等内容。签订试制合同后，企业应该向供应商提供更加详细的技术文件，供应商对一些技术可能需要一个学习、理解和掌握的过程。对一些特殊的资源，如检验设备、加工设备、技术人员等，企业可以帮助供应商尽快具备这些资源，形成生产能力，满足试制的要求。

（2）对供应商提供的样件的质量检验。在试制阶段，供应商提供的产品数量有限，仅仅是为了满足产品试制的需要。这个阶段的供应商不一定会成为企业大批量生产阶段的供应商，也就没有必要对供应商进行全面的质量控制。对供应商提供的样件一般采用全数检验，有时候也可以进行抽样检验，如供应商提供的流程性材料、需进行破坏性检验的产品、数量比较多的产品。

（3）对供应商质量保证能力的初步评价。经过试制阶段对供应商提供的产品进行综合分析，可以得出供应商评价（supplier valuation）的初步结论。企业对供应商的评价内容一般包括质量、价格、供货的及时性、信誉等，参加评价的人员包括生产人员、设计人员、工艺人员、质量管理人员、检验人员、计划人员等。

（4）产品质量问题的解决。这个阶段还不存在批量检验的问题，返工、返修和让步接受的数量都不会很大，主要还是解决产品质量方面的问题。由于产品处于样品试制阶段，可能有些样件的质量达不到设计要求，这时企业可以帮助供应商分析过程，选择改进的切入点，改进样件的质量。

在不影响最终产品质量的前提下，企业与供应商之间的技术妥协有时是不可避免的。有些技术问题短期内无法解决，回避这些问题对企业的最终产品没有影响或者影响不大。这时，双方的技术人员可以进行重新设计或更改设计，形成折中方案，在双方都能接受的条件下对设计输出进行必要的修改。

四、批量生产阶段对供应商的质量控制

企业在批量生产过程中，对供应商的质量控制主要包括监控供应商的质量保证能力、监控供应商的测量系统、审核供应商的质量管理体系、进货质量检验、

推动供应商的质量改进，以及来自供应商的不合格品的处置和质量问题的解决等活动。

1．对供应商质量保证能力的监控

在批量生产阶段，供应商提供的产品或服务的质量直接决定了企业向顾客提供的产品或服务的质量。因此，企业在与供应商合作的过程中，应监控供应商的质量保证能力的变化。为了使监控有效，企业应就此与供应商达成一致，并遵循协商一致的标准和程序。监控的目的一般有两个：一是防止供应商的质量保证能力下降，确保最终产品或服务的质量；二是与供应商共同发现改进的机会，寻找改进的切入点，在更高层次上创造价值。在批量生产阶段供应商大批量连续供货，采购产品的质量、价格、供货的及时性等对企业产品的质量和企业实现其经营方针、目标都有十分重要的作用，因此这个阶段的供应商评价应尽量采用定量分析的方法。常用的方法有过程能力分析、测量系统分析和质量管理体系分析等。

（1）供应商过程能力分析。在批量生产阶段，为了保证产品满足顾客的需求和期望，供应商生产过程的稳定性十分重要，过程能力是供应商是否有能力稳定地连续提供符合质量要求的产品的一个决定性因素。因为当供应商的过程能力不足时，供应商提供合格产品只是一个良好的愿望，即便加大检验力度，也只是在短期内有效，很难持续。所以，对过程能力不足、短期内改进无望的供应商，应该停止合作。

（2）供应商测量系统分析。企业对供应商的质量控制离不开数据和对数据的分析，缺少足够的数据，仅仅靠经验和直觉对供应商进行选择和评价，其风险是不言而喻的。对供应商的评价和控制所使用的数据大多是由测量系统提供的，如果测量数据失真或误差很大，就会导致采购行为失败。因此，在批量生产阶段，为了确保采购的质量，应该对供应商的测量系统进行监控。

一个良好的测量系统必须满足以下三个基本要求：

1）足够的分辨力。测量系统的分辨力是指测量系统检出并如实标示被测特性中极小变化的能力。每个测量系统都有自己的分辨力，在分辨力范围内，测量系统能识别被测物之间的差别；但在分辨力之外，测量系统不能分辨出被测物的差别。没有一个测量系统能够识别一切被测特性。对采购企业来说，应要求供应商的测量系统具有识别产品最小质量特性的能力。当供应商不具备这种能力时，采购企业应对供应商提供的产品或产品信息的可靠性提出疑问，进一步评价其提供合格产品的能力。

2）在规定的时间内保持统计稳定性。评价测量系统是否保持统计稳定性可以使用控制图。因为测量本身可以看成一个过程，所以用来判断过程稳定性的各种过程控制图都可以用来评价测量系统的统计稳定性。

3）具有线性。测量系统的线性是指在其量程范围内，偏移应该是基准值的线性函数。一个测量系统若不具有线性，它就不是一个合格的测量系统。一个测量系统如果在设计时具有线性，但在使用时为非线性，就要查找原因，及时纠正或校准。

（3）供应商质量管理体系分析。采购企业要对供应商质量管理体系的实施进行日常的监视和测量，及时跟踪其质量的波动，防止供应商产生的质量问题波及企业。对于供应商质量管理体系的监视和测量一般可以采取以下方法：

1）关注供应商的内部质量管理体系审核。供应商的质量管理体系是保证其产品持续符合要求的基础，因此，采购企业应该关注供应商质量管理体系的有效性。除了对供应商质量管理体系进行审核外，协助供应商保持质量管理体系的有效性也是企业确保采购产品持续合格的重要手段。

供应商的内部质量管理体系审核是对其质量管理体系的符合性、适宜性和有效性进行的例行检查，采购企业应密切关注供应商内部质量管理体系审核的策划、实施以及纠正和预防措施的落实。首先，采购企业应该获得供应商质量管理体系的相关文件，认真分析文件，对供应商的职能分工、企业结构、质量方针、质量目标等有一个清楚的了解。然后，根据平时供货情况，采购企业应对供应商质量管理体系的运行状况、存在的问题和改进的方向有一个比较清楚的认识。在供应商进行内审策划时，对于审核的重点、审核员的素质、时间的安排等，采购企业都可以提出自己的建议。最后，对审核中出现的不合格，供应商要认真分析原因，防止不合格再次发生。

2）关注供应商的数据分析和持续改进。数据分析是质量管理体系持续改进的前提，只有正确地进行数据分析，才能及时发现质量管理体系的波动，有效地采取纠正和预防措施，保证质量管理体系和产品符合规定的要求。采购企业在与供应商的接触过程中要了解其数据分析的情况，必要时还可以指导供应商正确地使用统计方法。

2. 质量检验的管理

对供应商的质量控制中的质量检验的管理主要是进货检验和库存质量控制。

（1）进货检验。企业为了确保采购产品的质量，需要对采购产品实施检验或其他必要的活动，以确保产品满足采购要求。

1）进货检验站的设置。进货检验通常有两种形式：一种是在采购企业进行检验，这是较普遍的形式。采购产品进厂后由进货检验站根据规定进行检验，合格品接收入库或直接送达生产线，不合格品退回供应商或另做处理。另一种是在供应商处进行检验，这对某些重型产品或运输要求比较高的产品是合适的，一旦发现不合格，供应商可以就地处置，采购企业也可以就地与供应商协商处理。

2）检验和控制。批量生产时，供应商提供的产品一般属于连续生产的产品，经过对供应商的评价、试制阶段的改进，供应商的产品质量应该比较稳定。但是，有时也会产生突发性的变异，采购企业要防止这种具有突发性变异的产品投入使用，对供应商交付的产品进行检验和控制。

采购企业要编制进货检验和验证的指导文件，内容包括：明确进货检验人员的职责；规定送检手续，确定检验或试验的方法；规定产品接收条件和有权放行的人员；制定不合格品的处置办法和特殊情况的处理办法；规定记录要求。

当货物到达时，检查部门根据实际情况对样品或整体进行规定的技术检查，准备一份检查报告说明结果。如果产品不符合要求，通常还需要提交一份更为详细的报告来叙述拒收的原因。通常来说，拒收的产品对于采购企业来说是没有价值的，所以企业应该立即同供应商协商处理这些产品。

3）采购产品的标识和管理。采购产品的检验状态应以适当的方式加以标识，以确保通过检验的合格产品能够入库或投入使用。通常，企业应根据产品的具体情况规定合适的标识方法，以便能够识别产品是否经过检验，检验的结果是否合格。不合格的产品应有醒目且容易识别的标识，最好隔离存放，以免误用。

对标识要进行管理，防止标识损坏、丢失、混用等。如果产品的一部分投入生产使用，并且因此而破坏了原来的标识，应该及时重新进行标识。

（2）库存质量控制。库存质量控制是指对进入企业仓库的采购产品的质量控制。仓库管理人员的业务素质和责任是实现采购产品质量控制的保证，库存质量主要靠仓库管理人员来控制。

1）到货控制。采购产品到货，要按照采购人员提供的采购文件进行验收，检查产品是否有损坏情况，验证随货提供的合格证明或其他质量证明文件等。保管人员要检查产品的标识，必要时，要根据企业的规定对采购产品重新进行标识。

仓库管理人员要对到货产品进行登记，登记的内容有产品的名称、供应商、运单号、随货证件、数量、到货日期、规格型号以及数量、质量不合格的情况。

2）入库前的检查。仓库管理人员应及时对进厂产品进行检查，检查内容有：查看随货合格证明和其他质量文件；按运单检查数量；检查产品的包装和外观；查看产品的规格型号是否与要求一致；查看质量检验部门提供的检验记录或检验报告。

进货检验完成后，质量检验人员应按照要求向仓库管理人员提供检验记录或检验报告，仓库管理人员凭检验记录或检验报告办理入库手续。检验不合格的产品不得入库，需按照规定及时通知供应商进行处置。

3）入库手续。仓库管理人员接到检查人员做出的合格记录和合格报告后，应及时办理入库手续。采购产品可能并不实现真正意义上的“入库”，而是直接进入生产线，按照传统的定义，这种情况仍然称为产品入库。入库手续由于技术和管理的进步而不断变化，计算机的广泛使用更加速了这种变化。通常的入库步骤为：首先，通知采购人员产品入库的情况，并通知财务人员。然后，产品从待检区移入仓库或直接送入生产线。必要时对产品重新进行标识，并按规格型号分类存放。有的产品需要进行拆包、清洗、涂油、重新包装等。完成这些过程之后，产品进入保管状态。最后，登记进货日期和检查报告的编号等其他仓库记录。

4）不合格品的处置。不合格品的处置对于企业来说很重要，所以企业应制定专门的程序，并形成文件，一旦采购产品的进货检验中发现不合格品，员工就能够按照文件规定的职责、过程和方法有条不紊地实施控制。

a. 不合格品的确定。不合格品的确定就是根据文件（一般是检验文件）的要求，检查产品是否符合要求，将不符合要求的产品判定为不合格的过程。一般来说，对于较明显的不合格，采购企业和供应商之间的分歧不会很大，但对“擦边球”或供应商故意做了手脚的产品，检验人员要注意判别。采购企业的检验人员在履行职能的过程中，对于可疑的产品必须认真鉴别。

b. 标识、沟通与记录。在进货检验时，一旦发现不合格品应及时进行标识，必要时进行隔离处理，并做好记录。对于非正常的不合格现象，应按照文件规定的程序及时通知供应商，协商解决的办法。

c. 处置。对于采购产品的不合格品，一般由供应商进行处置。通常的办法有返工、返修、报废、让步接受等。

五、ISO 标准中供应商质量控制的内容

1. ISO 9001：2015 标准中供应商质量控制的相关内容

（1）总则。

组织应确保外部提供的过程、产品和服务符合要求。

在下列情况下，组织应确定对外部提供的过程、产品和服务实施的控制：

a）外部供方的过程、产品和服务构成组织自身的产品和服务的一部分。

b）外部供方替组织直接将产品和服务提供给顾客。

c）组织决定由外部供方提供过程或部分过程。

组织应基于外部供方提供所要求的过程、产品或服务的能力，确定外部供方的评价、选择、绩效监视以及再评价的准则，并加以实施。对于这些活动和由评价引发的任何必要的措施，组织应保留所需的形成文件的信息。

（2）控制类型和程度。

组织应确保外部提供的过程、产品和服务不会对组织稳定地向顾客交付合格产品和服务的能力产生不利影响。组织应：

a）确保外部提供的过程保持在其质量管理体系的控制之中。

b）规定对外部供方的控制及其输出结果的控制。

c）考虑：

1）外部提供的过程、产品和服务对组织稳定地提供满足顾客要求和适用的法律法规要求的能力的潜在影响；

2）外部供方自身控制的有效性。

d）确定必要的验证或其他活动，以确保外部提供的过程、产品和服务满足要求。

（3）外部供方的信息。

组织应确保在与外部供方沟通之前所确定的要求是充分的。

a）所提供的过程、产品和服务。

b）对下列内容的批准：

1）产品和服务；

2）方法、过程和设备；

3）产品和服务的放行。

c）能力，包括所要求的人员资质。

d）外部供方与组织的接口。

e）组织对外部供方绩效的控制和监视。

f）组织或其顾客拟在外部供方现场实施的验证或确认活动。

2. ISO 9004：2009 标准中供应商质量控制的相关内容

（1）总则。

合作方可以是产品供方、服务提供者、技术和金融机构、政府和非政府组织或其他相关方。合作方可以按照双方达成并详细说明的合作协议，提供相应的各类资源。

组织和合作方通过相互依存和互利关系，提高创造价值的能力。组织应当把伙伴关系看作与供方之间的一种特殊关系，通过这种关系，供方可以对组织的活动领域投资，分享利润或承担亏损。

组织在发展合作关系时，应当考虑下列各类问题：

——适当向合作方提供信息，力求其贡献的最大化；

——通过提供资源（诸如信息、知识、专门知识、技术、工艺和共享培训），支持合作方；

——与合作方一起分享利润和承担亏损；

——提高合作方的绩效。

（2）供应商和合作伙伴的选择、评价和能力的提高。

为了能持续提高供方和合作方的能力，确保他们提供的产品和其他资源满足组织的需要和期望，组织应当建立和保持其识别、选择和评价供方和合作方的过程。

在选择、评价供方和合作方时，组织应当考虑下列问题，如：

——他们对组织活动的贡献和为组织创造价值的能力，以及他们的利益相关方；

——持续提高他们能力的可能性；

——通过与供方和合作方的合作，提高组织自身的能力；

——与供方和合作方关系相关联的风险。

组织应定期评估供方和合作方的绩效反馈，与供方和合作方不断提高其提供的产品质量、价格、交付期，以及管理体系的有效性。

在权衡短期目标与长期目标的同时，组织应当持续评审和加强与供方和合作方之间的关系。

□ 本章小结

价值链的概念首先由迈克尔·波特提出，价值链通过划分公司的核心活动来帮助降低成本和识别公司竞争力来源。沿价值链顺次检查所有的活动，就会发现价值链实际上是靠人们发挥不同的作用而连接在一起的链条。如果将链条中的下一个环节视为顾客，就会出现顾客链的概念。供应链管理的概念是价值链概念的延伸，它涵盖了多个供应商、工厂、分销中心和顾客群。价值链所注重的内部物流和外部物流同样属于供应链活动。

关系质量是关系双方对目前或者过去彼此之间关系的一种复杂的、总体的、模糊的评价，这种评价是定性且随着时间变化的，所处的情境不同，关系质量的定义就会不同。学术界普遍认可B2C情境下关系质量的维度主要由信任、满意和承诺组成，而B2B情境下关系质量的维度主要包括合作性、适应性及关系氛围。

持续稳定的供应商对于企业很重要，不仅会影响到企业的运营，而且会影响到企业的盈利能力。选择持续而稳定的供应商是供应商管理的第一步，供应商选择的基本原则包括目标定位原则、优势互补原则、择优录用原则以及可操作性原则。对供应商进行评价是一个持续不断的工作，主要目的在于保持对供应商的监督控制，看其是否能够实现预期的绩效。供应商审核是企业在供应商管理方面进行持续改进的重要步骤，通过供应商审核，企业可以持续监督供应商提供合格产品和服务的能力。供应商选择的步骤依次是进行市场分析、识别所有可能的供应商、对所有可能的资源进行预先筛选、评估剩余供应商和选择供应商。供应商选择的方法有：直观判断法、招标法、协商选择法、采购成本比较法、ABC成本法、层次分析法、线性权重法、数据包络分析法、神经网络算法等。供应商数量多少，应该根据企业属性来确定，综合考虑成本和风险等目标。

供应商质量是指在特性的绩效范围内，符合或超过现有和未来客户期望或需求的能力。这个定义有三个主要内容：供应商每次都能满足或超出买方的要求；供应商不仅能够满足或超出现有的需求，也有能力满足未来需求；供应商质量不仅仅是指产品的实体特性，好的供应商还能在以下方面满足买方的期望：产品或服务的配送、产品或服务的一致性、售后服务、技术特点、成本管理。供应商质量控制贯穿整个产品生命周期，包括：产品设计和开发阶段对供应商的质量控制、试制阶段对供应商的质量控制和批量生产阶段对供应商的质量控制。ISO标准中也对供应商的质量控制提出了相关要求。

□ 基本概念

价值链（value chain）
供应链（supply chain）
关系质量（relationship quality）
供应商选择（supplier choice）
供应商审核（supplier audit）
供应商质量（supplier quality）
供应商质量控制（supplier quality control）
供应商评价（supplier valuation）

□ 思考题

1. 什么是价值链和供应链？它们之间有什么联系和区别？
2. 如何理解关系质量的概念？
3. 供应链的管理包括哪些方面？
4. 供应商选择的原则是什么？
5. 供应商评级的标准是什么？
6. 供应商审核可以分为哪几类？

7. 什么是供应商质量？

8. 产品生命周期中各个阶段对供应商的质量控制的要求分别是什么？

□ 案例分析4-1

AT&T为供应商设定高标准且奖励绩效优异的供应商

若你在加利福尼亚州或经常给加利福尼亚州的人打电话，那么你肯定要与AT&T打交道。AT&T为该州的大多数居民提供电话服务，还为个人和企业提供一套完整的无线通信产品。

为了提高质量并降低成本，AT&T一直致力于改进管理供应链的方法，开发出一套完整的方案，即为供应商设定高标准，并奖励绩效优异的供应商。该方案从培训开始，AT&T所有采购部门的经理都必须参加“实用全面质量”培训。该培训共有6门课程，每门课程30小时，讲授全面质量管理和供应商管理。公司还鼓励供应商参加培训，但不收取培训费用。

AT&T对其供应商的要求很高，但会预先与供应商进行沟通。公司每年会与最主要的供应商签订合同，明确下一年AT&T和供应商的合作关系。AT&T的高层经理一年内与供应商会面两次，讨论合作情况，解决发现的问题。少数AT&T的供应商每个月会收到一页纸的供应商质量报告。AT&T和供应商都非常重视这些报告。若供应商的得分太低，它们通常会打电话向AT&T解释原因或寻求改进的建议。

尽管AT&T的供应商管理方法看起来很严格，但该公司努力与供应商建立持久、双赢的合作关系。AT&T与供应商保持良好稳定的沟通，以解决任何可能发生的问题。例如，公司向供应商和潜在的供应商提供一个免费的电话号码，使其熟悉AT&T的要求；AT&T还要求供应商告知其运作情况，但该方案并没有完全落实。AT&T负责签订合同和供应商管理的执行董事说：“供应商一般不愿告诉客户它们的问题。”由于供应商不愿告知客户它们的问题，AT&T正在考虑把供应商反馈报告作为资格认证的一个要求。

AT&T还对绩效优异的供应商进行奖励，目标如下：

（1）使供应商了解其内部质量过程和绩效成果的重要性。

（2）说明质量涉及公司与供应商合作业务的所有方面。

（3）分享预期目标和信息，以建立良好的合作关系。

（4）奖励供应商的整体水平，奖项共有三个等级：金奖、银奖和铜奖。金奖颁发给公司的主要供应商，只有能够提供卓越产品或服务和服务持续超过一年的供应商才能获得金奖。

随着电信行业的竞争日益激烈，AT&T将会努力使其供应链的绩效最大化。为供应商设定高标准并奖励绩效优异的供应商是AT&T供应链管理的精髓。

资料来源：托马斯·福斯特，质量管理：整合供应链．北京：中国人民大学出版社，2013.

思考题

1. 你认为AT&T对其供应商设定的标准过于严格吗？为什么？

2. 你认为AT&T实行的“供应商质量报告”是个好方法吗？每月报告是否过于频繁或对供应商干扰过多？说明理由。

3. 你认为供应商是否应该接受购买其产品的公司的奖励？为什么？

□ 案例分析4-2

上海惠普公司的供应商质量管理

面对近几年出现的变化和挑战，上海惠普在不断调整和完善ODM（原始设计制造商）代工厂的质量管理流程和方法。当前的质量管理体系主要包括供应商资格认证、质量合同、供应链质量管理以及售后产品的质量管理这几个方面。上海惠普公司有系统的供应商资格认证程序，对于新的供应商会有详细的认证流程。对于现有的供应商，上海惠普公司通过年度审核评估供应商的竞争力和商业风险。对于供应商的资格，主要从以下9个方面进行评估：订单预测管理、弹性和生产周期管理、供应链管理、生产计划管理、沟通管理、运输管理、研究与开发管理、成本管理以及服务管理。在最近一两年，由于降低成本的压力，上海惠普在选择供应商时开始考虑一些国内的民营代工企业，如比亚迪、华为等。质量合同用于明确ODM代工厂对产品质量需要履行的职责和义务。质量合同对于管理ODM代工厂的产品质量十分重要，具体来说，它主要包括以下几个部分：

（1）在个人电脑的保修期内ODM代工厂对产品应履行的职责，包括产品设计、生产和交付环节的全面质量管理要求；如何改进产品的客户体验，如减少年度维修更换率。ODM代工厂有责任通过质量管理手段积极地对市场上出现的问题进行分析，找到主要原因，改进产品质量。

（2）ODM代工厂对产品的交付和售后服务的支持，具体是指如何在产品交付和售后出现重大质量问题时提供有效的支持。

（3）ODM代工厂对质量保证过程的支持，具体是指在生产环节的质量数据收集、质量报告、产品可追溯性系统、产品变更管理等。

（4）ODM代工厂对产品在量产阶段的可靠性测试的支持。ODM代工厂应按照上海惠普公司的要求定期完成产品的可靠性测试、并及时解决发现的问题。

（5）ODM代工厂对产品制造的质量管理，首次通过率、成品抽验合格率等是ODM代工厂日常质量管理的重要指标。质量管理的目的是通过数据收集、数据分析，找出主因，解决问题。

上海惠普公司按照自身的质量管理策略，派遣质量工程师对ODM代工厂在量产阶段的产品质量进行现场管理。现场管理主要有三个目标：一是及时发现问题并解决问题，支持准时交货；二是通过对ODM代工厂质量数据的监控，推动产品质量的持续改进；三是通过项目管理的方式改进ODM代工厂的流程、方法，提高员工能力，提升 ODM 代工厂的质量管理水平。现场管理在具体实施中主要包括以下几个方面：

（1）对因产品质量问题而引发的停产和停止出货等问题的管理，重点考核解决问题的效率。

（2）对产品变更的流程能否有效执行的管理。

（3）通过定期的质量稽核，确保 ODM 代工厂质量控制流程的有效执行。

（4）通过对产品技术支持和问题分析的考核，提升 ODM 代工厂解决问题的能力。

（5）设立质量平衡计分卡，对 ODM 代工厂的上游供应商的质量管理进行评估，借助客户的力量推动原材料质量的快速改进。

（6）设立成品出货抽检质量指标，对出货成品的质量进行实时管理，确保交付产品的质量。

上海惠普公司在质量管理策略中，将客户要求的质量水平作为核心目标，也就是通过设计与质量保证、质量实施以及持续质量改进来达到客户满意。售后产品的质量管理目标和范围就是在这样的质量管理策略下制定的。个人电脑售后产品的质量管理主要有两个方面：一是快速及时地解决客户投诉的产品质量问题，让客户放心并对产品及服务满意；二是制定售后产品的质量目标，通过质量管理工具对市场端的质量数据进行收集和分析，找出主要问题点并通过专业的分析来找出主要原因，推动产品质量的持续改进。这些质量改进的活动会带来产品售后维修成本的下降，提高产品的利润。售后产品的质量目标在上海惠普与 ODM 代工厂签署的质量合同中有明确的约定，上海惠普公司对于超出约定目标上限的 ODM 代工厂有奖金奖励，而对于低于约定目标下限的 ODM 代工厂有罚款惩罚，通过这样的管理手段来激励 ODM 代工厂提升产品的质量水平。

资料来源：李俊. 上海惠普公司个人电脑供应商的质量管理研究. 吉林大学硕士学位论文，2016.

思考题

1. 你所知道的电脑公司对供应商质量管理所采取的措施有哪些？
2. 你认为上海惠普公司在供应商质量管理方面有哪些可取之处？
3. 你认为上海惠普公司在供应商质量管理方面有哪些可以改进的地方？

第 5 章

过程质量控制

本章要点

- 质量变异的原因
- 质量变异的种类和规律
- 过程能力指数的计算与过程能力分析
- 计量控制图与计数控制图的绘制与分析
- 小批量生产过程及其质量控制的特点
- 小批量生产过程静态控制图和动态控制图

“互联网+”制造过程的大数据质量管控系统

中策橡胶集团有限公司是我国最大的轮胎生产企业，2016 年在世界轮胎企业中排名第 10 位，在我国制造业中排名第 163 位。目前公司采用国际先进的生产技术和顶尖的轮胎制造检测设备，具备了囊括全钢丝子午线轮胎、轿车子午线轮胎、斜交轮胎、电动车轮胎、橡胶履带等多规格的企业轮胎生产能力。

根据国家工信部 2010 年 10 月颁布的《汽车产业发展政策》，国家首次要求行业建立轮胎召回制度，鼓励轮胎生产企业大力推进信息化与工业化融合。这标志着企业产品质量要求水平将又上新高，这对企业制造过程的稳定性、可追溯性以及产品制造过程中的防错性等多个方面提出了新的要求。在传统的制造生产过程中，受检测装备、人员素质、检测条件等方面的限制和约束，传统的质量管理手段存在较多问题，已无法满足新的要求。因连续生产速度较快，人工无法跟上设备生产速度，在质量监控中只能采取抽样检测方式；轮胎部件的检测过程存在人为变差且无法消除，所有的生产过程管控均纸质化，长期容易导致追溯难度增加；且整个过程中的数据量较小，无法准确有效地应用质量管理工具。为解决传统质量管理过程中存在的突出问题，公司基于“互联网+”和大数据思维，联合厂家研发了具有自主知识产权的轮胎生产过程中各制品在线监测设备和智能化质量管理系统，实现了机器代替人员监测、建立报警系统、数据自动分析保存追溯以及移动端查询功能。

通过构建基于大数据的质量管控系统，公司为实施KPI管理、产品技术改进等提供了数据分析支撑，现场工艺执行率提升0.46%，降低废品率0.02%，市场三包轮胎退回率从1.67%下降至0.76%，轮胎重量合格率从89.63%提升到99.71%，仅2016年就实现经济效益近3 700万元。通过基于大数据的过程质量控制，公司的产品质量和品牌形象得到较大提升，产量规模不断增加，产品生产能力和生产规模连续多年在全国单产排名第一，产品生产制造过程管控取得明显效益。

资料来源：中策橡胶集团有限公司．“互联网＋”制造过程的大数据质量管控系统．（2016-12-14）．http://www.zjqlw.com/news-7782.html.

第1节　质量变异及特性

一、质量变异的分类

所谓质量变异（qualitative variation），是指同一批量的产品，即使所采用的原材料、生产工艺和操作方法相同，其中每个产品的质量也不可能丝毫不差、完全相同，它们之间或多或少总会有些差别，这种差别称为变异。

1．变异源

产生变异的原因在于产品的生产过程中存在太多的变异源。变异源主要来自以下六个方面：

（1）人（man）。操作者的质量意识、技术水平、熟练程度、正确作业及身体素质的差别等。

（2）机器（machine）。机器设备、工夹具的精度及维护保养状况的差别等。

（3）材料（material）。材料的化学成分、物理性能及外观质量的差别等。

（4）方法（method）。生产工艺、操作规程及工艺装备选择的差别等。

（5）测量（measure）。测量工具、测量方法的差别等。

（6）环境（environment）。工作地的温度、湿度、照明、噪声及清洁条件的差别等。

通常把上述因素称为造成产品质量变异的六大因素，简称“5M1E”，生产中的各种要素如原材料、工艺方法、操作者、机器设备、检测方法和环境等都存在变异性（见图5-1）。

人们经过反复的实践和研究，对变异达成以下共识：（1）一个过程中存在很多变异源；（2）每个变异的发生都是随机的；（3）质量产生变异是正常现象，没有变异反倒是虚假现象；（4）完全消灭变异是不可能的，但减少变异是可能的。

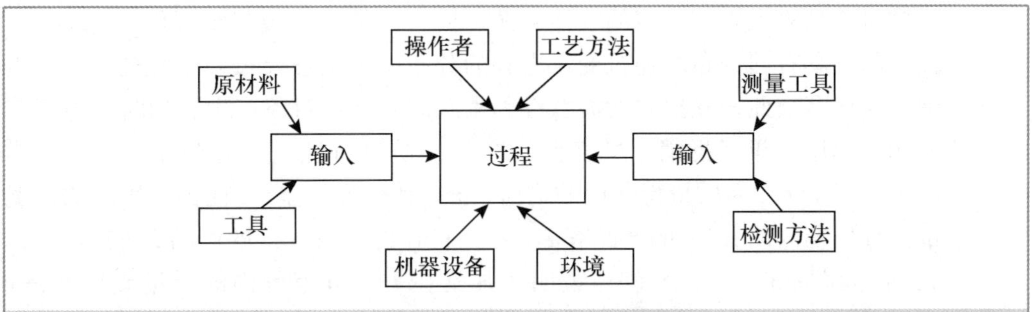

图5-1 制造过程中的变异源

2. 质量变异的分类

为了进一步认识变异和减少变异，人们把质量变异分为正常变异和异常变异。

（1）正常变异。产品质量的正常变异是指由生产过程中的偶然性因素引起的变异。这些因素的特点是数量多、来源广，表现形式多种多样，大小和方向随机变化，作用时间没有一定的规律，但对产品质量的影响均较小，不会造成不合格产品。如原材料、成品、半成品及构配件的物理化学性能，化学成分，表面形状的微小差异；机械设备、工具的正常磨损；模具、量具的微小变形；工人操作的微小变化；温度、湿度的微小变动；载荷、计量、精度的微小偏差等都属于偶然性因素。偶然性因素在加工过程中几乎是不可避免的。这里所说的不可避免并不是说完全不可避免，而是指在现有条件下没有很好的办法对这些偶然性因素加以消除，或者即使可以消除也会因为代价太大而不值得这么做。事实上，大多数产品产生变异，就是因为有偶然性因素存在。生产过程中只存在偶然性因素影响的状态称为稳定状态或统计控制状态。

（2）异常变异。产品质量的异常变异是指由生产过程中的系统性因素引起的变异。如混入不同规格成分的原材料、设备过度耗损或者调整不准确、不同人员进行操作等。这类因素的特点是数目不多但对产品质量的影响很大，可能造成不合格产品，但在一定条件下可以发现并能相对经济地消除。生产过程中存在系统性因素影响的状态称为非稳定状态或非统计控制状态。

偶然性因素和系统性因素之间的关系也是相对而言的。在一定条件下，偶然性因素引起的正常变异可以转化为异常变异。对微小的、不可控的偶然性因素缺乏有效的控制，常常会累积成或诱发出系统性因素，从而导致异常变异。技术和管理的进步，使得原来难以识别和消除的正常变异变得可以识别和消除，这时，原来的正常波动在新的生产技术条件下将转化为异常变异。为了不断提高生产过程质量控制的水平，在有效控制正常变异和及时消除异常变异的基础上，应当通过质量改进，使一些不可控的偶然性因素逐渐成为可控的系统性因素，以不断提高质量管理的水平。

二、质量变异的规律

在产品生产过程中，对单个产品来说偶然性因素作用的结果是随机的，而对同一批量产品来说则有一定的规律可循。概率论的中心极限定理告诉我们：n 个相互独立的、具有同分布的随机变量之和的分布趋于正态分布。也就是说，在生产过程中，当众多彼此相互独立的偶然性因素共同对生产对象产生影响时，由于彼此之间的相互作用、相互抵消，最终会使产品的质量特性呈正态分布。因此，如图5－2所示（图中，μ 为质量特性值的均值，σ 为其标准偏差），在正常生产的情况下，质量特性值在区间 $\mu\pm\sigma$ 的产品有 68.25%；在区间 $\mu\pm2\sigma$ 的产品有 95.45%；在区间 $\mu\pm3\sigma$ 的产品有 99.73%。这说明，凡是在 $\mu\pm3\sigma$ 范围内的质量差异都是正常的、不可避免的，是偶然性因素作用的结果。如果质量差异超过这个界限，则是由系统性因素造成的。

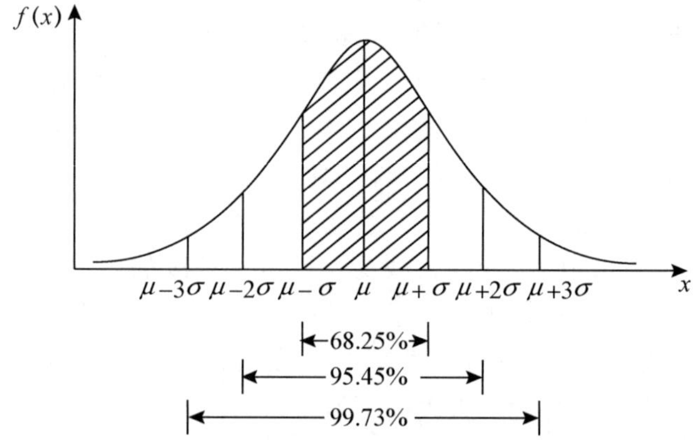

图5－2 质量变异分布图

三、过程状态的模式

通常把只有正常变异的过程状态称为统计控制状态，又称稳定状态；把有异常变异的过程状态称为非统计控制状态，又称失控状态；过程处于统计控制状态且又能满足规定的要求，则称为受控状态。

对制造（服务）过程的质量控制就是要使过程始终处于稳定的受控状态，以确保产品和服务符合规定要求。处于稳定状态下的过程应具备以下几个条件：（1）原材料或上一过程的半成品按照标准要求供应；（2）本过程按照作业标准实施，并应在影响过程质量各主要因素无异常的条件下进行；（3）过程完成后，产品检测按照标准要求进行。

四、质量控制的数据

1. 数据的分类

质量管理中的数据可以分成两大类：计量值数据和记数值数据。计量值数据是指可以用仪器测量的连续性数据，如长度、重量、时间、温度等；记数值数据是指不能连续取值，只能用自然数表示的数据，如不合格品数、铸件砂眼数、气孔数等。记数值数据还可以分为计件值数据和计点值数据。计件值数据是按产品个数记数的数据，如不合格品数等；计点值数据是按点记数的数据，如缺陷数等。

2. 数据的统计规律

产品质量数据的变异一般表现为分散性和集中性两种基本特性。数据的分散性是由正常变异和异常变异引起的。当收集的数据足够多时，就会发现所有数据都在一定范围内聚集在一个中心值周围，越靠近中心值，数据越多；越偏离中心值，数据越少。数据的这种规律称为数据的集中性。

3. 数据的统计特征

质量数据有两类常用的统计特征：一类是表示数据集中性的特征数，如均值、中位数等；另一类是表示数据分散程度的特征数，如极差、标准差等。

（1）均值 $\bar{x}$。设 n 个数据为 x_1，x_2，…，x_n，则均值 $\bar{x}$ 为：

$$\bar{x} = \frac{\sum_{i=1}^{n} x_i}{n}$$

（2）中位数 x。将一组数据从小到大顺序排列，位于中间位置的数称为中位数。当 n 为偶数时，中位数为两个中间位置数据的平均值。

（3）极差 R。极差是一组数据中最大值 $x_{\max}$ 与最小值 $x_{\min}$ 之差。

$$R = x_{\max} - x_{\min}$$

（4）标准差 S。标准差反映一组数据以什么样的密集程度集中在均值周围。

$$S = \sqrt{\frac{\sum_{i=1}^{n}(x_i - \bar{x})^2}{n-1}}$$

标准差 S 反映了数据的离散程度。由于它的计算利用了每个数据的值，因此比极差 R 更能反映数据离散程度的实际情况。标准差 S 值越大，数据越分散，密集程度越低；标准差 S 值越小，数据越集中，密集程度越高。

第 2 节　过程能力分析

一、过程能力

1. 过程能力的概念

过程能力（process capability）是指处于稳定状态下的过程满足质量要求的能

力。过程处于稳定生产状态应该具备以下几个方面的条件：（1）原材料或上一过程的半成品按照标准要求供应；（2）本过程按照作业标准实施，并应在影响过程质量各主要因素无异常的条件下进行；（3）过程完成后，产品检测按照标准要求进行。

过程满足质量要求的能力主要表现在以下两方面：（1）质量是否稳定；（2）质量精度是否足够。在确保过程稳定的条件下，可以用过程质量特性值的变异来表示过程能力。

在只有偶然性因素影响的稳定状态下，质量数据近似地服从正态分布 $N(\mu, \sigma^2)$。由概率理论可知，当分布范围取 $\mu \pm 3\sigma$ 时，产品质量合格的概率可达 99.73%，废品率仅为 0.27%，如图 5－3 所示。因此以 $\pm 3\sigma$，即 6σ 为标准来衡量过程的能力具有足够的精确度和良好的经济性。在实际计算中就用 6σ 的变异范围来定量描述过程能力。记过程能力为 B，则过程能力 $B=6\sigma$。6σ 数值越小，说明质量特性值的变异范围越小，过程能力越强；6σ 数值越大，说明质量特性值的变异范围越大，过程能力越弱。

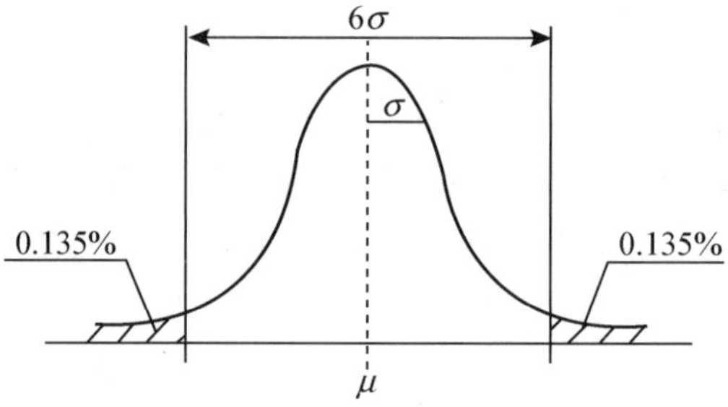

图 5－3　6σ 过程能力

2. 分析过程能力的意义

分析过程能力的意义在于以下几方面：

（1）过程能力的测定和分析是保证产品质量的基础工作。只有掌握了过程能力，才能控制制造过程的符合性质量。如果过程能力不能满足产品设计的要求，那么质量就无从谈起，所以说对过程能力的调查、测试分析是现场质量管理的基础工作，是保证产品质量的基础。

（2）过程能力的测试分析是提高过程能力的有效手段。过程能力是由各种因素塑造的，通过过程能力的测试分析，可以找到影响过程能力的主导因素，从而通过改进工艺，改进设备，提高操作水平，改善环境条件，制定有效的工艺方法和操作规程，严格工艺纪律等来提高过程能力。

（3）过程能力的测试分析为质量改进找到方向。过程能力是过程加工的实际质量状态，是产品质量保证的客观依据。通过过程能力的测试分析，可以为设计人员和工艺人员提供关键的过程能力数据，为产品设计提供参考。同时通过过程能力分析，找到影响过程能力的主要问题，可以为提高加工能力和改进产品质量找到努力的方向。

二、过程能力指数

1. 过程能力指数的概念

过程能力指数（process capability index）表示过程能力对过程质量标准的满足程度。过程质量标准是指过程必须达到的质量要求，通常用标准、公差、允许范围等来衡量，一般用符号 T 表示。过程质量标准 T 与过程能力 B 的比值，称为过程能力指数，记为 C_p。

$$C_p=\frac{T}{6\sigma} \tag{5-1}$$

过程能力指数越大，说明过程能力越能满足质量要求，甚至有一定的能力储备。但是不能认为过程能力指数越大，加工精度就越高或者技术要求就越低。

2. 过程能力指数的计算

过程能力指数的计算对于不同的情况具有不同的形式，主要有以下几种。

（1）给定双侧标准，分布中心 μ 与标准中心 M 相重合，如图 5-4 所示。

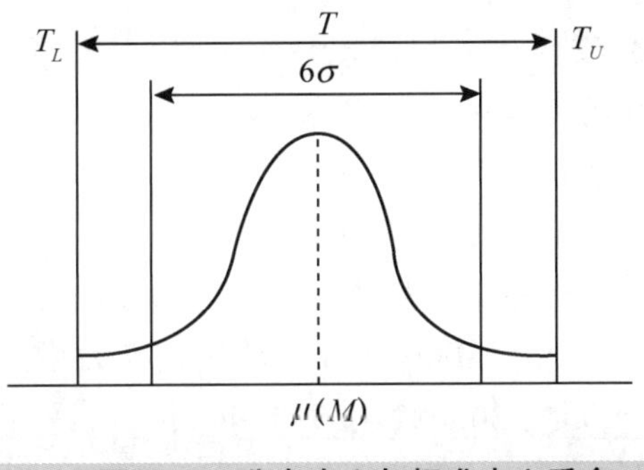

图 5-4　分布中心与标准中心重合

根据工序过程能力指数的基本计算公式（5-1），可得到这种情况的过程能力指数计算公式：

$$C_p=\frac{T}{6\sigma}=\frac{T_U-T_L}{6\sigma}\approx\frac{T_U-T_L}{6S} \tag{5-2}$$

式中，T 表示过程质量标准范围；σ 表示总体标准偏差；S 表示样本标准偏差；T_U 表示过程质量标准的上限值；T_L 表示过程质量标准的下限值。

总体标准偏差 σ 包括已生产的产品的标准偏差和未生产的产品的标准偏差，无法计算。S 表示从已生产出来的产品中抽取一部分样品而计算出来的标准偏差。如果生产过程处于稳定状态，一般可以用 S 来估计 σ。总体平均值 μ 可用样本均值 $\bar{x}$ 来估计。

（2）给定双侧标准，分布中心与标准中心不重合，如图5－5所示。

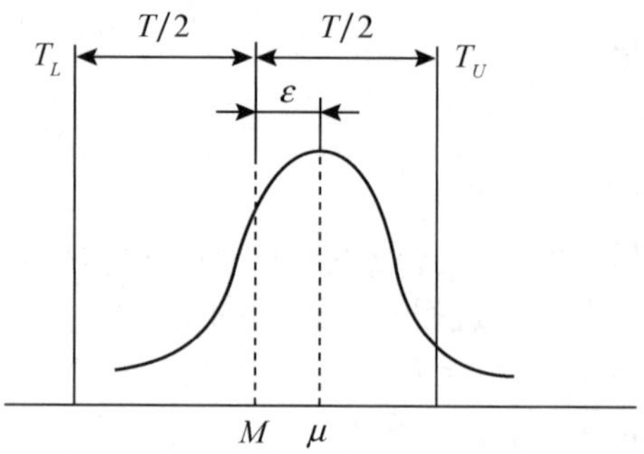

图5－5 分布中心与标准中心不重合

在质量特性值的分布范围 6σ 和过程质量标准 T 不变的情况下，由于分布中心 μ 偏离标准中心 M，使产品的不合格率增加，导致过程能力降低。因此，要对过程能力指数 C_p 进行修正。修正后的过程能力指数用 C_{pk} 表示，其计算公式如下：

$$C_{pk}=(1-k)C_p=\frac{T-2\varepsilon}{6S} \tag{5-3}$$

式中，

ε——绝对偏移量，$\varepsilon=|M-\bar{x}|$；

M——标准中心，$M=(T_U+T_L)/2$；

μ——实际分布中心；

k——相对偏移量，$k=\varepsilon/(T/2)$。

【例5－1】 某批零件的技术标准为 $\phi30\text{mm}\pm0.021\text{mm}$，抽样100件，测得均值 $\bar{x}=\phi29.997\text{mm}$，$S=0.006\,4\text{mm}$，求过程能力指数。

解： $M=\frac{T_U+T_L}{2}=\frac{30.021+29.979}{2}=30\text{mm}$

由于 $\bar{x}=29.997\neq M$，即标准中心与实际分布中心不重合，因此有

$$\varepsilon=|M-\bar{x}|=30-29.997=0.003\text{mm}$$

$$T=T_U-T_L=30.021-29.979=0.042\text{mm}$$

$$C_{pk}=(1-k)C_p=\frac{T-2\varepsilon}{6S}=\frac{0.042-2\times0.003}{6\times0.006\,4}=0.938$$

（3）单侧标准的情况。有些情况下，过程质量标准只规定单侧的界限。例如，机电产品的机械强度、寿命、可靠性等，只规定下限的质量特性。又如机械加工的形位公差（同心度、平行度、垂直度）、原材料所含杂质等，只规定上限标准，而对下限不做规定。

在只给定单侧标准的情况下，特性值的分布中心与标准中心的距离决定了过程能力的大小。为了经济地利用过程能力，可用 3σ 作为计算 C_p 值的基础。

● 只规定上限时如图 5－6 所示，过程能力指数为：

$$C_p=\frac{T_U-\mu}{3\sigma}\approx\frac{T_U-\bar{x}}{3S} \tag{5-4}$$

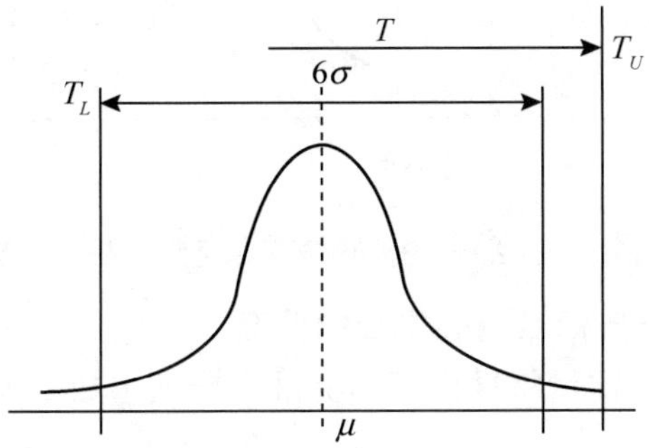

图 5－6　只规定上限时

● 只规定下限时如图 5－7 所示，过程能力指数为：

$$C_p=\frac{\mu-T_L}{3\sigma}\approx\frac{\bar{x}-T_L}{3S} \tag{5-5}$$

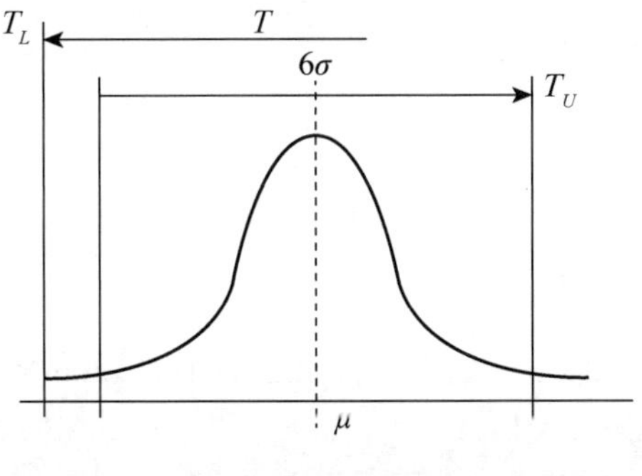

图 5－7　只规定下限时

【例 5－2】　某银行要求顾客排队时间不能超过 10 分钟，样本标准偏差 S 为 0.006 2 分钟，$\bar{x}$ 为 9.98 分钟，求过程能力指数。

解：$C_p=\frac{T_U-\bar{x}}{3S}=\frac{10-9.98}{3\times 0.006\,2}=1.075$

三、过程不合格品率的计算

当过程的质量特性呈正态分布时，过程能力指数对应于一定的不合格品率。例如，当 $C_p=1$，即 $T=6\sigma$ 时，质量特性标准的上下限与 $\pm 3\sigma$ 重合，由正态分布的概率函数可知，此时的不合格品率为 0.27%，如图 5－8 所示。

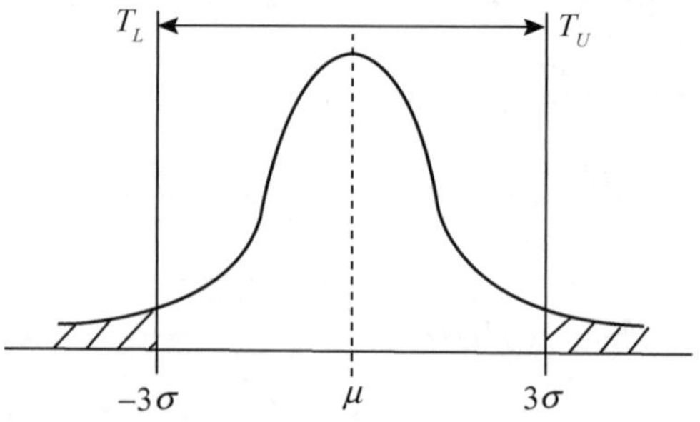

图 5-8 质量特性标准的上下限与 $\pm 3\sigma$ 重合

1. 分布中心与标准中心重合的情况

若以 P_U 表示质量特性值超出标准上限而造成的不合格品率，则

$$\begin{aligned} P_U &= P(x > T_U) = P(\frac{x-\mu}{\sigma} > \frac{T_U-\mu}{\sigma}) \\ &= P(t > \frac{T/2}{\sigma}) = P(t > \frac{3\sigma C_p}{\sigma}) \\ &= 1-P(t<3C_p) = 1-\varphi(3C_p) \end{aligned} \tag{5-6}$$

式中，t 为标准正态分布值。

若以 P_L 表示质量特性值超出标准下限而造成的不合格品率，同理可得：

$$P_L = 1-\varphi(3C_p) \tag{5-7}$$

总不合格品率为：

$$\begin{aligned} P &= P_U + P_L = 2[1-\varphi(3C_p)] \\ &= 2\varphi(-3C_p) \end{aligned} \tag{5-8}$$

【例 5-3】 当 $C_p=1$ 时，求相应的不合格品率 P。

解： $P = 2\varphi(-3\times 1)$

$= 2\varphi(-3)$

$= 2\times 0.001\,35$（查正态分布表）

$= 0.002\,7 = 0.27\%$

【例 5-4】 当 $C_p=0.8$ 时，求相应的不合格品率 P。

解： $P = 2\varphi(-3\times 0.8)$

$= 2\varphi(-2.4)$

$= 2\times 0.008\,2$（查正态分布表）

$= 0.016\,4 = 1.64\%$

由不合格品率的公式及以上两例可知，C_p 值增大时，不合格品率下降；反之，C_p 值减小时，不合格品率上升。

2. 分布中心与标准中心不重合的情况

（1）分布中心向标准上限偏移时，如图 5-5 所示，则

$$\begin{aligned}P_U&=P(x>T_U)=P\left(\frac{x-\mu}{\sigma}>\frac{T_U-\mu}{\sigma}\right)\\&=P\left(t>\frac{T/2-\varepsilon}{\sigma}\right)\\&=P[t>3C_p(1-k)]\\&=1-P[t<3C_p(1-k)]\\&=1-\varphi[3C_p(1-k)]\end{aligned}$$

同理可得：

$$P_L=1-\varphi[3C_p(1+k)]$$

总不合格品率为：

$$P=P_U+P_L=2-\varphi[3C_p(1-k)]-\varphi[3C_p(1+k)] \tag{5-9}$$

当 k 较大时，$P\approx P_U$。

（2）分布中心向标准下限偏移时，则

$$P_U=1-\varphi[3C_p(1+k)]$$
$$P_L=1-\varphi[3C_p(1-k)]$$

总不合格品率为：

$$P=P_U+P_L=2-\varphi[3C_p(1+k)]-\varphi[3C_p(1-k)] \tag{5-10}$$

当 k 较大时，$P\approx P_L$。

【例 5-5】　某过程 $C_p=1$，分布中心向标准上限偏移，$k=0.3$，求不合格品率（P_L 可忽略不计）。

解： $P\approx P_U=1-\varphi[3C_p(1-k)]=1-\varphi[3\times(1-0.3)]=1-\varphi(2.1)=1-0.9821=0.0179$

为应用方便，常将偏移系数 k，C_p，P 的关系制成表 5-1 的形式，该表用于已知 k，C_p，求 P；已知 k，要求保证 P，求 C_p。

需要指出的是，表 5-1 列出的数值是双侧标准时过程能力指数所对应的不合格品率，而单侧标准时过程能力指数所对应的不合格品率，仅是双侧标准时的一半。

表 5-1　不同 k 与 C_p 时的不合格品率 P 的数值表（%）

C_p \ k	0.00	0.04	0.08	0.12	0.16	0.20	0.24	0.28	0.32	0.36	0.40	0.44	0.48	0.52
0.50	13.36	13.43	13.64	13.99	14.48	15.10	15.86	16.75	17.77	13.92	20.19	21.58	23.09	24.71
0.60	7.19	7.26	7.48	7.85	8.37	9.03	9.85	10.81	11.92	13.18	14.59	16.51	17.85	19.90
0.70	3.57	3.64	3.83	4.16	4.63	5.24	5.99	6.89	7.94	9.16	10.55	12.10	13.84	15.74
0.80	1.64	1.66	1.89	5.09	2.46	2.94	3.55	4.31	5.21	6.28	4.53	8.88	10.62	12.48
0.90	0.69	0.73	0.83	1.00	1.25	1.60	2.05	2.62	3.34	4.21	5.27	6.53	8.02	9.76

续前表

k / C_p	0.00	0.04	0.08	0.12	0.16	0.20	0.24	0.28	0.32	0.36	0.40	0.44	0.48	0.52
1.00	0.27	0.29	0.35	0.45	0.61	0.84	1.14	1.55	2.07	2.75	3.59	4.65	5.94	7.49
1.10	0.10	0.11	0.14	0.20	0.29	0.42	0.61	0.88	1.24	1.74	2.39	3.23	4.31	9.66
1.20	0.03	0.04	0.05	0.08	0.13	0.20	0.34	0.48	0.72	4.06	1.54	2.19	3.06	4.20
1.30	0.01	0.01	0.02	0.03	0.05	0.09	0.15	0.25	0.42	0.63	0.96	1.45	2.13	3.06
1.40	0.00	0.00	0.01	0.01	0.02	0.04	0.07	0.18	0.22	0.36	0.59	0.98	1.45	2.19
1.50			0.00	0.00	0.01	0.02	0.03	0.06	0.11	0.20	0.35	0.59	0.96	1.54
1.60					0.00	0.01	0.01	0.03	0.06	0.11	0.20	0.36	0.63	1.07
1.70						0.00	0.01	0.01	0.03	0.06	0.11	0.22	0.40	0.72
1.80							0.00	0.01	0.01	0.03	0.06	0.13	0.25	0.48
1.90								0.00	0.01	0.01	0.03	0.07	0.15	0.31
2.00									0.00	0.01	0.02	0.04	0.09	0.20
2.10										0.00	0.01	0.02	0.05	0.13
2.20											0.00	0.01	0.03	0.08
2.30												0.01	0.02	0.05
2.40												0.00	0.01	0.03
2.50													0.01	0.02
2.60													0.00	0.01
2.70														0.01
2.80														0.00

四、过程能力的分析

过程能力指数求出后，就可以对过程能力是否充分做出分析和判定，即判断 C_p 值为多少时，才能满足质量要求。一般情况下，过程能力的判定是根据表 5-2 中的判断标准来进行的。

表 5-2　　过程能力指数评定分级表

等级	C_p 或 C_{pk}	$P(\%)$	过程能力判断
特级	$C_p>1.67$	$P<0.00006$	过程能力过于充足，允许较大的外来变异，以提高效率；可考虑收缩标准范围；可放宽检查等
一级	$1.67\geqslant C_p>1.33$	$0.006>P\geqslant 0.00006$	过程能力充足，允许小的外来干扰引起的变异；对不重要的工序，可放宽检查；过程控制抽样间隔可放宽
二级	$1.33\geqslant C_p>1.00$	$0.27>P\geqslant 0.006$	过程能力尚可，需严格控制过程，否则易出现不合格品；检查不能放宽
三级	$1.00\geqslant C_p>0.67$	$4.55>P\geqslant 0.27$	过程能力不足，必须采取措施提高过程能力；加强检查
四级	$C_p\leqslant 0.67$	$P\geqslant 4.55$	过程能力严重不足，需采取紧急措施提高过程能力，可考虑放宽标准范围；可全数检查

第 3 节　过程控制图

一、控制图简介

控制图（control chart）也称管理图，是用来分析和判断过程是否处于稳定状态并带有控制界限的图形。它于 1924 年由美国贝尔电话实验室的休哈特博士首先提出，是一种将显著性检验的统计原理应用于控制生产过程的图形方法。由于其用法简单，效果显著，自问世以来在生产过程管理中得到了广泛应用。时至今日，控制图已成为实施质量管理的一种常用工具。

1. 控制图的基本形式

控制图的种类很多，本书主要介绍常规控制图，也就是休哈特控制图。控制图的基本形式如图 5－9 所示。纵坐标表示需要控制的质量特性；横坐标表示按系统取样方式得到的样本编号；上下两条虚线表示上控制界限（*UCL*）和下控制界限（*LCL*），中间的细直线表示中心线（*CL*）。在控制图上，采取系统取样方式取得的样本质量特性值，用点子描在图上的相应位置。如果点子全部落在上下控制界限之内，而且点子的排列没有什么异常，就判断生产过程处于稳定状态；否则，就认为生产过程中存在异常因素，要查明原因，采取措施设法消除。

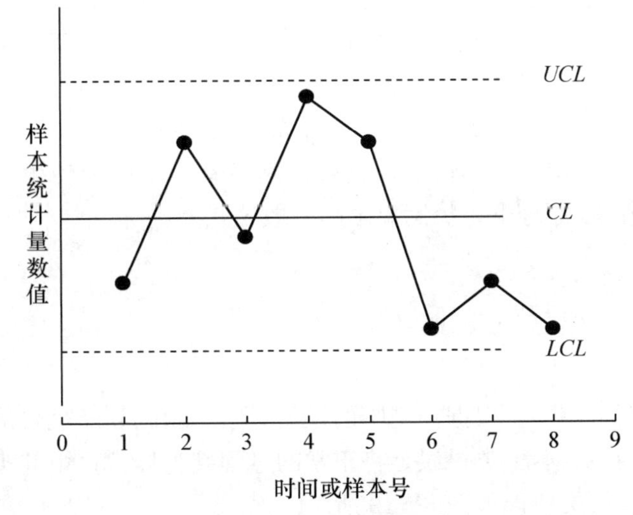

图 5－9　控制图示例

2. 控制图的作用

控制图的作用包括以下几个方面：

（1）能及时发现生产过程中的异常现象和缓慢变异，预防不合格品发生，从而减少生产费用，提高生产效率。

（2）能有效地分析判断生产过程质量的稳定性，从而降低检验、测试费用。根据供货方制造过程中有效的控制图记录等证据，购买方可免除进货检验，同时仍能在较高程度上保证进货质量。

（3）可查明设备和工艺手段的实际精度，以便做出正确的技术决定，为制定生产目标和规格界限，特别是配合零部件的最优化确立可靠的基础，也为改变未来符合经济性的规格标准提供依据。

（4）使生产成本和质量成为可预测的参数，并能以较快的速度和准确性测量出系统误差的影响程度，从而使同一生产过程内产品之间的质量差别减至最小，以评价、保证和提高产品质量，提高经济效益。

3. 控制图的基本原理

控制图的基本原理包括以下几个方面。

（1）3σ 原理。如果质量特性值服从正态分布，则 $x \sim N(\mu, \sigma^2)$。当生产过程中仅有偶然性因素存在时，则从过程中测得的产品质量特性值 x 有 99.27%的概率在 $\mu \pm 3\sigma$ 的范围内。也就是说，如果抽取少数产品，测得的质量特性值均应落在 $\mu \pm 3\sigma$ 的范围内。如果有特性值落在 $\mu \pm 3\sigma$ 的界限外，可以认为过程出现系统性因素引起的变异，使 x 的分布发生了偏离。这就是休哈特的 3σ 原理。

如果分组采集数据，可以先计算样本的统计量，此时样本均值的分布亦服从正态分布，即 $\bar{x} \sim N\left(\mu, \frac{\sigma^2}{n}\right)$，因此同样可以利用 3σ 原理绘制控制图，对过程进行控制。

（2）控制图控制界限的确定。在稳定状态下生产出来的产品，其质量特性值分布为正态分布。根据正态分布的性质，取 $\mu \pm 3\sigma$ 作为上下控制界限，这样质量特性值出现在 3σ 界限以外的概率为 0.27%，即 1 000 次中大约有 3 次。如果这 3 次忽略不计，则认为产品质量特性值全部分布在 3σ 界限内；如果在生产过程中有质量特性值超过 3σ 界限以外的情况，就可以判断有异常原因使生产状态发生了变化。由此可推出在 3σ 原理下，控制界限的一般公式为：

$$\begin{cases} UCL = E(x) + 3\sigma(x) \\ LCL = E(x) - 3\sigma(x) \\ CL = E(x) \end{cases} \tag{5-11}$$

（3）两类错误。根据控制图的控制界限所做的判断也可能发生错误。这种可能的错误有两类：第Ⅰ类错误是将正常的过程判为异常；第Ⅱ类错误是将异常的过程判为正常。两类错误如图 5-10 所示。

在生产正常的情况下，打点出界限的可能性为 0.27%。因此，根据小概率事件实际上不发生的原理，如果它发生，我们就可以判断有异常。这样，对于纯粹由于偶然打点出界的情形，我们根据打点出界判断生产过程异常就犯了虚发警报的错误。这类错误称为第Ⅰ类错误，其发生的概率一般记为 α。

如果生产过程已经发生了变化，产品质量的分布偏离了典型分布，可是总还有

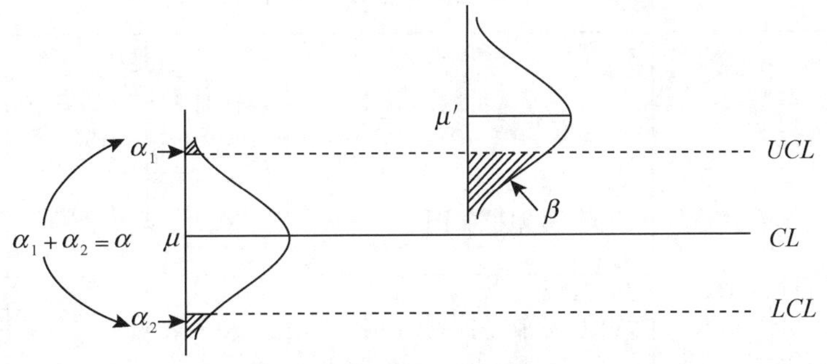

图 5-10 两类错误及其发生概率示意图

一部分产品的质量特性值是在上下控制界限之间的。如果我们抽取这些产品进行检验，那么，这时由于打点未出界而判断生产过程正常就犯了漏发警报的错误。这类错误称为第Ⅱ类错误，其发生的概率一般记为 β。

由于应用控制图的过程是通过抽样来检验产品质量的，因此要想不犯错误是办不到的。如何减少两类错误所造成的损失呢？关键在于减少犯两类错误的概率 α 和 β。理论研究表明，减少 α 必然导致增加 β，减少 β 必然导致增加 α。如图 6-14 所示，若扩大控制界限到 $\mu\pm4\sigma$，则 α 减少，但 β 扩大；若缩小控制界限到 $\mu\pm2\sigma$，则 β 明显缩小，但 α 显著增加。

要使 α 和 β 同时减少只有不断增加样本量 n，这在实际中又很难实现。另外，β 的计算与失控状态时的总体分布有关，此时总体分布多种多样，很难对 β 做出确切的估计。为此常规控制图仅考虑犯第Ⅰ类错误的概率 α。实践证明，能使两类错误总损失最小的控制界限幅度大致为 3σ，因此选取 $\mu\pm3\sigma$ 作为上下控制界限是经济合理的。美国、日本和我国等世界大多数国家都采用 3σ 方式。

4. 控制图的分类

（1）根据控制图控制的数据分类。根据控制图控制的数据，控制图可以分为两大类，即计量值控制图和计数值控制图。计量值控制图一般适用于计量值为控制对象的场合，这类控制图有单值控制图（X 控制图）、均值-极差控制图（$\overline{X}$-R 控制图）以及均值-标准差控制图（$\overline{X}$-S 控制图）等。计数值控制图以计数值数据的质量特性值作为控制对象，这类控制图又可以分为计件控制图和计点控制图。计件控制图有不合格品率控制图（p 控制图）和不合格品数控制图（np 控制图）。计点控制图有不合格数控制图（c 控制图）和单位产品不合格数控制图（u 控制图）。

常用控制图如表 5-3 所示。控制图的种类虽有所不同，但它们确定控制界限的基本原理是相同的。在实际应用中可直接查表 5-3 得到各种控制图控制界限的计算公式，其中计量控制图计算控制界限的系数可由表 5-4 中查到。表 5-3 中只给出了标准值未给定时控制界限的计算公式，对标准值给定的情形，读者可参阅有关资料。

表5-3　　控制图的类型及控制界限的计算公式

类型	名称	代号	标准值未给定	
			中心线	*UCL* 与 *LCL*
计量控制图（variable control chart）	均值-极差控制图	$\overline{X}$-R	$\overline{\overline{X}}$ $\overline{R}$	$\overline{\overline{X}}\pm A_2\overline{R}$ $D_4\overline{R}$，$D_3\overline{R}$
	均值-标准差控制图	$\overline{X}$-S	$\overline{\overline{X}}$ $\overline{S}$	$\overline{\overline{X}}\pm A_3\overline{S}$ $D_4\overline{S}$，$D_3\overline{S}$
	单值-移动极差控制图	X-R_S	$\overline{X}$ $\overline{R}_S$	$\overline{X}\pm E_2\overline{R}_S$ $D_4\overline{R}_S$，$D_3\overline{R}_S$
计数控制图（counting control chart）	不合格品率控制图	p	$\overline{p}$	$\overline{p}\pm 3\sqrt{\overline{p}(1-\overline{p})/n}$
	不合格品数控制图	np	$n\overline{p}$	$n\overline{p}\pm 3\sqrt{n\overline{p}(1-\overline{p})}$
	不合格数控制图	c	$\overline{c}$	$\overline{c}\pm 3\sqrt{\overline{c}}$
	单位产品不合格数控制图	u	$\overline{u}$	$\overline{u}\pm 3\sqrt{\overline{u}/n}$

注：对于单值-移动极差控制图，$\overline{R}$ 表示 $n=2$ 时观测值的平均移动极差，系数 D_3，D_4 等可由表5-4中 $n=2$ 行查得。

表5-4　　计量值控制图控制界限系数表

子组中观测值个数 n	控制界限系数							
	A_1	A_2	A_3	A_4	B_3	B_4	B_5	B_6
2	2.121	1.880	2.659	1.88	0.000	3.267	0.000	2.606
3	1.732	1.023	1.954	1.19	0.000	2.568	0.000	2.276
4	1.500	0.729	1.628	0.80	0.000	2.266	0.000	2.088
5	1.342	0.577	1.427	0.69	0.000	2.089	0.000	1.964
6	1.225	0.483	1.287	0.55	0.030	1.970	0.029	1.874
7	1.134	0.419	1.182	0.51	0.118	1.882	0.113	1.806
8	1.061	0.373	1.099	0.43	0.185	1.815	0.179	1.751
9	1.000	0.337	1.032	0.41	0.239	1.761	0.232	1.707
10	0.949	0.308	0.975	0.36	0.284	1.716	0.276	1.669

子组中观测值个数 n	控制界限系数							
	D_1	D_2	D_3	D_4	C_4	$1/C_4$	d_2	$1/d_2$
2	0.000	3.686	0.000	3.267	0.797 9	1.253 3	1.128	0.886 5
3	0.000	4.358	0.000	2.574	0.886 2	1.128 4	1.693	0.590 7
4	0.000	4.698	0.000	2.282	0.921 3	1.085 4	2.059	0.485 7
5	0.000	4.918	0.000	2.115	0.940 0	1.063 8	2.326	0.429 9
6	0.000	5.078	0.000	2.004	0.951 5	1.051 0	2.534	0.394 6
7	0.204	5.204	0.076	1.924	0.959 4	1.042 3	2.704	0.369 8
8	0.388	5.306	0.136	1.864	0.965 0	1.036 3	2.847	0.351 2
9	0.547	5.393	0.184	1.816	0.969 3	1.031 7	2.970	0.336 7
10	0.687	5.469	0.223	1.777	0.972 7	1.028 1	3.078	0.324 9

（2）根据控制图的用途和应用场合分类。根据控制图的用途和应用场合，控制图分为分析用控制图和管理用控制图。分析用控制图是在对生产过程控制之初，对过程稳定与否未知的情况下，收集几组数据绘制的，主要目的在于判定过程稳定与否，判断过程是否存在异常因素。当过程稳定且能满足技术要求时，将分析用控制图的控制界限作为控制标准，将分析用控制图转化为管理用控制图，延长控制界限，对过程进行日常控制，以便及时预警。

二、计量控制图

计量控制图一般适用于以计量值为控制对象的场合。例如，以米（m）表示的长度，以欧姆（Ω）表示的电阻，以分贝（dB）表示的噪声等。计量控制图通常成对绘制并加以分析，其中一个是关于位置的控制图，另一个是关于离散程度的控制图。

1. 计量控制图作图示例（$\overline{X}$-R 控制图，标准值未给定情形）

均值-极差控制图是计量控制图中最常用的一种质量控制工具。均值（$\overline{X}$）控制图用来控制均值的变化；极差（R）控制图用来控制加工误差的变化。它是通过调查均值 $\overline{X}$ 和极差 R 是否有异常变化来对过程进行控制的。一般将 $\overline{X}$ 图画在 R 图的上方。

【例 5－6】　现以某厂生产的外径为 6±0.4mm 的无缝钢管为例，说明 $\overline{X}$-R 控制图的作图步骤。

应当说明，目前对统计控制数据的处理主要有三种形式：人工计算，将数据输入计算机进行计算，利用专业统计控制软件进行处理。

一些统计控制软件有完整的计算、绘图和分析功能。这里只介绍将数据输入计算机进行处理的方法。

（1）收集近期生产数据 $N=100$。为计算方便，将数据填入 Excel 表格中，如图 5－11 所示。

（2）数据分组，取子组数 $k=20$，每组大小 $n=5$。

（3）利用 Excel 中的函数 AVERAGE 求得第 1 子组平均值 $\overline{X}_1=5.978$，下拉鼠标便可得到其他各子组的平均值。

（4）同理可利用函数 AVERAGE 求得各子组平均值的平均值 $\overline{\overline{X}}=5.996\,8$。

（5）利用函数 MAX 和 MIN 求出各组的最大值 X_{max} 和最小值 X_{min}。极差值 $R=X_{max}-X_{min}$。在 Excel 公式栏中输入“＝MAX－MIN”先求得第一组极差值 $R_1=0.51$，下拉鼠标即可得到其他各子组的极差。

（6）再次利用函数 AVERAGE 求得各子组极差平均值 $\overline{R}=0.365\,5$。

（7）计算控制界限（公式见表 5－3，由表 5－4 查出：$n=5$ 时，$A_2=0.577$，$D_4=2.115$）。

无缝钢管外径数据表（mm）

子组号	X_1	X_2	X_3	X_4	X_5	平均值 $\overline{X}$	Xmax	Xmin	极差 R=Xmax-Xmin
1	5.7	5.78	6.12	6.08	6.21	5.978	6.21	5.7	0.51
2	6.12	5.89	6.02	5.99	6.25	6.054	6.25	5.89	0.36
3	5.92	5.77	6.05	6.07	6.16	5.994	6.16	5.77	0.39
4	5.68	5.88	5.98	5.75	6.01	5.86	6.01	5.68	0.33
5	6.06	5.99	5.87	5.96	6.22	6.02	6.22	5.87	0.35
6	5.86	5.97	6.35	6.13	6.01	6.064	6.35	5.86	0.49
7	6.04	5.92	6.08	6.17	6.3	6.102	6.3	5.92	0.38
8	5.82	6.21	6.01	5.88	5.95	5.974	6.21	5.82	0.39
9	6.05	6.04	5.94	5.67	6.06	5.952	6.06	5.67	0.39
10	6.05	6.08	5.97	5.86	5.87	5.966	6.08	5.86	0.22
11	6.09	6.33	5.82	6.11	6.03	6.076	6.33	5.82	0.51
12	5.97	5.89	5.76	6.03	5.92	5.914	6.03	5.76	0.27
13	6.03	5.98	5.88	6.32	6.11	6.064	6.32	5.88	0.44
14	5.93	5.99	6.06	6.08	5.84	5.98	6.08	5.84	0.24
15	6.02	5.77	5.83	6.07	5.67	5.872	6.07	5.67	0.4
16	5.98	6	6.13	5.99	6.05	6.03	6.13	5.98	0.15
17	5.97	5.87	6.03	6.15	6.09	6.022	6.15	5.87	0.28
18	6	6.03	5.6	6.09	5.92	5.928	6.09	5.6	0.49
19	5.96	6.16	6.04	6.36	6.03	6.11	6.36	5.96	0.4
20	6.09	5.91	6.02	6.09	5.77	5.976	6.09	5.77	0.32
						$\overline{\overline{X}}=5.9968$			$\overline{R}=0.3655$

图5-11 在Excel中处理钢管外径数据

$\overline{X}$ 控制图：

$$CL=\overline{\overline{X}}=5.9968$$
$$UCL=\overline{\overline{X}}+A_2\overline{R}=5.9968+0.577\times0.3655=6.2077$$
$$LCL=\overline{\overline{X}}-A_2\overline{R}=5.9968-0.577\times0.3655=5.7859$$

R 控制图：

$$CL=\overline{R}=0.3655$$
$$UCL=D_4\overline{R}=2.115\times0.3655=0.7730$$
$$LCL=D_3\overline{R}\ (n\leqslant6,\text{忽略})$$

（8）利用Excel表格中的平均值 $\overline{X}$ 数据栏和极差 R 数据栏分别生成折线图，在图上画出中心线和控制界限，在各控制界限的右方记入相应的 UCL，CL，LCL 符号与数值（见图5-12）。

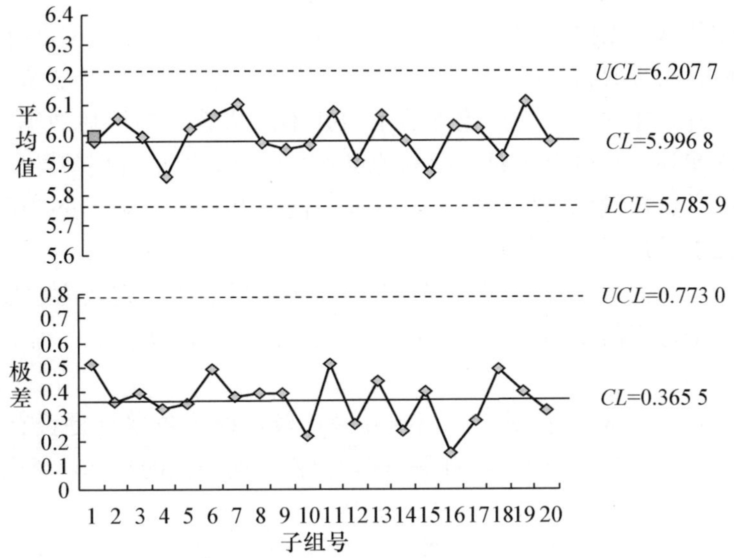

图 5-12　无缝钢管 $\overline{X}$-R 控制图

2. 计量控制图的控制程序与解释

常规控制图体系规定，若过程的产品间变异和过程平均（分别由 $\overline{R}$，$\overline{\overline{X}}$ 估计得出）在当前水平下保持不变，则单个的子组极差（R）以及平均值（$\overline{X}$）将仅由偶然性因素引起变化，极少超出控制界限。换言之，除了可能会由于偶然性因素引起的变化外，数据将不呈现某种明显的变化趋势或模式。

$\overline{X}$ 控制图显示过程平均的中心位置，并表明过程的稳定性。$\overline{X}$ 控制图从平均值的角度揭示组间不希望出现的变差。R 控制图则揭示组内不希望出现的变差，它是所考察过程的变异大小的一种指示器，也是过程一致性或均匀性的一个度量。若组内变差基本不变，则 R 控制图表明过程保持统计控制状态，这种情况仅当所有子组受到相同处理时才会发生。若 R 控制图表明过程不保持统计控制状态，或 R 值增大，则表示可能不同的子组受到了不同的处理，或是若干个不同的系统因素正在对过程起作用。

R 控制图的失控状态也会影响到 $\overline{X}$ 控制图。由于无论是对子组极差还是对子组平均的解释能力都依赖于对产品间变异的估计，故应首先分析 R 控制图。应遵守下列控制程序：

（1）收集与分析数据，计算平均值与极差。

（2）首先点绘 R 控制图。与控制界限进行对比，检查数据点是否有失控点，或有无异常的模式或趋势。对于极差数据中关于可查明原因的每一个征兆，分析过程的运行，以便找出原因，进行纠正，并防止它再次出现。

（3）剔除所有受到某种已识别的可查明原因影响的子组，然后重新计算并点绘新的平均极差和控制界限。当与新控制界限进行比较时，要确认是否所有的点都显示为统计控制状态，如有必要，重复“识别—纠正—重新计算”程序。

（4）若根据已识别的可查明原因，从 R 控制图中剔除了任何一个子组，则也应该将它从 $\overline{X}$ 控制图中去除。应利用修正过的 $\overline{R}$ 值和 $\overline{\overline{X}}$ 值重新计算平均值的适用控制界限 $\overline{\overline{X}} \pm A_2\overline{R}$。

注意，排除显示失控状态的子组并不意味着“扔掉坏数据”。更确切地说，通过剔除受到已知可查明原因影响的点，可以更好地估计偶然性因素所造成变差的背景水平。这样做也为那些用来最有效地检测出未来所发生变差的可查明原因的控制界限提供了最适宜的基础。

（5）当 R 控制图表明过程处于统计控制状态时，则认为过程的离散程度（组内变差）是稳定的。然后就可以对平均值进行分析，以确定过程的位置是否随时间而变动。

（6）点绘 $\overline{X}$ 控制图，与控制界限比较，检验数据点是否有失控点，或有无异常的模式或趋势。与 R 控制图一样，分析任何失控的状况，然后采取纠正措施和预防措施。剔除任何已找到可查明原因的失控点，重新计算并点绘新的过程平均值（$\overline{X}$）和控制界限。当与新的控制界限进行比较时，要确认所有数据点是否都显示为统计控制状态，如有必要，重复“识别—纠正—重新计算”程序。

（7）当用来建立控制界限基准值的初始数据全部包含在适用控制界限内时，则在未来时段内延长当前时段的控制界限。这些控制界限将用于当前过程的控制，责任人（操作者或监督者）将对 $\overline{X}$ 控制图或 R 控制图中任何失控状态的信号做出反应，并采取即时的行动。

三、计数控制图

计数数据表示通过记录所考察的子组中每一个体是否具有某种特性（或特征），计算具有该特性的个体数量，或记录一个单位产品（或一组产品、一定面积）内某种事件发生的次数所获得的观测值。通常，计数数据的获得快速而经济，一般不需要专门的收集技术。

在计量控制情形下，按惯例采用一对控制图，其中一个用于控制平均值，另一个用于控制离散程度，这是因为计量控制图基于正态分布，而正态分布取决于上述两个参数。在计数控制情形下则不同，所假定的分布只有一个参数，即平均值水平，故用一个控制图就够了。p 控制图和 np 控制图基于二项分布，而 c 控制图和 u 控制图则基于泊松分布。p 控制图和 np 控制图作图示例（标准值未给定情形）见例 5－7。

【例 5－7】 对小型开关使用自动检测装置进行全检所发现的关于开关失效的每小时不合格品数如图 5－13 所示。小型开关由一自动装配线生产，由于开关失效是严重的质量问题，要利用控制图对装配线进行监控。收集 25 组数据作为预备数据，绘制 p 控制图和 np 控制图。

（1）将收集到的数据输入 Excel 表格中，先计算出第一子组的不合格品率 $p=0.002$，下拉鼠标即可得到各子组的不合格品率，然后利用函数 AVERAGE 可求得各子组的平均不合格品率 $\overline{p}=0.002\,68$，如图 5－13 所示。

行	A	B	C	D
1	开关的预备数据			
2	子组号	检查的开关数n	不合格品开关数np	不合格品率p
3	1	4000	8	0.00200
4	2	4000	14	0.00350
5	3	4000	10	0.00250
6	4	4000	4	0.00100
7	5	4000	13	0.00325
8	6	4000	9	0.00225
9	7	4000	7	0.00175
10	8	4000	11	0.00275
11	9	4000	15	0.00375
12	10	4000	13	0.00325
13	11	4000	5	0.00125
14	12	4000	14	0.00350
15	13	4000	12	0.00300
16	14	4000	8	0.00200
17	15	4000	15	0.00375
18	16	4000	11	0.00275
19	17	4000	9	0.00225
20	18	4000	18	0.00450
21	19	4000	6	0.00150
22	20	4000	12	0.00300
23				$\bar{p}$ = 0.00268
24				

图 5-13　在 Excel 中处理开关的预备数据

(2) 计算中心线和控制界限（公式见表 5-3）。

p 控制图：

$$CL=\bar{p}=0.002\,68\approx0.002\,7$$

$$UCL=\bar{p}+3\sqrt{\bar{p}(1-\bar{p})/n}$$

$$=0.002\,7+3\sqrt{0.002\,7(1-0.002\,7)/4\,000}=0.005\,2$$

$$LCL=\bar{p}-3\sqrt{\bar{p}(1-\bar{p})/n}$$

$$=0.002\,7-3\sqrt{0.002\,7(1-0.002\,7)/4\,000}=0.000\,2$$

np 控制图：

$$CL=n\bar{p}=4\,000\times0.002\,68=10.72$$

$$UCL=n\bar{p}+3\sqrt{n\bar{p}(1-\bar{p})}=10.72+3\sqrt{10.72(1-0.002\,7)}=20.53$$

$$LCL=n\bar{p}-3\sqrt{n\bar{p}(1-\bar{p})}=10.72-3\sqrt{10.72(1-0.002\,7)}=0.91$$

(3) 利用 Excel 表格中的各子组不合格品率数据 p 和不合格品数数据 np 分别生

成折线图，在图上画出中心线和控制界限，在各控制界限的右方记入相应的UCL，CL，LCL符号与数值，即为该过程的p控制图（图5-14）和np控制图（图5-15）。

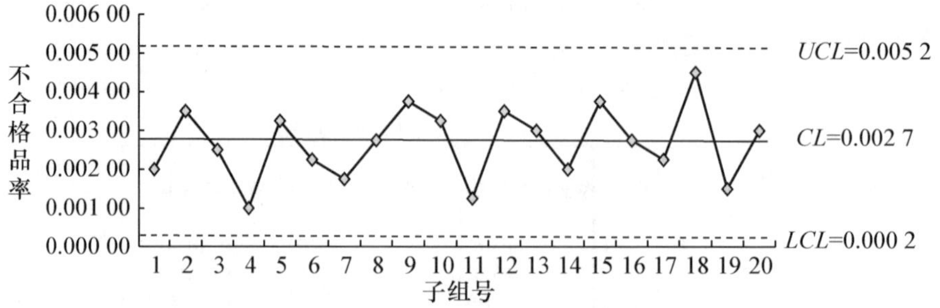

图5-14 开关数据的p控制图

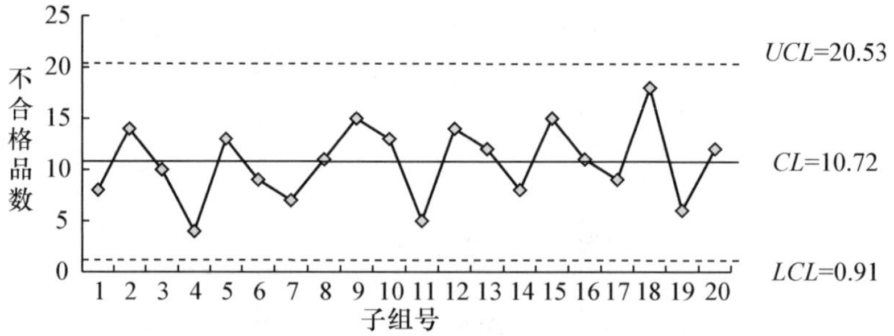

图5-15 开关数据的np控制图

由p控制图的控制界限计算公式可知，当子组大小发生变化时，p控制图各子组控制界限不同，判断过程稳定性有些困难。在实际应用中，当子组大小变化较大时，可以采用标准化变量的方法，即不点绘p值，而改为点绘标准化值Z，有

$$Z=\frac{p-\bar{p}}{\sqrt{\bar{p}(1-\bar{p})/n}} \tag{5-12}$$

这样，中心线和控制界限如下所示为常数，而与子组大小无关：

$CL=0$

$UCL=3$

$LCL=-3$

p控制图用来确定在一段时间内所提交的平均不合格品率。该平均值的任何变化都会引起过程操作人员和管理者的注意。p控制图判断过程是否处于统计控制状态的方法与$\overline{X}$-R控制图相同。若所有子组点都落在适用控制界限之内，并且也未呈现出可查明原因的任何迹象，则称此过程为处于统计控制状态。在这种情形下，取平均不合格品率$\bar{p}$为不合格品率p的标准值，记为p_0。

四、控制图的观察分析

对控制图进行观察分析是为了判断过程处于受控状态还是处于失控状态。当处于失控状态时，就要采取措施，消除异常因素，使过程恢复到受控状态。根据休哈特控制图的 3σ 原理，控制图中的点子应随机排列，且落在控制界限内的概率为 99.73%。因此，如果控制图中点子未出界，且点子的排列是随机的，则可认为过程处于稳定状态或控制状态；如果控制图中点子出界或界内点子非随机排列，就认为过程失控。

1. 判稳准则

如果连续在控制界限内的点子更多，即使有个别点子出界，过程仍可看作处于稳态，这就是判稳准则。根据判稳准则，在下述情况下可以认为过程基本处于稳态：

（1）连续 25 个点子都在控制界限内。

（2）连续 35 个点子中，至多 1 个点子落在控制界限外。

（3）连续 100 个点子中，至多 2 个点子落在控制界限外。

2. 判异准则

控制图的两类判异准则如下：

（1）点子出界。

（2）界内点子排列不随机。

点子排列不随机的模式有若干种，现分别介绍如下。

模式 1：点子屡屡接近控制界限。所谓接近控制界限，是指点子距离控制界限在 1σ 以内。这时，属于下列情况的就判断点子排列不随机，存在异常因素：

（1）连续 3 个点子中，至少有 2 个点子接近控制界限。

（2）连续 7 个点子中，至少有 3 个点子接近控制界限。

（3）连续 10 个点子中，至少有 4 个点子接近控制界限。

直观看来，若点子接近一侧的控制界限，表明过程的均值向这一侧偏移；若点子上下接近两侧的控制界限，则表明过程的方差增大。注意，这三条准则是由至少有 2 个点子、3 个点子、4 个点子来排列的。后两条准则由于需要观察的点子数较多，应用起来不太方便，因此主要应用第（1）条，即连续 3 个点子中，至少有 2 个点子接近控制界限则判异，如图 5－16 所示。

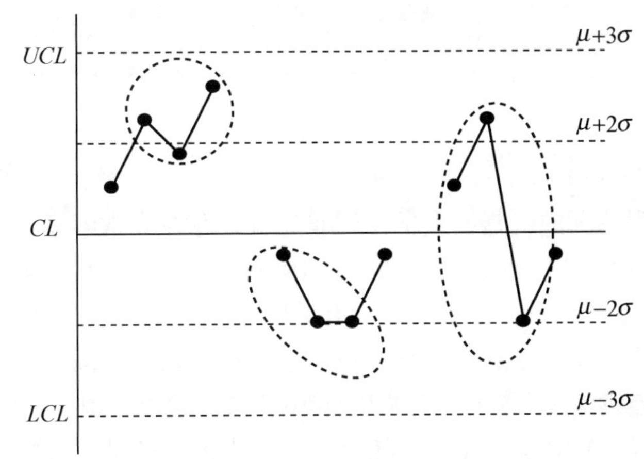

图 5－16　连续 3 个点子中有 2 个点子接近控制界限

模式2：链。在控制图中心线一侧连续出现的点称为链，其点子数目称为链长，如图5－17所示。链长不少于7时判断点子排列非随机，存在异常因素。直观看来，出现链表示过程均值向链这一侧偏移。如果链较长，那么即使个别点子出现在中心线的另一侧形成间断链，也可按照与链类似的方式处理。

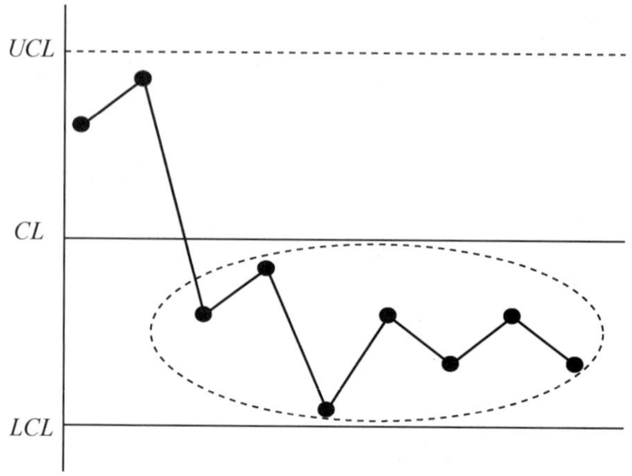

图5－17　长为7的链

模式3：间断链，如图5－18所示。

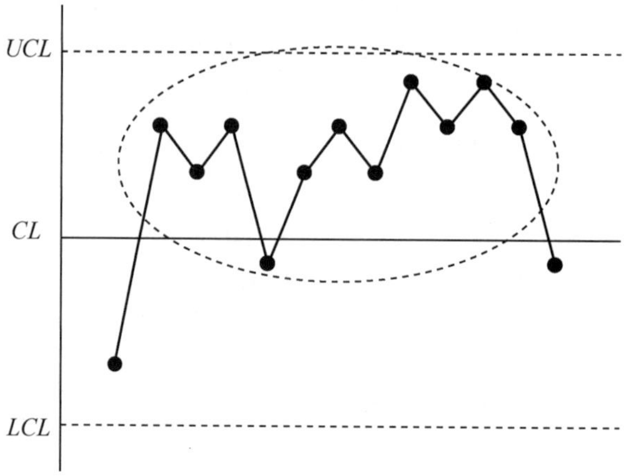

图5－18　连续11个点子中有10个点子在中心线一侧

属下列情况的就判断点子排列非随机，存在异常因素：

（1）连续11个点子中，至少有10个点子在中心线一侧。

（2）连续14个点子中，至少有12个点子在中心线一侧。

（3）连续17个点子中，至少有14个点子在中心线一侧。

（4）连续20个点子中，至少有16个点子在中心线一侧。

模式4：单调链。若干个点子连续上升或下降时，这些点子所连成的折线称为单调链。如图5－19所示，当有连续不少于7个点子的上升或下降的趋向时就判断点子排列非随机，存在异常因素。出现这种趋向表明过程均值逐渐增大或逐渐减小。

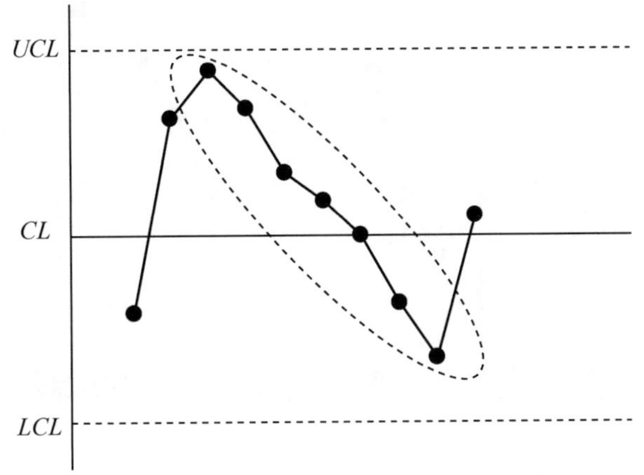

图 5-19　7 个点子的下降趋向

模式 5：点子集中在中心线附近。所谓中心线附近，是指点子距离中心线在 1σ 以内，如图 5-20 所示。出现这种情况表明过程方差异常小。这似乎是件好事。但通常，模式 5 可能由于下列两个原因所致：数据不真实或者数据分层不当。对于后者来说，如果把方差大的数据与方差小的数据混合在一起而未分层，则混合数据的方差将更大，于是控制图上下控制界限的间隔距离也将较大，这时如将方差小的数据描点就会出现模式 5。

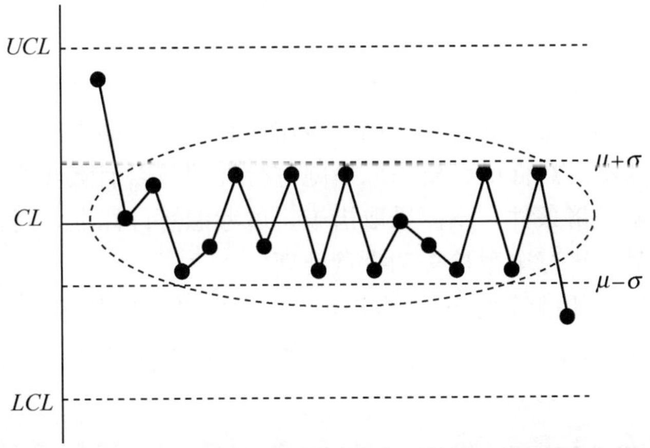

图 5-20　连续 16 个点子集中在中心线附近

模式 6：点子呈现周期性变化，如图 5-21 所示。造成点子呈现周期性变化可能有下列原因：操作人员疲劳，原材料的发送有问题，某些化工过程中的热积累或某些机械设备应用过程中的应力积累等。消除上述周期性变化可以减少产品质量的波动，改进产品的质量。

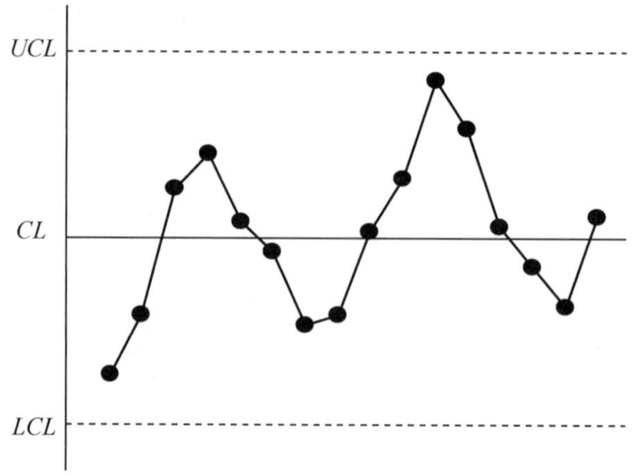

图5-21 点子呈现周期性变化

五、控制图的应用

控制图的用途一是分析，二是控制。分析用控制图是利用控制图判断过程是否稳定，分析各种因素对质量特性的影响，如果发现有异常变化，就及时采取措施调查原因，消除异常，使过程稳定。控制用控制图是在分析用控制图的基础上，进行日常控制，在过程中定期采集数据，在控制图上打点。如果有点子越出界限或者虽然在界限内但排列不随机，就表明有异常，需要采取措施，使之恢复稳定状态。分析用控制图是现场一次或两次取完数据，而控制用控制图则要求隔一定时间，按规定采集数据。控制用控制图在积累了一些点子后，也可以重画分析用控制图。

用预备数据做出分析用控制图后，就要在稳定的状态下，调查产品是否满足标准，使之控制状态标准化。利用分析用控制图的全部数据做直方图，将直方图同标准对比。如不满足标准，要采取措施进行处理，以消除异常原因使其达到标准。假如考虑技术经济条件，不便采取措施，可考虑修订标准，对没有满足标准的已生产出来的产品，进行全数检查和批量处理。

如果过程能继续处于控制状态，质量水平就能提高，这时要定期评价控制界限。当操作者、原材料、机器设备、操作方法发生变化时，要重新计算。

第4节　小批量生产过程的质量控制

随着现代制造业的发展，传统的单一品种、大批量的刚性生产已经转变为多品种、小批量的柔性生产。与此同时，关注过程的理念也深入人心。但是，传统过程控制方法在小批量生产领域面临样本量不足而导致的统计特性减弱的困境。针对于此，开发面向小批量生产过程（small batch production）的质量控制工具越发成为研究的热点。而这其中，关于小批量生产过程控制图的研究更是受到关注。本节内容主要是在分析小批量生产过程的特点及其质量控制特点的基础上，以小批量生产过程控制图为重点，对近年来关于小批量生产过程质量控制的研究现状做一个总结。

一、小批量生产过程概述

1. 小批量生产过程的发展背景

第二次世界大战以后，社会进入了一个市场需求向多样化发展的新阶段。随着市场竞争日趋激烈，顾客对产品的需求日益呈现出多样化和个性化的发展趋势。在消费者导向的时代，如何对市场环境的急剧变化做出迅速的反应，及时地掌握用户的需求，有效地生产和提供令客户满意的产品和服务，是当今企业不容忽视的使命。无疑，这使以产品为中心、以规模经济为竞争优势的大批量生产方式遇到了新的挑战。大批量流水线生产方式的弱点日渐明显，相应地要求工业生产朝多品种、小批量的方向发展。

此外，虽然目前大批量生产以其低成本、高效率与高质量的优势仍然作为一种典型的生产方式而存在，但进行大批量生产的同时，也必须以小批量生产方式为基础。究其原因主要有三个：

（1）大批量生产中使用的各种机械设备是专用设备，专用设备是以小批量生产方式制造的。

（2）随着技术的飞速进步和竞争的日益加剧，产品生命周期越来越短，大量研制新产品成了企业赢得竞争优势的关键。新产品即使要进行大批量生产，在研究与试制阶段，其结构、性能、规格也还要做各种改进，只能采用小批量生产方式。

（3）小批量生产制造的产品大多为生产资料，如大型船舶、电站锅炉、化工炼油设备、汽车厂的流水线生产设备等，它们是为新的生产活动提供的手段。

综上所述，我们可以看出，多品种、小批量生产已成为当今社会的主要生产方式之一，对产品设计和制造都是一种挑战。

2. 小批量生产过程的特点

与大批量生产相比，小批量生产过程具有以下特点：

（1）生产批量小，产品专用性强。一般小批量生产过程都是按订单生产，且不经常重复生产，生产批量也不大。有订单就按照客户要求生产。由于订单不同，客户需要什么就生产什么，导致产品的通用性不高，专用性比较强。由于批量比较小，许多新产品的生产不存在试制阶段，生产就是试制，这往往给质量控制带来很大的困难。

（2）重视设计环节。在小批量生产中，由于产品转换很快，甚至多种产品同时生产，因此需要很好地依靠设计部门，从产品设计的源头抓质量，对产品的整个生产流程进行规划，从而指导生产的进行。

（3）由于多品种、小批量生产中所需的图纸、工艺、装备和各种原材料、辅助材料等的准备工作比大批量生产更复杂，因此在生产总工程量中，其生产技术准备工作量比大批量生产所占的比例大，且重复生产的量越小，生产技术准备工作量所占的比例越大。

（4）工艺复杂，加工方法及工艺参数多样化。对于多品种、小批量生产，不同的订单产品，其工艺可能有其特定的流程，因而相应的加工方法及工艺参数都会有所不同。产品种类繁多，使得产品的加工工艺复杂化。

（5）加工设备多样化。特别是刀具、夹具、量具等工装种类多，改换频繁，设备调整频繁，导致生产的实施与控制动态化。产品的多样化要求加工设备的多样化，以满足加工工艺要求，生产出合格的产品。

（6）在小批量生产过程中，由于生产的品种多、批量小，为尽量降低生产成本，企业一般不大量采用专用化程度高的半自动化或自动化的加工设备和测试设备，通常使用的是通用性强、灵活性大的加工设备和量具、量仪，以适应品种的频繁变化。因此，其与大批量生产相比，易出现生产效率低、加工周期长、生产成本高、产品质量不稳定等问题。

二、小批量生产过程的质量控制特点

1. 采购过程中的质量控制较为复杂

小批量生产企业需要采购的原材料、元器件、配套件、标准件等种类繁多，而每一种的购入数量又很少，有时由于数量太少而采购不到，又引出了材料代用问题。企业虽编制了合格供应商名单，但往往要从名单以外的供应商处进货，难以完全做到择优采购。此外，因种类太多，对各种原材料、元器件入厂检验所需的手段难以备齐，增加了对采购原材料质量控制的难度。

2. 生产过程中的质量控制较为复杂

小批量生产企业为了尽量少占用生产资金，多采用以销定产的原则来安排生产，生产周期一般都很短（即时间不足），不允许计划工作再占用过多宝贵的生产周期，所以计划和实际会有较大的偏离，企业只能频繁地变更和调整计划，才能保证满足合同要求的交货期。由于生产计划的频繁变动，物资采购等相关计划也不得不随之变动，加班加点突击加工的现象也会不断发生，给加工制造和质量控制带来许多问题。

3. 产品质量对操作者的依赖程度较高

小批量生产企业受技术和经济条件的限制，通常采用效率低及精度差的加工设备、工艺装备和量具、量仪。产品质量在很大程度上依赖于使用这些设备和量具的人，操作者的工作责任心、技能和心理状态是影响产品质量的主要因素。所以在这些企业中，产品质量对操作者的依赖程度较高。

4. 售前质量保证更为重要

小批量生产企业一般实行以销定产的原则，即有了用户的订单才组织生产，用户在订货时一般见不到实物样机（特别是大型成套设备）。同时，这类产品多是使用寿命长、价格昂贵、技术相对复杂的产品，用户在决定购买前总希望对其了解得多一些，希望质量有保障。

三、小批量生产过程的质量控制方法

1. 常规质量控制方法用于小批量生产过程

在大批量生产中，最常用的质量控制方法有休哈特控制图和过程能力指数研究。在过程分析中需要找出过程稳定时的控制中心以及上下限，并且利用小概率原理来判断过程是否稳定。传统的质量控制方法应用于小批量生产过程可能会存在下列问题：

（1）在小批量生产过程中，不可能像大批量生产过程那样抽取大量的样本精确估计平均值和标准差。例如，确立有效的控制图界限通常需要 25 个左右的样本；每个样本有 4～6 个观测值，一般选取 5 个。有学者建议用有 300 个观测值的样本确立单个控制图的永久界限，这么大的样本在小批量的环境中是不可能实现的，满足要求的数据量可能超出了所要生产的零部件的总量。

（2）它混淆了静态平均和动态平均，并忽视了时间的动态连续性。在生产过程中所抽取的样本，通常是某一观测变量在不同时间上的观测值表述，它们具有时间动态性，常规质量控制方法却把它们作为静态的观测值计算，并且利用静态情形下成立的抽样分布规律判断过程是否稳定。

（3）过程控制必须抽取当前的样本判断过程的稳定性，控制图报警时过程失控已成事实，因此无法对当前的状态起到预警作用。

（4）控制图一般分为分析用控制图和控制用控制图。在小批量生产过程中有没有足够的样本来建立分析用控制图，建立分析用控制图的样本怎么处置，这两个问题决定了小批量生产过程的质量控制应该是一边分析一边控制，还是分析与控制并行。

（5）过程能力指数是一个静态的指标，它需要过程稳定才能进行计算，不适用于小批量生产过程。小批量生产过程应该是一个一边分析一边控制的过程，所以过程能力指数也是不确定的值，无法正确衡量过程的稳定性。

通过以上分析我们可以看出，传统的质量控制方法应用于小批量生产过程中会遇到诸多问题，因此对应用于小批量生产过程的质量控制方法的研究就显得尤为重要。

2. 小批量生产过程的质量控制方法

鉴于以上问题，开发面向小批量生产过程的质量控制工具越发成为研究的热点，关于小批量生产过程控制图的研究更是受到关注。根据控制图的三个参数（控制界限、抽样区间、样本量）是否随着生产的进行而更新，小批量生产过程控制图可以分为静态控制图和动态控制图两大类。

（1）小批量生产过程静态控制图。关于小批量生产过程控制图的研究最早是由希里尔（Hillier）于1969年提出的。自此，小批量生产过程的质量控制逐渐成为研究的热点。先驱性的研究中最早提出了对小批量生产过程进行质量控制的方法。早期的研究主要关注的是通过一些新办法确定控制界限，研究如何将传统控制图推广到小批量生产过程控制中。它们大多是关于静态控制图的。

静态控制图指的是随着生产的进行，控制图的三个关键参数不进行更新的一类控制图。这类控制图在设计方法上与传统控制图基本一样，研究的重点在于关注如何确定控制图参数以使得控制效果达到满意的水平。需要说明的是，静态控制图的关键参数并不一定是固定不变的，这其中包括一类时变参数控制图。这类控制图在设计时，预先给定两组参数（w_1，k_1，n_1，h_1）和（w_2，k_2，n_2，h_2），其中 w_i 和 k_i（$i=1$，2）分别代表控制界限，n_i 和 h_i（$i=1$，2）分别代表样本量和抽样区间，假设 $w_1=w_2$，$k_1>k_2$，$n_1<n_2$，$h_1>h_2$。这两组控制图参数根据不同情况选择使用，如图5-22所示。选择规则如下：假设过程初始阶段处于受控状态，则一开始选择较宽松的一组控制参数，即（w_1，k_1，n_1，h_1），第一次抽样后，如果样本统计值 z 满足 $-w_1<z<w_1$，则下一次抽样时依然采用较为宽松的第一组控制参数；如果样本统计值 z 满足 $w_1<z<k_1$ 或者 $-k_1<z<-w_1$，则下一次抽样时选择较为严格的第二组控制参数；如果样本统计值 z 满足 $z>k_1$ 或者 $z<-k_1$，则进行停产调整，假设调整过程完全修复偏差，则下一次抽样时仍然采用较为宽松的第一组控制参数。可以看出，时变参数控制图的控制参数虽然也是变化的，但却是预先给定的，参数变化并不是伴随着过程信息的更新进行的，因此该类图也被归为静态控制图。

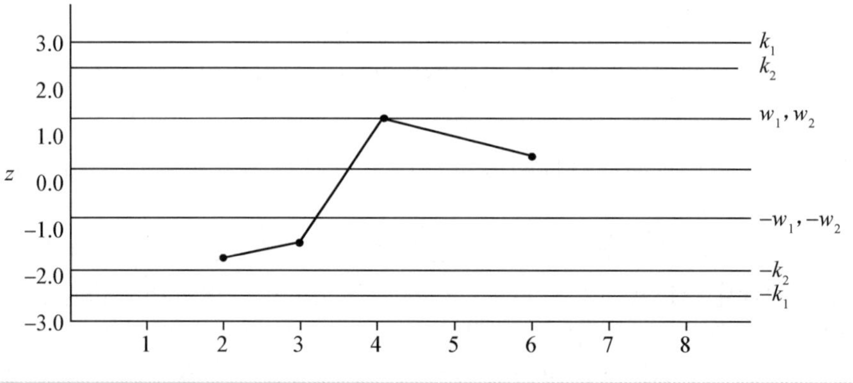

图5-22　时变参数控制图

（2）小批量生产过程动态控制图。动态控制图指的是随着生产的进行，控制图的三个关键参数随着过程信息的更新而变化的一类控制图。其中最主要的是使用贝叶斯方法进行更新的贝叶斯动态控制图。贝叶斯动态控制图主要通过对于控制策略的研究，利用贝叶斯方法对过程信息进行更新，以产品期望成本最小为优化目标，寻求最优的控制图参数组合。基本设计模型如下所示：

$$\begin{cases}\min C_i(p_i, h_i, n_i, d_i) \\ T(p_i)=f(p_i \mid x_i, h_i, n_i, d_i)\end{cases}$$

式中，p_i 表示过程失控概率，即当前已知的过程信息；h_i，n_i 和 d_i 分别表示第 i 次抽样时的抽样区间、样本量和控制界限；成本函数 C_i 是它们的函数；过程信息的更新 $T(p_i)$ 使用的是贝叶斯方法。

贝叶斯控制图的基本控制思路如下：假设过程的初始阶段处于受控状态，通过成本函数最优确定第一次抽样时的控制参数组合（h_1，n_1，d_1）；进行第一次抽样后，利用贝叶斯方法通过样本信息对过程信息进行更新，然后同样以成本函数最优为目标来确定第二次抽样时的控制参数组合；重复上述过程直至整个生产过程完成。

小批量生产过程的最显著特点是产品批量小，缺乏过程信息。因此在对小批量生产过程进行控制时，最大限度地利用样本信息就显得十分重要。贝叶斯方法可以最大限度地利用样本信息，因此贝叶斯控制图逐渐成为小批量生产过程质量控制的研究热点。

□ 本章小结

过程能力是指处于稳定状态下的过程满足质量要求的能力。过程满足质量要求的能力主要表现为两方面：质量是否稳定；质量精度是否足够。过程能力指数表示过程能力对过程质量标准的满足程度。过程质量标准是指过程必须达到的质量要求，通常用标准、公差、允许范围等来衡量，一般用符号 T 表示。过程质量标准 T 与过程能力 B 的比值，称为过程能力指数，记为 C_p。

控制图是用来监视、控制质量特性值随时间推移而发生变异的图表，是通过判别和区分正常变异和异常变异，来调查分析制造（服务）过程是否处于控制状态，以及保持过程处于控制状态的有效工具。小批量生产过程及其质量控制具有鲜明的特点，根据控制图的三个参数（控制界限、抽样区间、样本量）是否随生产的进行而更新，小批量生产过程控制图可以分为静态控制图和动态控制图。

□ 基本概念

质量变异（qualitative variation）　过程能力（process capability）
过程能力指数（process capability index）　计量控制图（variable control chart）
计数控制图（counting control chart）　小批量生产过程（small batch production）

□ 思考题

1. 过程能力指数和不合格品率有什么关系？两者各有什么用途？
2. 简述控制图的基本原理。
3. 小批量生产过程及其质量控制的特点是什么？
4. 某机械零件的技术要求为 ϕ50mm±0.05mm，在一定的生产条件下随机抽样，测得 $\bar{x}$=50mm，s=0.015mm，试求过程能力指数并估算不合格品率。

5. 某零件内径尺寸公差为 $\phi 20^{+0.020}_{-0.010}$ mm，根据一足够大的随机样本得 $\bar{x}=20.010$mm，$s=0.004$mm，求过程能力指数及不合格品率，并做过程能力分析。

6. 对某过程加工结果进行抽样，测得数据如表5-5所示，试画出 $\bar{X}$-R 控制图，并分析过程是否处于稳定状态。

表5-5　　某过程加工结果数据

样本号	x_1	x_2	x_3	x_4	x_5	样本号	x_1	x_2	x_3	x_4	x_5
1	70	78	80	80	78	11	73	70	77	76	75
2	68	74	74	80	81	12	70	78	73	80	84
3	70	72	75	73	75	13	85	93	85	95	100
4	63	65	65	84	92	14	64	66	72	78	80
5	74	75	75	77	80	15	75	76	78	75	85
6	75	79	83	89	92	16	62	65	81	83	89
7	75	83	80	79	80	17	70	75	74	86	85
8	74	76	80	84	84	18	72	72	85	88	100
9	75	81	80	82	82	19	71	86	84	87	85
10	68	72	75	77	90	20	75	78	81	85	89

7. 已知某产品的不合格品数据如表5-6所示，试画出 np 控制图及 p 控制图。

表5-6　　某产品的不合格品数据

样本号	样本量	不合格品数	样本号	样本量	不合格品数
1	220	17	14	220	18
2	220	18	15	220	15
3	220	18	16	220	9
4	220	21	17	220	17
5	220	18	18	220	22
6	220	13	19	220	19
7	220	17	20	220	18
8	220	19	21	220	15
9	220	11	22	220	17
10	220	14	23	220	21
11	220	16	24	220	20
12	220	12	25	220	14
13	220	10			

8. 某织物的面积及其疵点数如表5-7所示，试画出 u 控制图并分析过程是否处于稳定状态。

表5-7 某织物的面积及其疵点数据

样本号	面积	疵点数	样本号	面积	疵点数
1	1.0	4	14	1.3	5
2	1.0	5	15	1.3	2
3	1.0	3	16	1.3	4
4	1.0	3	17	1.3	2
5	1.0	4	18	1.2	6
6	1.0	5	19	1.2	4
7	1.0	3	20	1.2	3
8	1.3	2	21	1.2	0
9	1.3	5	22	1.7	8
10	1.3	3	23	1.7	3
11	1.3	2	24	1.7	8
12	1.3	4	25	1.7	5
13	1.3	1			

□ 案例分析5-1

基于u控制图的电气分销商全面质量控制方案

一个电气分销商在实际管理过程中发现公司及时交货能力在降低。为查明原因，该分销商实施了全面质量控制方案，以期通过收集有关公司接收过程的数据来识别可能的问题来源。该公司管理人员假设采购部门的数据录入人员没有及时将数据输入计算机，因而产品不能够被合理有序地派送给客户。初步分析表明，管理人员的假设是不准确的。事实上，数据录入人员的工作完成得十分出色，而交货能力降低的最主要原因在于，被派往一个分支机构的产品往往受到其他产品延误的影响。将一个分支机构指定的字母放在采购订单编号前，这个简单的过程变化能够帮助店员把那些包裹放在交付给各分支机构的单独路径中。

然而通过分析，管理人员发现公司一般每天要处理65～110张装箱单，这些装箱单除了存在由于目的地错误造成延误这一问题外，还存在很多其他错误，如采购订单错误、采购数量错误、系统内没有采购订单、系统内没有原始订单、部件不匹配、采购订单被错误录入、重复派送、部件错误、没有采购订单等问题。表5-8显示了装箱单的数量和发现的总错误数。构建一个u控制图来追踪每天发现的装箱单存在的错误或缺陷数。在这里使用u控制图是因为样本量每天都在变化，因此检测的数据是每一张装箱单存在的错误数量。图5-23显示了针对这一时期构建的u控制图，如图所示，1月24日指定分支机构方面的改进带来了显著的改善。

表 5-8　　装箱单错误数的统计

日期	装箱单数量	错误数	日期	装箱单数量	错误数	日期	装箱单数量	错误数
1 月 21 日	87	15	2 月 20 日	76	7	3 月 19 日	80	4
1 月 22 日	79	13	2 月 21 日	90	4	3 月 20 日	70	4
1 月 23 日	92	23	2 月 24 日	92	7	3 月 23 日	73	11
1 月 24 日	84	3	2 月 25 日	80	4	3 月 24 日	89	13
1 月 27 日	73	7	2 月 26 日	81	5	3 月 25 日	91	6
1 月 28 日	67	11	2 月 27 日	405	8	3 月 26 日	78	6
1 月 29 日	73	8	2 月 28 日	80	8	3 月 27 日	88	6
1 月 30 日	91	8	3 月 2 日	82	5	3 月 30 日	76	8
1 月 31 日	94	11	3 月 3 日	75	3	3 月 31 日	101	9
2 月 3 日	83	12	3 月 4 日	92	8	4 月 1 日	92	8
2 月 4 日	89	12	3 月 5 日	69	13	4 月 2 日	70	2
2 月 5 日	88	6	3 月 6 日	86	6	4 月 3 日	72	11
2 月 6 日	69	11	3 月 9 日	85	13	4 月 6 日	83	5
2 月 7 日	74	8	3 月 10 日	101	5	4 月 7 日	69	6
2 月 10 日	67	4	3 月 11 日	87	5	4 月 8 日	79	3
2 月 11 日	83	10	3 月 12 日	71	3	4 月 9 日	79	8
2 月 12 日	79	8	3 月 13 日	83	8	4 月 10 日	76	6
2 月 13 日	75	8	3 月 14 日	103	4	4 月 13 日	92	7
2 月 14 日	69	3	3 月 15 日	82	6	4 月 14 日	80	4
2 月 17 日	87	8	3 月 16 日	90	7	4 月 15 日	78	8
2 月 18 日	99	13	3 月 17 日	80	4			
2 月 19 日	101	3	3 月 18 日	70	4			

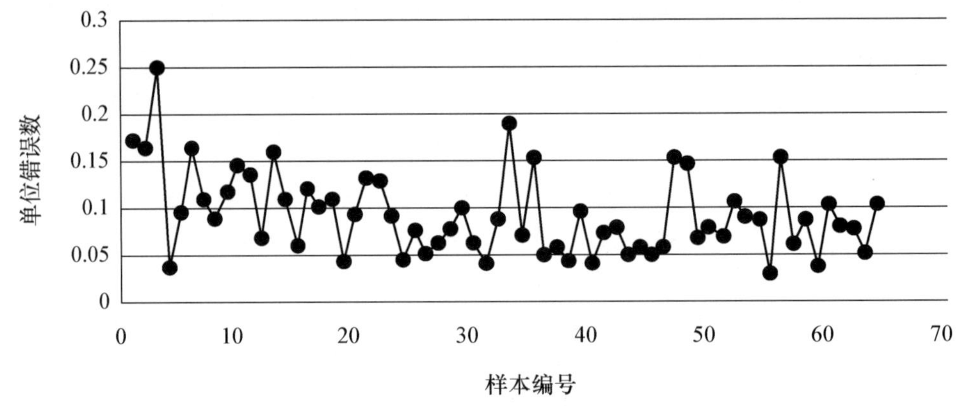

图 5-23　装箱单的单位缺陷控制图（u 控制图）

根据图 5－24，前两类错误所占比例超出所有错误的一半，解决这些问题的方法是构建适当的采购方法培训模块，以确保供应商明白采购订单所需要的正确信息。第三类错误导致接收人员只有在找到所需要的信息时才确认订单。由于存在这个问题，该公司意识到它需要改进原来的订单录入过程。控制图的分析表明平均错误率降低，在很大程度上这种改善是由于对问题的认识和各部门之间的沟通有所加强。可以相信，通过完整的培训项目，该公司的错误率一定会显著降低。

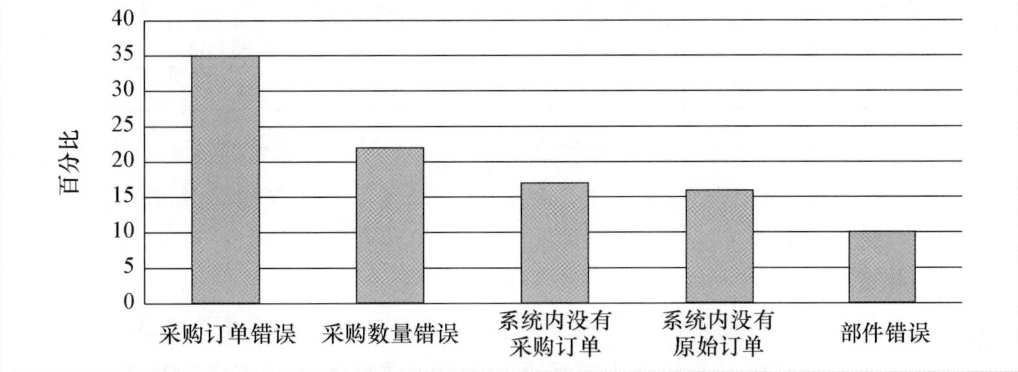

图 5－24　装箱单错误数的帕累托分析

资料来源：詹姆斯·埃文斯，威廉·林赛．质量管理与卓越绩效．北京：中国人民大学出版社，2016．

思考题

1．该分销商是如何通过 u 控制图来实施全面质量管理方案的？

2．每个错误类型单独的控制图能提供哪些信息？

□ 案例分析 5－2

医药产品制造的统计过程控制

西部制药公司生产一次性的单剂量个人注射器，其生产过程分为两个阶段：第一阶段是将无菌的液体药物填充到玻璃注射器内，并用橡胶塞密封。第二阶段是将圆筒装入塑料注射器内，在精准的注射器长度内黏合容纳盖。如果容纳盖黏合的位置比期望长度短（小于 4.920 英寸），将使筒塞内产生压力，结果是注射器部分或者完全活化，这种注射器就必须报废。如果容纳盖黏合的位置比期望长度长（大于等于 4.980 英寸），将导致黏合不完全或者不充分，造成容纳盖的损失以及在运输和装卸过程中潜在的损失。这样的注射器可以手动修改，即把容纳盖黏附在一个较低的位置上，但这个过程要对注射器进行全面的检查，从而使得产品成本增加。在最后的这一检查环节，将会产生越来越多的废品和待返工的注射器。

基于此，统计顾问开始试图使用统计过程控制来实现改进黏合操作的目的。选取长度作为 $\overline{X}$ 控制图和 R 控制图监控的重要变量，进而识别问题的根源。公司对这种注射器组装过程最后阶段的操作者进行了过程能力和控制图技术的基础知识培训。在试图判断过程能力时，需要负责任的技术人员调整机器，将其定位于可能达到的最佳位置，然后选取35个连续观测值（见表5-9）进行过程能力研究。

表5-9　　35个连续观测值用于过程能力研究

4.958 88	4.955 33	4.942 94	4.954 22	4.966 79	4.944 87	4.957 75	4.957 1
4.065 43	4.946 03	4.952 1	4.953 11	4.953 85	4.960 14	4.952 52	4.966 33
4.962 55	4.952 87	4.935 41	4.948 4	4.961 14	4.939 01	4.959 66	4.936 67
4.959 41	4.945 49	4.962 38	4.943 37	4.955 5	4.954 82	4.962 3	4.961 75
4.960 16	4.946 26	4.959 04					

根据表5-9可知，样本均值$\bar{x}$为4.954英寸，非常接近于目标值4.950英寸，样本标准差s为0.008 3英寸。规范上限和规范下限分别为4.980英寸和4.920英寸，进而估算出$C_{pk}=1.03$。因此认为过程具有最小能力并且确实可以生产所需要的长度。

为了构建控制图，操作人员需要每15分钟收集样本量为5的15个样本。这些图显示，中心线处于统计失控状态，平均长度明显远远大于期望值，统计过程控制的应用也表明应该找出问题的特殊原因并构建新的控制界限。这个结论得到操作人员的证实，他们注意到容纳盖未被合理地安装，维修人员需要立即对机器进行适当的调整。经过技术人员的第一次调整，15分钟后收集的下一样本点已经超出$\overline{X}$控制图的控制上限，因此尽管技术人员确认15分钟前已经将高度调低，但是注射器仍然太长。技术人员被召回重新调整机器，直到第三次才将长度降到$\overline{X}$控制图和R控制图的控制界限内。接着继续进行抽样，按照15分钟的间隔收集样本量为5的15个新样本，并绘制在控制图上，所有的数值都在控制界限内，不需要采取任何行动。

统计顾问尝试回顾之前的过程，并研究了$\overline{X}$控制图和R控制图，发现R控制图的左后14个数据点均在中心线的一侧，显示过程缺乏统计控制。对比两张控制图，发现R控制图的点都低于中心，这表明维修技师的工作已经减少了整体变异，而在观察$\overline{X}$控制图时（检查R控制图之后），发现注射器的长度似乎有所增加。为了找出是何种原因造成了这种混乱的“有好有坏”的情况，统计顾问联系了操作人员和维修技师。统计顾问发现，当维修技师将调整帽长度设置为所要求的目标时（调低），螺纹是如此破旧以至于无法拧紧自锁螺母。因此，当机器在运行中产生振动时，自锁螺母和调整帽很快就松动了，造成漂移偏离中心，导致生产出来的注射器长度不一致。然而，当维修技师将调整帽调高时（这将使注射器更长），自锁螺母的螺纹足够好，能够确保帽不致松动，使得长度略大于期望，但是变异却整体减小，生产出能够被接受的注射器并且整体效果较好，没有任何点超出$\overline{X}$控制图的控制上限。操作人员对这种情况十分满意，因为现在标绘注射器长度的点都在$\overline{X}$控制图的控制上限下，这使得他们可以相信正在生产合适长度的注射器。统计顾问向管理者建议更换调整限位挡铁的螺柱。尽管特殊部件的修复工作耗财费力，成本较高，还可能会导致生产过程停工，但是通过控制图数据的调整与比较、维修技师的解释以及咨询顾问的讲述，该建议最终得以实施。更换螺柱之后，最后步骤的浪费和返工在几周之内下降到几乎为零。

资料来源：詹姆斯·埃文斯，威廉·林赛．质量管理与卓越绩效．北京：中国人民大学出版社，2016.

思考题

1．描述西部制药公司如何利用 $\overline{X}$ 控制图和 R 控制图识别生产过程中的质量问题？

2．描述西部制药公司在识别质量问题时，是如何通过分析过程能力指数来减少浪费和返工，进而提高效率的？

3．试总结西部制药公司借助控制图完成工序能力调整、缺陷控制以及合格率分析的步骤，以及运用控制图实现过程控制为公司带来的好处。

第 6 章

质量改进的基本工具

本章要点

- 质量改进的 PDCA 循环
- 质量改进的基本工具
- 质量改进的基本过程与步骤
- 六西格玛质量的统计意义和六西格玛管理的基本原则
- 六西格玛质量改进方法和质量设计

卡特彼勒金融服务中心美国部（CFSC）总资产超过 140 亿美元，每个月都处理超过 10 万份合同，是美国第二大垄断设备贷方。公司拥有美国员工接近 750 人，金融服务业务单元的营业收入超过 10 亿美元。为了实现“通过优秀的金融服务帮助卡特彼勒和它的顾客获得成功”这一使命，CFSC 一直专注于质量过程的改进。诸如六西格玛管理之类的工具帮助 CFSC 优化并管理项目，设计产品以及改进过程。97%的员工在设计新的过程之前都会在六西格玛管理项目中接受培训，这项工作简称 DMEDI（定义、测量、探测、发展、实施）；为了改进已有过程的工作简称 DMAIC（定义、测量、分析、改进、控制）。实施这些培训项目的目的是形成三种特殊训练下由员工组成的团队：一种是称为黑带的六西格玛管理和团队精简方面的专家；一种是称为绿带的专题专家；还有一种是称为黄带的接受过六西格玛项目基础训练的员工。

CFSC 每个月不仅需要处理大量合同，并且需要整天和那些对服务有着精确、准时、完整等严苛要求的顾客和设备商打交道。这些让 CFSC 不得不对前沿的信息管理软件系统和计算机硬件方面进行投资。技术投资让公司一直专注于追求卓越，过程改进则帮助公司实现其企业愿景——“让全世界的顾客都有选择卡特彼勒公司的理由”。在考虑购买卡特彼勒公司产品的顾客中，有 79%的人说 CFSC 的产品和服务对他们做出决定起到了积极的影响。相关的实验同样证实了在超出顾客期望的次数上，CFSC 是它的竞争对手的两倍。在满意度水平超过行业基准的同时，它的美国顾客满意度指标（ACSI）也处于世界级的基准，并获得了波多里奇国家质量奖。

资料来源：Malcolm Baldrige National Quality Award Winners' Profiles，U. S. Department of Commerce，National Institute of Standards and Technology.

第 1 节　质量改进的 PDCA 循环

一、PDCA 循环的基本含义

质量改进一般遵循 PDCA 循环（PDCA cycle）上升的原则。该原则最早由休哈特提出，并由戴明传播到日本，故 PDCA 循环又被称为“戴明环”。PDCA 循环在日本得到了广泛的推广和应用，并由日本人将其进一步完善。

在 PDCA 循环中 PDCA 四个字母分别代表策划（plan）、实施（do）、检查（check）、处理（action），其含义如下：

第一阶段策划：以满足用户需求、取得最大经济效益为目的，制定质量目标和质量计划，选定要突破的质量问题点并围绕实现目标、计划所要解决的质量问题，制定相应的实施措施。质量计划在制定时必须以企业自身的实际情况为基础，运用各种质量分析工具对质量现状进行分析，找出质量突破点，再结合组织自身的情况做出切实可行的质量计划。

第二阶段实施：根据策划，实施措施，落实具体对策。

第三阶段检查：对实施策划的结果进行检查，跟踪实施效果。

第四阶段处理：总结成功经验，将成功经验标准化，固化实施并推广应用；总结失败教训，将未解决的问题转入下一个 PDCA 循环，作为下一个 PDCA 循环的策划依据。如此反复，持续进行质量改进。

二、PDCA 循环程序的内容

1. P 阶段

P 阶段即根据顾客的要求和组织的方针，为获取想要的结果建立必要的目标和过程。

（1）选择课题、分析现状、找出问题。强调对现状的把握和发现问题的意识、能力。发现问题是解决问题的第一步，是分析问题的条件。新产品设计开发所选择的课题范围是以满足市场需求为前提，以企业获利为目标的；同时也需要根据企业的资源、技术等能力来确定开发方向。选择一个合理的项目课题可以降低研发的失败率，降低新产品投资的风险。选择课题时可以使用调查表、排列图、水平对比等方法，通过头脑风暴法结构化地呈现较直观的信息，从而做出合理的决策。

（2）确定目标，分析产生问题的原因。找准问题后分析产生问题的原因至关重要，运用头脑风暴法等多种集思广益的科学方法，把导致问题产生的原因统统找出来。

明确了研究活动的主题后，需要设定一个活动目标，也就是规定活动所要完成的内容和达到的标准。目标可以是定性＋定量的，能够用数量来表示的指标要尽可能量化，不能用数量来表示的指标也要明确。目标是用来衡量实验效果的指标，所以目标设定应该有依据，要通过充分的现状调查和比较来获得。例如，一种新药的开发必须掌握政府部门制定的新药审批政策和标准。制定目标时可以使用关联图、因果图来系统化地揭示各种可能的联系，同时使用甘特图来制定计划时间表，从而确定研究进度并进行有效控制。

（3）提出各种方案并确定最佳方案，区分主因和次因是有效解决问题的关键。创新并非单纯指发明创造新产品，还包括产品革新、产品改进和产品仿制等。其过程是设立假说，然后验证假说，目的是从影响产品特性的一些因素中寻找出好的原料搭配、好的工艺参数搭配和工艺路线。然而，现实中不可能实施所有想到的实验方案，所以提出各种方案后优选并确定最佳方案是较有效率的方法。

在筛选所需要的最佳方案时，统计质量工具能够发挥较好的作用。正交试验设计法、矩阵图都是多方案设计中效率高、效果好的工具方法。

（4）制定对策、制定计划。有了好的方案，其中的细节也不能忽视。为了完成好计划的内容，需要将方案步骤具体化，逐一制定对策，明确回答方案中的“5W1H”，即为什么制定该措施（why）、达到什么目标（what）、在何处执行（where）、由谁负责完成（who）、什么时间完成（when）、如何完成（how）。使用过程决策程序图或流程图，方案的具体实施步骤将会得到分解。

2. D阶段

D阶段即按照预定的计划、标准，根据已知的内外部信息，设计出具体的行动方法、方案，进行布局，再根据设计方案和布局进行具体操作，努力实现预期目标的过程。

（1）设计出具体的行动方法、方案，进行布局，采取有效的行动。产品的质量、能耗等是设计出来的，通过对组织内外部信息的利用和处理，做出合理的设计和决策是当代组织最重要的核心能力。设计和决策水平决定了组织的执行力。

（2）对策制定完成后就进入了实验、验证阶段，也就是做的阶段。在这一阶段除了按计划和方案实施外，还必须对过程进行测量，确保工作能够按计划进度实施。同时采集数据，收集其过程的原始记录和数据等项目文档。

3. C阶段

C阶段即确认实施方案是否达到目标的过程。

（1）效果检查。检查验证、评估效果。“下属只做你检查的工作，不做你希望的工作。”IBM前CEO郭士纳的这句话将检查验证、评估效果的重要性一语道破。

（2）方案是否有效、目标是否完成，需要进行效果检查后才能得出结论。将采取的对策进行确认后，对采集到的证据进行总结分析，把完成情况同目标值进行比较，看是否达到了预定的目标。如果没有出现预期的结果，应该确认是否严格按照计划实施对策；如果是，就意味着对策失败，就要重新确定最佳方案。

4. A 阶段

（1）标准化，固定成绩。标准化是维持企业治理现状不下滑，积累、沉淀经验的最好方法，也是企业治理水平不断提升的基础。可以说，标准化是企业治理系统的动力，没有标准化，企业就不会进步，甚至会倒退。对证明有效的措施，要进行标准化，制定成工作标准，以便以后的执行和推广。

（2）总结问题，处理遗留问题。所有问题不可能在一个 PDCA 循环中全部解决，遗留的问题会自动转入下一个 PDCA 循环。如此周而复始，螺旋上升。

A 阶段是 PDCA 循环的关键，因为 A 阶段是解决存在的问题，总结经验和吸取教训的阶段。该阶段的重点还在于修订标准，包括技术标准和管理制度。没有标准化和制度化，就不可能使 PDCA 循环转动向前。

三、PDCA 循环的特点

作为质量改进的基本方法，PDCA 循环有其固有特点，能使质量改进工作思路清晰，操作过程更加有条理、系统化。

（1）PDCA 基本循环是一个包含四个阶段的循环。

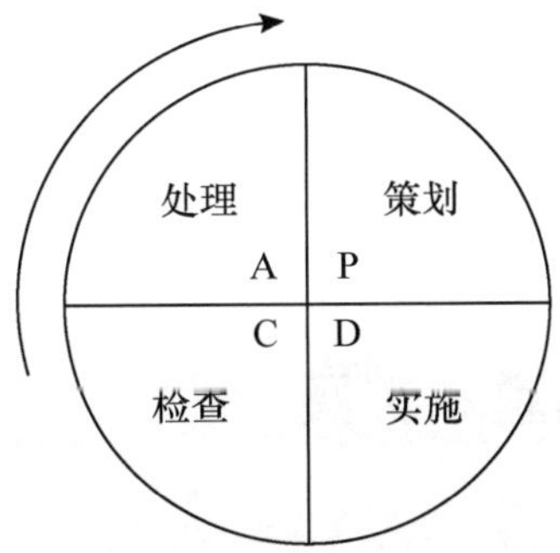

图 6-1　PDCA 循环

（2）PDCA 循环存在大环套小环的现象（见图 6-2）。PDCA 基本循环的每一阶段可用一个小的 PDCA 循环来代替，即某一个阶段的行动也会存在策划、实施、检查、处理的小循环。例如，一个 PDCA 循环的策划活动需要开展一系列计划、资源加载、效果预估、确定方案等活动，通过第一阶段策划工作小 PDCA 循环，制定出可达目标的合理可行的策划方案。

（3）不断转动，逐步提高。PDCA 循环每转动一次，质量就提高一步，这是一个如同爬楼般的螺旋上升的过程，如图 6-3 所示。每循环一次，解决一批问题，质量水平就会上升到一个新的高度，从而下一次的循环就有了更新的内容和目标。这样不断解决质量问题，企业的工作质量、产品质量和管理水平就会不断提高。

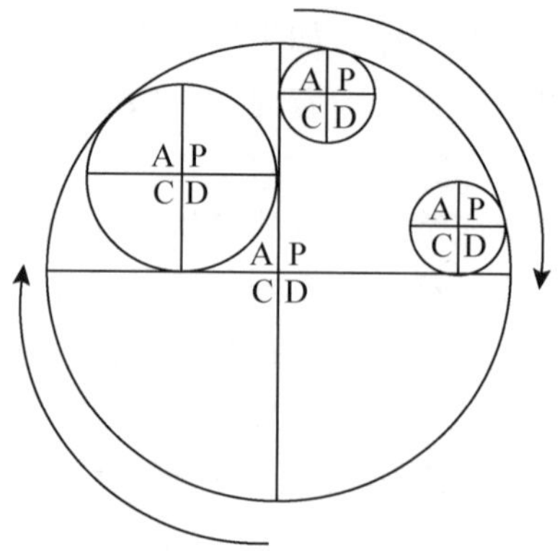

图6-2 PDCA大环套小环

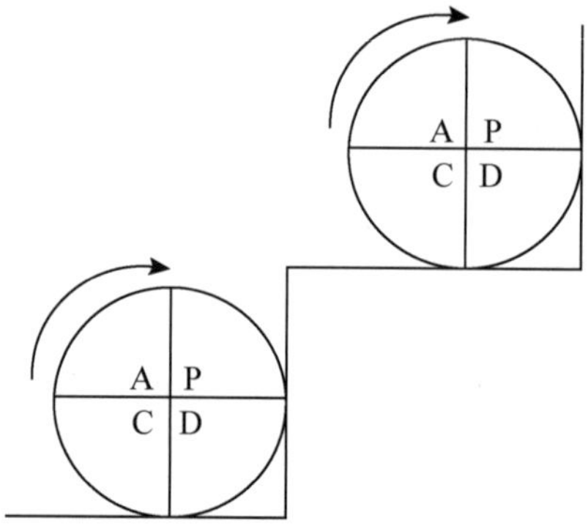

图6-3 PDCA循环改进上升

第2节 质量改进的基本工具

一、流程图

1. 流程图的构成

流程图（flow chart）是一种通过显示构成过程的步骤、事件和操作（按时间顺序），以简单、主观的方式定义过程的工具。流程图有助于了解过程中潜在的问题，如系统中的瓶颈、非必需的步骤、不必要的循环等。

流程图由一系列容易识别的标识构成，经常使用的标识如图6-4所示。

这些基本符号用来表示一个过程的实际步骤，其走向永远是从页面的顶部到底部，或从左到右。

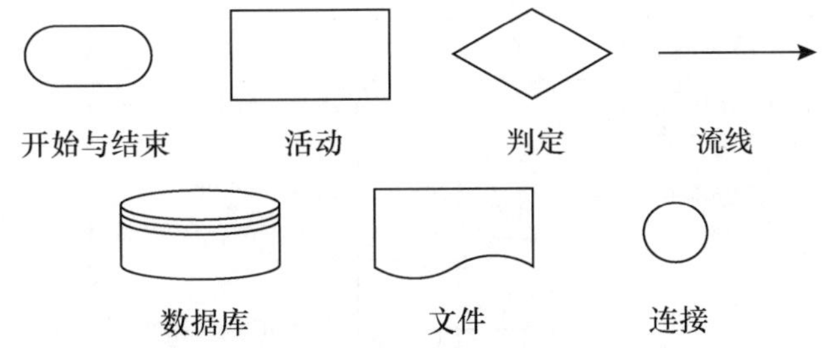

图 6-4　流程图标志

2. 流程图的形式

流程图的形式多种多样，现介绍如下：

(1) 上下流程图。上下流程图是最常见的一种流程图，它仅表示上一步与下一步的顺序关系。图 6-5 是有关汽车修理的流程图。

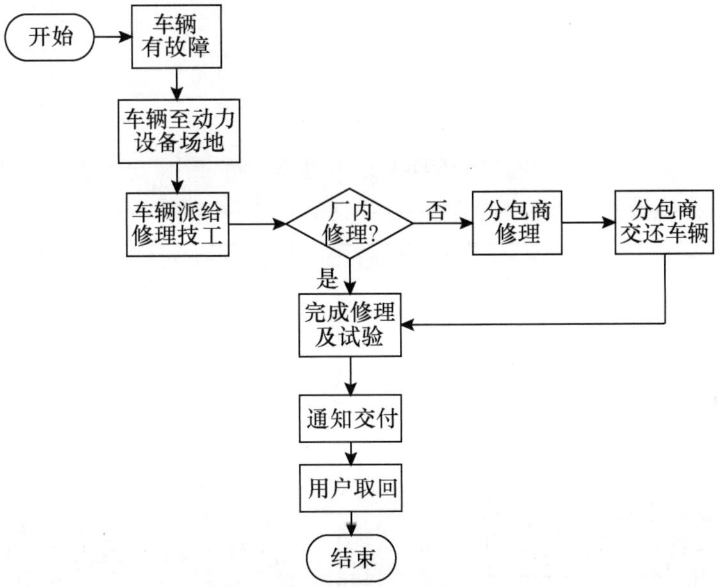

图 6-5　上下流程图——修理车辆

(2) 矩阵流程图。矩阵流程图不仅表示上下关系，还可看出某一过程块的负责部门。图 6-6 是采购件进货流程图。

(3) 前后流程图。在比较质量改进前后的流程时，可以采用前后流程图。图 6-7 是航空公司购票流程图。

3. 流程图的分析步骤

流程图包含的信息丰富，通过分析，可以发现现有工作/过程流程图中存在的问题，据此对流程进行针对性改进。流程图的分析步骤为：

(1) 调查每个判定符号。在流程图中，菱形判定符号用于表示一次检查活动。在过程中的检查有时是重复的、非必需的或不完整的，对此加以限制可以降低成本，提高生产效率。

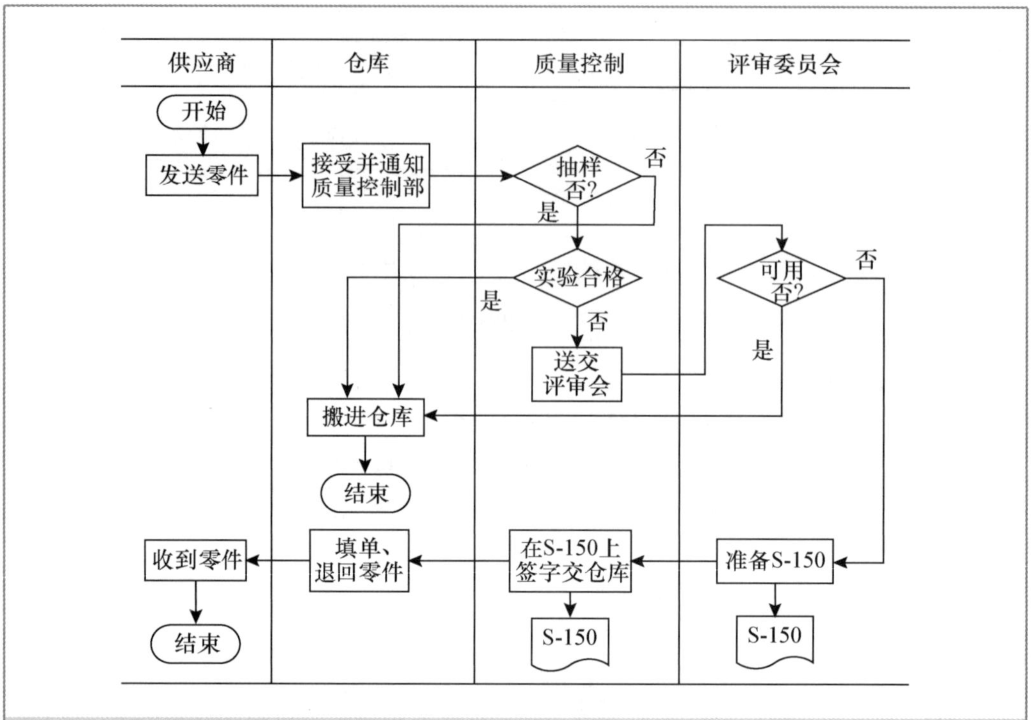

图6-6　矩阵流程图——采购件进货

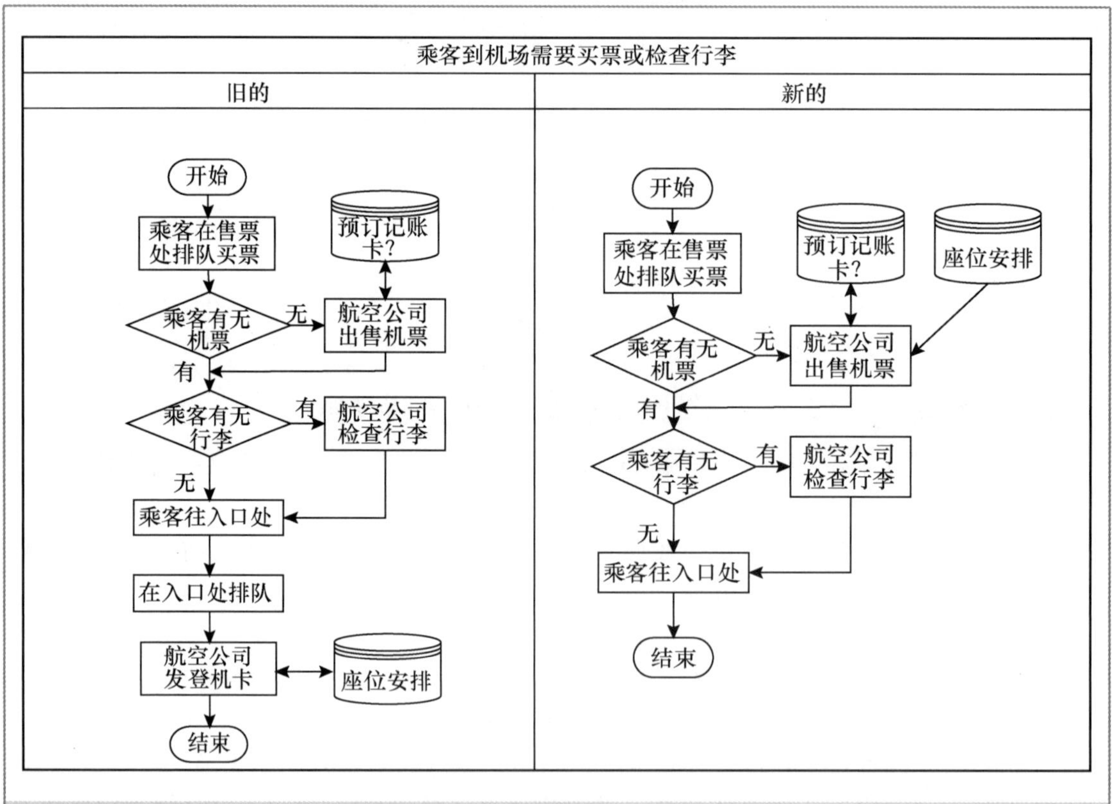

图6-7　前后流程图——航空公司购票

(2) 调查每个循环。主要探讨流程图中循环内的活动，识别如果没有故障，哪些活动可以省略。在调查循环时还要考虑循环的步骤、所需的资源、循环的作用等。

(3) 调查每个活动。主要确认这个活动是否必要，其成本及效益如何，在本次活动中应该防止出现的问题等。

(4) 调查每个文件或数据库。文件和数据库是驱动该过程的重要信息源，但也可能是产生错误和问题的信息源。因此，一方面，要对文件和数据库进行结构调查，以保持信息更新；另一方面，要寻找机会，利用文件和数据库的信息来监视并改进该过程。

二、检查表

检查表（check sheet）又称为调查表或分析表，是用表格形式进行数据整理和粗略分析的一种方法。常用的检查表有不合格项检查表和缺陷位置检查表。

1. 不合格项检查表

不合格项检查表将不合格品按其种类、原因、工序、部位或内容等进行分类记录，能简便、直观地反映出不合格品的分布情况，如表 6－1 所示。

表 6－1　　不合格项检查表

零件名称（代号）	××××	检查日期	2018 年 12 月 20 日
工序	最终检查	加工单位	××××
检查总数	2 200	生产批号	××××
检查方式	全数检验	检查者	×××

不合格种类	检查记录	小计
表面缺陷	正正正正正正正一	36
裂纹	正正正正正正	30
加工不良	正一	6
形状不良	正正正	15
其他	正正一	11
总计		98

2. 缺陷位置检查表

缺陷位置检查表将所发生的缺陷标记在产品或零件简图的相应位置上，并附以缺陷的种类和数量记录，因此也能直观地反映缺陷的情况，如表 6－2 所示。

表 6－2　　缺陷位置检查表

车型		检查部位	车身
工序		检查日期	××××年×月×日

检查目的		检查件数	×××

×流漆 ○色斑 △尘粒			

三、直方图

直方图（histogram）是从总体中随机抽取样本，对从样本中获得的数据进行整理，从而根据这些数据找出数据变化的规律，来判断生产过程质量的一种常用方法。直方图的格式如图6－8所示。

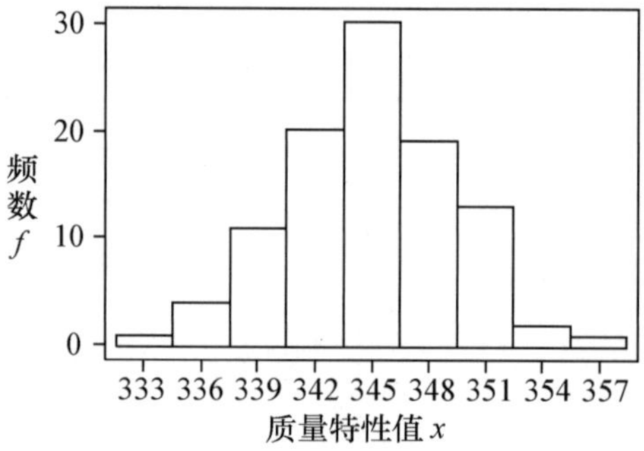

图6－8 直方图

1. 直方图的主要作用

直方图的主要作用包括以下几点：

(1) 比较直观地反映质量特性的分布状态，便于及时掌握质量分布状况并判断一批已加工完毕的产品的质量。

(2) 考察过程能力，估计生产过程的不合格率，了解过程能力对产品质量的保证情况。

(3) 提高人们的质量意识。在生产现场挂出直方图，可以给全体人员一个产品质量的观念，有助于提高全体人员的管理意识和质量意识。

2. 直方图的作图步骤

现结合实例来介绍直方图的作图步骤。

【例6－1】 表6－3给出了某公司采集的某型号空调的制冷功率值。

表 6-3　　**某型号空调的制冷功率值**　　单位：瓦特

643.3	633.6	644.4	635.4	631.2	628.7	622.7	625.1	605.6	624.5
645.9	622.5	604.1	614.1	641.6	602.7	617.8	608.1	612.1	601.4
730.0	607.7	609.6	586.9	651.3	635.2	660.9	593.8	712.5	639.8
632.0	699.0	673.6	692.9	645.8	658.6	632.1	676.9	671.8	628.2
652.3	632.4	642.3	659.8	633.9	710.2	676.3	653.1	654.3	632.5
655.4	689.6	695.2	672.3	668.2	652.3	633.7	652.7	625.3	672.7

直方图的作图步骤如下：

步骤一：求极差 R。从样本中找出最大值 x_{max} 和最小值 x_{min}，计算两者的差值，即极差。在本例中 $x_{max}=730.0$，$x_{min}=586.9$，则 $R=x_{max}-x_{min}=143.1$。

步骤二：对样本进行分组，确定分组的组数 K 和组距 h。一般将样本分为 7～15 组为宜。具体组数可根据样本量 n 的大小而定，通常可参照表 6-4 来选择组数。

表 6-4　　**数据数量与分组数的对应表**

样本量 n	组数 K
40～99	6～8
100～200	8～10
201～500	9～11
501～1 000	10～13
1 000 以上	12～15

每个区间长度可以相同也可以不同，实际中常选用长度相同的区间，以便相互比较。在组数 K 确定以后，组距 h 可用极差 R 和组数 K 来确定：$h=\frac{R}{K}$。在本例中，取 $K=7$，则 $h=143.1/7=20.4\approx 21$，即组距为 21。

步骤三：确定各组界限。为了确定组界，通常从最小值开始，先把最小值放在第一组的中间位置上，则第一组的上下限值为 $x_{min}\pm\left(\frac{h}{2}\right)$。第二组的上限值就是第一组的下限值，第二组的上限值加上组距就是第二组的下限值。依此类推，可确定出各组的组界。

在本例中，样本中最小值 $x_{min}=586.9$，组距 $h=21$，本例最小测量单位为 0.1，故界限值单位取 1 的 1/2 为 0.05，第一组下限值为最小值－0.05＝586.85，第一组上限值为第一组下限值＋组距＝586.85＋21＝607.85；第二组下限值为第一组上限值，即 607.85，第二组上限值为第二组下限值＋组距＝607.85＋21＝628.85；其他组依此类推。

步骤四：统计各组频数，作频数分布表。将 60 个数据按大小归入各组，计算各组的频数，制成频数分布表，如表 6-5 所示。

表6-5　　某型号空调的制冷功率值频数表

组号	界限值	组中心值	频数统计	频数
1	586.85～607.85	597.35	///// //	7
2	607.85～628.85	618.35	///// ///// //	12
3	628.85～649.85	639.35	///// ///// ///// //	17
4	649.85～670.85	660.35	///// ///// /	11
5	670.85～691.85	681.35	///// //	7
6	691.85～712.85	702.35	/////	5
7	712.85～733.85	723.35	/	1

步骤五：画直方图。以横坐标表示质量特性，纵坐标表示频数，以组距为底，频数为高依次画出各组直方柱得到直方图。如图6-9所示，制冷功率值的分布是正常的。

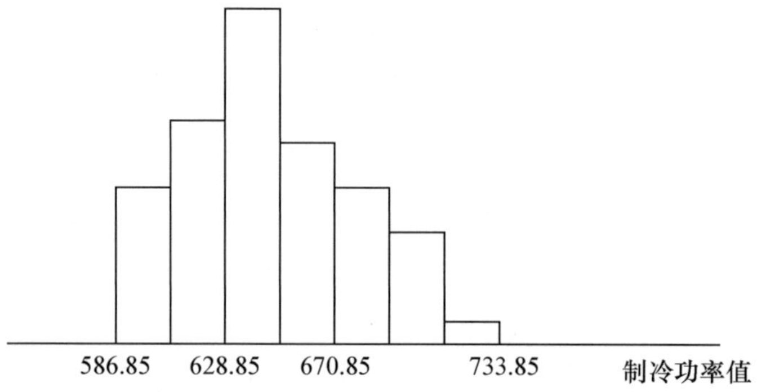

图6-9　某型号空调的制冷功率值直方图

3. 直方图的观察分析

作直方图的目的是通过对直方图形状的观察来分析、判断生产过程的质量状况。一般可以从以下两个方面进行观察和分析：首先看图形本身的形状，然后与公差（标准）要求比较，这样分析得出的结论才不会片面。

（1）直方图的形状分析。对直方图的形状进行分析，是为了考察分布状态，看分布状态是否正常，如不正常，则判断其不正常的类型原因。常见的直方图有以下几种：

- 标准型。如图6-10（a）所示，标准型的直方图以中间为顶峰，左右大体对称，呈“山”形。
- 锯齿型。如图6-10（b）所示，这种图形的形成，大多是由于分组不当或者是测量错误。
- 陡壁型。如图6-10（c）所示，这种图形的形成，往往是由于工序能力不足或者读数有问题。
- 孤岛型。如图6-10（d）所示，这种图形的形成，往往是由于加工过程中出

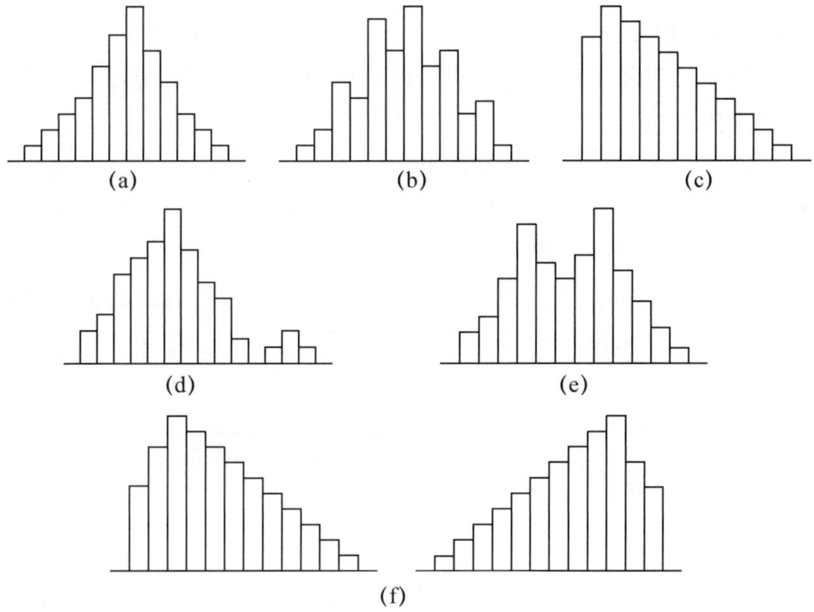

图 6-10　直方图的形状

现了异常变动。

● 双峰型。如图 6-10（e）所示，这种图形的形成，通常是由于对数据没有进行适当的分层，使均值相差较大的两种分布混合在一起形成两个高峰。

● 偏峰型。如图 6-10（f）所示，这种图形的形成，往往是由于加工习惯。如加工者想留有余量，便于返修，在加工孔时往往尺寸偏小，造成高峰偏左，而在加工轴时往往尺寸偏大，造成高峰偏右。

（2）直方图与质量标准比较。以上各种类型的直方图，除了标准型，其余的都属于异常型直方图。对于异常型直方图，应进一步利用其他质量管理的方法分析异常的原因。对于正常型直方图，则应该标上质量标准的规格界限，进一步比较分析，看生产过程是否满足标准要求。

设 T 表示标准公差范围，B 表示直方图的实际质量分布范围，则这种比较通常会出现以下几种典型情况：

● 理想状况。如图 6-11（a）所示，$T>B$，实际分布中心与公差中心重合或者接近。这说明实际分布满足标准要求，两边还有适当的余量，生产过程良好，通常不会产生不合格品。

● 余量过剩的状况。如图 6-11（b）所示，$T>B$，实际分布中心与公差中心重合或者接近。该生产过程能完全满足标准要求，但两侧余量太大。此时应该考虑适当加严标准，缩小规格的范围，提高产品质量，或者适当放宽对原材料、工艺、工具、设备精度的要求，降低成本。

● 单侧无余量的状况。如图 6-11（c）所示，$T>B$，实际分布中心发生偏移，致使单侧余量太小。这说明实际分布满足标准要求的程度降低，生产过程稍有恶化，就会有不合格品产生。

- 单侧超差的状况。如图6-11（d）所示，实际分布中心偏移公差中心较大，一边已经有超差品出现。这说明生产过程已经恶化，应设法调整实际分布中心，使之与公差中心接近。
- 双侧无余量的状况。如图6-11（e）所示，$T=B$，实际分布中心与公差中心重合或者接近，两侧余量很小。这说明实际分布满足标准要求的程度降低，生产过程稍有恶化，就会出现大量不合格品。
- 双侧超差的状况。如图6-11（f）所示，$T<B$，两侧都出现超差品。这说明生产过程已经恶化，质量保证能力很差，应该设法缩小实际分布的范围。

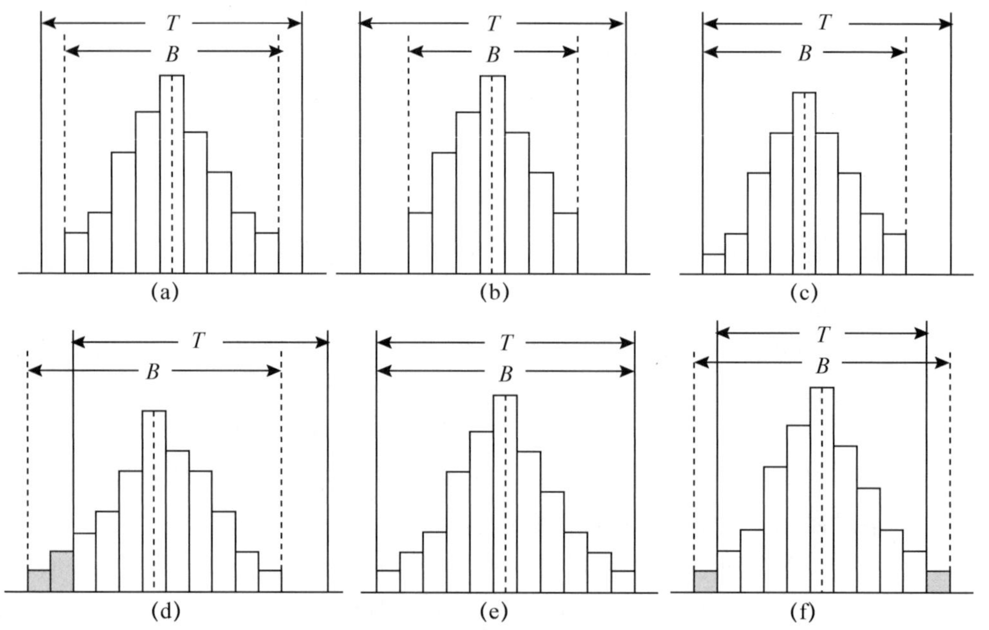

图6-11 直方图与质量标准的比较

四、因果图

因果图（cause-and-effect diagram）又叫特性因素图、鱼骨图，是一种分析质量特性（结果）与影响质量特性的因素（原因）之间关系的图。它是日本质量管理学者石川馨首先提出来的，故也称为石川馨图。

任何一个质量问题的发生或者存在都是有原因的，而且经常是多种复杂因素平行或交错地共同作用的结果。要想有效地解决质量问题，首先要找出这些问题的原因，而且要从粗到细地追究到最原始的因素。因果图正是解决这一问题的有效工具。它把对某个质量特性具有影响的各种主要因素加以归类和分解，并在图上用箭头表示其间关系。由于使用起来简单有效，因果图在质量管理活动中应用很广泛。

1. 因果图的构成

因果图的格式如图 6－12 所示。它由特性、原因和枝干构成。

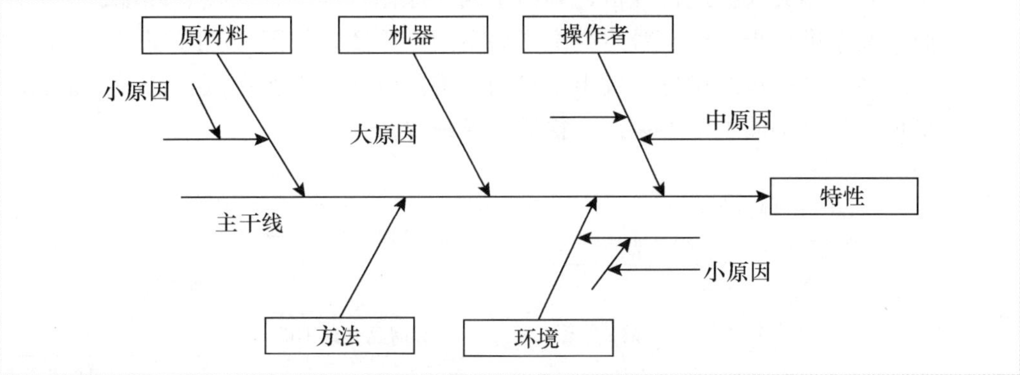

图 6－12　因果图

（1）特性。因果图中所提出的特性是指要通过管理工作和技术措施予以解决并能够解决的问题。

（2）原因。原因是对质量特性产生影响的主要因素，一般是导致质量特性发生分散的几个主要来源。原因通常又分为大原因、中原因、小原因等。

（3）枝干。枝干是表示特性与原因关系或者原因与原因关系的各种箭头。其中，把全部原因同质量特性联系起来的是主干；把个别原因同主干联系起来的是大枝；把逐层细分的因素同各个原因联系起来的是中枝、小枝和细枝。

建立因果图要考虑所有的原因，一般可以从人、机、料、法、测、环等多个方面去寻找。在一个具体问题中，不一定每一个方面的原因都要具备。

2. 因果图的作图步骤

（1）确定质量特性（结果）。所谓质量特性，就是准备改善和控制的对象。

（2）组织讨论，尽可能找出可能会影响结果的所有因素。由于因果图实质上是一种枚举法，为了能够列举所有重要因素，强调通过座谈会畅所欲言、集思广益。

（3）找出各因素之间的因果关系。先找出影响质量特性的大原因，再进一步找出影响质量特性的中原因、小原因，在图上画出中枝、小枝和细枝等。注意所分析的各层次原因之间的关系必须是因果关系，分析原因直到能采取措施为止。

（4）根据对结果影响的程度，将对结果有显著影响的重要原因用明显的符号标示出来。

（5）记载必要的有关事项，如因果图的标题、制图者、时间及其他备查事项。

3. 因果图作图的注意事项

（1）所要分析的某种质量问题只能是一个，且问题要具体。

（2）最后细分出来的原因应是具体的，以便采取措施。

（3）在分析原因时，要设法找到主要原因，注意大原因不一定都是主要原因。为了找出主要原因，可做进一步调查、验证。

下面举一个制作因果图的例子。

【例6-2】 一家商店某种家具的销售额低于指标的要求。为了提高该家具的销售额，相关人员进行分析，列出了四大原因：商品、人员、环境、服务，对每一原因又做进一步分析，最后列出了如下的因果图，如图6-13所示。从图的末端着手，经过进一步的讨论，找出了提高销售额的四个重要原因：品种不全、缺少专业培训、陈列格局主题不突出、售后服务缺少特色。

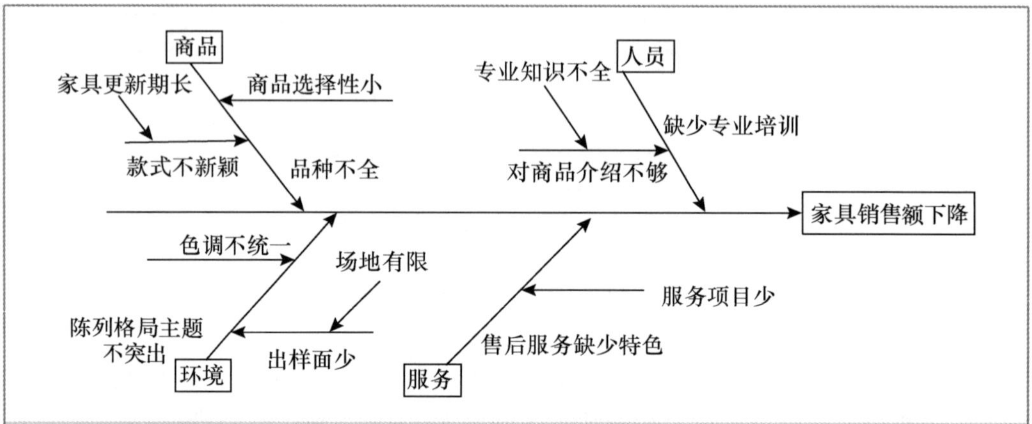

图6-13 家具的因果图

五、散点图

散点图（scatter diagram）又名散布图或相关图，是用来分析研究两个对应变量之间是否存在相关关系的一种作图方法。例如，产品加工前后的尺寸、产品的硬度和强度等都是对应的变量，它们之间可能存在一定的不确定关系，可以用散点图来研究。

散点图是把由实验或观测得到的统计数据用点子在平面上表示出来的方法。

常见的散点图有如图6-14所示的几种典型形式，反映了两个变量 y 与 x 之间的相关关系，即：

（1）强正相关。y 随着 x 的增大而增大，且点子分散程度小，如图6-14（a）所示。

（2）弱正相关。y 随着 x 的增大而增大，且点子分散程度大，如图6-14（b）所示。

（3）强负相关。y 随着 x 的增大而减小，且点子分散程度小，如图6-14（c）所示。

（4）弱负相关。y 随着 x 的增大而减小，且点子分散程度大，如图6-14（d）所示。

（5）不相关。y 与 x 无明显规律，如图6-14（e）所示。

（6）非线性相关。y 与 x 呈曲线变化关系，如图6-14（f）所示。

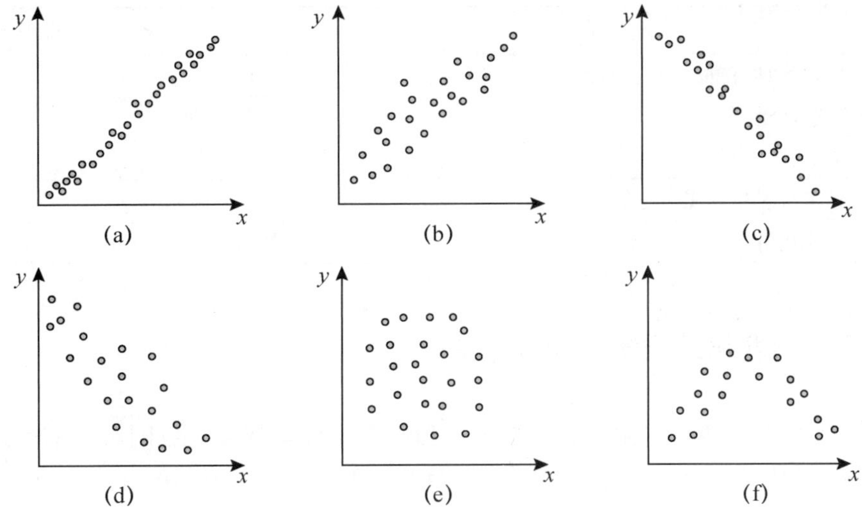

图 6-14　散点图的六种典型形状

第 3 节　六西格玛系统改进方法

一、六西格玛质量的含义

“σ”在统计学上用来表示数据的离散程度。对连续可计量的质量特性，用 σ 量度质量特性总体上对目标值的偏离程度。σ 前的系数在统计学中表示概率度，即 σ 水平。σ 越小，过程输出质量特性的分布越集中于目标值，此时过程输出质量特性落到上下控制界限以外的概率就越小，这就意味着出现缺陷的可能性越小。

六西格玛管理是通过对组织过程的持续改进、不断提高顾客的满意度、降低经营成本来提升组织盈利能力和竞争力水平的。之所以将这种管理方式命名为“六西格玛管理”，目的是体现其核心理念，即以“最高的质量、最快的速度、最低的价格”向顾客或市场提供产品和服务。六西格玛质量水平是一个很高的标准。在六西格玛管理中，不断寻求提高过程能力的机会，通过改进过程使其不断优化，逐步提高过程输出结果与顾客要求和期望的接近程度，在提升顾客满意度的同时大量减少由于补救缺陷引起的浪费，使组织与顾客得到双赢。六西格玛管理与全面质量管理既有一些共同点，又有很多不同之处，两者的具体比较如表 6-6 所示。

表 6-6　六西格玛管理与全面质量管理的比较

六西格玛	全面质量管理
企业和客户的利益	企业的利益
领导层的参与	领导层的领导

续前表

六西格玛	全面质量管理
清晰且具有挑战性的目标	追求全面
跨职能流程管理	职能部门管理
瞄准核心流程	聚焦产品质量
绿带、黑带和黑带主管	全员
关注经济	关注技术

二、六西格玛质量的统计意义

理解六西格玛质量的统计定义似乎要比理解其含义更困难一些，这需要一定的统计学知识。我们知道，产品或过程的规格界限（specification limit）实际上体现的是顾客的需求情况，它是指顾客对产品或过程的规格、性能所能容忍的波动范围。例如，快餐公司为顾客提供送餐服务，顾客希望晚上6：30送到，但是顾客也会考虑到实际情况总会导致时间上出现一些误差，如送餐员送货任务的多少、交通便利情况等，因此双方协商达成了一个可以接受的时间区间——6：15到6：45之间送到即可。在这项服务中，6：30是顾客期望的标准规格，6：15和6：45称为规格下限（LSL）和规格上限（USL）。送餐公司要采取相应的措施尽量保证准时将食物送到顾客手中，因为这样顾客感觉最为满意。然而在规格下限与上限的时间段内送到，顾客也能接受；但是如果送达时间落到这个区间之外，我们可以说送餐公司产生了一次服务失误。

对顾客多次送餐的送达时间在统计图上呈正态分布，如图6-15所示。

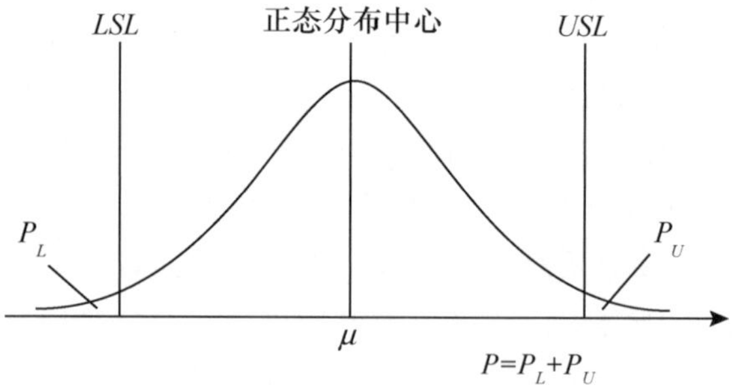

图6-15 送达时间的分布

图中正态分布曲线的形状取决于该送餐公司的烹饪能力、设备、送餐人员能力等状况，反映的是送餐公司服务的整体水平。正态分布含有两个参数 μ 和 σ，常记为 $N(\mu, \sigma^2)$。其中 μ 为正态均值，是正态曲线的中心，通常认为它正好与LSL和USL的均值重合。所度量的质量特性值在 μ 附近取值的机会最大。σ 是表示测量值距离正态中心的距离单位，是过程变异在统计上的度量，也属于有关过程能力的技术范畴。而LSL和USL是人为制定的参数，因此它们与图形无关。产品的规格限都是以文件的形式对产品和过程的特性所做的规定，这些规定可能是顾客的要求、行业公认的标准，或是企业下达的任务。无论哪种情况，所测量的质量特性超出规格限以外的都称为不合格。根据统计学知识，产品质量特性的不合格品率为：

$$P=P_L+P_U \tag{6-1}$$

式中，P_L 为质量特性值 x 低于规格下限的概率；P_U 为质量特性值 x 高于规格上限的概率，即

$$P_L=P(x<LSL)=\Phi\left(\frac{LSL-\mu}{\sigma}\right) \tag{6-2}$$

$$P_U=P(x>USL)=1-\Phi\left(\frac{USL-\mu}{\sigma}\right) \tag{6-3}$$

所以产品或过程的合格率就为 $1-P$。

不合格品率通常用百分比（%）和千分比（‰）来表示。由这个结果来看，3σ 质量的合格率便达到 99.73%的水平，不合格率只有 0.27%。可以解释为每 1 000 件产品只有 2.7 件为次品。很多人可能会认为产品或服务质量达到这样的水平已经非常完美，可是，根据埃文斯（Evans）和林赛（Lindsay）所做的统计，如果产品达到 99.73%合格率，以下事件便会继续在美国发生：

- 每年有超过 15 000 个婴儿出生时会被抛落在地上。
- 每年平均有 9 小时没有水、电、暖气供应。
- 每小时有 2 000 封信邮寄错误。

这样的事情是我们无法容忍的。对于每年要生产数以千万件产品，或提供上百万次服务的大企业来说，这样的合格率也不会让顾客和公司股东满意。但是对于高质量的产品生产和过程来说，用百分点表示的合格率单位过大，因此使用百万分点（10^{-6}）来表示每 100 万件产品中的不合格品数量，记为 ppm。例如 3σ 质量过程的不合格品率可以表示为：

$$P=P_L+P_U=0.002\,7=2\,700\text{ppm}$$

表 6－7 给出了考虑过程漂移（正态分布中心与规格中心相距 1.5σ 时）后各个等级 σ 质量水平与不合格品率的对应关系：

表 6－7　　σ 质量水平与不合格品率的对应关系

σ 质量水平	1σ	2σ	3σ	4σ	5σ	6σ
不合格品率（ppm）	697 700	308 733	66 803	6 210	233	3.4

σ 质量水平也可以使用过程能力指数 C_p 和 C_{pk} 来衡量，它们之间的对应关系可以使用下列基本等式来转换：

$$C_p=\frac{USL-LSL}{6\sigma} \tag{6-4}$$

$$C_{pk}=\min\left(\frac{USL-\mu}{3\sigma},\frac{\mu-LSL}{3\sigma}\right) \tag{6-5}$$

一个 6σ 质量水平的过程如果由过程能力指数 C_p 和 C_{pk} 来衡量的话，分别是 2.0 和 1.5。

三、六西格玛管理的基本原则

1. 对顾客真正的关注

在六西格玛管理中，以关注顾客最为重要。例如，对六西格玛管理绩效的评估首先就从顾客开始，六西格玛改进的程度是用其对顾客满意度所产生的影响来确定的。如果企业不是真正地关注顾客，就无法推行六西格玛管理。

2. 基于事实的管理

六西格玛管理从识别影响经营业绩的关键指标开始，收集数据并分析关键变量，可以更加有效地发现、分析和解决问题，使基于事实的管理更具可操作性。

3. 对流程的关注、管理和改进

无论是在产品和服务的设计、业绩的测量、效率和顾客满意度的提高上，还是在业务经营上，六西格玛管理都把业务流程作为成功的关键载体。六西格玛活动最显著的突破之一是使领导者和管理者确信“过程是构建向顾客传递价值的竞争优势的途径”。

4. 主动管理

六西格玛管理主张注重预防而不是忙于救火。在六西格玛管理中，主动性的管理意味着制定明确的目标，并经常进行评审，设定明确的优先次序，重视问题的预防而非事后补救，探求做事的理由而不是因为惯例就盲目地遵循。六西格玛管理将综合利用一系列工具和实践经验，以动态、积极、主动的管理方式取代被动应付的管理习惯。

5. 无边界合作

推行六西格玛管理，需要组织内部横向和纵向的合作，并与供应商、顾客密切合作，达到共同为顾客创造价值的目的。这就要求组织打破部门间的界限甚至组织间的界限，实现无边界合作，避免由于组织内部彼此间的隔阂和部门间的竞争而造成的损失。

6. 追求完美，容忍失败

任何将六西格玛管理作为目标的组织都要朝着更好的方向持续努力，同时也要愿意接受并应对偶然发生的挫折。组织要不断追求卓越的业绩，勇于设定六西格玛的质量目标，并在运营中全力实践。但在追求完美的过程中难免会有失败，这就要求组织有鼓励创新、容忍失败的氛围。

六西格玛管理是一个渐进过程，它从设立愿景开始，逐步接近完美的产品和服务以及很高的顾客满意度的目标，它建立在许多以往最先进的管理理念和实践基础上，为21世纪的企业管理树立了典范。

四、六西格玛管理的组织与培训

实施六西格玛管理，需要组织体系的保证和各项管理职能的大力推动。因此，导入六西格玛管理时应建立健全组织结构，将经过系统培训的专业人员安排在六西格玛管理活动的相应岗位上，规定并赋予他们明确的职责和权限，从而构建高效的组织体系，为六西格玛管理的实施提供基本条件和必备资源。

1．六西格玛管理的组织形式

六西格玛管理的组织系统一般分为三个层次，即领导层、指导层和执行层。领导层通常由倡导者（一般由企业高层领导者担任）、主管质量的经理和财务主管组成六西格玛管理领导集团或委员会；指导层由本组织的技术指导或从组织外聘请的咨询师组成；执行层由执行改进项目的黑带和绿带组成。

各层次的管理活动可归纳如下：

（1）领导层负责执行六西格玛管理的战略计划活动，包括制定六西格玛管理规划，提供资源，审核结果。

（2）指导层负责执行六西格玛管理的战术活动，包括组织培训、指导项目、检查进度。

（3）执行层负责执行六西格玛管理的作业活动，包括按 DMAIC 方法开展项目改进活动。六西格玛管理的组织结构如图 6－16 所示。

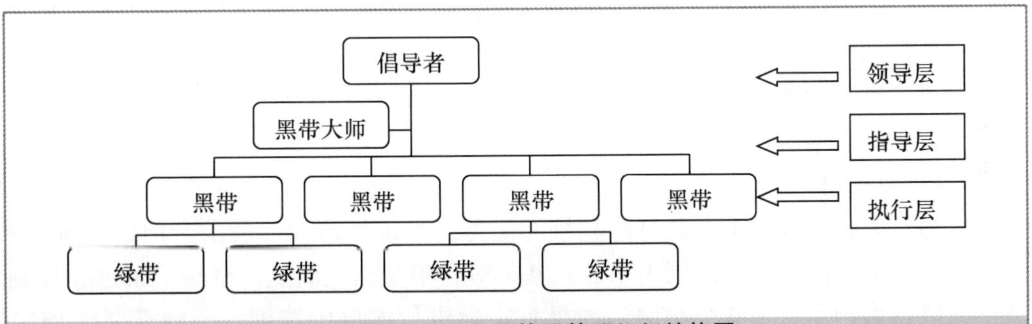

图 6－16　六西格玛管理组织结构图

2．六西格玛管理组织结构中各职位描述

（1）倡导者。倡导者一般由组织高级管理层组成，大多数为兼职，通常由分管质量的副总经理担任。倡导者的工作通常是战略性的，全面负责整个组织内六西格玛管理的组织和推行，其主要职责是部署六西格玛管理的实施战略，选择具体项目，分配资源，对六西格玛管理的实施过程进行监控，确认并支持六西格玛管理的全面推行。

（2）黑带大师。“黑带”（black belt）这个词来自军事领域，指那些具有精湛技艺和本领的人。绿带、黑带、黑带大师分别代表不同的级别，标志着受训程度和专业水准。20 世纪 90 年代，摩托罗拉公司将其引入六西格玛管理培训中，几乎以其专指制造业里与产品改进相关的技术人才。延续至今，黑带的界定已经相当广泛了。黑带大师熟练掌握统计技术和工具及其他相关技术，是六西格玛项目的教练，在六西格玛管理运行中提供技术支持。其主要职责是选择、批准六西格玛项目，组织、协调项目的实施，挑选、培训和指导黑带。

黑带大师的职责在不同组织中有不同规定。有的强调管理和监督作用；有的主要负责日程变更、项目领导。这两种模式都非常有效。

黑带大师要通过正式的认定，必须通过一个严格的能力发展确认过程——一般平均为15个月。在此过程中，黑带大师要接受与六西格玛管理工具相关的更深层次的统计技术培训，接受推进技能及领导艺术方面的培训，至少完成一个100万美元以上的项目。

（3）黑带。企业全面推行六西格玛管理的中坚力量是专职的实施人员——黑带。他们是六西格玛项目的小组领导者，负责六西格玛改进项目的具体执行和推广，为员工提供六西格玛管理工具和技术培训，对改进项目提供一对一的技术支持。

（4）绿带。绿带为兼职人员，通常由组织中各基层部门的骨干或负责人担任，他们在六西格玛管理中负责组织推行基层改进项目，侧重于将六西格玛管理应用于每天的工作中。

有关资料表明，在六西格玛管理团队中，每100名员工需配备1名黑带，每10名黑带需配备1名黑带大师。

3. 六西格玛管理培训

六西格玛管理团队是一个学习型团队，贯穿始终的培训是六西格玛管理法获得成功的关键因素。培训类型包括黑带培训和团队培训，黑带培训主要是针对六西格玛管理活动的培训。

六西格玛管理所要求的黑带的核心能力包括整合并应用各种统计技术和工具，熟练地分析和解决问题，具备指导并训练六西格玛项目团队成员以及领导团队的能力。黑带培训的关键是打造其核心能力。黑带的培训一般由专门的培训机构承担，课程的时间安排（以周为单位）基本对应于定义、测量、分析、改进和控制五个阶段，大约需要160个小时。如果是定期进行的集中培训，一般需要4周左右的时间，时间跨度为4个月，每月培训1周。表6-8是六西格玛管理培训课程表的一个范例。

表6-8　六西格玛管理培训课程方案

培训项目	核心内容	受训者	课时
六西格玛管理导论	六西格玛管理基本原则；评估业务需求；简明操作和模拟；评估职责和期望值	所有成员	1～2天
六西格玛管理的领导和发起	领导小组成员和发起人的职责要求和技巧；项目选择与评估	业务领导；执行领导	1～2天
领导所需要的六西格玛管理操作步骤和工具	经缩减改编的关于六西格玛管理的评估、分析流程及工具	业务领导；执行领导	3～5天

续前表

培训项目	核心内容	受训者	课时
领导变革	设定方向的概念及实施方法；促进和领导组织的变革	业务领导；执行领导；黑带大师；黑带	2～5 天
六西格玛改进活动的基本技巧	程序改进；设计/再设计；核心评估和改进工具	黑带；绿带；小组成员；发起人	6～10 天
协作和小组领导技巧	取得一致意见；领导讨论；开会；处理分歧的技巧和方法	业务领导；黑带大师；黑带；绿带；小组成员	2～5 天
六西格玛管理活动中期的评估和分析工具	解决更多项目难题的技术性技巧：样本选取和数据收集；统计过程控制；显著性检验；相关和回归分析；实验的基本设计	黑带大师；黑带	2～6 天
高级六西格玛管理工具	专用技巧和工具的组件：质量功能展开（QFD）；高级统计分析；高级实验设计；田口方法等	黑带大师；内部顾问	课时随专题变化
程序管理的原则和技巧	设定一个核心或支持程序；分析关键结果、要求和评估措施；监测反馈方案	过程总负责人；业务领导；职能经理	2～5 天

团队培训是六西格玛项目团队组建后开始的培训，一般由黑带大师或黑带承担，培训的对象为团队成员，特别是绿带。团队培训比专职推行人员培训在内容和范围上将缩小，降低难度和要求。在培训过程中，要求受训人员不仅接受常规的课堂培训，还特别强调将本项目的实施活动纳入培训内容，使项目团队成员在实际参与项目的过程中，理论水平和实践经验都得到提高。

五、质量改进方法

由上面的 σ 质量水平与对应的不合格品率数据可以看出，各个等级 σ 质量水平之间并不是呈线性关系的。从 3σ 质量水平上升到 4σ 质量水平要求产品的缺陷数减少为原来的 1/10，而从 4σ 质量水平到 5σ 质量水平要求产品的缺陷数减少为原来的 1/30。这就暗示着六西格玛质量方法是一种突破性的质量改进方法。六西格玛理论认为，组织的任何活动都可以看作一个过程，这个过程存在一些特定的输入（$x's$）和输出（$y's$）。其中 $x's$ 代表影响过程输出的一切因素，例如传统的料（原料）、机（设备）、人（人员）、法（操作方法）、环（环境）等因素；$y's$ 代表组织过程的输出结果，主要是用来满足顾客的产品和服务等。六西格玛的一个基本原则就是过程输出 $y's$ 依赖于过程输入 $x's$，用数学语言表示出来就是 $y=f(x_1+x_2+\cdots+x_n)$。它完全将过程的输入和输出数字化了，深刻揭示了结果和原因的量化关系，为实施六西格玛的其他工具和技术提供了量化的基础。六西格玛质量改进（improvement for six sigma，IFSS）工作就是在使顾客完全满意的基础上，寻找并确定对顾客影响严重的关键质量问题（$y's$），分析它的影响因素（$x's$），消除产生缺陷的过程输入，实施新的控制保证同样的 $x's$ 和 $y's$ 都不再出现。实施六西格玛质量改进首先要根据一定的原则选择改进项目，组建涉及组织业务过程各方面人员的改进团队。团队要让不同的成员在一起合作完成项目使命，关键是要有一个共同的方法和程序。这个共同的程序用六西格玛语言来描述就是 DMAIC 解决问题模型。DMAIC 基于戴明环拓展而来，它的每个阶段都包括许多活动和一系列解决问题的工具和技术，如表 6-9 所示。

表 6-9　DMAIC 过程的主要工作及常用工具

阶段	主要工作	常用的工具和技术
定义阶段	确定顾客的关键需求，在此基础上识别需要改进的产品或过程；将改进项目界定在合理的范围内	头脑风暴法、亲和图、树图、流程图、排列图、QFD、FMEA、CT 分解
测量阶段	通过对现有过程的测量，确定过程的基线以及期望的改进效果；确定影响该过程输出的因素 $x's$，并对过程测量的有效性做出评价	运行图、分层法、散布图、直方图、过程能力分析、FMEA、标杆分析法
分析阶段	通过数据分析，找到影响过程输出的关键影响因素 $x's$	因果图、回归分析、方差分析、帕累托图
改进阶段	寻找优化过程输出 $y's$ 的途径，制定消除或减小影响 y 的关键的 $x's$ 的措施，使过程的变异和缺陷降低	试验设计、过程能力分析、田口方法、响应面法、过程仿真
控制阶段	使改进后的过程程序化，建立有效的监控措施保持过程改进的效果	SPC 控制图等

1. 定义阶段

项目的定义阶段首先要确定进行改进的项目范围，一般需要考虑以下几方面内容：

（1）获取顾客的心声（voice of customer，VOC），发掘顾客认定的关键质量特性（critical to quality，CTQ）。六西格玛质量管理是一种以客户要求为驱动的决策方法，满足顾客的需求是组织所有过程的根本目标。要明确识别组织的所有顾客，包括内部顾客和外部顾客。这些顾客对产品和过程的性能、外观、操作等方面的要求或潜在要求就是顾客的心声。顾客认定的对其满意度有关键影响的产品或过程质量特性称为关键质量特性。识别这些关键质量特性是改进过程、满足顾客需求的基础，一般采用关键质量特性的选择矩阵（CTQ selection matrix）等方法得到。在六西格玛的定量分析中，经常需要将上述概念量化。只有证明他们的需求得到充分的理解并在产品或过程中得以体现，顾客才会产生满意和忠诚。

（2）参考过程能力指标。在确定顾客心声、关键质量特性和核心过程时，经常使用的工具是 SIPOC（供应商—输入—过程—输出—顾客）分析图。SIPOC 分析图是高层级的流程图，不仅可以描述当前的流程，而且可以确定过程改进的思路和方向，并可以为测量阶段的数据采集指明方向。确定过程的关键输入变量（KPIV）和关键输出变量（KPOV），使用这些量化指标可以比较不同的过程。

（3）考虑质量成本指标。劣质质量浪费成本（cost of poor quality，COPQ）是六西格玛使用财务的语言来描述过程现状和改进后绩效的一种有效方法。将过程业绩转化为财务指标来表示有助于改进项目的选择。

（4）考虑过程的增值能力指标。在生产或服务过程最终检验之前，都会存在返工情况，但是最终的合格率并不能反映这种返工情况。我们称这些返工是“隐蔽的工厂”。通过流通合格率（rolled throughput yield，RTY）的计算可以找出过程中返工的地点和数量，对改进的过程是否增值做出判断。若过程有 n 个子过程，而子过程的合格率分别是 y_1，y_2，…，y_n，则

$$RTY = \prod_{i=1}^{n} y_i, \quad i = 1,2,\cdots,n \tag{6-6}$$

根据上述分析，理想的改进项目应该是顾客非常关心，涉及关键过程输出变量的改进，在削减浪费成本和体现过程增值能力方面比较显著的项目。选定改进项目后，要编写项目任务书来界定项目的范围和改进内容，组建专业的六西格玛团队展开工作。项目任务书是关于项目或问题的书面文件，一般包括改进项目的理由、目标、计划、团队的职责和配置的资源情况等。

2. 测量阶段

测量阶段的主要任务是测量和分析目标过程的输出现状，得到初始的 σ 测量值作为改进的基准线。主要有两方面的工作要做：

第一，针对目标过程收集数据，在此基础上分析问题症状并加以量化。六西格玛是基于数据驱动的管理方法，它通过数据的收集和分析来识别所选定过程的运行状况，再通过分析得到过程的能力值，在此基础上进行计算得出过程目前的质量水平。为了解选定过程的实际运作状况，也需要对正在产生问题的过程进行大致的描述。在这里，症状就是质量问题表现出来的可以观测到的质量特性。测量工作主要从过程的三个方面展开：

（1）过程输出。过程输出包括测量过程的直接输出结果（产品性能、缺陷、顾客抱怨等）和长期后果（顾客满意、收益等）。

（2）过程中可以控制、测量的因素。这些因素通常有助于团队监控工作流程，并且精确地查找问题的原因。

（3）输入。测量进入流程并转化为输入的因素，这将有助于确认问题可能的原因。

明确了数据来源，项目团队还要掌握科学的数据收集方法，以及数据分析等方法，可以通过计算过程能力指数和过程性能指数确定过程的现状以及存在的问题。计算出过程流通合格率（RTY）和百万机会缺陷数（DPMO），通过查阅 DPMO 与西格玛质量水平对应表可以确定过程目前的西格玛质量值。

第二，整理数据，为下阶段查找问题原因提供线索。

3. 分析阶段

一旦测定了项目的绩效基准线并确定真正存在一个改进机会，团队就应该对目标过程进行分析。在本阶段，六西格玛团队通过研究测量阶段得到的相关数据，加强对目标过程和症状的理解，在此基础上寻找问题的根本原因。在上面提到的过程

函数 $y=f(x_1+x_2+\cdots+x_n)$ 中，本阶段的工作是确定各种可能的 $x's$。有些情况下，团队对目标过程的各种影响因素和过程的运作非常清楚，在相关数据的支持下，可以迅速找到产生问题的关键原因；但是在大多数情况下，团队按照习惯的传统思路来审视过程，却无法发现所期望的有价值的观点。这时，团队应该采用不同角度的观点来分析，并努力使用可行的分析工具以得到正确的分析结果。

分析问题时除了要考虑传统的人、机、料、法、环等方面的因素外，采用合适的分析方法也很重要。团队一般采取循环的分析方法对原因进行分析，即在上阶段数据测量的基础上，结合过程分析，形成对原因的初始推测，或者只是根据经验提出假设；然后关注更多的数据来验证这些推测的正确性。六西格玛改进团队一般采用以下两种关键的分析方法来研究问题的根本原因：一是利用数据分析方法，即利用过程特性的测量值及其他相关数据来分析问题的模式、趋势或其他影响因素，包括那些推测出来的因素。二是深入研究并分析过程是如何运行的，从而发现可能产生问题的新领域，判断验证假设需要哪些数据，从哪里获得这些数据。经过这样的循环分析，不断提出推测并验证，将所有影响过程输出的 $x's$ 都列举出来。

根据帕累托原理可以知道，少数关键的原因是问题产生的主要原因。如果对于所有原因都不加区别地去分析研究，不但会消耗团队太多的精力和资源，而且会因为没有把握住重要的影响因素而效果不佳。因此在分析阶段必须做的还包括确定这些“关键的少数”输入变量；调查并证实根本原因假设，确信团队没有发现额外的新问题，以及没有遗漏关键的输入变量，为下一步的改进阶段做好准备。

4. 改进阶段

在改进阶段提出和实施改进措施以前，首先需要对分析阶段得到的 KPIV 做进一步研究，验证它们对过程输出 y 是否确实有影响，如果影响关系确实存在，这些输入变量取什么值可以使 y 得以改善，达到预想的效果。对 KPIV 与 y 关系的验证主要采取正交试验和回归设计的方法，得到的数据一般采用方差分析和回归法来分析。

在确定 KPIV 和 y 的对应关系的基础上，团队可以设计质量改进措施，改变输入变量的状态以实现过程输入的改善。在推行改善方案时必须谨慎，应先在小规模范围内试行该方案，以判断可能会出现何种错误并加以预防。试行阶段应注意收集数据，以验证是否获得了期望的结果。根据方案的试行结果修正改进方案，使之程序化、文件化，以便于实施。

5. 控制阶段

在为项目的改进做出不懈努力并取得相应成果以后，团队的每一位成员都希望能将改进的结果保持下来，使产品或过程的性能得到彻底改善。但是许多改进工作往往因为没有很好的保持和控制措施，而使产品或过程恢复到原来的状态，导致六西格玛团队的改进工作付诸东流，所以控制阶段是一个非常重要的阶段。当然，六西格玛团队不能一直围绕一个改进项目工作，在 DAMIC 流程结束后，团队和成员即将开始其他的工作。因此，在改进团队将改进的成果移交给日常工作人员前，要在控制阶段制定严格的控制计划帮助他们保持成果。

首先，六西格玛团队要提出对改进成果进行测量的方法，以便确认和监控改进成果。该方法要能持续测量过程的输出结果，改进团队需要这些统计测量数据来表明改进计划是否取得预期的结果，是否完成项目任务书中规定的目标；而日常工作人员需要这些数据采用控制图等方法来监控过程。同时，过程的其他性能指标也会有助于过程的管理和监控，包括改进的 SIPOC 分析图、关键过程输出变量、关键过程输入变量等。

其次，建立过程控制计划和应急处理计划。上述的监控和测量措施是实际控制过程的基础。项目改进团队要根据改进后过程的实际情况建立新的控制标准，并确定如何将实际测得的过程特性值与控制标准进行比较。当实际质量状况超出标准界限时，团队需要设计出合理的控制计划使过程回到规定的界限内。将新的控制计划作为新的过程标准，六西格玛的一个管理主题就是预防性管理，减少损失最好的方法就是预防错误的发生。所以应当详细研究改进后的过程，针对各种可能的情况提出应急方案，确保过程失控时及时得到纠正，防止改进成果突然崩溃。

最后，要完成项目报告和项目移交工作。在项目改进结束并制定相应的控制计划后，改进团队要总结完成 DMAIC 过程报告，以备通过相应的审核。同时，完整的过程报告也可以作为组织的改进经验来共享学习。改进团队还需要与过程的日常负责人或团队进行充分的沟通，将项目移交给他们负责。

至此，一个完整的六西格玛质量改进的 DMAIC 过程就结束了。需要再次强调的是，六西格玛项目的范围并不局限在制造领域，也不仅是对产品而言的，还包括服务以及工作过程。如果是对现有的过程进行改进，则可以使用 DMAIC 方法进行质量水平改进，只要对具体的分析方法进行选择即可。

六、质量设计

长期实施六西格玛质量改进的组织可能会产生这样的困惑：它们在六西格玛改进项目上投入大量的资源和精力，严格按照 DMAIC 过程步骤对组织现有的流程进行改善，但是实证数据却显示改进后的质量水平始终无法达到 6σ 质量水平。通过 6σ 质量改进活动，组织的质量水平可以成功地提升至 3σ、4σ 质量水平，但是会在 5σ 质量水平附近停滞不前，似乎再多的努力也很难跨越这个障碍，我们称之为“5σ 撞墙”（five sigma wall）。因为 DMAIC 的重点放在如何改进过程，旨在消除导致质量下降的过程输入因素，并节省成本，使生产和服务流程更有效率。可以说 DMAIC 时常在组织中扮演着“救火”的角色，即作为一种渐进式过程改进方法，它只能解决过程中产生的质量问题。但如果这些问题是因为设计上的缺陷形成的，那么过程即使控制得再完美也无法彻底消除质量症状。要想得到组织质量水平的完美表现，需要一种高质量的设计方法使得产品或流程从根源上有一个近乎完美的开端。因此，六西格玛质量设计（design for six sigma，DFSS）应运而生，希望它能作为DMAIC方法的有效补充来突破上述的“撞墙”，帮助组织持续地朝 6σ 质量水平迈进。

相对于六西格玛改进的“救火”功能，六西格玛质量设计则是完美的预防机制。它通常以组织专业设计团队作为开端，运用科学的方法、按照合理的流程来准确理解和评估顾客需求；再进行机能分析、概念发展，并逐步开发详细的产品或流程设计方案，以及配套的生产和控制计划。在上述步骤中，所有可能发生的问题或破绽都被预先考虑进去，对新产品或新流程进行健壮性设计，使产品或流程具有抗各种干扰的能力。六西格玛质量设计可以使组织在开始阶段便瞄准 6σ 质量水平，开发出满足顾客需求的产品或服务；六西格玛质量设计有助于在提高产品质量和可靠性的同时降低成本和缩短研制周期，具有很高的实用价值。有一个比喻很恰当，如果将六西格玛看作指导农民耕种粮食的方法，那么DMAIC模型就是告诉农民如何精耕细作、何时施肥和浇水的操作规范。而如果当初选择的粮食种子质量不良或是不适合当地土质，则无论如何优化耕种过程，最终粮食的质量和产量也达不到预期的效果。DFSS正是指导农民根据土质选择品种、精选种子质量的方法，只有优良的种子加上科学的培育过程才能实现预想的质量效果。

为了与六西格玛改进配合得更加紧密，很多组织采用了一种类似的六西格玛设计方法——DMADV，即定义（define）、测量（measure）、分析（analyze）、设计（design）、验证（verify）。DMADV过程可以将产品和过程设计中的方法、工具和程序进行系统化的整合，在顾客的需求和期望的基础上重新设计产品或过程。这种方法保留了DMAIC模型的部分内容，但是实践结果表明，这种方法除了在已经成功实施DMAIC的组织外并没有得到推广。除此之外，六西格玛质量设计还有其他多种实施模式，其中应用较多的是PIDOV，即策划（plan）、识别（identify）、设计（design）、优化（optimize）、验证（verify）。这两种主要的六西格玛设计模式对比如表6-10所示。

表6-10　六西格玛设计的DMADV与PIDOV模式内容对比

DMADV	PIDOV
定义阶段： ● 清晰界定项目范围 ● 制定项目设计的相关计划	策划阶段： ● 制定项目特许任务书 ● 设立项目目标
测量阶段： ● 获取顾客需求 ● 将顾客的心声转化为关键质量特性 ● 识别少数重要的关键质量特性	识别阶段： ● 选择最佳的产品和服务概念 ● 识别顾客认为重要的关键质量要素 ● 分析实现关键质量要素对过程和技术性能指标的要求
分析阶段： ● 在相关约束条件下选择最合适的关键质量特性	设计阶段： ● 形成设计概念 ● 识别作用与处理关键质量要素

续前表

DMADV	PIDOV
设计阶段： ● 制定详细的设计方案 ● 对设计方案进行测试 ● 对实施进行准备	优化阶段： ● 在质量、成本和其他约束条件中寻找平衡点 ● 实施优化
验证阶段： ● 验证设计性能，实施试点测试 ● 根据试点测试结果修正设计方案 ● 实施设计方案	验证阶段： ● 进行设计有效性验证，证明该产品或过程的确可以满足顾客需求 ● 计算过程能力，评估过程可靠性 ● 实施设计方案

具体选择何种模式，要视组织的质量现状即相应的资源配置情况而定。但是实施六西格玛质量管理方法对于组织能力有一定的要求，例如组织的数据收集分析能力、现有的质量管理水平、员工的质量文化意识等。根据美国质量协会（ASQ）的研究结果，六西格玛质量管理方法要求企业质量管理运作达到一个相当高的层次。假如一个企业产品质量合格率只有 85%，就不必采用六西格玛管理，此时可用比六西格玛管理更简单的办法，将 85%提高到 95%即可，例如推行 ISO 9000 质量体系认证、提高顾客满意度、实施零缺陷管理等。另外，六西格玛管理对企业员工的素质提出较高的要求，需要员工参与测量、分析、改进和控制的各种项目，要自我管理而不像 ISO 9000 那样需有人督促。如果组织和员工的质量管理能力和意识已经达到一定的高度，质量水平也已经达到一定的水准，采用六西格玛质量管理方法会比较顺利，也相对容易取得成功。

□ 本章小结

PDCA 循环的含义是将质量管理分为四个阶段，即策划、实施、检查、处理。在质量管理活动中，要求各项工作按照做出计划，付诸实施，检查实施效果，然后将成功的纳入标准，不成功的留待下一循环去解决的工作方法。这是质量管理的基本方法，也是企业管理各项工作的一般规律。

质量管理的几种基本工具是流程图、检查表、直方图、因果图、散点图。流程图是一种通过显示构成过程的步骤、事件和操作，以简单、主观的方式定义过程的工具。检查表又称为调查表或分析表，是用表格形式来进行数据整理和粗略分析的一种方法。常用的检查表有不合格项检查表和缺陷位置检查表。直方图是从总体中随机抽取样本，对从样本中获得的数据进行整理，从而根据这些数据找出数据变化的规律，来判断生产过程质量的一种常用方法。因果图又叫特性因素图，是一种分析质量特性（结果）与影响质量特性的因素（原因）之间关系的图。散点图又名散布图或相关图，是用来分析研究两个对应变量之间是否存在相关关系的一种作图方法。

六西格玛管理是一种提升客户忠诚度并持续降低经营成本的综合管理体系、发展战略和管理方法，并借助统计、IT、流程等技术与工具来实现其发展战略。基于统计学上的原理，“6σ”代表品质合格率达99.9997%或以上，即每100万件产品只有3.4件次品。六西格玛改进方法的程序是DMAIC解决问题模型，即定义、测量、分析、改进和控制。为了避免“5σ撞墙”，实现质量的突破式改进，并且与六西格玛改进配合得更加紧密，很多组织采用了一种类似的六西格玛质量设计方法——DMADV，即定义、测量、分析、设计、验证。

□ 基本概念

PDCA循环（PDCA cycle）
流程图（flow chart）
检查表（check sheet）
直方图（histogram）
因果图（cause-and-effect diagram）
散点图（scatter diagram）
六西格玛质量改进（improvement for six sigma，IFSS）
流通合格率（rolled throughput yield，RTY）
六西格玛质量设计（design for six sigma，DFSS）

□ 思考题

1. 简述质量改进的基本过程与步骤。

2. 简述PDCA循环的四个阶段。

3. 工厂加工某零件，技术标准要求公差范围为100±10mm，经随机抽样得到100个数据，如表6-11所示。要求：

（1）绘制直方图。

（2）计算均值和标准差。

（3）对直方图进行分析。

表6-11　某零件数据　单位：mm

107	110	100	97	90	98	112	109	110	105
99	98	91	109	110	109	102	106	95	94
89	90	95	99	109	103	105	113	109	102
98	97	100	104	102	108	110	95	100	97
100	97	88	98	96	95	93	117	100	104
101	102	106	98	100	90	91	05	97	103
100	109	102	107	102	100	98	99	101	100
100	98	94	97	93	107	110	102	95	110
99	98	100	100	101	102	97	114	87	96
100	99	97	96	94	100	101	102	105	100

4. 绘制在银行办理个人存取款业务的流程图。

5. 你感到最吃力或者成绩不理想的学科是哪一门？基于兴趣、花费时间、课程设置、授课方式、学习习惯等方面画出因果图。

6. 什么是六西格玛质量管理？六西格玛质量管理的基本原则有哪些？

7. 六西格玛质量的统计意义是什么?

8. 简述六西格玛质量改进的 DMAIC 模型各阶段的主要工作。

9. 什么是六西格玛质量设计?

□ 案例分析 6-1

海尔的质量管理

2016 年 5 月 30 日下午 2 点，在英国爱丁堡赫瑞-瓦特大学的学术会议厅里，两年一度的精益六西格玛国际会议召开。在这一全球学术界水平最高的精益六西格玛质量会议上，海尔洗衣机作为中国乃至亚洲第一个品牌，现场发布了免清洗洗衣机的质量改进实践，引来现场欧、美、亚等 100 多位全球主流质量专家的频频点头。来自美国普渡大学的查德·劳克斯（Chad Laux）教授现场表示：海尔在六西格玛实践方面已经走在了世界前列，希望有机会与海尔合作，设计出最佳的产品。

这场历时 25 分钟的演讲和交流很短暂，但其背后是海尔洗衣机一直以来在质量管理体系方面的沉淀和积累。就在不久前，海尔洗衣机研发的 DFSS 项目“免清洗全自动洗衣机设计”摘取了六西格玛全国总决赛冠军，这也是全国六西格玛优秀项目评选 13 年 4 325 个项目里唯一一个洗衣机品牌。

海尔洗衣机为何能够代表中国家电企业登上世界最高质量标准的舞台？对这个问题的回答俨然一个民生故事。质量从来都不是灰姑娘与水晶鞋的故事，它是实打实、做不了假的，需要有一套科学严谨的标准体系。众所周知，六西格玛以追求“零缺陷”为目标。企业要想达到六西格玛标准，其出错率不超过百万分之 3.4。然而，海尔洗衣机的质量标准理念却是用户满意，从这个维度看，海尔早已超过六西格玛标准。事实上，海尔洗衣机每一款产品的检测标准都要高于国家和行业水平，此外还会充分考虑产品将来在实际使用中可能遇到的全部问题，并将这些问题通过模拟实验进行“预演”，全部通过后才算合格。这也意味着，洗衣机在使用寿命内都不会出问题。

在海尔新模具大楼一个占地近 1 000 平方米的洗衣机实验室里，两排 24 个机位上正在进行洗衣机的各种程序测试。洗衣机上方都配备标准统一的计算机，计算机时刻记录洗衣机的运行程序。在另一个实验室，一系列被称为用户体验标准的破坏性试验抽检正在进行。以目前尚无国家标准、欧洲标准仅要求 1 万次开关的洗衣机门体为例，海尔洗衣机搭建了目前行业内最为严苛的标准——负重 3 公斤开关门 15 400 次，还有下压力、上抬力、反向开门角度共 3 项破坏性实验。这些试验非常严苛，让人看了都觉得有些“揪心”。

可以说，海尔洗衣机从洗净到洗护再到健康，一直主导着行业健康洁净的标准。海尔有能力制定全球最严苛的质量体系，也源于自始至终对质量的专注。正如海尔集团首席执行官张瑞敏所言：“质量无止境，企业无边界，名牌无国界。第一是质量，第二是质量，第三还是质量。”

在2016年政府工作报告中，国务院总理李克强提出，加快建设质量强国、制造强国，更好满足群众消费升级需求。而海尔洗衣机正是从“用户满意”的民生需求出发，实现了一次次飞跃，站上世界质量之巅。海尔洗衣机始终坚持结论先行，优先考虑用户体验与产品质量，再考虑经济性，这也给了中国制造行业一个重要的启示——必须淘汰那种“优先考虑成本和经济性再考虑质量”的落后观念，如此“中国制造”才能真正在国际市场上破局。

思考题

1. 海尔是如何进行六西格玛质量管理的？
2. 如何将六西格玛质量管理的内涵与海尔的具体实践结合起来？

□ 案例分析 6-2

Mega Bytes 餐馆的质量改进

Mega Bytes 餐馆是美国威斯康星州一家专门为旅行者提供餐饮服务的餐馆。除正餐服务外，该餐馆还设有自助早餐。为衡量客人的满意度，餐馆的管理者在3个月内进行了一次顾客意见调查。调查结果显示餐馆的主要服务质量问题是顾客等候很长时间才能入座。为此，餐馆成立了一个项目小组，并决定使用七步法（seven-step method，SSM）来解决这个问题。Mega Bytes 餐馆应用七步法的过程如下：

第一步：定义质量改善项目。

通过调查发现，Mega Bytes 餐馆最主要的问题在于顾客要等待很长的时间才能入座（见图6-17）。该餐馆的大多数客人是商务旅行者，他们想得到快捷的服务或有时间在饭桌上谈论业务，太长时间的等候会引起他们的不快。分析了各类投诉的严重性后，项目小组决定将本次质量改善项目定义为“解决顾客等候就座时间过长的问题”。以此定义为中心，项目小组对问题进行了细化，诸如“顾客等候何时开始？”“何时结束？”“怎样衡量顾客等候的时间？”等。

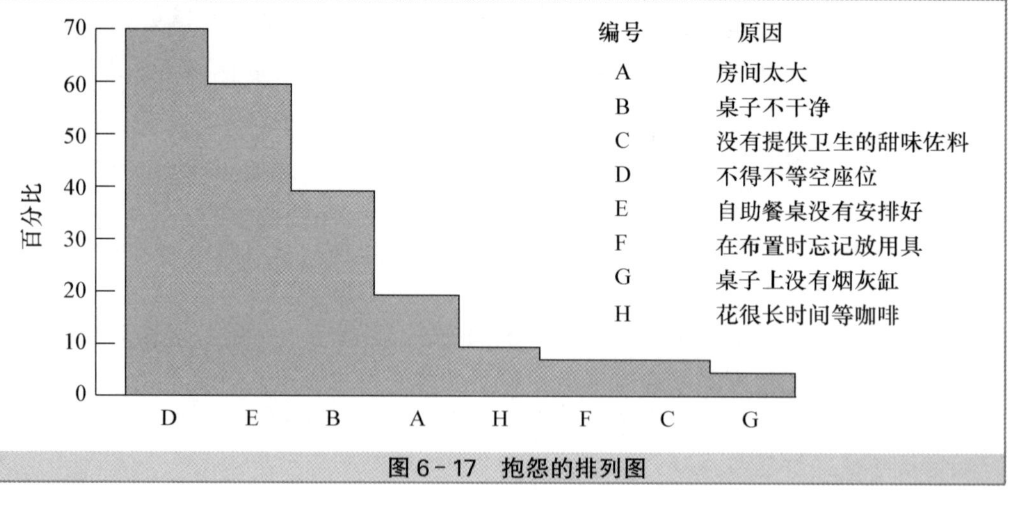

图6-17 抱怨的排列图

第二步：研究目前状况。

项目小组收集了顾客等候就座的基本数据（等候就座时间超过 1 分钟的顾客占所有等候顾客人数的比例），并把它们记录为一个曲线图（见图 6－18）。

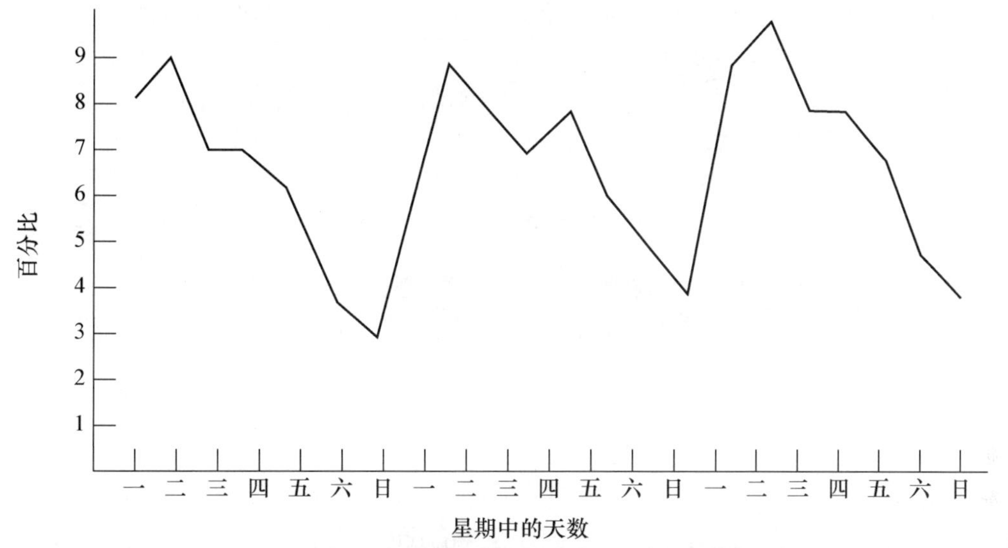

图 6－18　等候时间超过 1 分钟的顾客比例

基本数据表明，等待时间超长的现象在前半周比后半周要多。这与该餐馆主体客源的特点相符，因为餐馆的大部分顾客是商务旅行者。顾客等候的主要原因有两个：一个是餐厅已满，无餐桌可用；二是没有自己喜欢的位置。当然，没有服务生招呼或顾客的就餐伙伴尚未到来也可能引起他们的等候。但调查结果表明后两种现象很少发生；即使发生，也可以简单地通过在前半周和营业繁忙时刻增加服务人手来解决。

项目小组认为他们需要更多的信息来了解餐桌不够的原因和顾客就座偏好对发生等候现象的影响。收集到的数据显示，餐桌不够主要是由于餐桌清理不及时而就餐者无法使用。数据还显示，大部分等候的顾客偏爱非吸烟区的餐桌位置。

第三步：分析潜在的原因。

项目小组运用鱼骨分析法来分析“餐桌清理不及时”的原因。鱼骨分析法是一种因果分析工具，因其与鱼骨相似而得名。图 6－19 表明了以这种方法分析“餐桌清理不及时”的各种可能原因的过程。经过多次类似分析，项目小组最后确定造成“餐桌清理不及时”和“顾客花长时间等候非吸烟区的餐桌”两个问题的可能原因有两点：就餐区与厨房的距离不合适；吸烟区与非吸烟区的比例不当。

第四步：提出并实施解决方案。

项目小组提出了一系列可行解决方案，主要是适当增加非吸烟区的餐桌，并在此区设立临时工作台，以方便服务人员尽快清理餐桌和满足不吸烟顾客的要求，同时也便于收集有关顾客入座等候的信息。

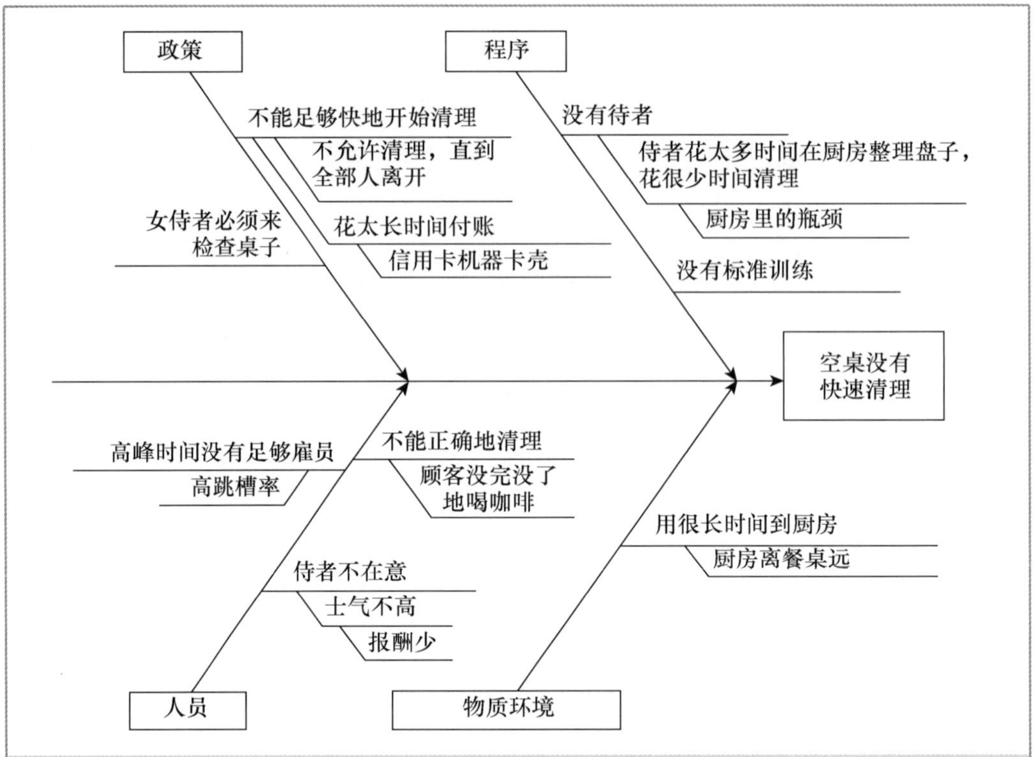

图 6-19 描述餐桌没有快速清理的因果图

第五步：检查结果。

项目小组分析了按照第四步方案实施后一个月内采集的数据，如图 6-20 所示，改进的效果是显著的。

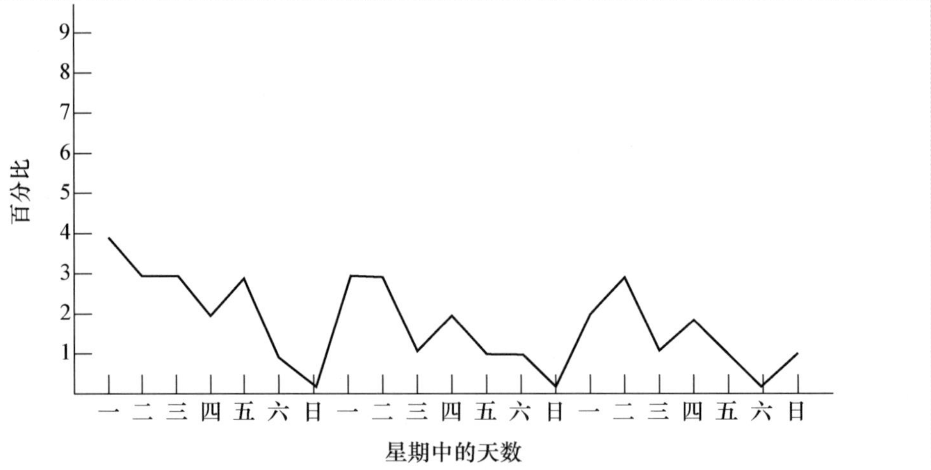

图 6-20 改进后等候时间超过 1 分钟的顾客比例

第六步：改进方案标准化。

改进方案将作为餐馆的管理标准固定下来，增加的非吸烟区餐桌和临时工作台将永久使用下去。

第七步：确定将来的计划。

项目小组决定解决在上次调查中显示出来的另一个问题：餐厅的自助餐桌布置不当。

资料来源：詹姆斯·A. 菲茨西蒙斯，莫娜·J. 菲茨西蒙斯. 服务管理运作、战略与信息技术. 北京：机械工业出版社，2013.

思考题

1. Mega Bytes 餐馆的质量改进过程如何体现 PDCA 循环的思想?

2. Mega Bytes 餐馆的质量改进过程还可以用到哪些质量改进方法或工具，具体该怎样进行?

3. 本案例中应用的 SSM 方法与 PDCA 方法有什么不同?

第 7 章

质量体系运行与认证

本章要点

- ISO 9000 族标准的构成及主要理念
- 质量审核的概念、分类及过程
- 质量认证的概念与分类
- 质量管理体系要求的要点
- 质量管理体系的总体设计及认证程序
- 质量管理体系的运行
- 卓越质量管理模式

2016 年 8 月 8 日，码易众包平台正式通过 ISO 9000 软件质量国际认证，软件众包正式进入 ISO 9000 国际软件质量认证体系。码易众包成为国内首家通过 ISO 9000 认证的软件众包服务平台，这也意味着中国的软件众包正式走向国际化。

码易众包是北京智网易联旗下的软件众包服务平台。作为国内首家通过软件质量认证的众包平台，码易众包为有需求的客户提供高质量的软件产品研发、软件技术孵化、软件运营及推广服务，为专业软件交付团队和个人开发者提供任务众包、项目管理、人才招募、技术指导、互动社区等丰富的经营、工作和交流服务。依托于强大的自有团队和平台上汇集的数万名互联网软件开发者、数千个专业软件开发交付团队，码易众包已为包括世界/中国 500 强、政府/事业机构和优秀创业企业在内的数百家客户完成了千余个项目的高质量交付。码易众包是国家提出“互联网＋”发展战略之后，由北京智网易联牵头组织建立的“互联网＋”软件开发及服务平台，主旨在于为中小型创业企业及传统企业提供低价、优质、高效的软件开发服务。平台自建立以来已经为上百家初创企业提供软件开发及咨询服务，是创业企业值得信赖的创业合作伙伴及技术合伙人。

ISO 9000 认证是企业走向国际化的必备钥匙。由不同的国家政府、国际组织和工业协会所做的研究表明，企业的生存、发展和不断进步都要依靠质量保证体系的有效实施。ISO 9000 系列质量体系被世界上众多国家广泛采用，既包括发达国家，也包括发展中国家。在这样的环境下，市场竞争更加激烈，产品和服务质量日益提高。

资料来源：码易平台成功通过 ISO 9000 软件质量国际认证. (2016-08-18). http://www.sohu.com/a/111090007_120672.

第 1 节　ISO 9000 质量管理标准简介

一、ISO 9000 族标准的产生和发展

1. ISO 9000 族标准的产生

第二次世界大战期间，战争中使用的武器要求性能良好，国家、政府在采购军品时，对产品特性提出要求的同时，还对供应商提出了质量保证的要求，世界军事工业从而得到迅猛发展。20 世纪 50 年代，美国发布了 MIL-Q-9858A《质量大纲要求》，成为世界上最早的有关质量保证方面的标准。而后，美国国防部制定和发布了一系列针对武器生产和承包商评定的质量保证标准。20 世纪 70 年代初，借鉴军用质量保证标准的成功经验，美国国家标准协会（ANSI）和美国机械工程师协会（ASME）分别发布了一系列有关原子能发电和压力容器生产方面的质量保证标准。

美国军品生产方面质量保证活动的成功经验，在世界范围内产生了很大的影响。工业发达国家，如英国、美国、法国和加拿大等国在 20 世纪 70 年代末先后制定和发布了用于民品生产的质量管理和质量保证标准。随着世界各国经济相互合作和交流，对供方质量体系的审核已逐渐成为国际贸易和国际合作的需求。世界各国先后发布关于质量管理体系及审核的标准。但各国实施的标准不一致，给国际贸易带来了障碍，质量管理和质量保证的国际化成为当时世界各国的迫切需要。

随着经济地区化、集团化、全球化的发展，市场竞争日趋激烈，顾客对质量的期望越来越高。各个组织为了竞争和保持良好的经济效益，设法提高自身的竞争能力以适应市场竞争的需要。为了成功地领导和运作一个组织，需要引入一种系统的透明的方式进行管理，针对所有顾客和相关方的需求，建立、实施并持续改进管理体系的业绩，从而使组织获得成功。

顾客要求产品具有满足其需求和期望的特性，这些需求和期望应在产品规范中加以表述。如果提供产品的组织质量管理体系不完善，那么规范本身就不能保证产品始终满足顾客的需要。因此，对这方面的关注导致了质量管理体系标准的产生，并把它作为对技术规范中有关产品要求的补充。

国际标准化组织（ISO）于1979年成立了质量管理和质量保证技术委员会，负责制定质量管理和质量保证标准。1986年，ISO发布ISO 8402《质量——术语》标准，1987年发布ISO 9000《质量管理和质量保证标准——选择和使用指南》、ISO 9001《质量体系——设计、开发、生产、安装和服务的质量保证模式》、ISO 9002《质量体系——生产、安装和服务的质量保证模式》、ISO 9003《质量体系——最终检验和试验的质量保证模式》、ISO 9004《质量管理和质量体系要素——指南》等六项标准，统称为ISO 9000系列标准。

ISO 9000系列标准的颁布，使各国的质量管理和质量保证活动统一在这一基础之上。标准总结了工业发达国家先进企业质量管理的实践经验，统一了质量管理和质量保证的术语和概念，并对推动组织的质量管理，实现组织的质量目标，消除贸易壁垒，提高产品质量和顾客满意度等产生了积极的影响，得到世界各国的普遍关注和采用。迄今为止，它已被全世界150多个国家和地区等同采用为国家标准，并广泛用于工业、经济和政府管理等领域，有50多个国家建立了质量管理体系认证制度，世界各国质量管理体系审核员注册的互认制度和质量管理体系认证的互认制度也得以广泛建立和实施。

2．ISO 9000族标准的发展

为了使1987版的ISO 9000系列标准更加协调和完善，质量管理和质量保证技术委员会（ISO/TC 176）于1990年决定对标准进行修订，提出了《90年代国际质量标准的实施策略》（国际通称《2000年展望》），其目标是："要让全世界都接受和使用ISO 9000族标准；为提高组织的运作能力提供有效的方法；增进国际贸易，促进全球的繁荣和发展；使任何机构和个人可以有信心从世界各地得到任何期望的产品以及将自己的产品顺利销售到世界各地。"

按照《2000年展望》提出的目标，标准分两阶段修改：第一阶段修改称为"有限修改"，即1994版ISO 9000族标准。第二阶段修改是在总体结构和技术内容上做较大的全面修改，即2000版ISO 9000族标准。其主要任务是："识别并理解质量保证及质量管理领域中顾客的需求，制定有效反映顾客期望的标准；支持这些标准的实施，并促进对实施效果的评价。"

第一阶段的修改主要是对质量保证要求（ISO 9001，ISO 9002，ISO 9003）和质量管理指南（ISO 9004）的技术内容做局部修改，总体结构和思路不变。通过ISO 9000-1与ISO 8402两项标准，引入了一些新的概念和定义，为第二阶段修改提供了过渡的理论基础。1994年，ISO/TC 176完成了对标准第一阶段的修订工作，发布了1994版ISO 8402，ISO 9000-1，ISO 9001，ISO 9002，ISO 9003和ISO 9004-1等六项国际标准，到1999年底已陆续发布了22项标准和两份技术报告。

ISO/TC 176完成标准的第一阶段修订后，立即进入了第二阶段的修订工作。1996年，在广泛征求世界各国标准使用者的意见、了解顾客对标准修订的要求并比较修订方案后，ISO/TC 176相继提出了《2000版ISO 9001标准结构和内容的设计规范》和《ISO 9001修订草案》，作为对1994版标准修订的依据。2000年12月

15 日，ISO/TC 176 正式发布了新版本 ISO 9000 族标准，统称为 2000 版 ISO 9000 族标准。该标准的修订充分考虑了 1987 版和 1994 版标准以及现有其他管理体系标准的使用经验，使质量管理体系更加适合组织的需要，更适应组织开展其商业活动的需要。

接下来，相关组织又对 ISO 9000 族标准进行了多次修改：2002 年 ISO 19011：2002 标准；2005 年 ISO 9000：2005 标准；2008 年 ISO 9001：2008 标准；2009 年 ISO 9004：2009 标准；2011 年 ISO 19011：2011 标准；2015 年 ISO 9000：2015 标准；2015 年 ISO 9001：2015 标准等。通过不断修改与补充，ISO 9000 族标准进一步完善，并且扩大了 ISO 9000 族标准的适用范围，增强了实用性。

综上所述，ISO 9000 族标准的产生和发展绝非偶然，它既是当代科学、技术、社会与经济发展的必然产物，又是质量管理的理论和实践相结合的成果。具体地说，科学技术的进步与经济发展水平的提高为 ISO 9000 族标准的产生创造了客观条件；世界各国推行质量管理和质量保证活动的成功经验为 ISO 9000 族标准的产生奠定了实践基础；质量管理科学的发展为 ISO 9000 族标准的产生提供了必要的理论基础；国际贸易的激烈竞争是产生 ISO 9000 族标准的现实要求。ISO 9000 族标准的产生和发展不仅顺应了发展国际经济贸易与交流合作的需要，还对规范市场行为，促进企业加强质量管理，提高产品质量，增强市场竞争力产生了积极效果，特别是在我国市场经济体制建立过程中和经济增长方式转变中将发挥越来越大的作用。

二、ISO 9000 族标准的构成和核心标准的介绍

1. ISO 9000 族标准的构成

根据 2008 年 12 月发布的 ISO/TC 176 N817R8 文件，ISO 9000 族质量管理体系标准的构成如表 7-1 所示。

表 7-1　ISO 9000 族标准文件结构

核心标准	ISO 9000	《质量管理体系——基础和术语》
	ISO 9001	《质量管理体系——要求》
	ISO 9004	《质量管理体系——业绩改进指南》
	ISO 19011	《管理体系审核指南》
其他标准	ISO 10012	《测量控制系统》
技术报告	ISO/TR 10006	《项目管理指南》
	ISO/TR 10007	《技术状态管理指南》
	ISO/TR 10013	《质量管理体系文件指南》
	ISO/TR 10014	《质量经济性管理指南》
	ISO/TR 10015	《培训指南》
	ISO/TR 10017	《统计技术指南》

小册子		《质量管理原则》
		《选择和使用指南》
		《小型组织实施指南》

2. 核心标准的介绍

（1）ISO 9000：2015《质量管理体系——基础和术语》。ISO 9000：2015 标准主要包括三部分内容：第一部分确认了质量管理的七项原则。第二部分提供了建立和实施质量管理体系的方法和标准。第三部分是术语和定义，规定了 138 个词条，为全世界不同文化背景、使用不同语言的所有需要使用 ISO 9000 族标准的组织和人员提供了对质量管理的基本原理和基本概念的共同理解。

（2）ISO 9001：2015《质量管理体系——要求》。该标准为各种类型、不同规模和提供不同产品的组织规定了质量管理体系的通用要求，以证实其具有稳定地提供满足顾客要求和适用法律法规要求的产品的能力，并通过体系的有效应用，包括体系持续改进过程以及保证符合顾客要求和适用的法律法规要求，增加顾客满意。该标准是用于质量管理体系第三方认证的标准。相对于 ISO 9001：2008，ISO 9001：2015 的主要变化包括：新的要求与组织环境；更加注重过程方法的应用；更适用于服务型组织；文件化的信息；七项质量管理原则。

（3）ISO 9004：2008《追求组织的持续成功 质量管理方法》。相较于 ISO 9004：2009《质量管理体系——业绩改进指南》，ISO 9004：2018 的关注点不再是一般的质量和改进，而是组织的总体成功。该标准加强了对于务实以及具有业务意识内容的关注，从而为深入挖掘其领导作用和方针条款提供了机会。

（4）ISO 19011：2018《管理体系审核指南》。该标准为审核原则、审核方案的管理、质量管理体系审核和环境管理体系审核的实施提供了指南，也为提高质量和环境管理体系审核员的能力提供了指南，适用于需要实施质量和环境管理体系内部和外部审核或需要管理审核方案的所有组织。

三、ISO 9000 族标准的主要理念

1. 七项质量管理原则

（1）以顾客为关注焦点。组织依存于顾客，因此组织应当理解顾客当前和未来的需求，满足顾客要求并争取超越顾客期望。任何一个组织都应该把争取顾客，使顾客满意作为首要工作来抓，依此安排所有的活动。超越顾客的期望将给组织带来更大的效益。

（2）领导作用。各层领导建立统一的宗旨和方向，并且创造全员参与的条件，以实现公司的质量目标。统一的宗旨和方向，以及全员参与，能够使公司将战略、方针、过程和资源保持一致，更好地实现目标。

（3）全员参与。整个公司内各级人员的胜任、授权和参与，是提高公司创造和提供价值能力的必要条件。为高效管理公司，各级人员得到尊重并参与其中是极其

重要的。通过授权、提高和表彰能力，促进在实现公司质量目标过程中的全员参与。

（4）过程方法。过程是指一组将输入转化为输出的相互关联或相互作用的活动。系统地识别和管理组织所应用的过程，特别是这些过程之间的相互作用，称为过程方法。当活动被作为相互联系的功能连贯过程系统进行管理时，可更有效和高效地得到预期的结果。质量管理体系由相互关联的过程组成。理解体系是如何产生结果的，能够使公司尽可能完善体系和绩效。

（5）改进。改进对于公司保持当前的绩效水平，对其内外部条件的变化做出反应并创造新的机会都是非常必要的。为了改进组织的整体业绩，组织应不断改进其产品质量，提高质量管理体系及过程的有效性和效率，以满足顾客和其他相关方日益增长和不断变化的需要与期望。改进的关键是改进的循环和改进的持续，一个改进过程（PDCA 循环）的结束往往是另一个改进过程的开始。

（6）循证决策。决策是一个复杂的过程，并且总是包含一些不确定因素。它经常涉及多种类型和来源的输入及其解释，而这些解释很有可能是主观的。理解因果关系和潜在的非预期后果极为重要。分析事实、证据和数据可增强决策的客观性，使决策者更有把握。

（7）关系管理。为了持续成功，公司需要管理与相关方的关系。相关方影响公司的绩效。当公司管理与所有相关方的关系时能够尽可能地发挥其在公司绩效方面的作用时，更有可能实现持续成功。

2. 质量管理体系基础

（1）质量管理体系的理论说明。质量管理体系能够帮助组织增强顾客满意。顾客的需求和期望是不断变化的，质量管理体系鼓励组织分析顾客要求，规定相关过程并使其持续受控，以提供顾客能接受的产品。质量管理体系能提供持续改进的框架，以增加顾客和其他相关方满意的机会。质量管理体系还就组织能够提供持续满足要求的产品，向组织及其顾客提供信任。

（2）质量管理体系要求与产品要求。质量管理体系要求适用于所有行业或经济领域，不论其提供何种类别的产品。标准本身并不规定产品要求。产品要求可由顾客规定，或由组织通过预测顾客的要求规定，或由法规规定。在某些情况下，产品和有关过程的要求可包含在技术规范、产品标准、过程标准、合同协议和法规要求中。

（3）质量管理体系方法。质量管理体系方法是管理的系统方法这一原则的具体体现。建立和实施质量管理体系的方法包括以下步骤：确定顾客和其他相关方的需求和期望；建立组织的质量方针和质量目标；确定实现质量目标必需的过程和职责；确定和提供实现质量目标必需的资源；规定测量每个过程的有效性和效率的方法；应用这些测量方法确定每个过程的有效性和效率；确定防止不合格并消除产生原因的措施；建立和应用持续改进质量管理体系的过程。上述方法也适用于保持和改进现有的质量管理体系。

（4）过程的方法。ISO 9000 族标准鼓励采用过程方法管理组织。图 7－1 所示是标准所表述的以过程为基础的质量管理体系模式。建立质量管理体系首先应识别体系的四个主要过程，包括管理职责，资源管理，产品实现，测量、分析和改进。然后对各个过程的输入、输出和活动实行控制。图 7－1 表明在向组织提供输入方面，相关方起到了重要作用。监控相关方的满意度需要评价有关相关方感受的信息，这种信息可以表明其需求和期望得到满足的程度。运用过程的方法来为持续改进这一目标服务。

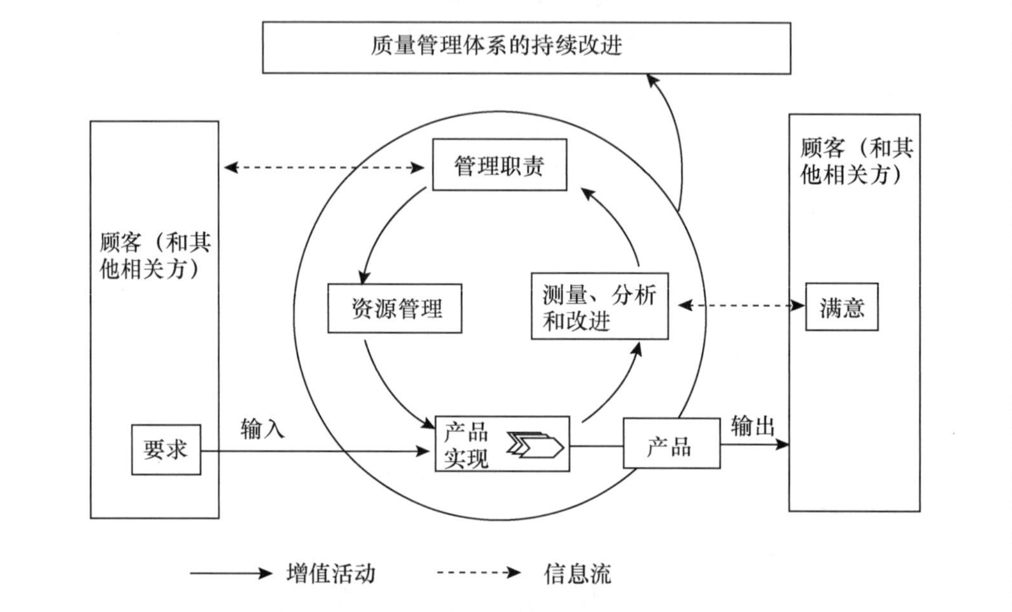

图 7－1　以过程为基础的质量管理体系模式

（5）质量方针和质量目标。建立质量方针和质量目标为组织提供了关注的焦点。两者确定了预期的结果，并帮助组织利用其资源取得这些结果。质量方针为建立和评审质量目标提供了框架。质量目标需要与质量方针和持续改进的承诺相一致，其实现是可测量的。质量目标的实现对产品质量、运行有效性和财务业绩都有积极影响，对相关方的满意和信任也会产生积极影响。

（6）最高管理者在质量管理体系中的作用。最高管理者通过其领导作用及各种措施可以创造一个员工充分参与的环境，在这种环境中真正体现全员参与的原则，充分发挥他们的主动性，使质量管理体系能够有效运行。最高管理者可以运用质量管理原则作为发挥以下作用的基础：制定并保持组织的质量方针和质量目标；通过提高员工的意识、积极性和参与程度，在整个组织内促进质量方针和质量目标的实现；确保整个组织关注顾客要求；确保实施适宜的过程以满足顾客和其他相关方要求，并实现质量目标；确保建立、实施和保持一个有效的质量管理体系，以实现这些质量目标；确保获得必要资源；定期评审质量管理体系；决定有关质量方针和质量目标的措施；决定改进质量管理体系的措施。

（7）文件。文件能够沟通意图、统一行动，其使用有助于：满足顾客要求和实现质量改进；提供适宜的培训；具有重复性和可追溯性；提供客观证据；评价质量管理体系的有效性和持续适宜性。文件的形成本身并不是目的，目的是通过形成文件形式的质量管理体系使体系中的过程得到有效的控制，从而成为一项增值活动。在质量管理体系中使用下述几种类型的文件：

1）质量手册。向组织内部和外部提供关于质量管理体系的一致信息的文件。

2）质量计划。表述质量管理体系如何应用于特定产品、项目或合同的文件。

3）规范。阐明要求的文件。

4）指南。阐明推荐的方法或建议的文件。

5）形成文件的程序、作业指导书和图样。提供如何一致地完成活动和过程的信息的文件。

6）记录。为完成的活动或达到的结果提供客观证据的文件。

每个组织应确定其所需文件的多少和详略程度及使用的媒体。这取决于下列因素：组织的类型和规模、过程的复杂性和相互作用、产品的复杂性、顾客的要求、适用的法规要求、经证实的人员能力，以及满足质量管理体系要求所需证实的程度。

（8）质量管理体系评价。为保证质量管理体系的有效性、充分性和适宜性，应对其进行全面、客观的评价。

1）质量管理体系过程的评价。评价质量管理体系时，应对每一个被评价的过程提出如下四个基本问题：过程是否被识别并适当规定？职责是否分配？程序是否得到实施和保持？在实现所要求的结果方面，过程是否有效？综合上述问题的答案可以确定评价结果。质量管理体系评价，如质量管理体系审核和质量管理体系评审以及自我评定，在涉及的范围上可以有所不同，并可包括许多活动。

2）质量管理体系审核。审核用于确定符合质量管理体系要求的程度。审核发现用于评定质量管理体系的有效性和识别改进的机会。第一方审核用于内部目的，由组织自己或以组织的名义进行，可作为组织声明自身合格的基础。第二方审核由组织的顾客或由其他人以顾客的名义进行。第三方审核由外部独立的组织进行。这类组织通常是经认可的，能提供符合要求的认证或注册。

3）质量管理体系评审。最高管理者的任务之一是就质量方针和质量目标，有规则地、系统地评价质量管理体系的适宜性、充分性、有效性和效率。这种评审包括考虑修改质量方针和质量目标的需求以响应相关方需求和期望的变化，以及确定采取措施的需求。审核报告与其他信息源一同用于质量管理体系的评审。

4）自我评定。组织的自我评定是一种参照质量管理体系或优秀模式对组织的活动和结果进行的全面和系统的评审，参加国家和区域质量奖评审是一种被广泛承认和使用的方式。自我评定可提供一种对组织业绩和质量管理体系成熟程度的总体看法。它还有助于识别组织中需要改进的领域并确定优先开展的事项。

（9）持续改进。持续改进质量管理体系的目的在于增加顾客和其他相关方满意的机会，改进下述活动：分析和评价现状，以识别改进区域；确定改进目标；寻找可能的解决办法，以实现这些目标；评价这些解决办法并做出选择；实施选定的解决办法；测量、验证、分析和评价实施的结果，以确定这些目标已经实现；

正式采纳、更改。必要时，对结果应进行评审，以确定进一步改进的机会。从这种意义上说，改进是一种持续的活动。顾客和其他相关方的反馈以及质量管理体系的审核和评审，均能用于识别改进的机会。持续改进也是七项质量管理原则之一。

（10）统计技术的作用。应用统计技术可帮助组织了解变异，从而有助于组织解决问题并提高有效性和效率。这些技术也有助于更好地利用可获得的数据进行决策。在许多活动的状态和结果中，甚至是在明显的稳定条件下，均可观察到变异。这种变异可通过产品和过程可测量的特性观察到，并且在产品整个生命周期（从市场调研到顾客服务和最终处置）的各个阶段均存在。统计技术有助于对这类变异进行测量、描述、分析、解释和建立模型，甚至在数据相对有限的情况下也可实现。这种数据的统计分析能对更好地理解变异的性质、程度和原因提供帮助，从而有助于解决，甚至防止由变异引起的问题，并促进持续改进。

（11）质量管理体系与其他管理体系的关注点。质量管理体系是组织管理体系的一部分，它致力于使与质量目标有关的结果适当地满足相关方的需求、期望和要求。组织的质量目标与其他目标，如增长、资金、利润、环境及职业卫生与安全等目标相辅相成。一个组织的管理体系的各个部分，连同质量管理体系可以合成一个整体，从而形成使用共有要素的单一的管理体系。这将有利于策划、资源配置、确定互补的目标并评价组织的整体有效性。组织的管理体系可以对照其要求进行评价，如果需要审核可分开进行也可合并进行。

（12）质量管理体系与优秀模式之间的关系。ISO 9000 族标准和优秀模式提出的质量管理体系方法依据共同的原则。它们两者均使组织能够识别它的强项和弱项；包含对照通用模式进行评价的规定；为持续改进提供基础；包含外部承认的规定。主要差别在于应用范围不同。ISO 9000 族标准提出了质量管理体系要求和业绩改进指南，质量管理体系评价可确定这些要求是否得到满足。优秀模式包含能够对组织业绩进行比较评价的准则，并适用于组织的全部活动和所有相关方。优秀模式评定准则提供了一个组织与其他组织的业绩相比较的基础。

四、质量体系的基本组成部分

1. 质量体系的定义

质量体系是指为实施质量管理所需要的组织结构、职责、程序、过程和资源。质量体系的内容应以满足质量目标的需要为准；一个组织的质量体系主要是为满足该组织内部管理需要而设计的。它比特定的顾客要求更广泛，顾客仅仅评价质量体系中的有关内容。出于合同或强制性质量评价的目的，可要求对已确定的质量体系要素的实施进行证实。

质量体系是为了确保产品质量，确立质量方针，提出具体的质量目标，并对影响产品质量目标的因素（技术、管理、人员）进行有效的控制，以预防、减少和消除质量缺陷，用最为经济的手段为用户提供满意的产品。质量体系围绕产品质量形成的全过程，通过对实施质量管理所需要的组织管理、程序、过程和资源积极而有效的运作，对质量环各个阶段的工作过程加以有效的控制。

2. 质量体系的结构

质量体系的结构包括四个部分：组织结构（组织机构和职责）；工作程序（标准、手册、计划、工艺、检验等）；过程（产品的全过程）；资源和人员（各类资源）。

（1）组织结构。在企业的全部管理工作中，应建立与质量体系相适应的组织机构，并且规定各机构的隶属关系和联系方法。

（2）工作程序。工作程序是质量体系文件的主要组成部分，主要包括质量手册、各种工作标准和管理标准、质量计划、各种工艺、试验、检验规程等。

（3）过程。质量体系中的各项过程，贯穿于产品质量形成的全过程，也就是存在于质量环的各个阶段。

（4）资源和人员。资源和人员是质量体系的基本组成部分，也是企业生产出合格产品的必要条件。其中资源包括：人才资源的专业技能（培训、资格认可）；设计和研制设备（新产品、新技术、新工艺）；制造设备（过程控制的基础）；检验、计量和试验设备；仪器、仪表和计算机软件（水平提高）。

第 2 节　质量审核与质量认证

一、质量审核的概念

质量审核（quality audit）是指为获得审核证据并对其进行客观的评价，以确定满足审核准则的程度所进行的系统的并形成独立文件的过程。

从定义中可以看出，审核的目的是评定受审核方满足要求或准则的程度，审核的方法是获取证据并对其进行客观评价。在审核过程中要遵循独立性、客观性和系统方法三个核心原则。审核准则是一组方针和程序或要求，用作与审核证据进行比较的依据。质量手册、程序文件、质量方针、目标、政策、承诺以及适用于组织的法律、法规和其他要求等都是重要的审核准则。审核证据是与审核准则有关的并且能够证实的记录、事实陈述或其他信息。审核证据可以是定性的，也可以是定量的。比如，审核员在审核范围内查阅的文件、记录，在审核现场观察到的现象，或测量与实验的结果。

二、质量审核的分类

质量审核可按不同的审核标准进行分类，包括审核对象分类法、审核方分类法和审核范围分类法，如图 7－2 所示。

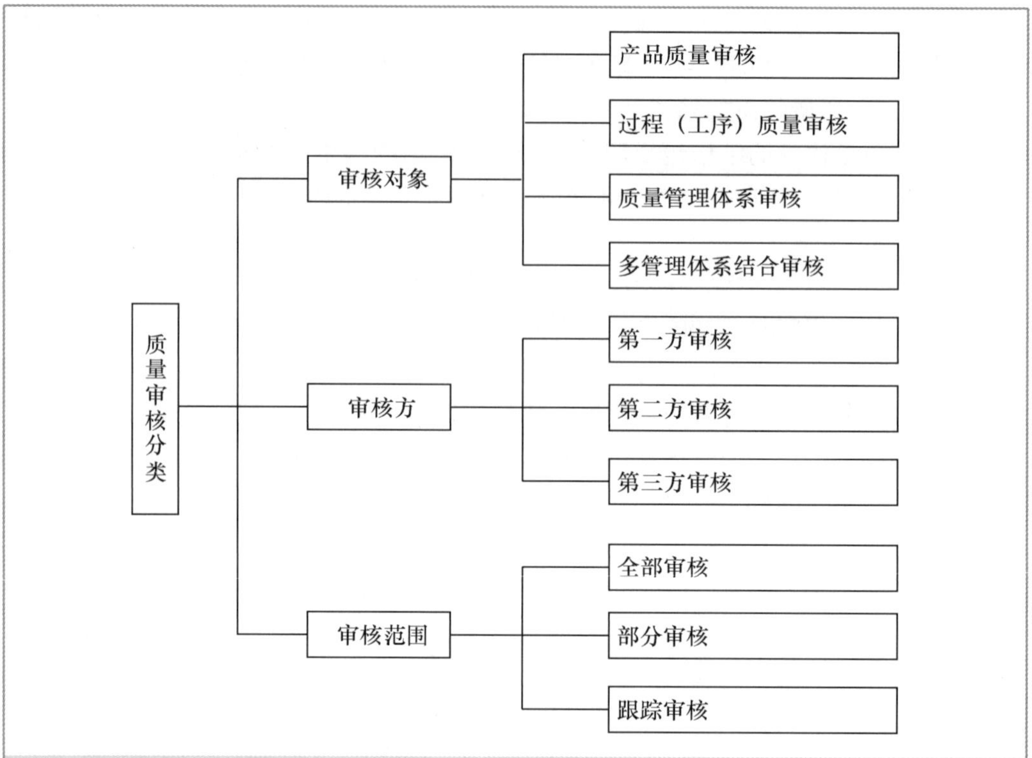

图7-2 质量审核的类型

1. 审核对象分类法

质量审核根据审核对象的不同，可以划分为产品质量审核、过程（工序）质量审核、质量管理体系审核与多管理体系结合审核。

（1）产品质量审核。产品质量审核是指为了确定产品质量的符合性和适用性，对最终产品的质量进行单独评价。评价的标准以适用性为主，从用户的角度来检查和评价产品质量。审核依据是“产品质量审核评价指导书”，用产品缺陷的多少和严重程度来评价产品。

产品质量审核的重点是成品，也包括外购、外协件、自制零部件。审核的范围包括：质量上存在薄弱环节的产品；性能、质量要求高的产品；制造工艺复杂的产品；最终检验难度大或容易漏检的产品；顾客反映质量问题较多的产品。

产品质量审核通过抽取经过验收的产品，对比现在生产的产品和过去生产的产品的质量水平，分析产品质量的发展趋势。其作用主要有以下几方面：

1）使用定量与定性的方法对产品进行检查，以确定产品的实际质量水平。

2）通过分析、评价尽早发现产品质量不符合的原因，并改进其实现过程。

3）分析产品质量发生变化的原因，以便采取纠正和预防措施。

4）审核的结果能够及时发现质量管理体系存在的薄弱环节。

5）预测服务工作的质量。

6）研究产品质量水平与质量成本之间的关系，寻求适宜的质量水平，从而改进组织的业绩。

（2）过程（工序）质量审核。过程（工序）质量审核是指独立地对过程进行质量审核，以评价质量控制计划的可行性、可信性与可靠性。对过程（工序）进行质量审核可以从输入、资源、活动、输出入手，涉及人员、设备、材料、方法、环境、时间、信息及成本八个要素。

1）人员。人员配备是否适当，是否按工艺规程或作业指导书操作，是否按规定进行检验。

2）设备。设备、工装、计量器具配置是否符合要求，设备状态如何。

3）材料。原材料、协作件的供应是否正常，质量是否符合要求。

4）方法。过程使用的技术、检验文件是否统一、正确、有效，质量控制点设置是否正确，运行是否正常。

5）环境。作业的环境是否符合要求。

6）时间。作业时间、节奏的控制是否符合要求。

7）信息。过程中产生的信息是否按要求予以记录与传递。

8）成本。质量成本是否得到有效控制。

过程质量审核的内容是针对过程能力而言的，对组织在策划中过程能力的预期要求进行可行性、可信性和可靠性的评价。能力是指组织、体系或过程实现产品并使其满足要求的本领；过程的能力就是指过程满足要求的本领。过程质量审核应当抓住主要过程，抓住对组织的产品质量有关键影响的过程。但是由于各行各业的过程性质不同，对过程能力的要求也不同，所以每个组织应该根据自身的实际情况策划过程预期的要求，将其作为过程质量审核的依据。

（3）质量管理体系审核。质量管理体系审核是指独立地对一个组织的质量管理体系进行审核。质量管理体系审核应覆盖组织的所有部门和过程，围绕产品质量形成的全过程进行，通过对质量管理体系中的各个部门、各个过程的审核，综合评价质量管理体系的适宜性与有效性。

（4）多管理体系结合审核。当质量管理体系与环境管理体系或其他管理体系一起接受审核时，称为多管理体系结合审核。

2. 审核方分类法

按审核方不同，可以将质量审核分为第一方审核、第二方审核、第三方审核。其中第一方审核为内部审核，第二方、第三方审核为外部审核。

（1）第一方审核。这是组织对其自身的产品、过程或质量管理体系进行的审核，又称为内部审核。审核员通常是本组织的，也可聘请外部人员。通过审核，综合评价组织自身的质量活动及其结果，并对审核中发现的不合格项采取纠正和改进措施。

（2）第二方审核。这是由顾客对供方开展的审核，属外部审核。审核的标准通常由顾客根据自身的需要提出，审核的结果通常作为顾客购买的决策依据。

第二方审核时应先考虑采购产品对最终产品质量或使用的影响程度，然后确定审核方式与范围，同时还要考虑到技术与生产能力、价格、交货及时性和服务等因素。其审核方式主要有采购产品质量管理体系审核、采购产品质量审核、采购过程质量审核和采购产品特殊要求审核等。

（3）第三方审核。第三方是相对于第一方（组织）与第二方（顾客）而言的，是独立于第一方和第二方的一方，与两者既无行政上的隶属关系，也无经济上的利益关系，是由具有一定资格并经一定程序认可的审核机构派出审核人员对组织的管理体系进行审核。

第三方审核是有偿服务，审核机构按商定的标准对受审核方的产品或质量管理体系进行审核。审核结果若符合标准要求，受审核方将可获得合格认证并登记注册，表明其产品或管理体系在审核有效期内具有审核范围规定的能力。

三种审核方审核的区别如表7－2所示。

表7－2　　三种审核方审核的区别

项目	第一方审核	第二方审核	第三方审核
审核类型	内部审核	顾客对供方的审核	独立的第三方对组织的审核
执行者	组织内部或聘请外部审核人员	顾客自己或委托他人代表顾客	第三方认证机构派出审核员
审核目的	推动内部改进	选择、评定或控制供方	认证注册
审核依据	适用的法律、法规和标准，顾客指定的标准，组织质量管理体系文件，顾客投诉	顾客指定的产品标准和质量管理体系标准适用的法律	组织适用的法律、法规和标准，组织质量管理体系文件，顾客投诉以及ISO 9001：2015等
审核范围	可扩大到所有的内部管理要求	限于顾客关心的标准和要求	限于申请的产品及其相关的质量管理体系
审核时间	时间灵活、充裕	审核时间较少	审核时间短，按计划执行

3．审核范围分类法

按照审核的范围，可以将质量审核分为全部审核、部分审核与跟踪审核。

（1）全部审核。在进行质量审核的过程中，只要覆盖了组织产品质量形成的各个过程、各个方面，不管是由第一方、第二方还是第三方开展的审核，都属于全部审核。

（2）部分审核。对组织的质量管理体系过程进行有选择的审核。

（3）跟踪审核。跟踪审核是审核活动的一部分，也是一种部分审核。它是对受审核部门采取的纠正措施进行评审，并对实施效果进行判断和记录的一系列审核活动的总称。

三、质量审核的过程

1．审核方案

审核方案（audit programme）是针对特定时间段所策划并具有特定目的的一组（一次或多次）审核。准备进行质量审核的组织首先要制定一个有效的审核方案，并对其进行管理。制定审核方案的目的是策划审核的类型和次数，识别并提供实施审核必需的资源。对于审核方案的管理，可以应用 PDCA 模式。

2. 审核的一般步骤

通常内审的质量管理体系审核由组织按年度计划自行安排；第二方审核由组织的相关方以顾客的名义向组织提出；第三方审核由委托方向认证机构提出。审核的一般流程如图 7-3 所示。

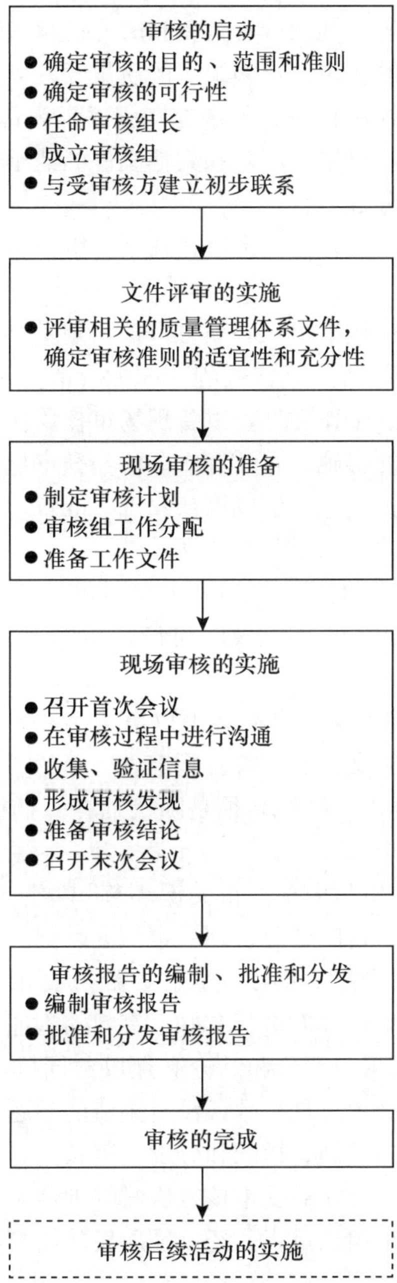

图 7-3　审核的一般流程

（1）审核的启动。确定审核的目的、范围和准则，确定审核的可行性，任命审核组组长，成立审核组。另外，外部审核还要与受审核方建立初步联系。

被任命的审核组组长应具备审核必需的知识与技能，其主要职责是：与审核委托方确定审核的范围和准则，组建审核组，负责文件初审，制定审核计划，分配审核任务，主持审核工作，控制审核过程，协调审核过程中遇到的异常问题，组织审核组讨论确定不符合项和审核结论，编写并提交审核报告，组织跟踪认证等。

审核组的构成和规模取决于受审核方的组织结构和规模，以及受审核方的产品和过程的复杂程度等。其中应有具备相关专业审核资格的成员或技术专家。

（2）文件评审的实施。审阅组织的质量管理体系文件，如质量手册、六个必需的程序文件（文件控制程序、记录控制程序、内部审核程序、不合格的控制程序、纠正措施程序、预防措施程序）和其他文件的清单等。通过文件评审可以确定审核准则的适宜性和充分性。

（3）现场审核的准备。制定审核计划，审核组组长下达审核任务，审核员编制检查表。

现场审核前，审核组组长必须将审核计划发给受审核方和审核组，分配给每个组员具体的任务，包括受审核过程、职能、活动和场所。审核组成员在接受任务后，要准备好必要的工作文件，以备现场审核用作参考和记录。

（4）现场审核的实施。召开首次会议，在审核过程中进行沟通，然后通过现场审核收集和验证各种信息，形成审核发现，准备审核结论，最后召开末次会议。实施现场审核活动应注意以下几个方面：

1）审核组组长必须控制好审核的全过程。在审核过程中，审核组组长应积极支持成员间的交流，发现问题及时讨论、集思广益，确保审核正确、客观、公正、有序地进行。

2）以客观证据为准。审核必须以事实为基础，所有判断都要有证据来支持，特别要慎重对待没有文件的不符合判定。

3）合理选择样本。抽样必须是随机抽样。抽样的样本要有代表性，数量要适当，一般为2～12个。

4）深入调查。审核中要注重关键环节和体系运行的主要问题，找出问题的原因，经过多方求证，将问题分析到一定深度，同时注意过程间的关联性。

5）营造并保持良好的审核气氛。审核员要始终保持客观、公正、耐心、礼貌的工作态度，要与受审核方进行友好、有效的沟通。

6）控制审核结果。评价和结论必须以共同确认的事实为依据，要有明确的针对性，审核组内部必须意见一致，没有搞清的问题不要下结论。

（5）审核报告的编制、批准和分发。审核报告是审核的总结，是在对审核发现进行统计分析的基础上，对受审核方质量管理体系有效性总体评价的正式文件，其编制和内容由审核组组长负责，经批准后发放给有关方。

（6）审核的完成。

（7）审核后续活动的实施。审核后续活动主要包括纠正措施、预防措施等改进活动的验证和评审。该过程通常不视为审核的一部分。审核组在审核中发现不符合项并得到责任部门的确认后，应向受审核方提出采取纠正措施的要求，并且负责对纠正措施的实施情况与效果进行验证。

四、质量认证的概念

1. 质量认证的概念

质量认证（quality certification）也称合格认证（conformity certification），ISO/IEC 指南 2《关于标准化与相关活动的一般术语及其定义》中对认证的定义是：第三方依据程序对产品、过程或服务符合规定的要求给予书面保证（合格证书）。这一定义的含义是：认证的对象是产品、过程或服务，包括产品质量认证和质量管理体系认证；认证的依据是标准规定的要求；认证的证明方式是书面保证，包括合格证书和认证标志；认证是权威、公正且独立的第三方从事的活动。通常把产品的供方称作"第一方"；顾客称为"第二方"；"第三方"是独立于第一方和第二方的一方，它与其他两方不应存在行政上的隶属关系和经济上的利害关系。

2. 认证和认可的区别与联系

认证与认可均属合格评定的范畴。认可是指由权威机构（指法律或特定政府机构依法授权的机构）对有能力执行特定任务的机构或个人给予正式承认的程序。认可的对象是实施认证、检验和检查的机构或人员。认证与认可不仅在目的和作用上不同，在机构上也有区别。认证机构为所有具备能力的机构，大多数国家认证机构之间存在竞争关系；认可机构应为权威机构或授权机构，一般为政府机构本身或政府指定代表政府的机构，认可机构具有唯一性。为保证认可结果的一致性和认可制度实施的国家权威性，认可机构不宜引入竞争机制。

五、质量认证的分类

1. 根据认证对象划分

根据认证对象，可以将质量认证分为产品质量认证和质量管理体系认证。

（1）产品质量认证。产品质量认证是指依据产品标准和相应技术要求，经认证机构确认并通过颁发认证证书和认证标志来证明某一产品符合相应标准和技术要求的活动。产品质量认证可以分为安全认证和合格认证。安全认证是指根据安全标准进行的认证或只对商品标准中有关安全的项目进行的认证，它是对商品在生产、储运、使用过程中是否具备保证人身安全与避免环境遭受危害等基本性能的认证，属于强制性认证。合格认证是依据商品标准的要求，对商品的全部性能进行的综合性质量认证，一般属于自愿性认证。

（2）质量管理体系认证。质量管理体系认证是指根据国际标准化组织颁布的 ISO 9000 族质量管理体系国际标准，由认证机构对企业的质量管理体系进行审核，以颁发认证证书的形式证明企业的质量管理体系和质量保证能力符合相应要求，授予合格证书并予以注册的全部活动。该认证是通过第三方（认证机构）审核来实现的，是一种自愿行为。

产品质量认证与质量管理体系认证的区别是由各自的特点决定的，其比较如表7-3所示。

表7-3 产品质量认证与质量管理体系认证主要特点的比较

项目	产品质量认证	质量管理体系认证
目的	证明供方的特定产品符合规定的标准要求	证明供方的质量管理体系有能力确保其产品满足规定的要求
对象	特定产品	企业的质量管理体系
认证的标准	产品指定的标准要求；与产品有关的质量管理体系符合指定的质量管理体系标准要求；特定产品的补充要求	ISO 9000族标准要求和必要的补充要求
认证标准的适用性	根据地区、产品等的不同，认证的标准不尽相同。即使同一产品，各国认证的标准也不一样	统一按照ISO 9000族标准进行
性质	自愿性、强制性	自愿性
证实的方式	按特定标准对产品实施检验和质量体系审核	质量管理体系审核
证明的方式	产品质量认证证书、认证标志。标志可用于产品的包装和表面上，但证书不可	质量管理体系认证证书、注册并公布。可使用证书和注册标志做宣传，但不能用在产品的包装和表面上

2. 根据认证自愿与否划分

根据认证自愿与否，可以将质量认证分为强制性认证与自愿性认证。

(1) 强制性认证。强制性认证是为了保护广大消费者的人身健康和安全、环境安全、国家安全，依照法律法规实施的一种产品评价制度。它要求产品必须符合国家标准和相关技术规范。凡列入强制性产品认证目录的产品，如果没有获得指定认证机构颁发的认证证书，没有按规定加施认证标志，一律不得出厂、销售、进口或者在其他经营活动中使用。

(2) 自愿性认证。当产品未列入强制性产品认证目录时，组织可以申请产品自愿性认证。对于强制性认证制度管理范围之外的产品或产品技术要求，按照国家统一推行和机构自主开展相结合的方式，结合市场需求，推动自愿性产品认证制度的开展。企业可根据需要自愿向认证机构提出认证申请。

强制性认证与自愿性认证的程序基本相同，但具有不同的性质和特点，如表7-4所示。

表7-4 强制性认证与自愿性认证的比较

项目	强制性认证	自愿性认证
对象	涉及人身健康和安全、环境安全、国家安全的产品	非安全性产品

续前表

项目	强制性认证	自愿性认证
目的	证明产品安全并合格	证明产品合格
标准	国家标准化法发布的强制性标志	国家标准化法发布的国家标准与行业标准
法律依据	按国家法律、法规或联合规章所做的强制性规定	按国家产品质量法和认证认可条例的规定
证明方式	法律、法规或联合规章所指定的安全认证标志	认证机构颁发的认证证书、认证标志
制约	未获得认证证书、未加施认证标志的产品，一律不得出厂、销售、进口或者在其他经营活动中使用	即使产品未获得认证，也可以销售、进口或使用

资料来源：龚益鸣．现代质量管理学．北京：清华大学出版社，2007．

第 3 节　质量管理体系要求

一、质量管理体系要求的要点

1．质量管理体系总要求和过程方法

（1）质量管理体系总要求。质量管理体系应符合 ISO 9001 标准所提出的各项要求，形成文件，并加以实施和保持，持续改进其有效性。

（2）过程方法。组织应积极采用过程方法，按下列过程建立、实施质量管理体系并改进其有效性，通过满足顾客要求提高顾客满意度。

1）确定质量管理体系所需的过程及其在组织中的应用。

2）确定这些过程的顺序和相互作用。

3）确定为确保这些过程的有效运作和控制所需要的准则和方法。

4）确保可以获得必要的资源和信息，以支持这些过程的运行和监视。

5）监视、测量和分析这些过程。

6）实施必要的措施，以实现对这些过程所策划的结果和对这些过程的持续改进。

上述质量管理体系所需的过程应该包括与管理活动、资源提供、产品实现和测量有关的过程，并且组织应按 ISO 9001 标准的要求管理这些过程。针对组织所外包的任何影响产品符合性的过程，组织应确保对其实施控制，用于外包的过程的控制应在质量管理体系中加以识别。

2．质量管理体系文件要求

组织应以灵活的方式将其质量管理体系形成文件。质量管理体系文件应与组织的全部活动或部分活动有关。一个单一文件可以包括一个或多个程序的要求，一个

文件化程序的要求也可由一个以上的文件覆盖。

（1）类型。不同组织的质量管理体系文件的多少以及详略程度取决于：组织的规模和活动的类型；过程及相互作用的复杂程度；人员的能力。

（2）内容。质量管理体系文件至少应包括下述五个层次：形成文件的质量方针和质量目标；质量手册；标准所要求的形成文件的程序和记录；组织为确保其过程的有效策划、运行和控制所需的文件和记录；标准所要求的质量记录。此外，根据需要，质量管理体系文件还可包括（但不要求）组织结构图、过程图/流程图、作业指导书、生产计划、内部沟通的文件、批准的供方清单、质量计划、检验和试验计划、规范、表格、外来文件。

1）质量手册。组织应编制和保持质量手册。质量手册包括：质量管理体系的范围，包括任何删减的细节与合理性；为质量管理体系所编制的形成文件的程序或对这些程序的引用；质量管理体系过程之间相互作用的表述。

2）程序文件。程序是为进行某项活动或过程所规定的途径，每一个形成文件的程序即书面程序，应说明 5W1H。在编制书面程序的过程中，应坚持“谁干谁写”的原则，咨询专家只能指导而不能包办代替，以保证程序文件具有较强的可操作性。标准要求组织对下列六项活动有形成文件的程序：文件控制、记录控制、内部审核、不合格品的控制、纠正措施、预防措施。

3）记录。标准所要求的记录包括：管理评审；教育、培训、技能和经验；实现过程及其产品满足要求的依据；与产品要求有关的设计和开发输入；设计和开发评审的结果以及必要的措施；设计和开发验证的结果以及必要的措施；设计和开发确认的结果以及必要的措施；设计和开发更改评审的结果以及必要的措施；设计和开发更改的记录；供方评价结果以及根据评价采取的必要措施；在输出的结果不能被随后的监视和测量证实的情况下，组织应当证实对过程的确认；当有可追溯性要求时，组织应当对产品进行唯一性标志的确认；丢失、损坏或被发现不适宜使用的顾客财产；当无国际或国家测量标准时用以检定或校准测量设备的依据；当测量设备被发现不符合要求时，对以往的测量结果的确认；测量设备校准和验证的结果；内部审核结果；指明授权放行产品的人员；产品符合性状况以及随后所采取的措施，包括所获得的让步；纠正措施的结果；预防措施的结果。

记录是阐明所取得的结果或提供所完成活动的证据的文件。为了符合要求，提供质量管理体系运行的证据，组织应建立和保持记录，并对记录进行控制。记录控制程序应对记录的控制做出规定，包括记录的标识、储存、保护、检索、保存期限和处置。记录应保持清晰，易于识别和检索。

（3）文件控制。组织应对质量管理体系文件进行控制，并编写形成文件的程序“文件控制程序”。标准对文件控制做出如下要求：文件发布前得到批准，以确保文件是充分和适宜的；必要时对文件进行评审与更新，并再次批准；确保文件的更改和现行修订状态得到识别；确保在使用处可得到适用文件的有效版本；确保文件保持清晰，易于识别；确保策划和运作质量管理体系所必需的外来文件得到识别，并控制其分发；防止作废文件的非预期使用，若因任何原因而保留作废文件，应对这些文件进行适当的标识。

3. 管理职责

组织最高管理者在质量管理体系中应履行下列职责：

（1）管理承诺。最高管理者应做出如下承诺：建立质量管理体系；实施质量管理体系；持续改进质量管理体系的有效性。

最高管理者应通过下列活动为其所做出的上述承诺提供保证：向组织传达满足顾客和法律法规要求的重要性；制定质量方针；确保质量目标的制定；进行管理审核；确保资源的获得。

（2）以顾客为关注焦点。最高管理者应以增强顾客满意为目的，确保顾客的要求得到确定并予以满足。

（3）质量方针。质量方针是指组织的最高管理者正式发布的该组织总的质量宗旨和方向。质量方针可以不由最高管理者亲自制定，但必须由最高管理者正式发布。最高管理者应确保质量方针：与组织的宗旨相适应；包括对满足要求和持续改进质量管理体系有效性的承诺；提供制定和评审质量目标的框架；在组织内得到沟通和理解；在持续适宜性方面得到评审。

（4）质量目标。最高管理者应确保在组织的相关职能和层次上建立质量目标。质量目标包括满足产品要求所需的内容。质量目标应是可测量的，并与质量方针保持一致。

（5）质量管理体系策划。最高管理者应确保：对质量管理体系进行策划，以满足质量目标以及质量管理体系的总要求；在对质量管理体系的更改进行策划和实施时，保持质量管理体系的完整性。

（6）职责和权限。最高管理者应确保组织内的职责、权限及其相互关系得到规定和沟通。

（7）管理者代表。最高管理者应指定一名管理者作为管理者代表，该管理者应是组织内的下属员工或合同制的全日制员工（不可兼职）。无论该成员在其他方面的职责如何，最高管理者都应赋予管理者代表以下方面的职责和权限：确保质量管理体系所需的过程得到建立、实施和保持；向最高管理者报告质量管理体系的业绩和任何改进的需求；确保在整个组织内提高满足顾客要求的意识。管理者代表的职责还可包括与质量管理体系有关事宜的外部联络。

（8）内部沟通。最高管理者应确保在组织内建立适当的沟通过程，并确保对质量管理体系的有效性进行沟通。

（9）管理评审。最高管理者应按策划的时间间隔进行管理评审，确保质量管理体系持续的适宜性、充分性和有效性。评审应包括评价质量管理体系改进的机会和变更的需要，也包括对质量方针和质量目标的评价。

管理评审是一个过程，评审的输入应包括以下信息：审核结果；顾客反馈；过程的业绩和产品的符合性；预防和纠正措施的状况；以往管理评审的跟踪措施；经策划的可能影响质量管理体系的变更。评审的输出应包括与以下方面有关的任何决定和措施：质量管理体系及其过程有效性的改进；与顾客要求有关的产品的改进；

资源需求。

4. 资源管理

资源管理包括以下几个方面：

（1）资源的提供。组织应确定并提供以下方面所需的资源：实施、保持质量管理体系并持续改进其有效性；通过满足顾客要求，提高顾客满意度。

（2）人力资源。质量管理体系要求所有从事影响产品质量符合性工作的人员有能力胜任所在岗位的工作，这种能力基于适当的教育、培训、技能和经验。为了评价培训所要求的有效性，确保达到必要的能力，组织应：确定从事影响产品质量工作的人员具备胜任所在岗位工作的必要能力；适当时，提供培训或采取其他措施，使员工具备必需的能力；确保员工意识到所从事活动的相关性和重要性，以及如何为实现质量目标做出贡献；保持教育、培训、技能和经验的适当记录。

（3）基础设施。组织应确定、提供基础设施并对其加以维护。基础设施是指组织运行所必需的设施、设备和服务的体系。这里所说的基础设施特指为达到产品符合性所需要的基础设施，包括建筑物、工作场所和相关的设施；过程设备（硬件和软件）；支持性服务（如运输、通信或信息系统）。

（4）工作环境。工作环境是指工作时所处的一组条件。这里所说的工作环境强调的是为达到产品符合性所需的工作环境。营造适宜的工作环境，不但对产品符合性，还对人员的能动性、满意度和业绩产生积极的影响。组织应确定这样的环境，包括人的因素和物的因素，并对其进行科学管理。

5. 产品实现

产品实现是指产品策划、形成直至交付的全部过程，是直接影响产品质量的过程。产品实现所需的过程包括：与顾客有关的过程、设计和开发、采购、生产和服务提供、监视和测量装置的控制等过程，这些过程又包括相应的一系列子过程。

（1）产品实现的策划。产品实现的策划是指组织策划和开发产品实现所需的过程。产品实现的策划应与质量管理体系其他过程的要求相一致。在对产品实现进行策划时，组织应考虑和确定以下内容：产品的质量目标和要求；产品对过程、文件和资源的需求；产品所要求的验证、确认、监视、检验和试验活动，以及产品接受准则；为提供实现过程及其产品满足要求的证据所需的记录。

（2）与顾客有关的过程。与顾客有关的过程包括确定与产品有关的要求、评审与产品有关的要求以及与顾客沟通三个子过程。

1）确定与产品有关的要求。具体来说，组织至少应确定下列与产品有关的要求：顾客规定的要求，包括对交付及交付后活动的要求；顾客虽然没有明示，但规定的用途或已知的预期用途所必需的要求；与产品有关的法律法规要求；组织确定的任何附加要求。

2）评审与产品有关的要求。组织在向顾客做出提供产品的承诺之前，应对上述与产品有关的要求进行评审，评审的目的是确保：产品要求得以规定；与以前表述不一致的合同或订单的要求予以解决；组织有能力满足规定的要求。若顾客要求发生变更，组织应确保：相关文件得到更改；相关人员知道已变更的需求。

3）与顾客沟通。顾客沟通与内部沟通都是存在于组织之中的信息传递的重要过程。组织应就以下有关方面确定并实施与顾客沟通的有效安排：产品信息；询问、合同或订单的处理，包括对其进行修改；顾客反馈，包括顾客抱怨。

（3）设计和开发。设计和开发是指将要求转换为产品、过程或体系规定的特性或规范的一组过程。

1）设计和开发策划。组织在对产品设计和开发进行策划时应确定以下内容：设计和开发阶段；适合于每个设计和开发阶段的评审、验证和确认活动；设计和开发的职责和权限。组织应对参与设计和开发的不同小组之间的接口进行管理，确保有效沟通，明确职责分工。随着设计和开发的进行，设计和开发策划的输出在适当时应予以更新。

2）设计和开发输入。设计和开发输入与产品要求有关，组织应确定与产品要求有关的输入。这些输入至少应包括：功能和性能要求；适用的法律法规要求；以前类似设计提供的适用信息；设计和开发所必需的其他要求。组织应对这些输入进行评审，以确保这些输入对产品有关的要求是充分与适宜的。

3）设计和开发输出。设计和开发输出应在放行前得到批准，并满足以下要求：满足设计和开发输入的要求；为采购、生产和服务提供适当的信息；包含或引用产品接收准则；规定产品的安全和正常使用所必需的产品特性。

4）设计和开发评审。组织应依据对设计和开发所策划的安排，在适宜的阶段对设计和开发进行评审，这种评审应是系统的，以便达到以下目的：评价设计和开发的结果满足要求的能力；识别任何问题并提出必要的措施。

5）设计和开发验证。组织应依据对设计和开发所策划的安排，对设计和开发进行验证，以确保设计和开发输出满足输入的要求。

6）设计和开发确认。组织应依据对设计和开发所策划的安排，对设计和开发进行确认，以确保产品能够满足规定的或预期使用或应用的要求。只要可行，组织应在产品交付或服务实施之前完成对设计和开发的确认。

7）设计和开发更改。组织应首先对这种更改加以识别，并保持记录。在识别更改的基础上，适当时组织应对设计和开发更改的内容进行评审、验证和确认，并在更改实施前得到批准。设计和开发更改的评审内容应包括评价这种更改给产品组成部分和已交付产品所带来的影响。

（4）采购。

1）采购过程。组织应对影响随后的产品实现或影响最终产品的那些采购产品和采购产品的供方进行控制，确保所采购的产品符合规定的要求，控制的类型、方法和程度则取决于影响的程度。组织应制定选择、评价和重新评价供方的准则，根据按组织的要求提供产品的能力评价和选择供方。

2）采购信息。为了确保采购的产品符合规定的采购要求，组织提供的采购信息应准确表述拟采购的产品，规定采购的要求。组织在与供方沟通前，应确保所规定的要求是充分和适宜的。采购信息包括产品、程序、过程和设备的批准要求，人员资格的要求和质量管理体系的要求。

3）采购产品的验证。为确保采购的产品符合规定的采购要求，组织应确定并实施所需的检验和其他必要的活动。当组织或顾客拟在供方的现场实施验证时，组织应在采购信息中对拟验证的安排和产品放行的方法做出规定。

（5）生产和服务提供。

1）生产和服务提供的控制。组织应策划并在受控条件下进行生产和服务提供。这些受控条件包括获得表述产品特性的信息，获得作业指导书，使用适宜的设备，获得和使用监视和测量装置，实施监视和测量，放行、交付和交付后活动的实施。

2）生产和服务提供过程的确认。标准所要求确认的生产和服务提供过程是指过程的输出不能由后续的监视和测量加以验证的过程，或仅在产品使用或服务已交付之后问题才显现的过程。组织应对这样的过程进行确认，确认的目的是证实这些过程实现策划结果的能力。经确认，如果存在这样一些过程，组织应对这些过程做出安排，包括为过程的评审和批准规定准则，设备的认可和人员资格的鉴定，使用特定的方法和程序，记录的要求，再确认。

3）标志和可追溯性。当需要区别不同的产品或没有标志就难以识别不同的产品时，组织应采用适宜的方法标识产品。组织应在产品实现全过程，针对监视和测量要求，识别产品的状态。当有可追溯性要求时，产品要有唯一标志，组织应控制和记录产品的唯一标志。

4）顾客财产。组织应爱护在组织控制下或组织使用的顾客财产。这里所说的顾客财产是指顾客所拥有的由组织控制或使用的财产，包括知识产权和个人资料。组织应采用适宜的方法识别供其使用或构成产品一部分的顾客财产，并应加以验证，进行保护和维护。若顾客财产发生丢失、损坏或发现不适用等情况，组织应记录这些情况并报告顾客。

5）产品防护。产品在组织内部处理和交付到预定的地点期间，组织应针对产品的符合性提供防护，这种防护应包括标志、搬运、包装、储存和保护等内容，涉及产品的搬运、包装、储存、防护和交付过程。

（6）监视和测量装置的控制。组织应确定在产品实现过程中所需实施的监视和测量以及监视和测量所需的装置，目的是为产品满足所确定的与产品有关的要求提供证据。在需要确保测量结果有效的必要场合，对测量设备应按下列要求进行控制：对照国际或国家的测量标准，按照规定的时间间隔或在使用前进行校准或检定，当不存在上述标准时，应记录校准或检定的依据；进行调整或必要时再进行调整；得到识别，以确定其校准状态；防止可能使测量结果失效的调整；在搬运、维护和储存期间防止损坏或失效。当发现测量设备不符合要求时，应对以往测量结果的有效性进行评价。另外，当计算机软件用于规定要求的监视和测量时，应在初次使用前确认其满足预期用途的能力，必要时再确认。

6．测量、分析和改进

（1）总则。组织应对监视、测量、分析和改进过程进行策划，并实施这些过程，以满足下列方面的需要：证实产品的符合性；确保质量管理体系的符合性；持续改进质量管理体系的有效性。在策划和实施时，还应确定包括统计技术在内的使用方法及其应用程度。

（2）监视和测量。

1）顾客满意。作为质量管理体系业绩的一种表现，组织应监视顾客有关组织是否满足其要求的感受的有关信息，并确定获取和利用这种信息的方法。

2）内部审核。组织应按策划的时间间隔实施内部审核，以确定质量管理体系是否满足下列要求：符合策划的安排、标准的要求以及组织所确定的质量管理体系的要求；质量管理体系得到有效实施和保持。组织应考虑拟审核的过程和区域的状况和重要性以及以往的审核结果，对审核方案进行策划，规定审核的准则、范围、频次和方法。组织应建立内部审核程序，规定以下方面的职责和要求：审核的策划、审核的实施、审核结果的报告以及审核记录的保持。审核员的选择和审核的实施应确保审核过程的客观性和公正性，审核员不应审核自己的工作。负责受审区域的管理者应确保及时采取措施，以消除所发现的不合格及其原因。

3）过程的监视和测量。组织应采用适当的方法监视质量管理体系过程，并在适宜时进行测量。在确定适当方法时，组织应根据其过程对产品要求符合性和质量管理体系有效性的影响，考虑对每一个过程进行监视和测量的适当类型和程度。这些方法应证实过程实现所策划的结果的能力，若证实过程未能实现所策划的结果，则应采取纠正和预防措施。

4）产品的监视和测量。产品的监视和测量应考虑和确定以下几点：对象——产品的特性；目的——验证产品要求已得到满足；依据——产品实现所策划的安排；时机——产品实现过程的适当阶段。应保存符合接收准则的证据，记录应指明有权放行产品的人员。一般情况下，除非得到有关授权人员或顾客的批准，在策划安排所规定的对产品的监视和测量的工作圆满完成之前，不得向顾客放行产品和交付服务。

（3）不合格品控制。组织应确保识别在产品实现过程的各阶段可能产生的不合格品并加以控制，以防止该不合格品仍按预期的要求交付和使用。组织应对发现的不合格品进行评审，在评审的基础上通过下列一种或几种途径进行处置：采取措施，消除已发现的不合格品；经有关授权人员批准，适用时经顾客批准，让步使用、放行或接收不合格品；采取措施，防止其原预期的使用或应用。应将不合格品控制程序形成文件。在不合格品得到纠正之后应再次进行验证，以证实其符合要求。需要特别注意的是，为了减少顾客不满意的程序，组织对在交付或开始使用后所发现的不合格品的处置手段或措施一定要与不合格品的影响或潜在影响的程度相适应。未满足顾客要求的不合格品，只有在客户同意放行的条件下才能放行，组织内部未得到客户同意不能放行，如放行是不符合标准要求的，要开立主要不符合项。

（4）数据分析。组织应确定、收集来自各方面的数据并对其进行分析。数据分析的目的是：证实质量管理体系的适宜性和有效性；评价在何时可以持续改进质量管理体系的有效性。数据分析提供的信息至少应包括以下方面：顾客满意度；与产品要求的符合性；过程和产品的特性及趋势，包括采取预防措施的机会；供方。

（5）改进。

1）持续改进。组织应利用质量方针、质量目标、审核结果、数据分析、纠正和预防措施以及管理评审，持续改进质量管理体系的有效性。

2）纠正措施。组织应采取措施，以消除不合格的原因，防止不合格的再次发生。纠正措施程序应形成文件，该程序应规定以下要求：评审不合格；确定不合格的原因；评价确保不合格不再发生的措施的需求；确定和实施所需的措施；记录所采取措施的结果；评审所采取的纠正措施。

3）预防措施。组织应采取措施，以消除潜在不合格的原因，防止不合格的发生。预防措施程序应形成文件，该程序应规定以下要求：确定潜在不合格及其原因；评价防止不合格发生的措施的需求；确定和实施所需的措施；记录所采取措施的结果；评审所采取的预防措施。

二、质量管理体系的总体设计

质量管理体系的总体设计是按 ISO 9000 族标准在建立质量管理体系之初对组织所进行的统筹规划、系统分析、整体设计，并提出设计方案的过程。

质量管理体系总体设计的内容为：领导决策，统一认识；组织落实，成立机构；教育培训，制定计划，以及质量管理体系策划。

1. 领导决策，统一认识

建立和实施质量管理体系的关键是组织领导要高度重视，将其纳入领导的议事日程，在教育培训的基础上进行正确的决策，并亲自参与。

2. 组织落实，成立机构

首先，最高管理者要任命一名管理者代表，负责建立、实施和改进公司质量管理体系；然后，根据组织的规模，建立不同形式、不同层次的贯标机构。

3. 教育培训，制定计划

除了对领导层的培训外，还必须对贯标骨干及全体员工分层次进行教育培训。

4. 质量管理体系策划

质量管理体系策划是组织最高管理者的职责，通过策划确定质量管理体系的适宜性、充分性和完善性，以保证体系运行结果有效。质量管理体系策划的具体工作内容为：识别产品、识别顾客，并确定与产品有关的要求，制定质量方针和目标；识别并确定过程；确定为确保过程有效运行和控制所需的准则和方法；确定质量管理体系范围；合理配备资源等。

三、质量管理体系的认证程序

1. 认证申请与受理

受审核方根据自愿原则决定是否申请认证、选择认证机构。受审核方与认证机构在达成意见一致后，签订认证合同。

2. 质量体系文件审核

认证机构需审核质量体系文件的充分性、可操作性和对认证标准的符合性，并了解受审核方的质量管理体系情况，以便制定审核计划。

3. 预访问

审核组组长到受审核方的现场进行初步审查，提出非正式的修改意见。此步骤非必要步骤，也可不进行。

4. 审核准备

对于认证机构，需要完成的准备工作包括组建审核组、编制审核计划、准备审核文件。对于受审核方，需通知各受审核部门负责人等被审核人员准备接受审核，确定接待方案。

5. 现场审核

首先召开首次会议，作为审核的开端，这是必须召开的一次重要会议。进入现场审核阶段后，按照审核计划进行逐项审核。现场审核以末次会议作为结束，目的是向受审核方说明审核结论，宣读审核报告。审核结论通常有三种：推荐注册、不推荐注册、纠正措施实施有效后推荐注册。多数情况下是第三种结论。

6. 监督审核

监督审核是对受审核方质量管理体系的保持情况进行检查评价的活动。质量体系认证证书的有效期通常为三年，在此期间监督审核以抽查方式进行，一般是半年或一年进行一次。

四、质量管理体系的运行

质量管理体系运行之前，需要编制质量管理体系文件，之后体系将进入试运行阶段。试运行的目的是考察质量管理体系文件的有效性和协调性，并对暴露出的问题采取纠正和改进措施，以达到进一步完善质量管理体系的目的。

1. 质量管理体系文件的发布和宣讲

质量管理体系文件经批准后，应由组织的最高管理者发布，并通过一定的形式宣布质量管理体系投入运行和新的质量管理体系文件生效。在此阶段，教育培训应该先行。

2. 组织协调

质量管理体系是借助其组织结构的组织与协调来运行的。组织与协调工作的主要任务是组织实施质量管理体系文件，协调各项质量活动，排除运行中的各种问题，使质量管理体系正常运行。

3. 质量监控

质量管理体系在运行过程中，各项活动及其结果不可避免地会发生偏离标准的现象，因此必须实施质量监控。质量监控的主要任务是对产品、过程、体系进行连续监视、验证和控制，发现偏离质量标准或技术标准的问题应及时反馈，以便采取纠正措施，使各项质量活动和产品质量均能符合规定的要求。

4. 信息管理

在质量管理体系运行中，质量信息反馈系统对异常信息进行反馈和处理，实行动态控制，使各项质量活动和产品质量处于受控状态。信息管理与质量监控和组织协调工作是密切相关的。异常信息经常来自质量监控，信息处理要依靠组织协调工作。三者的有机结合是质量管理体系有效运行的保证。

第4节 卓越质量管理模式

一、美国波多里奇国家质量奖

1. 波多里奇简介

霍华德·马尔科姆·波多里奇（Howard Malcolm Baldrige）1944年毕业于耶鲁大学，他是美国第26届商务部长。1980年12月，他被美国当选总统里根提名为商务部长，并于次年1月走马上任。波多里奇在制定和执行政府贸易政策上扮演了主要的角色，指导解决了有关对中国和印度技术输出的诸多难题。在他任期内，波多里奇成功地将商务部的预算削减30%以上，行政人员削减25%，并且凭借一流的管理才能为提高美国产品的质量和质量管理水平做出了很大的贡献。作为一名质量管理理论的支持者，他参与起草了一项后来发展成1987年《质量改进法案》的立法。为纪念他所做出的贡献，美国国家质量奖就以他的名字命名。

马尔科姆·波多里奇

2. 波多里奇国家质量奖概述

波多里奇国家质量奖的评选对象主要包括以下四类：制造企业或其子公司、服务企业或其子公司、小企业、教育和医疗卫生机构。它经过三个阶段的评审，对所选出的优秀企业进行实地考核，选出最优秀的企业，由评审人员联名向美国商务部长推荐，作为美国国家质量奖的候选企业。在评审过程中，对于那些落选企业也都给出评审报告，反馈给企业。波多里奇国家质量奖评选的目的是促进各组织将改进业绩作为提高竞争力的一个重要途径，使达到优秀业绩组织的成功经验得以广泛推广并由此取得效益。波多里奇国家质量奖每年评选2～3家获奖企业。经过20余年，它已成为美国质量管理界的最高荣誉，对美国和世界质量管理活动都起到了巨大的推动作用。

3. 波多里奇国家质量奖的核心

波多里奇国家质量奖的评审标准，即卓越绩效准则在推动美国组织达到世界级质量水平的过程中扮演了重要角色，它不仅被美国各地而且被世界很多国家采纳。这套标准可以作为组织自我评价的基础，通过致力于两大目标即不断提升客户价值和全面提高组织业绩，来增强组织的竞争力。

评审项目有七项，分别是领导，战略规划，以顾客为关注焦点，测量、分析和知识管理，以员工为本，过程管理，结果（其中，以顾客为关注焦点、以员工为本、结果这三项，在教育组织类别的奖项评比中表述为关注学生和投资人以及市场、关注全体教员和职员、组织绩效；在健康卫生组织类别的奖项评比中表述为关注病人和其他客户以及市场、关注全体职员、组织绩效）。波多里奇国家质量奖的评审标准每年都会做一些细节上的修订，而为延续准则在前瞻性和稳定性两个方面的平衡，美国波多里奇国家质量奖项目委员会确定从 2009 年开始，每两年对准则进行一次修订。2015—2016 年度标准的各项目和条款的分值设置情况如表 7－5 所示。可以明显发现其中分值比重最大的是结果，这也体现了波多里奇国家质量奖所提倡的“追求卓越”（Quest for Excellence）的质量经营理念。

表 7－5　　2015—2016 年度波多里奇国家质量奖评审项目和条款

1.　领导		120
1.1　高层领导	70	
1.2　治理和社会责任	50	
2.　战略规划		85
2.1　战略制定	45	
2.2　战略实施	40	
3.　以顾客为关注焦点		85
3.1　顾客的心声	40	
3.2　顾客契合	45	
4.　测量、分析和知识管理		90
4.1　组织绩效的测量、分析和改进	45	
4.2　知识管理、信息和信息技术	45	
5.　以员工为本		85
5.1　员工环境	40	
5.2　员工契合	45	
6.　过程管理		85
6.1　工作过程	45	
6.2　运营有效性	40	
7.　结果		450
7.1　产品和过程结果	120	
7.2　以顾客为关注焦点的结果	80	
7.3　以员工为本的结果	80	
7.4　领导和治理的结果	80	
7.5　财务和市场的结果	90	
总分		1 000

整套波多里奇国家质量奖的评审标准是一个完整的框架结构，其各评审项目相互关联和集成。如图7-4所示，它是一个系统，由上至下排列着三类基本要素：组织简介、系统业务和系统基础。组织简介全面描述了组织业务，其中环境、工作关系和面临的竞争挑战构成了整个业绩管理系统框架的指南。居中的系统业务包括六个评审项目。1（领导）、2（战略规划）、3（以顾客为关注焦点）构成了“领导作用”三角关系，认为领导是组织的主要驱动力，在制定目标、价值观、系统时具有重大作用。5（以员工为本）、6（过程管理）、7（结果）构成了“绩效表现”三角关系，结果也即绩效是企业最主要的目标之一，是质量管理的重要组成部分。水平粗箭头连接这两个三角关系，以确保组织的成功。箭头是双向的，表明在一个有效的业绩管理系统中反馈的重要性。4（测量、分析和知识管理）作为系统基础，制定基于事实和知识驱动来有效管理组织的标准。

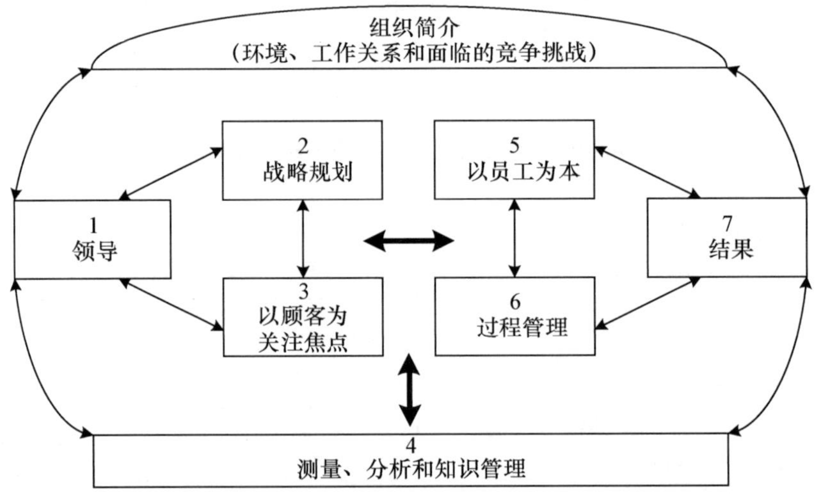

图7-4 波多里奇国家质量奖卓越绩效标准框架（系统观点）

波多里奇国家质量奖的核心价值观和其相关的概念贯穿在标准的各项要求之中，其内容充分体现了现代质量经营的理论和方法，是组织追求卓越、取得成功的经验总结。它主要体现在：领导的远见卓识；顾客推动；组织和个人的学习；尊重员工和合作伙伴；灵敏性；关注未来；创新的管理；基于事实的管理；社会责任；重在结果及创造价值；系统的观点。

二、日本戴明奖

1. 日本戴明奖概述

日本戴明奖于1951年由日本科技联盟设立，每年用来奖励在质量控制和提高生产率方面做出突出贡献的公司和个人。该奖以美国已故统计专家、质量控制技术先驱戴明博士的姓氏命名。它分为三个类别：戴明个人奖、戴明应用奖和工厂质量控制奖。其中戴明应用奖授予私营或国有小企业、大企业的部门，并于 1984 年向海外公司开放。每个年度对获奖企业的数量并没有限制。戴明奖的评审并非要求符合戴明奖委员会提出的质量管理模式，而是由企业认识自己的现状，制定目标，评审整个组织进行改进、变革的结果及其过程，以及将来的有效性。评审委员会设定符合该企业实际状况的课题，并致力于评审其是否采取了与企业实际状况相符的措施，将来通过这些措施是否可实现更高的目标。无疑，评审由作为第三方的评审委员会进行，评审委员会根据企业对全面质量管理所采取的措施、运营的状况以及所获得的成效等做出综合判断。从这个意义上讲，其中蕴涵了发展的动因。

2. 日本戴明奖的全面质量管理概念

日本戴明奖认为，全面质量管理是为了能够及时地以适当的价值提供顾客满意的质量产品或服务，有效地运营企业的所有部门，为实现企业目的做出贡献的系统活动。对此的理解包括以下方面：

（1）顾客，不仅是买主，还包括使用者、利用者、消费者、受益者等利益相关人。

（2）质量，是指有用性、可靠性、安全性等。需要考虑对第三者或社会、环境及后代的影响等。

（3）产品或服务，是指向顾客提供产品或服务的同时，还提供系统、软件、能源、信息等。

（4）提供，是指从生产出产品或服务到交付给顾客为止的活动，除了调查、研究、策划、开发、设计、生产准备、购买、制造、施工、检验、接受订货、运输、销售、营业等，还包括顾客使用中的维护或售后服务及使用后的废弃或再生等活动。

（5）有效地运营企业的所有部门，是指在适当的组织、经营管理的基础上，以质量保证体系为中心，综合成本、数量、交货期、环境、安全等各个管理体系，以尽可能少的经营资源，迅速实现企业目的的所有部门、所有阶层的员工共同推进的工作。为此，需要在尊重人的价值观的基础上，培养掌握核心技术、有活力的人；通过适当地运用统计方法，根据事实对 PDCA 循环进行管理、改进；通过适当地运用科学方法或有效、灵活地运用信息技术，重新构筑经营系统。

（6）企业目的，是指通过长期、持续地实现顾客满意，确保企业长期正当利益和增长，包括在员工满意的同时，谋求社会、交易对象、股东等与企业相关者的利益。

（7）系统活动，是指为了实现企业的使命，在明确中长期战略及适当的质量战略和方针的基础上，在具有强烈使命感的最高经营层领导下制定的一系列有组织的活动。

三、欧洲质量奖

1. 欧洲质量奖概述

1988 年，欧洲 14 家大公司发起成立了欧洲质量管理基金会（EFQM）。EFQM

的巨大作用在于：强调质量管理在所有活动中的重要性，把促成开发质量改进作为企业达成卓越的基础，从而增强欧洲企业的效率和效果。1992年，EFQM设立了欧洲质量奖。

欧洲质量奖是欧洲最具声望和影响力的用来表彰优秀企业的奖项，代表着EFQM表彰优秀企业的最高荣誉。该奖项共设有四个等级，分别是欧洲质量优胜奖、欧洲质量金奖、欧洲质量决赛奖和欧洲质量优秀表现奖。可以申请欧洲质量奖的组织包括四类：大企业、公司运营部门、公共组织和中小型企业。前三类欧洲质量奖的申请者遵循以下几项通用原则：

（1）雇员不少于250人。

（2）申请者至少有50%的活动在欧洲进行。

（3）前三年内申请者没有获得欧洲质量奖。

（4）同年同一母公司，其独立运营分部申请者不得超过三家。

申请者首先进行自我评估，然后以文件形式将结果提交给EFQM，一组有经验的评审员对申请进行评分。欧洲质量奖评判委员会由欧洲各行业领导者，包括以前获奖者的代表和欧盟委员会、EPQM以及欧洲质量管理组织的代表组成。他们首先确定评审小组将对哪一家申请者进行现场访问。现场访问之后，基于评审小组的最终报告，评判委员会确定提名奖获得者、质量奖获得者和质量最佳奖获得者。在每一类别的质量奖中，质量最佳奖获得者均选自质量奖获得者中最好的。获奖者都将参加声望很高的欧洲质量论坛。媒体将对此做广泛的报道，在整个欧洲它们都将得到认可，成为其他组织的典范。欧洲质量论坛会后的一年中将举行一系列会议，请获奖者与其他组织分享它们的经验以及达到优秀的历程。

2. 欧洲质量奖的企业卓越观念

欧洲质量奖的企业卓越观念体现在：结果导向；以顾客为中心；领导力和坚定的目标；过程和事实管理；人员开发和参与；不断学习，创新改进；发展伙伴关系；公共责任。EFQM卓越经营模式作为评价欧洲质量奖申请者的框架模型而产生，它已成为欧洲范围内应用最为广泛的组织框架。

EFQM卓越经营模式是一种非说明性的框架模型，它认可实现卓越经营的多种方法。在这一前提下，必须强调以下基本概念：

（1）结果导向。卓越取决于兼顾并满足所有利益相关方的需要（包括员工、顾客、供应商、社会以及企业的所有者）。

（2）以顾客为中心。卓越是指创造被认可的顾客价值。顾客是产品和服务的最终裁决者，使顾客忠诚、留住顾客以及获得市场份额都是通过清楚识别顾客目前和潜在的需求而得到最优化的。

（3）领导力和坚定的目标。组织中的领导行为创造了清晰一致的组织目标，也创造了使组织及其员工取得卓越的环境。

（4）过程和事实管理。当组织内部的所有活动越被理解并系统地加以管理时，当有关现行运营和有计划的改进等的决策越是通过使用可靠信息做出时，组织运行最有效。

（5）人员开发和参与。组织中员工的潜能通过价值分享、相互信任和授权的文化氛围，即鼓励员工参与得以充分释放。

（6）不断学习，创新改进。当组织在不断学习、创新和改进的文化氛围中进行管理和分享信息时，其绩效最优。

（7）发展伙伴关系。当组织与其伙伴有互惠关系，建立信任、分享信息并保持一致时，其工作最有效。

（8）公共责任。当采用的道德手段超出社会的期望和要求时，组织及员工的长期利益会得到最好的保护。

3. 欧洲质量奖的构成

如图 7－5 所示，框架模型中的九项内容是组织达到卓越的评审标准。其中有五项是手段，有四项是结果，即与绩效、顾客、员工和社会有关的优秀结果通过领导力驱动方针和战略、员工、合作伙伴与资源和过程得以实现。手段标准指明了组织做什么，而结果标准揭示了组织能够获得什么。结果因为手段而产生，同时结果的反馈进一步改进手段。图中的箭头强调模型的动态性，表明创新和学习能够改进手段，进而改进结果。

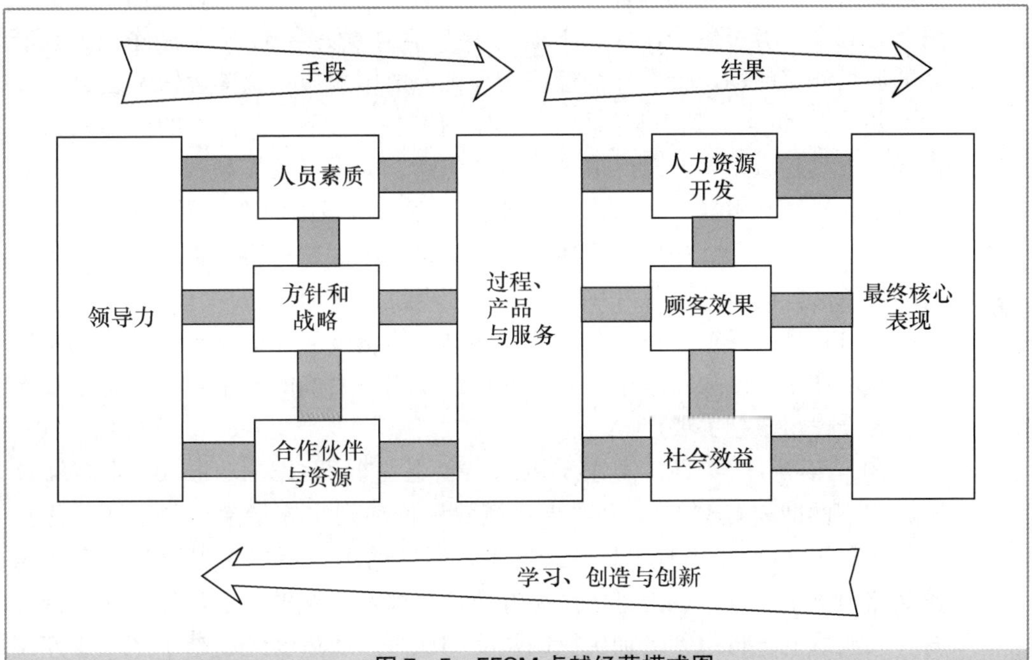

图 7－5　EFQM 卓越经营模式图

（1）手段标准的内容。需要描述的手段标准内容包括：1）采用的方法，即使用什么方法和过程来说明标准，其理论基础是什么，如何把它们和方针、战略以及模型的其他标准联系起来。2）方法在组织垂直面上的所有层次和水平面上的所有领域展开的程度。展开是系统的，并且提供方法展开程度的信息。3）评审和复审方法及方法展开的步骤。需要强调所采用的测量手段、所需的学习方法以及改进所采取的步骤。

（2）结果标准的内容。结果标准的内容提供的信息应当包括：1）组织用于衡量结果的参数，以及历史期间各参数的统计趋势。趋势应强调组织的目标和实际绩效，如果条件允许还可以包括竞争对手或类似组织的绩效以及业内标杆组织的绩效。2）说明参数取舍的理论依据，这些参数如何覆盖了组织的各项活动。3）对于采用的参数，要提供说明其重要性的依据。

四、中国国家质量奖

1. 全国质量奖

（1）全国质量奖概述。全国质量奖（China Quality Award）原名“全国质量管理奖”，由中国质量协会于2001年创办，2006年起更名为“全国质量奖”。它是由中国质量协会依据《卓越绩效评价准则》国家标准，对于实施卓越绩效管理并在质量经营和社会责任等方面都取得卓越成绩的组织进行评价的一项与国际接轨的重大奖项。

早在20世纪90年代以前我国就已经有名目繁多的质量奖的评选活动，包括国家设立的和社会上设立的各种质量奖，随后以营利为目的的评奖活动愈演愈烈，对消费者和生产者产生了误导。于是，1991年国务院第65号文件停止了政府部门主办的质量评比活动，带有计划经济指令性质的国家质量金奖、银奖退出了市场。

随着21世纪的到来和经济全球化、信息技术等高新技术的迅猛发展，国内外市场竞争日趋激烈，质量已成为竞争的焦点。为了有效提高我国产品质量和质量管理水平，激励和引导企业追求卓越质量经营，增强国内企业乃至国家整体竞争力，国务院决定重新设立中国国家质量奖。于是，中国质量协会根据《中华人民共和国产品质量法》的有关条款及中国质量协会第七届理事会的决议，于2001年启动了全国质量管理奖评审工作。为了使中国国家质量奖的评选真正起到推动中国企业提高质量的作用，国家对这个质量奖的评选提出了明确的要求：评选标准要严、数量控制要严、审核把关要严。

2004年8月30日，国家质检总局制定发布了GB/T 19580《卓越绩效评价准则》国家标准和GB/Z 19579《卓越绩效评价准则实施指南》国家标准化指导性文件，并且于2005年1月1日开始实施。标准的出台不仅为引导我国企业走卓越经营之路提供了规范，也为进一步做好质量奖评审工作提供了依据。从国内外的形势看，大质量概念将得到更加广泛的接受和认可。质量已经超越了产品生产制造的范畴，超越了产品、服务满足当前顾客要求的范畴，超越了单一企业的边界。所以从2006年起，“全国质量管理奖”更名为“全国质量奖”。此次更名经全国质量奖工作委员会提议，审定委员会审议通过。

2010年初，经党中央、国务院同意，全国质量奖继续由中国质量协会负责承办。为进一步完善全国质量奖架构，提升全国质量奖影响力，自2012年起，全国质量奖中设置“卓越项目奖”，以表彰运用卓越绩效模式在质量管理、技术创新等方面取得突出成效的重点工程和项目。2012年3月15日，新修订的《卓越绩效评价准则》国家标准正式发布。从 2013 年起，全国质量奖评审采用 GB/T 19580—2012《卓越绩效评价准则》国家标准。截至 2014 年，已有来自包括香港在内的 30 个省、自治区、直辖市和特别行政区的企业参与全国质量奖申报，覆盖国民经济 13 个行业门类、54 个行业大类。共评选出获奖组织 117 家，其中青岛海信、上海大众等 7 家组织两度荣获这一荣誉。

全国质量奖包括组织奖、项目奖（卓越项目奖）、个人奖（中国杰出质量人）三大类。其中，组织奖设置了大中型企业、服务业、小企业、特殊行业四个奖项。申报组织必须是中华人民共和国境内合法注册与生产经营的组织。评审程序包括以下几个步骤：企业申报、资格审查、资料审查、现场评审、综合评价、公示和审定。

（2）全国质量奖的核心价值观及卓越绩效评价准则。全国质量奖的核心价值观及其相关的概念是实现组织卓越的经营绩效所必须具有的意识。它贯穿在标准的各项要求之中，归纳为 11 条：领导者作用；以顾客为导向追求卓越；培养学习型组织和个人；建立组织内部与外部的合作伙伴关系；快速反应和灵活性；关注未来，追求持续稳定发展；管理创新；基于事实的管理；社会责任与公民义务；重在结果及创造价值；系统的观点。

全国质量奖是在借鉴美国国家质量奖标准“波多里奇卓越绩效评价准则”的基础上，充分考虑我国质量管理的实践之后建立起来的，以企业文化、经营战略、绩效结果和社会责任等综合实力为衡量标准，是卓越绩效模式的框架。卓越绩效模式以经营结果为导向，以强化组织的顾客满足意识和创新活动为关注焦点，追求卓越的绩效治理。根据《卓越绩效评价准则实施指南》，卓越绩效评价准则的内容分值分布如表 7-6 所示。

表 7-6　　卓越绩效评价准则评分项分值表

评分项名称	评分项分值	类目分值
4.1　领导		110
4.1.2　高层领导的作用	50	
4.1.3　组织治理	30	
4.1.4　社会责任	30	
4.2　战略规划		90
4.2.2　战略制定	40	
4.2.3　战略部署	50	
4.3　顾客与市场		90
4.3.2　顾客与市场的了解	40	
4.3.3　顾客关系与顾客满意	50	
4.4　资源		130
4.4.2　人力资源	50	
4.4.3　财务资源	20	

续前表

评分项名称	评分项分值	类目分值
4.4.4 信息和知识资源	20	
4.4.5 技术资源	20	
4.4.6 基础设施	10	
4.4.7 相关方关系	10	
4.5 过程管理		100
4.5.2 过程的识别与设计	50	
4.5.3 过程的实施与改进	50	
4.6 测量、分析与改进		80
4.6.2 测量、分析和评价	40	
4.6.3 改进与创新	40	
4.7 结果		400
4.7.2 产品和服务结果	80	
4.7.3 顾客与市场结果	80	
4.7.4 财务结果	80	
4.7.5 资源结果	50	
4.7.6 过程有效性结果	60	
4.7.7 领导方面的结果	50	
总分		1 000

《卓越绩效评价准则实施指南》的附录A部分，提出了卓越绩效评价准则的框架图，如图7－6所示。该框架图以美国波多里奇国家质量奖评审标准结构图（见图7－4）为蓝本，并参照EFQM卓越经营模式图（见图7－5）的思想进行了创造性的改进，形象生动地表达出卓越绩效评价准则七个类目之间的逻辑关系。

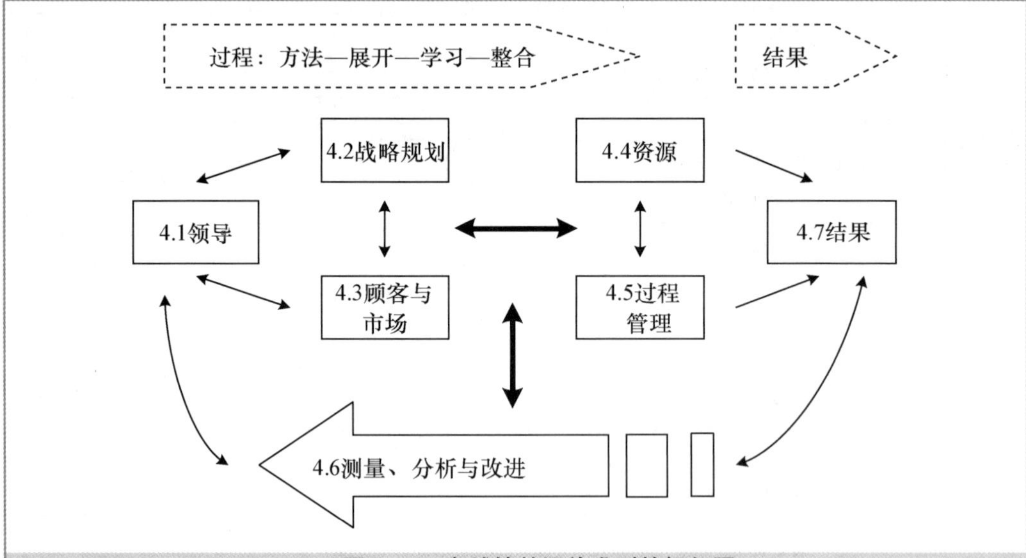

图7－6　卓越绩效评价准则的框架图

2. 中国质量奖

为推进质量发展，建设质量强国，中央在 2012 年批准设立中国质量奖。中国质量奖是国家在质量领域的最高政府性荣誉，授予在中华人民共和国境内质量领先、技术创新、品牌优秀、效益突出的组织和对促进质量发展做出突出贡献的个人，项目周期为两年，下设质量奖和提名奖，质量奖名额每次不超过 10 个组织和个人，提名奖名额每次不超过 90 个。按照中央部署，国家市场监督管理总局积极组织中国质量奖评选表彰工作。

中国质量奖的推荐、评审和授奖，遵循公开、公平、公正的原则，实行科学的评审制度，不收取任何费用，不受任何组织或者个人的非法干预。按照评审规则，国家市场监督管理总局会同国务院有关部门成立中国质量奖评审表彰委员会，负责中国质量奖的宏观管理和指导。中国质量奖的评审程序包括以下几个步骤：材料评审、现场评审、陈述答辩和审议公示，评审对象包括中华人民共和国境内合法注册的法人组织，包括一、二、三产业中从事生产、服务、研究、设计、教育、医疗等工作的各类组织以及中华人民共和国公民。

中国质量奖评审规则以《卓越绩效评价准则》（GB/T 19580）、《卓越绩效评价准则实施指南》（GB/Z 19579）为基础制定，并根据质量管理理论和实践的最新发展及时进行修订和更新。

五、质量管理奖的比较

在以上介绍的美国波多里奇国家质量奖、欧洲质量奖和日本戴明奖等质量管理奖中，历史最悠久的是日本戴明奖，影响最大的是美国波多里奇国家质量奖。不少国家的质量管理奖都或多或少地沿用或参考了波多里奇国家质量奖的结构和评分方法。比如，我国的全国质量奖就借鉴了波多里奇国家质量奖的结构和评分方法。

对比我国全国质量奖所依据的卓越绩效评价准则（见表 7－6）和美国波多里奇国家质量奖评审标准（见表 7－5）可以看出这两个奖项的异同：（1）标准的结构框架相同，都分为七个部分，评分总分为 1 000 分。（2）每部分的结构和内容不尽相同。例如，在卓越绩效评价准则中第四个类目“资源”，与相应的美国波多里奇国家质量奖评审标准第五部分“以员工为本”相比，不仅强调了人力资源的作用，还增加了诸如财务资源、基础设施、信息、技术以及相关方关系等其他资源项目。（3）各评分项的分值分布也不尽相同。考虑到评分标准对企业质量经营的引导作用，根据我国企业质量管理的现状，全国质量奖对一些条款的分数进行了调整，例如，对“过程管理”类目调高了分值，反映出我国质量管理实践中过程控制能力不足的现状，进而强调过程管理的重要性。

各国质量管理奖的共同特点是：在全面质量管理的基础上，逐步加入了卓越经营的因素。欧洲质量奖在很大程度上参照了美国波多里奇国家质量奖的结构和具体评价方式，更注重员工满意、对社会的影响和经营成果。欧洲质量奖在指导全面质量管理方面更注重原则性指导，其评审标准将全面质量管理的核心概念扩展到组织的一般工作的许多方面。日本戴明奖从其评奖标准看，更多地关注全面质量管理本身，注重统计技术的应用，注重产品从策划、设计、制造到售后服务全过程的质量管理，以及这些过程中质量管理方法的创新和有效应用。美国波多里奇国家质量奖和欧洲质量奖体现了重视结果的价值取向，日本戴明奖则更加重视过程。

□ 本章小结

ISO 9000族标准的产生和发展不仅顺应了发展国际经济贸易与交流合作的需要，还对规范市场行为，促进企业加强质量管理，提高产品质量，增强市场竞争力产生了积极效果，特别是在我国市场经济体制建立过程中和经济增长方式转变中将发挥越来越大的作用。

ISO 9000族标准经过不断发展，其结构主要由四部分组成：四个核心标准；三个小册子；技术报告和其他标准。四个核心标准是指：ISO 9000：2015《质量管理体系——基础和术语》；ISO 9001：2015《质量管理体系——要求》；ISO 9004：2009《质量管理体系——业绩改进指南》；ISO 19011：2011《管理体系审核指南》。ISO 9000族标准的主要理念包括七大质量管理原则：以顾客为关注焦点；领导作用；全员参与；过程方法；改进；循证决策；关系管理。质量管理体系的基础分别为：质量管理体系的理论说明；质量管理体系要求与产品要求；质量管理体系方法；过程的方法；质量方针和质量目标；最高管理者在质量管理体系中的作用；文件；质量管理体系评价；持续改进；统计技术的作用；质量管理体系与其他管理体系的关注点；质量管理体系与优秀模式之间的关系。

质量审核是指为获得审核证据并对其进行客观的评价，以确定满足审核准则的程度所进行的系统的并形成独立文件的过程。质量审核可按不同的审核标准进行分类，按照审核对象，可以分为产品质量审核、过程（工序）质量审核、质量管理体系审核与多管理体系结合审核；按照审核方不同，可以分为第一方审核、第二方审核、第三方审核。审核的一般步骤包括审核的启动；文件评审的实施；现场审核的准备；现场审核的实施；审核报告的编制、批准和分发；审核的完成；审核后续活动的实施。

质量认证也称合格认证，是第三方依据程序对组织的产品、过程或服务符合规定的要求给予合格证书。根据认证对象，可以将质量认证分为产品质量认证和质量管理体系认证；根据认证自愿与否，可以将质量认证分为强制性认证与自愿性认证。

质量管理体系的要求包括：管理职责，资源管理，产品实现，测量、分析和改进。质量管理体系总体设计的内容为：领导决策，统一认识；组织落实，成立机构；教育培训，制定计划，以及质量管理体系策划。质量管理体系认证需要按照一定的程序进行：认证申请与受理、质量体系文件审核、预访问、审核准备、现场审核、监督审核。质量管理体系的运行包括：质量管理体系文件的发布和宣讲；组织协调；质量监控；信息管理。

卓越质量管理模式中，美国波多里奇国家质量奖的卓越绩效准则致力于提升客户价值和全面提高组织业绩来增强组织的竞争力，提倡追求卓越和结果导向。日本戴明奖关注全面质量管理本身，注重统计技术的应用，较为重视过程。欧洲质量奖的 EFQM 卓越经营模式把全面质量管理的核心概念扩展到组织工作的许多方面。我国的全国质量奖和卓越绩效评价准则以经营结果为导向，追求卓越的绩效治理。

□ 基本概念

质量审核（quality audit） 审核方案（audit programme）

质量认证（quality certification） 合格认证（conformity certification）

□ 思考题

1. ISO 9000 族标准由哪几部分构成？
2. ISO 9000 族标准的主要理念是什么？
3. 什么是质量审核？对质量审核进行分类，并比较各种类型间的区别。
4. 简述进行质量审核的一般流程。
5. 通过 ISO 9000 认证就能证明企业的产品质量有保证了吗？为什么？
6. 质量体系认证和产品认证的联系和区别是什么？
7. 试述编制质量管理体系文件应遵循的原则及内容。
8. 质量管理体系认证的程序有哪些？
9. 质量管理体系的运行包括哪些方面？
10. 比较美国国家质量奖、日本戴明奖、欧洲质量奖以及我国全国质量奖的异同。

□ 案例分析 7-1

波多里奇准则在亚太兰特医护中心的应用

位于美国新泽西州的医疗保健服务提供商亚太兰特医护中心（Atlanti Care）是 2009 年波多里奇国家质量奖获奖组织之一。尽管该组织直到 21 世纪才实施波多里奇准则，但它的文化很早之前便根植于质量之中。20 世纪 90 年代，该组织围绕一切以患者为中心的观念建立了运营体系，运用全面质量管理的思想并辅以必要的工具在顾客服务方面创造可持续的改进，采用了 PDCA 循环。然后，组织于 2000 年开始实施波多里奇准则以将组织绩效推到一个崭新的高度。

2006 年，亚太兰特医护中心精心编制了第一份波多里奇国家质量奖申请报告，但没能进入现场评审。第二年，组织进入现场评审，得到了鼓励，但如预料的那样没有获奖。中心总裁兼 CEO 戴维·蒂尔顿（David Tilton）说："你不知道你有多少工作要做，但第一次进入现场评审后我们知道中心还配不上波多里奇国家质量奖，还可以做得更好。"2008 年该中心又一次进入现场评审，表明组织正在取得进步，一年后的巨大成功证实了这一事实。

在入职培训时，新员工需要参加关于亚太兰特医护中心的改进方法和卓越绩效框架的短期课程。卓越绩效框架在组织内称为5B，旨在使组织在质量、顾客服务、人员和工作环境、增长以及财务绩效五个方面达到最佳。由于员工可以提升组织排名，改进重点便由此产生。中心要求管理层参加一个如何运用波多里奇框架来提高组织绩效和促进创新的简要培训项目。这给管理者提供了在被组织形容为“紧–松–紧”过程（tight-loose-tight，TLT）的领导环境中进行管理所需的工具。组织战略指出了低于最高管理者的管理层应具备的自治和权力水平。通过放开约束，亚太兰特医护中心给每个业务单元的员工授权，使其可以量身定制实现高水平目标的途径，进而打造更具灵活性的组织。

在设定目标时，每个业务单元同时确定年度行动计划，并识别关键的测量指标来帮助其判断何时实现目标。每个业务部门确定的行动计划都与识别出的对组织成功至关重要的九大战略挑战相关联：

（1）医疗保健服务交付。

- 让医生参与新的合作与伙伴关系模型。
- 在主要服务区域外创造可持续的增长。
- 对医疗保健服务的投资和发展机会进行识别和排序。

（2）医疗保健服务参与。

- 开发新业务和新护理模式来支撑并提升基本护理。
- 识别并改进社区医疗和健康的关键成功要素。

（3）医疗保健服务信息。

- 通过临床交流和透明度来提升护理质量。
- 运用技术提升患者安全和临床质量。

（4）运营。

- 招聘、培训并留住高技能的员工。
- 在资本获取途径减少、无保险人群上升的环境中取得成功。

在克服这些挑战的另一努力中，亚太兰特医护中心将多个倾听顾客心声的活动融入计划过程中。通过收集网络用户数据、分析呼叫中心趋势、实施焦点小组等，分析并改进顾客访问。这一关注的好处最明显的例子是设立访问中心。焦点小组研究发现，顾客群在接触通常很复杂的医疗保健体系时常感到沮丧，于是中心在2006年设立了访问中心。免费的医师电话和事件调度线可以跟踪顾客的要求和需要。这些努力增进了顾客满意，增加了市场份额，进而提升了收入。在美国医疗保险与医疗补助服务中心（CMS）对充血性心脏衰竭、急性心肌梗死和肺炎等相关指标的测量中，该组织位列前10%。亚太兰特医护中心的家庭护理部门获得了OCS股份公司颁发的“家庭护理精英”奖，该公司向家庭护理和临终关怀服务机构提供绩效改进对标测量。基于质量结果、质量改进和财务绩效，亚太兰特医护中心在8 222家美国组织中排名前100。其在行为健康方面的治疗有效性始终超越美国标杆心理健康集团，2009年超越标杆16%。

数字有力地支持亚太兰特医护中心信奉波多里奇准则，但它对该项目的信念超出了测量和随后的获奖。尽管处在高度竞争的医疗保健行业，中心还是为其他想走同样改进道路的组织设定了一系列“波多里奇分享日”。“我们认为对质量的承诺和持续改进在医疗保健领域势在必行。作为波多里奇国家质量奖获奖组织，我们有责任和其他组织分享我们的卓越绩效战略和实践。对于想加入质量之旅的组织，我们谦卑地期待成为你们的导师和榜样。”

资料来源：詹姆斯·埃文斯，威廉·林赛. 质量管理与卓越绩效. 北京：中国人民大学出版社，2016.

思考题

1. 波多里奇准则的不同类目是如何与亚太兰特医护中心面临的战略挑战相关联的？解释针对准则中问题的有效方法将如何帮助应对这些挑战。

2. 其他组织可以从亚太兰特医护中心的经验中吸取什么样的教训？

□ 案例分析7-2

某制造厂质量管理体系建立列举

1. 公司简介

某制造厂是坐落在天津的一家生产空调用电机的小型股份制公司，成立于2005年年初。公司现有50人，工厂面积为5 000平方米，主要生产设备有5台绕线机、1台10吨液压机、1台热处理炉、1套组装生产线，年生产能力达50万台空调用电机。

该厂的质量手册严格依据GB/T 19001-2008（ISO 9001：2008）标准及CCC工厂质量保证能力要求制定，它明确阐述了公司的质量方针、质量职责和质量体系运行的总体规划、设计。它对内作为管理标准是公司一切质量管理活动必须遵守的纲领性和法规性文件，对外作为质量体系的主要形式体现公司的质量保证能力，确保公司信誉。

2. 质量方针和目标

（1）质量方针。遵守相关法律法规和顾客要求，通过对资源的充分提供和有效利用，对过程的有效控制和管理，不断完善质量管理体系并改进产品质量，提高顾客的满意程度，做空调厂家的坚强后盾。

（2）质量目标。2010年公司的目标为：火灾及触电事故为0；产品退货率＜200ppm；准时交货率＞98％；顾客满意率＞90％。

（3）质量方针的说明。电机产品在国家CCC强制性认证产品目录中，其重要性不言而喻。国家对电机产品有严格的生产要求，遵守相关法律法规是企业生存的根本。

该厂根据顾客提供的图纸进行生产，因此严格遵照顾客要求并不断考虑充分利用资源、降低成本才能达到顾客满意。电机产品的质量要靠每一个过程的有效控制才能保证。公司要通过对过程控制和对体系的不断完善，来增强顾客满意，做他们的坚强后盾。

3. 该公司质量管理手册的内容

（1）质量管理手册的目的。编制质量管理手册的目的在于对公司质量体系的要求做规范性、纲领性的描述，是制定程序文件的依据；同时证实本公司有能力稳定地提供满足顾客和符合法律法规要求的产品；通过体系的有效应用，包括体系持续改进的过程及保证符合顾客和符合法律法规的要求，旨在增强顾客满意。

（2）使用说明。质量管理手册为公司的受控文件，由管理者代表会同相关部门拟定，总经理批准颁布。手册管理由资源部负责，手册在公司内部发放时，加盖“受控”章；若手册发放到公司外，加盖“非受控”章。质量管理手册发放给总经理、管理者代表和部门负责人，持有者应妥善保管并在本部门内传阅；若调离工作岗位，应将手册归还资源部，办理移交登记手续。

（3）范围。质量管理手册按照GB/T 19001－2008《质量管理体系要求》的规定，并结合公司实际情况编制而成，以证实本组织有能力提供满足顾客和适用的法律法规要求的产品。通过对质量管理体系的有效实施，包括持续改进，不断满足顾客要求，持续增强顾客满意。质量管理手册覆盖的范围为空调电机的制造和服务。

（4）应用。公司按照顾客的图纸进行生产和制造，因此删减“7.3设计和开发”，该删减不影响公司提供满足顾客和法律法规要求的能力和责任。

（5）质量管理体系总要求。公司按照中华人民共和国国家标准《质量管理体系要求》及PDCA模式建立质量管理体系，公司实施质量管理时应确保开展以下活动。

1）确定质量管理体系所需的过程，包括管理职责、资源管理、产品实现过程以及测量、分析和改进过程。

2）明确以上过程的顺序、接口和相互作用的关系。

3）确定过程有效运作和控制的准则和方法。

4）确保获得必要的资源以支持过程有效运作和监控。

5）测量、监控和分析以上过程，以实现持续改进的目的。

资料来源：王明贤．现代质量管理．北京：清华大学出版社，北京交通大学出版社，2011.

思考题

1. 该厂建立质量管理体系的目的是什么？
2. 使用说明符合质量管理体系要求中的哪一条款？
3. 该厂的质量管理体系中，为什么删减了“7.3设计和开发”？

第 8 章

质量创新

本章要点

- 质量强国战略及其框架
- 质量强国战略的核心目标、实现路径、实现手段、制度支撑
- 质量创新的内涵
- 质量创新与经济发展质量
- 质量创新与供给侧管理

实现中华民族伟大复兴的中国梦，质量是基础。国家要繁荣昌盛，必须有雄厚的经济实力，而经济实力要靠过硬的质量支撑。中国不能只做世界工厂，一个大国的可持续发展也绝不能建立在依靠廉价劳动力和资源的基础上，而是要走出一条创新驱动、提高经济增长质量和效益的发展之路。只有当我们成为质量强国的时候，中国梦才是真正的有质量的梦。当今社会心浮气躁，追求"短、平、快"带来的即时利益，忽略了产品品质这个灵魂。急功近利，追求速成，这是质量的大忌。目前，我国质量水平的提高仍然滞后于经济发展，产品、工程等质量问题造成的经济损失、环境污染、资源浪费仍然比较严重，质量安全事故时有发生。我国是制造业大国，但还不是制造业强国，产品整体质量水平还不高，因质量安全问题被召回的问题仍然十分突出。

为什么许多企业的产品质量搞不好？为什么中国的产品质量总体上不如德国和日本？原因虽然很多，但最根本的原因之一是人家做事比我们更严谨，更具有工匠精神。工匠精神可以概括为四个方面：精益求精、持之以恒、爱岗敬业、守正创新。精益求精就是精通自己所从事的职业，注重细节，不惜花费时间和精力，孜孜不倦，反复研究改进产品，追求完美和极致；持之以恒，就是几十年如一日地耐心，专注和坚持做某一产品，不断提升产品和服务，耐得住寂寞，守得住清贫，不急功近利，不贪图名利；爱岗敬业就是对所从事的职业有一种敬畏之心，视职业为自己的生命；守正创新就是恪守正

道，胸怀正气，行事正当，追求心正、法正、行正。创新是勇于开拓，善于创造，懂得变通，不断推陈出新。

德国近乎刻板地严谨认真，使产品质量丝毫不差；日本视质量为生命的强烈自尊，将产品好坏与个人荣辱联系在一起；瑞士以忠诚和专注闻名，其银行业、钟表业在全球独占鳌头。这些国家正是得益于大力弘扬工匠精神，从而取得了本国制造业和商业领域的巨大成功，并因其产品的高质量而赢得了世界的尊重和巨大的贸易份额，成为世界经济强国。由此可见，工匠精神提高了国民素质，国民素质提升了产品质量，产品质量增强了综合国力。

资料来源：陈逢湘. 中国梦是质量强国梦. 大理日报，2017-11-01.

第1节　质量强国战略

一、质量强国战略及其框架

所谓质量强国战略（quality strategy），就是通过提升质量来实现国家强大的国家性战略。质量强国战略的确立，最重要的是要在基本理论上证明这一战略的必要性，并对战略环境进行科学的评估，从而提出质量强国战略的核心目标（core target of quality strategy）。在此基础上，还需要研究战略实施的主要内容、实现路径（paths of realization for quality strategy）、实现手段（means of realization for quality strategy）和制度支撑（institutional support for quality strategy）。本节首先介绍实施质量强国战略的环境需求，进而介绍质量强国战略的目标和重点；其次介绍实现质量强国的根本路径，具体包括市场如何真正实现企业主体化的优质、优价，消费者如何成为决定质量发展的主导力量，质量大数据如何减少市场交易中质量信息的不对称等；再次介绍在具体方法上如何充分利用社会资源，包括标准化组织怎样成为拉动企业质量创新的重要力量，如何构建完善的质量中介服务体系等；最后介绍战略实现的制度支撑，包括作为软制度的质量诚信和作为硬制度的政府质量治理体系等。这些内容构成了质量强国战略框架（frame of quality strategy）（见图8-1）。

二、质量强国战略的背景分析

1. 质量是我国实现强国目标的重要推动力

质量在推动国家强大的各类要素中具有不可替代的作用。所谓强国，最直观的是一个国家拥有排名世界前列的GDP总量，尤其是人均GDP水平。没有经济总量规模的扩大，没有人均收入的提高，就无法证明国家的强大。要提高GDP的总量和人均GDP水平，就需要各种发展和各种要素的投入。经济学的研究表明，传统

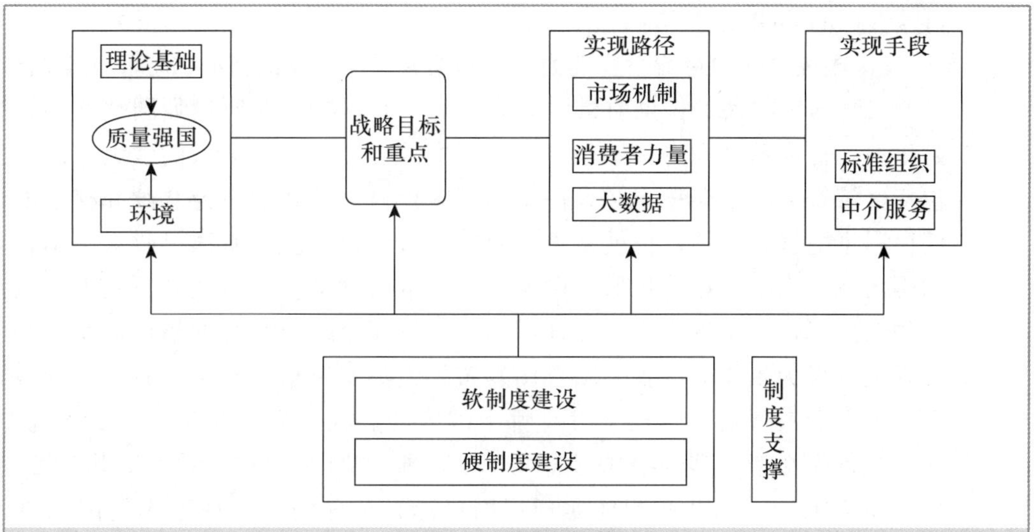

图 8-1　质量强国战略框架

的土地、资本和劳动力等要素对经济发展的贡献会越来越大。在这些要素中，科技、教育和人才对于一个国家的经济发展，尤其是对于一个国家的强大具有十分重要的意义。但是，科技并不是每一个企业都能拥有的创新要素，教育和人才的作用对于企业而言具有长期性。无论是科技要素，还是教育和人才要素，最终都要表现为提高具体产品、服务、环境和工程质量，因而质量要素更具有普遍性和现实性。就普遍性而言，即使一个企业没有先进的技术，依然可以通过提高质量水平，生产通用、成熟的产品，从而获得更高的收益；就现实性而言，很多领域的质量管理和标准都非常成熟，一个普通的员工也许不能掌握先进的技术，却可以拥有熟练的质量技能，也同样可以创造出带来较高收益的高质量产品。因而，在经济发展要素中，质量是最具有一般性的要素，也是各种投入要素的综合体现。只要始终把握这一根本要素，一个落后的国家就可以成为强国，国家的经济就可以持续地增长。

2. 我国当前面临的战略环境迫切需要推进质量强国战略

质量是我国未来经济社会发展的新动力。作为一个拥有 13 亿人口的大国，发展依然是我国面临的最基本的任务。支撑我国过去经济增长的几大因素都面临巨大的挑战：人口红利在慢慢衰退，人均土地资源在不断减少，自然资源的投入并不能满足未来更大经济总量的需求，环境的承载能力已经接近极限。因而，要实现我国经济社会的进一步发展，就必须寻找新的发展动力，制度创新的改革红利是非常重要的新动力，与此同时，质量也是我国未来经济发展的新动力。我国资源要素的投入总量并不低，劣势在于产出率不高，因而，即使在投入总量不变的情况下，通过质量的改进，也可以使我国的经济总量进一步扩大。根据有关估计，我国的全要素生产率每提高一个百分点，就可以使 GDP 增长 1.75 个百分点。如果能通过质量创新使我国的全要素生产率提高至当前日本的水平，即增长 92%，就可使我国的 GDP 总量增长 1.6 倍；若全要素生产率提高至当前德国的水平，即增长 121%，就可使我国的GDP总量增长2.1倍。

3. 国民收入和企业质量能力提升是质量强国战略的核心目标和重点内容

（1）国民收入增长是质量强国战略的核心目标。在质量强国战略中，质量只是手段，提高质量本身并不是目的，根本的目的是促进国家的强大。国家的强大包括经济繁荣、社会稳定和人民幸福等多重目标，其中最为基础和核心的目标是国民财富的极大增长，也就是人均收入的持续提高。没有国民收入的增长，国家的强大就失去了内在的价值，国家强大的本质含义就是建立在较高人均收入基础上的人民幸福。从现实来看，任何一个衡量国家综合实力的指标体系，都将人均收入放在极为重要的位置。联合国发布的人类发展指数，包含收入、受教育程度和预期寿命三项指标。几乎没有哪个国家的高人类发展指数，可以建立在低人均收入的基础上。世界上的强国，如美国、德国、日本等，人均GDP水平都居于世界前列。因此我国要实现强国目标，首先的要实现以人均国民收入增长为主要内容的经济增长，所有的战略都必须紧紧围绕这一目标。质量的提升可以从根本上提高经济中的资源产出效率，让每一个企业都能够分享创新带来的市场效益。这不仅可以为国民财富的增长创造坚实的基础，也可以让经济发展更多地体现劳动者的专业技术投入，从而提高劳动者的报酬，使得经济发展的成果惠及占社会大多数的劳动者。因而，实施质量强国战略之所以具有重要性，就在于质量是使国民收入不断增长的基本要素，也是人民幸福生活的重要标志。

（2）质量强国战略要实现国民收入不断增长的根本目标，其前提是作为质量提供者的企业在质量上具有强大的竞争力。无论是质量强国战略所涉及的目标、实现路径，还是实现手段和制度支撑，都要以企业强大的质量能力为基础。企业的质量能力是指企业拥有以质量为主要要素的核心竞争力，并在同行业中拥有领先的质量水平。质量强国战略的目标，只有通过一个个微观企业质量水平的提升，并进而创造出更高的国民总产出才能实现。企业的质量能力是决定质量战略框架中其他要素的基础，建立优质优价的市场机制，是为了确立企业质量主体地位；产品比较试验的出发点和立足点，是要让消费者拥有现实的手段，来对产品和服务的质量进行监督，进而让企业产生强有力的质量改进动机；团体标准的实施，是为了让企业能够更好地利用标准来引领行业创新，进而不断提高整个行业的创新水平；以诚信为核心的质量软文化的建设，以及现代化质量治理体系和治理能力的建设，是为了给企业创造更好的质量发展环境。因此，质量强国战略最为重要的内容就是提升企业的质量竞争能力。从现实来看，国家强大的重要标志是这个国家的企业拥有强大的质量竞争能力。无论是美国、德国，还是日本，其之所以强大，原因之一就是有着大量质量一流的企业。因此，质量强国的所有内容，都应围绕企业质量竞争能力的提升这一核心来展开。只有我国的企业在世界主要的产业领域都拥有了明显领先的质量核心竞争力，才能够说我国的质量强国战略真正得以实现。

三、质量强国的路径与手段

1. 优质优价的市场机制是国家强大的制度基础

（1）优质优价是市场经济成熟的重要标志。改革开放以来的实践充分证明，市场经济是我国经济发展最为重要的制度选择。但是，市场机制还没有真正地起作用，突出的表现就是我国的市场还没有完全实现真正的优质优价。市场除了具有调节资源配置从而实现供需平衡的功能外，更重要的一个功能是能够实现对优质产品的发现，也就是那些越能够提供市场所需的优质产品的提供者，越能够得到市场基于价格的最好评价。这样才能激励市场主体真正愿意生产更高质量的产品，从而优化资源配置的效率。在信息不对称的情况下，劣质商品将优质商品挤出市场，是由于这两种商品的价格不能得到有效的区分。因此，不能实现优质优价是市场萎缩甚至消失的重要原因。我国市场机制未能真正实现优质优价的根本原因，在于政府的干预太多，尤其是有些地方政府的保护主义。有些地方政府为了地区的狭隘利益，不惜采取行政手段，人为阻止优质产品的进入，保护本地落后的产品，优质产品得不到真正的发展。另外，政府强制实行的统一标准标识制度，导致企业不能向市场传递更高的质量信号，甚至以达到国家统一制定的基本标准为最优选择。市场在资源配置中起决定性作用，实质上就是更高质量提供者能够获得更多的资源，这样才能够提高资源的使用效率，才能使一个国家走向真正的强大。

（2）市场机制的关键是实现优胜劣汰。国家的强大程度一般与市场的竞争程度正相关，即市场竞争越激烈，国家财富的积累就越丰富。因为市场竞争可以筛选出优质产品和劣质产品的提供者，让优质产品的提供者获得消费者更高的评价，而让劣质产品提供者被淘汰出市场。只有形成较为充分的优胜劣汰的市场竞争机制，才能真正确定企业的质量主体地位。在自由竞争的市场经济条件下，只有高质量的产品能够获得较高的市场收益，低质量的产品被逐出市场，企业才能够有内在动力去做好质量，真正对自己所生产的产品负责。当每一个企业都有这样的激励时，整个社会的生产率就会大大提高。市场竞争是实现资源优化配置的最好方法，在优胜劣汰的竞争机制下，市场会不断淘汰不能适应市场需求的产品生产者，而让资本、劳动力流向优质产品的生产者。这样可以极大地减少资源浪费，提高要素的产出率。优胜劣汰的市场竞争机制，也是整个国家活力和竞争力的重要来源。世界上的强国都有着一大批富有活力和竞争力的企业，它们在激烈的市场竞争环境下有着强烈的危机意识，这驱使着它们不断进行质量创新。这种企业间以产品质量为核心的竞争，是推动整个国家不断创新的基础。国家的强大必须拥有坚实的微观基础，这一基础就表现在市场机制能够实现对生产主体的优胜劣汰。国家在宏观上的整体强大，建立在无数提供优质产品的微观主体的基础之上。

（3）实行企业产品标识的差异化标准标注制度。国家要想拥有生产高质量产品的企业主体，就必然要使企业产品的质量水平得到充分的表现。这样既能激励企业生产高质量的产品，又能为消费者的产品选择提供更好的依据。要实现这一目标，就应该在产品的标识上清晰地展现不同产品的质量标准，使得不同层次的质量标准的标注成为消费者最直观的选择依据。应改革我国现有的标准标注制度，仅将政府标准作为企业产品生产的依据，而主要通过标注企业采用的高于政府标准的高水平标准，来展现不同产品在质量上的差异。需要特别说明的是，企业所标注的高于政府基础标准的高水平标准，应该是得到市场、行业和社会认可的标准。只有这些被认可的标准，才能在产品标识上标注。实施既能满足国家基本标准，又能体现差异化的标准标注制度，能够有效地实现市场机制的优胜劣汰，鼓励企业更多地采用高水平的标准，从而持续推动国家总体实力不断增强。

2. 产品比较试验是实现强国目标的重要手段

（1）强大的国家必然有强大的消费者。国家的强大并不是抽象的，尤其是一个国家在经济上的强大，必然依托于市场中最活跃的消费者。只有强大的消费者，才能够真正引导企业生产高质量的产品，也才能够淘汰劣质产品的生产者。消费者既可以用“无形的手”选择不同质量的产品，又可以用“有形的手”对生产者质量行为进行监督。虽然世界主要强国的消费者具有不同的特点，但他们一个共同的特征就是具有很强的行动能力。世界强国正是由于有苛刻和挑剔的消费者，才使得产品的质量不断提升，进而促进产业和经济的发展。德国的消费者以挑剔著称，普通的德国家庭在购买产品时都有比较的习惯，同等的质量比较价格，同等的价格比较质量，这使得德国的产品在质量上非常严谨且细致。日本的消费者则以需求善变为主要特点，这促使日本的产品非常注重质量的改进和创新。美国的消费者有着非常强烈的权利意识，如果发现产品质量有问题，他们就会非常习惯地拿起法律的武器来保护自己，这使得每一个生产者都把消费者当成上帝来尊重。可以说，德国、日本和美国的卓越质量是在消费者强大的压力下创造出来的，施加强大压力的无数消费者正是德国、日本和美国成为世界强国真正的幕后英雄。

（2）产品比较试验是支撑消费者强大的重要方法。要使我国的消费者强大起来，就必须拥有保护消费者权益的强大方法。这些方法包括基于消费者主权的立法、保护消费者的产品伤害赔偿制度，以及鼓励消费者集体行为的制度等。但是，这些方法都是基于消极的保护，很多是事后保护，不能体现消费者对企业产品质量的先导作用。通行于美国、欧洲、日本等发达国家和地区的产品比较试验方法，更能体现消费者在事前对企业产品质量的激励和约束作用，更能体现消费者的强大。比较试验指的是通过对同一类型不同品牌的产品或服务，用同一标准、同一规则进行测试，并比较产品或服务优劣的一种行为。国外的调查显示，比较试验机构发布的质量信息，在消费者的消费选择中起到了举足轻重的作用，对厂商的销售结果也造成了极其重要的直接影响。原因在于消费者是比较试验的核心，是比较试验机构的主要收入来源，是测试标准的主要制定者，是测试方法所模拟的参照系。这一利益关系保证了比较试验机构能够代表消费者集体来采取行动。比较试验为消费者提供了充分的质量信息，这些强国往往有数百个从事比较试验的机构，它们相互之间独立运作并有着一定的竞争关系。各个机构会基于自身的比较优势，选择所专注的一些产品细分领域。它们相互之间既有竞争又有互补。消费品的质量信息一般都能从不同侧面得到充分披露。比较试验以有利于消费者并且高于国家标准的要求作为测试依据，用以评价产品或服务的质量是否满足消费者的需求。当大部分消费者都认同并接受这一标准时，企业为了实现自身的经济利益，也会被迫接受这一更高的市场标准，从而提升质量水平。美国、德国等世界强国的实践证明，产品比较试验能够真正体现消费者主权，能够基于消费者实现对企业质量的持续提升，促进企业不断按照消费者的更高要求追求卓越的品质。

（3）构建推动比较试验的社会机制。比较试验不仅是基于消费者的质量测量方法，而且是质量强国战略的重要社会机制，将带动社会组织的发展，推动社会公益性组织的良性竞争。比较试验机构拥有独立于生产者和消费者的中立性，加之比较试验能够广泛地传播产品的质量信息，使得非营利社会组织能够成为进行比较试验的合适组织。因此，政府应推动建设主要从事比较试验的消费者组织，对全国范围内覆盖面较广的产品和服务进行比较试验。同时，应广泛鼓励社会组织、非营利机构、公司进入比较试验领域，使它们展开良性竞争，并通过税收减免、财政补贴等政策手段帮助这些机构获得发展。政府还应当着力完善相应的法律和标准体制，保障从事比较试验主体的合法地位和知识产权。当比较试验的结果与企业的利益相冲突并发生法律纠纷时，司法部门应当在可证明科学依据的前提下，支持比较试验机构以消费者利益为出发点，确立自己的测试标准、测试方法和测试结果的行为。比较试验组织的广泛发展，必将使质量强国战略拥有广泛的社会基础，并构成国家治理能力现代化的重要单元。

四、质量强国战略的资源与要素

1. 大数据是国家的重要战略资源

（1）质量强国必须拥有质量大数据的战略资源。在互联网时代，广泛存在的大数据已成为一个国家的重要战略资源。美欧等世界发达经济体都将大数据资源视为较之石油等更重要的资源。目前大数据已经在商业、医疗、政府、教育、卫生、人文以及社会的其他方面产生重大的革命性影响。在各种大数据类型中，质量大数据是最为重要的数据类型之一。质量大数据是经济数据的核心，经济数据反映的是产品的交易状况。在产品交易中，无论是价格的高低、产品交易的多少，还是产品交易结构的变化，实际上反映的都是产品的质量状况。质量大数据也是社会数据的基础。社会收入状况和需求的变化，以及不同阶层和集团的利益偏好，在很大程度上反映的都是它们在质量领域的定位和行为。一个国家政治层面和军事层面的各类数据，反映的往往也是以质量为基础的数据状况。战略以资源为基础，没有资源就没有战略。在实施质量强国战略的过程中，必须始终将质量大数据作为重要的战略资源，用大数据资源驱动国家的宏观质量，服务企业的微观质量。

（2）质量大数据是提升国际贸易竞争力的重要因素。在国际贸易中，我国的产业仍然停留在价值链的低端。这一问题的原因有很多，缺乏对大数据的掌握和评价毫无疑问是重要的原因之一。国外机构基本上控制了国际贸易中产品交易质量数据的评价权，并基于这种评价权获得了更高的收益。我国要提升国际贸易的竞争力，与世界强国获得同样的产品质量话语权，最基础的就是要获取丰富的质量大数据，并对质量大数据进行挖掘，形成相应的话语权。国际贸易竞争主要是质量竞争，而质量竞争的核心资源就是质量大数据。掌握了更多的质量数据，才能够让一国在标准制定上拥有更大的主导权，从而可以利用标准来进行更加灵活的国际贸易政策的制定，以保护本国产业的发展。此外，掌握了质量大数据，才可以使一国在国际贸易上拥有更大的话语权。产品的国际贸易定价要基于质量的检测和认证，只有掌握更多的质量数据才能拥有更大的定价权，否则在国际贸易中将十分被动。因此，在全球化的竞争中，我国要成为真正的世界贸易强国，就必须抢占质量大数据这一重要的战略资源。拥有质量大数据，不仅可以提高我国产品质量的竞争力，而且更重要的是能够提升我国产品质量的附加值。在质量大数据的基础上，我国可以开始逐步建立对全球产品质量评价的话语权，从而进入产品竞争价值链的高端。

（3）质量大数据必须以消费者信息为主要来源。质量大数据要成为战略性资源，就必须获得最有价值的质量信息。消费者是产品质量信息的最终评价者，因而国家应该建立基于消费者的评价体系。质量的根本目的是满足消费者的需求，而消费者是质量的购买者，也是质量最直接的感知者，更为重要的是，消费者一般具有提供真实质量信息的内在激励，因为质量信息的提供与其自身利益是密切相关的。因而，基于消费者的质量大数据最能真实地反映质量状况。基于消费者的质量数据范围非常广泛，但主要包括两个方面：一是非互联网的真实物理世界；二是虚拟化的网络世界。质量大数据需要同时在“线下”的真实世界和“线上”的虚拟世界中获取质量信息。我国完全有可能取得在质量领域的后发优势。因为面对质量大数据，世界强国和我国都处在同一起跑线上，如果能够快速建立起以消费者为主要数据来源的质量大数据体系，就能够形成支撑国家强大的重要战略资源。

2. 国际标准激发国家强大的创新活力

（1）发展团体标准是世界强国的普遍做法。国家的强大有赖于创新活力的激发。所谓一流企业做标准，就是指通过标准的引领来激发创新的活力。美、欧、日等发达国家和地区，无不通过引领标准化的方法来控制价值链的高端，也就是通过控制创新支撑国家的强大。这些国家的标准主要依赖产业联盟、专业机构和社会团体制定。这类由市场和社会主体自愿制定并执行的规范性文件称为团体标准，如美国的标准体系主要由社会自愿组成的标准制定组织制定的团体标准组成。欧盟的标准除了由联盟及成员国颁布的统一技术法规和指令，大部分是由社会组织所制定的团体标准。日本的专业团体和行业协会除了制定供本行业使用的团体标准，还承担部分国家标准的起草工作。发达国家和地区之所以如此重视团体标准，主要是因为这一类标准内生于市场主体的自身需要，又能快速地将先进技术转化为标准的控制力，通过控制标准来控制整个产业链，从而实现快速的产业创新和质量创新。

（2）团体标准可以充分激发国家的创新活力。团体标准主要是由使用者通过联盟等组织方式，自行制定的供自己使用的标准。这些生产经营实践中的每一个微小创新，都凝练和规范地反映了使用者的自身需要。制定者和使用者的利益一致，因而能够快速实现团体标准更新，反映他们自身的创新成果。因此，充分发展团体标准实际上就是充分发挥每一个市场主体的创新活力，特别是使创新主体能够享受到创新成果转化为标准带来的利益。团体标准可以让创新企业保持行业领先优势。质量进步的关键是标准，而标准只有带来市场收益才能够让企业有动力持续进行标准改进。团体标准反映了行业的最新创新成果，通过行业内对团体标准的使用可以确立其在行业内的引领地位，获得类似专利权的垄断性收益，以作为创新的合理补偿。在这一机制下，所有企业都有内在激励去追求更高的标准，从而推动整个社会的质量进步。

(3) 团体标准需要新的体制机制。要发展团体标准，就必须改革目前的标准体系。实际上，建立起适应团体标准发展的国家标准体制也是质量强国战略的重要内容。政府标准的目的是满足全社会在健康、安全、环保等基础通用领域的公共利益，因此难以实现用标准促进质量创新发展的功能。要激发国家的创新活力，就应改革我国目前由政府主导的标准体制，建立起由团体标准和政府标准共同构成的“双轨驱动”国家标准体制；将政府标准限定在基础通用领域，政府不再制定推荐性标准，反映行业技术创新的领域由团体标准发挥作用，团体标准逐步替代现有的行业标准；允许团体标准制定者通过制定标准获得合法收益，在团体标准获得较多市场主体使用后，政府可以“搭市场的便车”，在不涉及标准制定者的知识产权和利益的前提下，将该项具有创新性功能的标准进行援引，并向团体标准制定者支付费用，通过团体标准的创新带动政府标准的发展。构建起支持团体标准发展的体制机制，不仅有利于国家获得源源不断的创新活力，而且能够建立起重要的国家创新体系。

3. 质量服务是提升我国制造业国际竞争力的战略性手段

(1) 世界强国都拥有一流的质量服务业。制造业是世界强国的基础产业，无论产业结构如何变化，世界强国都把制造业作为本国经济的基础。世界强国能够占据制造业价值链的高端，一个重要的手段就是大力发展质量服务业。随着制造业全球化的专业分工和产业转移，以及上下游供应链前所未有的复杂化，制造业企业越来越依赖企业间的交易与跨国贸易来完成最终产品的生产与交换。质量服务业就是通过提供检验、检测、认证、标准、计量、咨询等第三方质量服务，为卖方企业的质量水平进行评价和担保的生产性服务业。全世界每一个强大国家的背后都有强大的质量服务业作为支撑，如德国有 TUV、美国有 UL、法国有 BV、英国有 Intertek、瑞士有 SGS 等。在我国，外资质量服务机构在 2001—2016 年快速占有国内质量服务业市场超过 30%的市场份额。质量服务机构既是认证产品是否符合技术性法规和自愿性标准的核心主体，又是实施合格评定程序的第三方机构，同时能自主制定产业标准。这些标准最终会被政府采纳，成为国家对产品质量的法定要求。世界强国逐步将制造业的加工环节向其他国家转移，却将质量服务业牢牢控制在本国，通过这样的控制以掌握制造业的核心价值。

(2) 质量服务业能显著提升制造业的附加值。质量是产品的一种内在特性，这种特性需要提供质量服务的专业机构用标准、检验和认证的方式加以体现。质量服务就是使产品的内在特性价值不断被评估和证明的过程。我国要逐步向制造业价值链的高端提升，就必须通过质量服务业来证明产品的内在特性价值。第一，对产品的检验服务可以显著提升产品的质量水平，而质量又能促进产品附加值的提升。产品的检验与检测可以对产品性能以及各项指标做出明确的判断，让企业了解自身的质量水平并不断加以改进。权威的质量检测服务可以提高消费者对产品的信任度，产生品牌溢价。第二，认证可以使产品的价值得到极大提升。认证就是对产品是否达到标准的认定，第三方的认证可以让产品的内在质量属性外在化和显性化。企业可以通过标准的创新来提高自身的品质，而使市场中购买者对产品的品质产生认同感，实现其市场收益，这就需要权威的认证。第三，质量服务业对于企业的质量进步具有重要的推动作用。提供检测、认证等质量服务的机构，其服务对象是大量的行业内企业，与单个企业相比，其掌握着更多的质量信息和前沿技术。检测、认证和咨询等服务可以让企业了解其技术水平存在的差距以及改进方案，促使其技术水平提升。质量服务业对产品价值的提升，实质上是以第三方的方式公正地证明产品的更高价值。质量服务业是市场中不可或缺的中介服务，也是社会质量信用的重要提供者。我国是世界制造业大国，加快发展质量服务业，可以推动我国成为世界制造业强国。

（3）尽快形成国际一流的质量服务产业体系。作为制造业大国，我国必须拥有与之匹配的质量服务业，而且必须服务于制造业的“走出去”战略，要尽快形成一批有国际竞争力的质量服务集团。质量服务业从本质上说是提供信用的行业，而信用的建立不仅需要长期的积累，更需要一定的规模。我国提供质量服务的企业数量多但规模小，尚未在国际上形成与我国国际贸易地位匹配的话语权。合理的质量服务产业结构中，既要有全国性的大型企业集团，又要有各种不同类型的专业化质量服务企业，同时要有主要服务于地方质量发展的地方性质量服务机构。在国家层面，要以现有最大的2～3家大型国有质量服务机构为载体，最大限度地整合相似与相关行业、领域的检验、检测国有资产，使其具备参与国际竞争的资本实力；同时依据不同行业和区域的特点，将其余国有质量服务机构整合成为8～10家具有行业领先实力的专业质量服务集团，以及20～30家省一级的区域质量服务集团，构筑起既在国际上具有竞争力，又在国内充满竞争活力的多层次质量服务产业结构。要提高质量服务企业的综合服务能力，需将标准、认证、咨询等相关业务进行整合，延长服务的价值链，形成具有综合竞争力的质量服务企业。构建强大的质量服务产业体系，形成与世界强国相互竞争的质量服务集团，是我国制造业价值提升的必由之路，也是我国参与国际竞争的重要支撑。只有发展强大的质量服务产业体系，才能真正构建起支撑质量强国的社会基础。

五、质量强国的制度基础

1. 质量诚信体系建设

（1）质量诚信价值观是国家软实力的核心。强国的标志不仅有以经济为主要内容的硬实力，更重要的是以价值观为主要内容的软实力。价值观包括很多方面，最基础的、最应该被一个国家的国民普遍遵循的，应该是质量诚信。基于质量的诚信，就是对质量信息提供的常态、诚实和合作行为的期待，通俗地说就是提供好的产品或服务。我国的价值观是一个庞大的体系，其中相关的内容实际上是对委托代理关系中由于监督不完善造成制度漏洞的自觉规避，把提高自己的工作质量作为自觉行为。因此，敬业实际上就是质量诚信的表现。平等的价值观就是在与人的交往过程中不因人的身份不同而产生偏见，卖方提供的产品对任何人来说都是一样的。所谓童叟无欺就是这个道理，这也是最早产生于市场经济中的质量诚信。待人友善的价值观更大程度上也是质量诚信的表现，只有对别人以礼相待，才能获得别人的尊重和认可。就质量诚信的价值观而言，在市场交易中只有把产品做好，才能持续获得市场收益。而一个缺乏质量诚信的人，既不可能待人友善，也不可能通过提供高质量的产品来获得他人的尊重。我国价值观的软实力建设任务非常繁重，但只要抓住了质量诚信这一最基本的价值观，就能够牵引其他诸如敬业、平等、公正和友善等价值观的建设，并构建起中国作为一个强国在国际竞争中最基本也最重要的软实力。

（2）质量诚信可以显著降低经济和社会的交易成本。一个社会的交易成本越高，经济就越落后，特别是会影响市场交易范围的扩大。要降低社会的交易成本，除了需要建立法制的硬制度外，还需要建立诚信的软制度。一个社会中人们的质量诚信水平高，既可以降低交易双方谈判、执行和试错的成本，又可以扩大市场的交易范围。信任程度越高的地区，分工和交易越发达，地区优势越能得到发挥，因而经济增长越快。强大的国家都有良好的质量诚信，或者说质量诚信推动了强大国家的形成。质量诚信可以降低信息的获取成本，减少交易双方的信息不对称。一项交易的达成需要进行信息的搜寻，而搜寻的过程需要耗费成本。经过多次博弈而形成的质量诚信，是对交易主体最好的质量信号。交易双方可以根据已有的质量诚信水平，迅速达成交易从而降低信息成本。质量诚信还可以减少市场中介成本。虽然市场中介促进了交易的完成，但也会相应地带来交易成本的上升。质量诚信的提高可以提升购买者对其购买的产品或服务的信任，从而显著降低由不确定性带来的额外市场中介成本。质量诚信还能够极大扩大市场的交易范围。现代市场经济是典型的陌生人经济，特别是在信息时代，交易日益虚拟化，交易双方的直接监督几乎不可能实现。只有在全社会建立起质量的诚信体系，才能够让市场的交易范围不断扩大，让我国的经济在信息化时代获得进一步发展。因此，良好的质量诚信不仅能够降低我国经济和社会的交易成本，而且能够有力推动我国经济社会的发展。

（3）加快建设市场化的质量诚信体系。质量诚信是市场交易所必须遵循的准则，世界上的强国都有发达的质量诚信中介服务体系。只有建立市场化的质量诚信体系，才能真正使作为价值观的质量诚信在市场化中得到固化，从而保证以质量诚信为主要交易保障的市场经济获得健康发展。质量诚信产生于多种途径，其中最为基础的是人们经济活动中的信任关系。交易主体由于重复博弈而与对方产生了信任关系。特别是在市场经济中，熟人经济逐渐扩展为陌生人经济，人与人之间的信任不可能再靠血缘、地缘关系等传统纽带来维系，而要通过复杂的市场交易来验证。

质量诚信从根本上说是促进交易的资源，因而质量诚信天然地具有市场属性。质量诚信作为一种质量信号，其本身的提供过程也在市场化过程中不断完善。随着交易范围的扩大和交易信息复杂程度的提高，个人或机构的质量水平不可能由自己证明，也不可能由交易的主体来直接获取，需要专业的质量诚信评价机构提供。这类质量诚信评价机构是充满竞争的。市场化的质量诚信评价体系可以使评价机构具有提供高质量诚信信息的内在激励，提供虚假质量诚信信息的机构不仅会被市场淘汰，而且会面临法律的制裁。通过市场化的公司进行质量诚信评价，在实践上已被证明是非常有效的。完全市场化的标准普尔公司不仅可以对金融机构等企业进行信用评价，甚至可以对国家主权债务进行信用评价。在美国，政府鼓励社会资本进入质量诚信中介服务业，从而使得市场中有大量的中介机构提供质量诚信服务，并形成了 Experian、Equifax 和 TransUnion 三家权威公司，它们向全社会提供可靠的质量诚信数据。在一个真正强大的国家，质量诚信并不是简单的道德说教，而是一个市场和社会基础制度装置，能够将质量诚信的价值观制度化、程序化和市场化。

2. 国家质量治理体系建设

(1) 质量治理能力是衡量一个国家强大程度的重要标志。国家治理涉及各个领域，在众多领域中，质量治理能力无疑是关键的组成部分。无论是政治治理，还是社会治理，特别是经济治理，都涉及对质量的治理。在某种程度上，对质量的治理是提高各领域治理改革系统性、整体性、协同性的重要基础和纽带。良好的质量治理是政治治理的基础。在经济全球化的背景下，质量已经成为影响一个国家政治治理水平的重要因素。各种产品和服务的质量治理水平，不仅关乎广大国民的安全与健康权的实现，而且往往超越国界，成为各国开展经济、贸易、外交活动时需要考虑的重要因素。因此，现代国家需要不断根据国内外经济、政治、社会、文化、生态环境的发展形势，调整国家的质量治理体系，提升质量治理能力，通过现代化的质量治理来实现国家的长治久安和稳定发展。良好的质量治理是社会治理的基本目标。社会治理就是政府、社会组织、企事业单位、社区以及个人等，通过平等的合作型伙伴关系，依法对社会事务、社会组织和社会生活进行规范和管理，最终实现公共利益最大化的过程。社会治理的一个重要内容是要积极增进广大国民的福祉。随着社会的发展，人们对过上更好生活的要求增强，集中体现在对衣、食、住、用、行等方面质量要求的提高上。对质量的治理能够保障广大国民享受到高质量的生活，这也是实现社会治理基本目标的重要内容。质量治理是经济治理的核心内容。质量是管理、科技等要素中不可分割的重要组成部分，是促使经济发展的基础性要素和重要驱动力。要推进现代化国家的强大，不能长期依赖数量型发展模式，而需要以有效的质量治理能力和质量秩序治理能力为基础，通过一系列科学有效的国家质量制度，让政府、市场和社会三大力量构建国家质量治理体系，将发展的立足点切实转移到质量和效益上来，以促进经济社会有质量地发展，形成国家不断强大的内在动力。国家的政治治理、经济治理和社会治理，都涉及对质量的治理。良好的质量治理是政治治理稳定的基础，更是经济治理的核心内容，而社会治理中的一大关键领域就是要使人民群众享受高质量的生活。

（2）政府、社会和市场的共同参与是质量治理现代化的关键。建立国家质量治理体系并不仅仅是政府的责任，还需要市场和社会的共同参与，在共同参与中实现对质量的有效治理。长期以来，在经济社会转型的大背景下，为了实现经济的跨越式发展，我国一直采取以政府为主导的赶超型发展模式，在质量领域偏重于政府的单一治理。这一治理模式在改革开放重启的现代化进程中，已经无法有效应对质量治理中的各种挑战，也制约了质量强国战略发挥应有的效用。质量治理的现代化就是要改变过去偏重于政府单一治理的质量管理模式，构建以政府、市场和社会互动为基础的现代化质量治理体系，从而实现从一元单向治理向多元交互共治的结构性转变。通过治理主体的多元化、治理手段的多样化、治理机制的高效化、治理责任的均衡化和治理要素的协同化，让政府、市场和社会发挥各自的治理优势，形成质量治理的合力，从而有力推进质量强国战略的实施。让政府、市场和社会相互补充和角逐，不断将市场和社会的治理功能吸纳到政府主导的质量治理过程中来，以推动现代化质量治理能力的持续改进和提升，形成科学的质量治理体系，促进国家的强大和发展。质量强国战略要得到有效实施，最重要的制度基础就是政府、市场和社会质量治理体系的建设，以及三方的共同参与。

（3）建立强大的质量公共服务体系。政府的质量治理涉及质量安全监管和质量公共服务两个方面。要提高监管的效能，就必须以强大的质量公共服务为基础。质量安全监管主要是对由于质量安全风险和质量能力不足而可能产生的问题的监管。在市场经济条件下，企业作为质量的责任主体。质量安全问题只在少数情况下是企业故意为之而产生的，而大多数情况是企业本身的质量能力不足以达到相关的质量标准。这些质量能力不足的企业主要是中小企业。在我国特定的发展背景下，中小企业在质量能力上的发展面临许多困难，如标准能力、质量体系应用能力和质量方法不能得到基本的应用。因而，提高政府对中小企业在这些方面的质量公共服务，能够有效降低企业在质量上的不确定性，降低企业的质量安全风险，从而能够更好地实现政府质量安全监管目标。政府质量公共服务的核心是建立以质量为导向的评价机制，明确地将质量纳入地方经济发展考核评价体系，改变单纯追求数量增长的发展激励机制。对地方政府的考核中加入区域全要素生产率和产品附加值比重等微观质量指标，可以同时反映微观产品质量和宏观经济发展质量（economic development quality）的变化。通过鲜明地树立质量这一指挥棒，宏观上为市场和社会质量治理力量的成长创造了良好的战略环境。要建立有利于实现消费者合法权益的质量救济体系，应进一步推动消费者集体诉讼制度在质量领域的落实，完善惩罚性赔偿制度，推动吹哨法案的制定，加快形成侵权损害赔偿、责任保险、赔偿基金和社会救助并行发展的多元化质量救济体系。政府质量公共服务的立足点应该放在服务中小企业上，实施“中小企业质量能力提升工程”。我国中小企业占企业总数的99%以上，创造的GDP约占全国GDP总量的60%、财政税收约占全国税收收入的50%，同时提供了近80%的城镇就业岗位，对我国经济有着极为重要的作用。尤其是中小企业多是大企业的配套商，中小企业的质量水平最终决定了大企业的质量水平。国家“中小企业质量能力提升工程”的基础是设置面向中小企业的质量投入专项资金，鼓励中小企业申请各级政府所设立的质量专项资金，通过国家财政补助来提升中小企业的质量能力。在服务工程中，应转变我国各级政府标准研究机构的设置方式，使其职能转变为主要向中小企业提供标准文献的服务。政府还应该通过采购的方式，为中小企业提供质量管理体系导入和质量人才培训的服务。在国家的质量公共服务中，应该从战略上改变我国高等教育的结构，着力发展职业技术人才的教育体系，调整我国高等教育的支出结构，将职业技术教育作为国家财政投入的重点，鼓励各地区大力发展与当地产业特色相适应的职业技术教育，为职业技术人才制定专门的就业和社会保障机制，让职业技术人才得到更高的社会认同，使职业技术人才成为我国人才队伍的主体。完善政府的质量公共服务，不仅能够引导全社会将推动国家发展建立在提高质量的基础上，而且能够为企业的质量发展提供最为重要的公共服务，同时能够促进质量强国战略的实施，实现劳动者经济和社会地位的显著提高。

第2节　质量创新

一、质量创新的内涵

质量创新（quality innovation）就是通过技术、管理和文化等多种方法，实现固有特性持续不断地改进和提高，从而更好地满足消费者和使用方的需求，并最终实现更高的效益。质量创新的内涵主要表现在以下几个方面。

1. 质量创新的目标是满足多层次和多样化的消费需求

当人们的基本需求得到满足后，驱使人们不断消费的基本原因是对更高质量的需求。即使是面对性能相同的产品，由于人们的质量需求存在多样性、多层性和发展性，新的需求也会不断派生出来，促使总需求不断增长，并进而推动经济的可持续发展和经济总量的增加。因而质量本身就是经济发展的基本要素，正是由于质量这一发展要素的投入不断提高，才促进经济不断发展。质量的本质含义就是要不断满足需求。质量之所以能创新，是因为需求本身不是固定不变的，也不是唯一的，需求除了具有安全、健康、环保和通用规范这些一般性的特征外，更多的是具有差异化的、个性化的和不断变化的特征。

（1）质量创新就是要满足多层次需求。收入的差异性、消费者偏好的多样化、质量信息传递的多元性，会导致人们对质量需求出现多层次性。高收入阶层更加倾向于购买高质量的产品，中等收入阶层更倾向于购买大众化的精品，低收入阶层更倾向于购买具备基本功能的必需品。实际上，就质量创新而言，这三种需求是等价的，在质量水平上并没有高低之分。因为更高品质的产品，甚至包括奢侈品，不一定有更高的质量收益，这是由购买人群和数量多少决定的。而那些从质量标准上看似更低的产品，却由于有更多的需求，反而能够获得更多的质量收益。我们国家生产的很多加工贸易产品，看似质量不高，却能够大量销售到美国、日本和欧盟这些高品质国家和地区，其原因就在于这些低价的产品更能满足大部分消费者的需求。对于这些加工贸易产品，当然也可以提高生产标准和建立自主品牌，但由于这样会增加产品的成本和价格，使得产品的销量受到影响，即质量提高的溢价由于消费总量下降而带来的损失而抵消。理论分析可以证明，质量水平并不是越高越好，而是要恰当地满足不同层次的消费需求。

（2）质量创新就是要满足个性化需求。人们之所以为同样性能的产品支付不一样的价格，原因就在于不同产品满足了人们对不同款式、色彩和型号的需求。也就是说，质量越能满足个性化需求，就会有越高的溢价，从而实现质量的创新。随着人们收入水平的提高，消费在一定程度上已经摆脱了对具体功能的需求，而越来越具有显示社会身份和划分人群的意义。在消费社会中，追求个性化的消费者更加关注产品的符号意义、文化精神特性与形象价值。这样一个消费时代的特征，在质量上就表现为更多个性需求的释放。另外，科技的创新、生产方式的信息化和智能化，能更好地实现产品质量个性化。从理论上讲，固守单一的质量标准并不能实现更好的质量收益，只有更加多样化甚至是个性化的质量标准，才能实现最大化的质量收益。

（3）质量创新就是要满足持续变化的需求。随着收入、偏好和信息来源的不断变化，质量需求也是一个动态的、不断变化的过程。从这个角度分析，质量创新的表现就是持续变化，这种变化在信息时代显得尤为突出。美国苹果公司在手机这样一个传统并且过剩的行业，通过质量创新创造了需求爆发式增长的神话。苹果公司之所以能够获得每年营业收入和利润的不断增长，是因为持续推出产品的升级版本。这种版本的升级，实质上就是通过产品质量的改进来满足持续变化的需求，从而不断获得新的营业收入和利润。大量的实证研究表明，固守某些不变的质量性能和标准并不能保证消费的持续增长，只有按照合理使用周期而不断变化的质量供给才能获得更高的质量收益。

2. 质量创新的本质是实现更高的效益

质量作为一种生产要素，是内化于产品和服务本身的属性，因而其形成和产生都是有成本的。从经济学意义上说，质量永远不可能免费。既然质量是一种成本的投入，就必然要求有能够覆盖成本的收益，而且这个收益越大，质量的价值就越大。质量本身并不是目的，通过质量的投入来获得更大的收益才是目的。从消费者的角度来说，质量就是用货币支付的价格，所支付的价格越高，给质量供给者的利润回报就越高，质量就越好。从本质上讲，质量在市场价格所达到的利润率越高，代表企业的质量创新能力越强。

（1）质量创新的最终衡量标准是效益。质量之所以能够实现创新，是因为它始终着眼于在为消费者和使用方创造价值的同时，实现投入产出的最大化。作为质量的供给方，如果自己的产品所提供的质量性能与其他产品是一样的，而没有任何自己独到的创新，那么该产品只能成为一个同质化的产品，也只能有同质化的定价。在一个充分竞争的市场上，提供同质化产品的企业其利润一定是趋近于零的，甚至是亏损的。这就是我国市场中充斥着大量同质化的产品而不得不打价格战的原因。一个企业的产品要想有更高的定价，从而获得更高的利润，一个重要的路径就是要生产异质性的产品。我国的经济之所以要建立在提高质量的基础上，是因为只有提高质量才能最终提高效益。

（2）质量创新中的管理是手段而不是目的。质量创新的实现当然需要对质量管理过程进行控制，包括对不同质量管理体系的应用，以及应用质量管理体系中不可或缺的标准、认证和检验、检测等手段。但是，在质量创新的实现过程中，这些管理体系和控制方法的应用都不是目的，而是服务于质量创新的手段。确定什么样的控制标准，达到什么样的检测指标，应用什么样的管理体系等，都不是绝对的，也就是说，没有脱离效益这一目标的质量管理。从我国的管理实践分析，质量长期得不到真正的提升，重要的原因之一就是质量只是陷入具体的管理过程中，表现出严重的为管理而管理的偏向，离开了通过创新实现质量效益这一根本原则。

（3）质量创新是消费者购买后的满意度评价。质量的供给方对质量的检验和控制，实际上是生产主体在主观上的自我评价。只有将质量的供给转化为消费者真实的购买，才是消费主体在客观上对质量的真实评价。因而生产方的质量评价是主观的，需求方的质量评价才是客观的。质量创新关注的焦点是消费者是否产生购买行为，以及对产品所支付的价格。特别重要的是，质量创新不仅关注消费者通过价格支付而表现出来的质量评价，而且更关注消费者在购买之后的满意度评价。只有消费者对购买并使用的产品给予更满意的评价，才能促使其不断产生进一步的消费行为，从而支撑质量效益的可持续增长。

3. 质量创新的方法是对大数据的应用

质量创新要通过对需求的满足和引领来实现更高的效益。在我国进入消费时代的背景下，产品之间的激烈竞争将导致对需求的满足越来越困难。仅仅依靠管理体系的应用，只能做到降低成本或减少损耗，而并不能真正满足需求。更为严重的是，如果只按政府行政部门所发布的标准来生产，那就只会生产出同质化的产品。这就需要寻找新的方法来实现质量创新。质量创新的前提是能够及时地识别和发现需求，大数据是保证这一前提最好的方法之一。当大数据渗透到质量价值链的各个环节，数据能够在网络不同主体之间协同分享时，市场主体就能够以价值链为导向，以信息链为纽带，以质量链为依托，驱动企业实现质量价值再造活动，进而促进质量创新的实现。

（1）质量创新的重要资源是大数据。大数据带来的不仅仅是质量数据总量的急剧增长，更是质量思维的变革。质量创新的本质是满足多层次、个性化和持续变化的消费需求，这些需求并不是抽象的，也不是一些不可捉摸的概念，而是表现为可以数据化的行为、偏好、价格、数量和调查结果。这些消费者的需求表现既可以是文本形态的，也可以是音频和视频形态的，甚至包括产品本身所表现出来的一些性能指标。这些互联网时代和物联网时代正在大量涌现的与产品质量相关的素材，经过处理后加总起来就表现为质量数据，这些数据的海量化就是大数据。因而，要实现质量创新，从根本上就是要获取尽可能多的反映消费者需求的大数据，拥有的实时大数据越多，数据解释能力就越强，就越能够在质量性能上快速、准确和多样化地满足消费者需求。互联网零边际成本效应客观上降低了需求数据的获取成本，使得企业和用户通过互联网获得生产和消费信息。从这种意义上说，大数据是组织获得新需求、创造新价值的质量创新源泉。一旦思维转变过来，数据就能够被用来激发新产品和新服务的开发。质量创新重要的知识来源是质量大数据，质量大数据是质量创新最基础的要素。

（2）质量创新的大数据能够显著减少信息不对称。我国市场经济不成熟，市场还不能真正地起到决定性作用的一个重要原因就是市场质量信息不对称。生产者和消费者会由于质量信息不对称而减少交易行为，严重的甚至会导致市场消失。质量创新要满足消费者的需求，更重要的是要让消费者掌握尽可能充分的质量信息，这样才能实现质量供给带来的效益增长。大数据的出现，让消费者可以通过互联网更加准确地掌握产品和服务的质量状态，特别是了解其他消费者在使用产品之后的质量评价，从而极大地减少其因为信息误导而导致的质量损失。同时，企业也可以充分利用大数据，向消费者传递更为准确的质量信息，实现质量创新所带来的效益增长。

（3）质量创新的资源配置优化需要大数据牵引。互联网时代，数据是企业和组织的核心资源。当资本、人力、管理、技术和服务这些传统要素需要依托数据资源进行优化配置时，大数据将成为决定质量创新能力的关键约束。质量创新离不开技术创新，只有新技术的应用才能带来质量性能上的突破。质量创新也离不开管理创新，对管理的过程进行控制不仅能够降低成本，而且能够实现质量创新所需的各项指标规范。此外，质量创新也离不开服务创新，随着智能化和个性化需求的增长，质量的“硬”创新也越来越离不开服务的“软”创新，服务的不断升级和内容更新带来了质量整体上的创新。但是技术创新、管理创新和服务创新并不能自动带来质量创新对需求的满足，只有当这些创新能够真正适应需求，并且促进消费者购买时，才能支撑质量创新对需求的满足。而这些创新能否真正转化为需求增长，取决于对大数据的应用。因为大数据的关联分析技术和需求评价技术能够评估和掌握这些需求是不是消费者所需要的。正因为大数据的出现才使得技术、管理和服务等各类资源得到真正的优化配置，因为这些创新资源都着眼于对质量创新需求的满足。

二、质量创新能力不足约束了经济发展的质量提升

《中共中央关于制定国民经济和社会发展第十三个五年规划的建议》（简称《建议》）在指导思想中明确提出“以提高发展质量和效益为中心”，凸显了我国经济发展战略思想的根本转变，也就是习近平总书记在关于《建议》的说明中所提出的要从“规模速度型转向质量效率型”。实际上，我国从 20 世纪 90 年代中期开始，就提出要把经济社会发展建立在提高质量和效益的基础上。《建议》再次提出这一指导思想，既表明提高经济社会发展质量的特殊重要性，也表明提高经济社会发展质量的困难程度。近二十年来，无论是宏观经济社会发展质量还是微观产品服务质

量，我国都得到大幅提高，取得了巨大的进步。但是，我国总体质量的现状，无论是与发达国家的先进水平相比，还是与我国社会经济发展的总体要求相比，都还有非常大的差距，甚至存在一些严重的质量安全问题。这些质量差距和问题的原因，既有我国经济社会发展阶段的必然性，也反映出质量发展本身在路径选择和发挥战略上的不成熟。质量发展本身的问题突出表现为质量创新能力不够，只是简单地引进和应用发达国家创立的各种质量管理体系、质量标准和认证方法等，而没有以效益为中心，以满足需求为目标，实现质量的创新性发展。经济增长以质量和效益为中心，就是要创新、协调、绿色、开放、共享“五大发展”。质量创新能力不足是企业在新常态下盈利能力不足的重要表现，导致了我国总需求不足与产能过剩等方面的问题。同时，质量水平不高也是我国经济增长主要依靠投资驱动，而消费的贡献率不足的主要原因。从根本上说，我国资源要素的投入产出率不高，生态环境问题突出也是由企业质量水平不高导致的，进而导致企业的全要素生产率低下。因此，质量创新的滞后是我国经济发展质量不高的重要原因。我国要在“十三五”期间实现发展质量的根本性提高，必须通过质量创新。

三、质量创新是宏观经济重要的供给侧改革

我国宏观经济正在发生调控方式上的重大转变，即从侧重于依靠需求侧管理转而开始重视供给侧管理（supply-side management）。供给侧管理的核心是通过提高企业的创新能力来实现经济的长期可持续发展。在企业的创新能力体系中，质量创新起着基础性作用：一方面，质量创新带来的需求满足实现了企业效益的最大化；另一方面，质量创新是企业诸多创新的最终集成，对消费者来说，能够与企业的创新最终接触的终端界面就是对质量的体验感。质量创新作为重要的供给侧管理内容，主要表现在如下几个方面。

1. 质量创新可以创造和释放新的需求

在经济新常态下，我国已经转变为更多依靠消费和内容来拉动经济。企业通过创新所提供的新产品和新服务可以带动新的需求。这种新需求既可以是填补空白的需求，也可以是原有产品通过质量升级所派生出的新需求。从理论上分析，真正原创性产品的供给具有周期性，即使是在技术成熟的产品领域，企业也可以通过创新不断激发新的需求。

（1）质量创新致力于为消费者带来新的产品体验。以乔布斯为代表的互联网时代的企业家，追求良好的工业设计和产品的外观使用设计，追求将产品的细节、工艺和美感做到极致，从而为消费者带来超乎预期的产品体验。这种基于消费者体验的质量创新，由于不断地超越消费者的预期，形成了更快的产品升级，带来了一轮又一轮消费者需求的爆发和增长。“十三五”强调的消费升级，其实际表现为广大消费者对高质量产品和服务的需求升级。无论是我国以智能手机为代表的新兴消费领域，还是以服装为代表的传统消费领域，近年来消费需求的扩大基本上都以追求极致的产品体验为支撑。也就是说，产品和服务质量升级，即使在技术、管理等要

素没有发生革命性创新的前提下，也能够不断产生新的消费热点，刺激新的消费需求，进而不断拉动总需求的增长。由质量创新带来的消费总需求的增长是典型的供给侧创新，并不会由于要素价格的上升、国内外市场的波动以及技术的周期性而导致市场需求陷入持续低迷。因此，质量驱动的供给侧创新相对于基于政府刺激的需求管理能够实现更为稳定的经济增长，进而在发展质量上更为有效。

（2）质量创新致力于为消费者带来服务增值。我国的服务业增加值占 GDP 的比重从“十二五”初的 44.2%上升到“十二五”末的 48.1%，工业该比重由 46.2%下降到 42.7%，服务业所占比重从 2012 年开始超过工业。可见产品的服务化已成为一种趋势，特别是产品的软硬结合使消费者能够得到越来越好的质量体验。就传统产品而言，企业通过向服务领域的质量创新延伸，消费者在购买产品时能够享受到关联性的服务质量体验，进而提升产品的整体满意度。产品服务化带来的满意度提升，刺激了新的消费者需求不断释放，进而促进了传统产品领域的效益不断提升。就现代智能产品而言，即使是硬件产品免费，仅依靠软件和服务产品收费的方式，也能够实现稳定的增长。因为在互联网时代，消费者的主要需求是对信息和服务的需求，其一次性免费得到硬件产品之后，需要持续地消费内容服务才能带来消费需求的满足。由产品服务化带来的质量提升，不仅使消费者对传统产品的需求得到更好的满足，而且刺激了新的服务消费需求。服务质量所带来的消费增值是基于供给侧的质量创新，这样的创新完全内生于市场的内在需求。

（3）质量创新致力于为消费者带来更可信的质量信号传递。我国的消费需求得不到有效释放，很大程度上不是因为企业产品质量的固有特性不好，而是质量信号传递不足。我国消费者之所以购买国外产品，也不是完全因为国外产品质量的固有特性高于国内产品，而是出于对这些国家产品质量的整体信任。因此，质量创新的重要内容还应包括不断改进质量信号传递的有效性，降低市场上质量信息的不对称性。具体而言，就是从简单地依赖政府在宏观上发布以安全性为主的质量信号，转变为更多地依赖市场主体竞争性地提供安全性之上的个性化、多样化质量信号，进而满足消费者多层次的质量需求。消费者只有获得更多更可信任的产品质量信号，才能够更加放心地购买产品和服务，进而释放出被抑制的消费需求。这种基于市场竞争的质量信号，是市场在供给中所创造的消费信任环境的基础，能够通过市场自身的作用促进总消费需求的良性增长。

2. 质量创新是企业实现从“速度型盈利模式”向“质量型盈利模式”转变的关键

我国宏观经济发展质量不高，除了政策方面的原因外，更主要的还在于企业的“速度型盈利模式”。所谓速度型盈利模式，就是我国企业长期以来一直依赖宏观经济的高速增长来获取利润。当宏观经济高速增长时，由于总需求旺盛，企业产能可以得到充分利用，企业能够通过规模扩张获得利润；而当宏观经济增长速度下滑时，总需求减少，企业产能大量过剩，导致企业利润减少或陷入亏损。要改变这种由宏观决定微观的不可持续的企业盈利模式，就必须从根本上使企业从速度型盈利模式转变为质量型盈利模式，让企业的微观供给能力不断支撑宏观的需求增长能力，推动新产业、新产品和新业态的涌现。

（1）质量创新更真实地体现了企业的竞争能力。速度型盈利模式在宏观上是资源错配的结果，有些企业并不是依靠自身的经营能力而得以生存，而是依赖于政府的财政政策或货币政策所刺激的总需求增长。质量型盈利模式实质上是企业通过质量创新来支撑盈利不断增长，也就是依靠产品供给的市场竞争能力，是真正的供给创新带来需求。在质量型盈利模式下，即使宏观经济增长的速度下降了，企业也能够依靠质量创新来保障较为稳定的市场需求和较高的价格水平，从而获得正常的利润并保持盈利状态。在这种模式下能够盈利的企业，才是真正有生存能力和市场价值的企业，也才是能够真正实现较高的全要素生产率进而改善宏观资源配置效率的企业。同时，质量型盈利模式企业能够淘汰那些只依赖总需求扩大才能生存的速度型盈利模式企业，而这些企业的退出实际上是实现资源更优配置，以及改善经济发展质量的重要内容。所以，应让市场从微观上通过盈利水平的检验，淘汰速度型盈利模式企业，以促进质量型盈利模式企业的发展，并在供给侧方面不断促进经济发展质量持续改善。

（2）质量创新促进企业发展动力转变。我国企业一直依赖大规模要素投入来获得增长，是一种典型的高投入、高消耗、低效率的规模速度型模式。这一模式导致我国宏观经济发展的不可持续性，也是我国经济发展质量不高的一个重要原因。企业以质量创新获得盈利，从根本上依靠的是要素质量的提升而非要素数量的投入，这将极大地促进企业发展动力的转变。这一动力的转变，将在宏观上大幅降低对高能源消耗和对低劳动力成本的依赖性。企业依靠质量创新这一动力来实现增长和盈利，能够实现较高的市场价格和形成较为稳定的市场需求，从而有效消除我国长期存在的低质低价的竞争模式，也能够减少产能过剩，大量淘汰生产低质产品的企业，将资源更多地配置到有盈利能力的企业，在宏观上增进整个社会的福利。

（3）质量创新加快企业家精神再造。企业家精神是创新实践的关键要素。过去30多年来，我国的企业家通过制度创新创立了大量的企业，支撑了经济的长期高速增长。在计划经济体制下，对市场的过度管制严重阻碍了经济的发展，企业家通过对管制壁垒的突破，不断地创造出新的企业发展空间，也在客观上形成了新的经济增长空间。这样一类企业家主要是“制度型企业家”。但随着我国市场化改革的不断深入，政府的管制壁垒趋于减少，这种依赖制度而获得增长的企业家精神对整体经济发展的边际效应递减，甚至可能成为阻碍经济增长的因素。因而，制度型企业家的企业家精神与我国新常态的经济发展阶段不匹配。这一企业家精神的不适应，也是我国目前企业绩效下滑的重要原因。质量创新能促使企业家将创新重点放在产品本身，而不是对制度的突破上，也就是说，通过实现产品的高质量来创造消费需求，进而实现更高的盈利水平。质量型盈利模式不仅能够有效减少企业家制度寻租的空间，而且能倒逼企业家形成以创新为核心的企业家能力，进而更适应新常态下经济要求的创新式发展。

3. 质量创新可以实现微观产品服务质量基础上的宏观经济发展质量的双提高

面对“十三五”的发展机遇和挑战，国家明确提出了用“双引擎”助推“双中高”，强调创新引擎在促进经济保持中高速增长、产业迈向中高端水平中的作用。

我国自 20 世纪 90 年代中期以来，一直追求提高宏观经济的发展质量。经过 20 余年的努力，我国的经济发展质量虽然有所提高，但并没有达到政策目标，重要原因就在于宏观经济发展与微观产品服务质量之间的脱节。具体而言，就是指宏观经济发展质量缺乏坚实的微观基础，只是一味地依赖需求管理、结构调整和行政命令来推动宏观经济发展质量的改善，而没有从根本上从供给侧方面提升微观产品和服务的质量。宏观经济发展质量政策并没有有效地促进微观产品和服务质量的提升。但是，宏观经济发展质量所包括的内容，无论是宏观经济的稳定增长，还是要素投入产出效率的提升和经济结构的优化，以及社会福利水平的改善，从根本上讲，都取决于一、二、三产业所提供的产品和服务的质量。也就是说，一、二、三产业所提供的微观产品和服务质量的加总，在宏观上构成了经济发展质量。

（1）微观产品、服务质量创新带来宏观经济的可持续增长。长期的经济增长从根本上取决于微观的供给创新，而质量创新又是供给创新的重要内容。持续的质量创新，既能够刺激国内有效消费需求不断增长；也能够带来更高的国外消费需求，进而促进净出口不断增长；同时，因为质量创新而拉动的消费需求还能不断带来投资的良性扩大。美国、德国等发达国家经济发展的经验都可以证明，经济长期稳定的增长并不是建立在短期的需求管理基础之上，而是建立在以微观产品、服务质量不断提高为支撑的供给管理基础之上。正是良好的产品、服务质量才使得企业产能不断扩大，收益不断提升，进而能够抵御市场需求下滑带来的负面影响。其主要原因是质量创新使得企业形成较高的产品和服务的不可替代性，也就是说形成较为刚性的需求。只有微观产品、服务质量持续提高，才能使企业在市场上保持较为稳定的生产经营状态，并形成较高的盈利水平。无数企业产品需求的持续性提升，在宏观上支撑总需求的不断扩大，最终实现稳定可持续的经济增长。

（2）微观产品、服务质量创新带来投入产出效率提升和经济结构优化。企业生产更能满足所需求的高质量产品和服务的内在动机，就在于高质量能够为企业带来更高的市场收益。消费者能够为其所偏好的产品支付更高价格的动机，在于高质量的产品能够更好地满足消费者的需要。因而，质量作为一种投入要素，相较于其他投入要素，能够为企业带来更高的收益。其原因就在于，在充分竞争的市场经济条件下，产品定价的原则一定是优质优价，也就是说，在同样的资源投入条件下，质量更高的产品能够得到更高的市场价格。正是微观上更能满足顾客需求的优质产品的加总，才构成了宏观上投入产出效率的提高。经济结构优化的实质是实现资源的优化配置。因此，无论是宏观上的产业结构，还是微观上的产业结构，都要实现供给与需求的均衡，减少资源的闲置或浪费。只要有对真实需求的优质产品和服务质量的供给，就既可以消除有效需求不足的问题，也可以减少企业的产能过剩，实现供给与需求的均衡。因为优质产品和服务产能的扩大和结构的形成，都源自供给所创造的真实需求。

（3）微观产品和服务质量创新带来更好的社会福利。宏观经济发展质量所要求的社会福利改善，最基本的就是要改善社会分配的公平性，提高劳动者报酬在国民收入分配中的比例。当企业需要依靠质量创新来生存和发展时，就会产生对高质量劳动者的需求，也就会更加依赖劳动者的职业技能，高质量和高技能的劳动者从而能够获得更高的工资收入。当大多数企业都使用高质量和高技能的劳动者时，劳动者报酬在国民收入分配中的比重就会有效地提升，进而促进更为公平的收入分配。从经济、社会与环境协调发展的角度分析，只有更高的产品服务质量才能降低能源消耗，实现绿色制造和可持续发展。而政府更高的、可持续增长的财政收入，来自企业稳定提高的产品服务质量所创造的收益。从另外一个角度分析，更好的生活质量与教育、医疗卫生和社会保障质量，也能够显著提高微观产品和服务质量。因而，供给侧的微观产品、服务质量的提高，不仅能够促进宏观社会福利的改善，而且能够有效推动经济社会的协调发展。

□ 本章小结

所谓质量强国战略，就是通过提升质量来实现国家的强大的国家性战略。

质量是我国实现强国目标的重要推动力，质量在推动国家强大的各类要素中具有不可替代的作用。我国当前面临的战略环境迫切需要推进质量强国战略，质量是我国未来经济社会发展的新动力。

国民收入增长是质量强国战略的核心目标。在质量强国战略中，质量只是手段，提高质量本身并不是目的，根本的目的是促进国家的强大。国家的强大包括经济繁荣、社会稳定和人民幸福等多重目标，而其中最为基础和核心的目标是国民财富的极大增长，也就是人均收入的持续提高。质量强国战略要实现国民收入不断增长的根本目标，其前提是作为质量提供者的企业在质量上具有强大的竞争力。无论是质量强国战略所涉及的目标、实现路径，还是实现手段和制度支撑，都要以企业强大的质量能力为基础。

优质优价的市场机制是国家强大的制度基础，实行企业产品标识的差异化标准标注制度，能够有效地实现市场机制的优胜劣汰，鼓励企业更多地采用高水平的标准，从而持续地推动国家在总体实力上的不断增强。产品比较试验是实现强国目标的重要手段。比较试验不仅是基于消费者的质量测量方法，而且是质量强国战略的重要社会机制，将带动社会组织的发展，推动社会公益性组织的良性竞争。发展团体标准是世界强国的普遍做法，团体标准可以充分激发国家的创新活力。世界强国都拥有一流的质量服务业，质量服务业能显著提升制造业的附加值，我国应尽快形成国际一流的质量服务产业体系。

大数据是国家的重要战略资源，是提升国际贸易竞争力的重要因素。面对质量大数据，世界强国和我国都处在同一起跑线上，如果能够快速建立起以消费者为主要数据来源的质量大数据体系，就能够形成支撑国家强大的重要战略资源。

质量诚信体系建设可以显著降低经济和社会的交易成本。政府、社会和市场的共同参与是质量治理现代化的关键。质量诚信体系建设和国家质量治理体系建设构成质量强国战略的制度支撑。

质量创新就是通过技术、管理和文化等多种方法，实现固有特性持续不断地改进和提高，从而更好地满足消费者和使用方的需求，并最终实现更高的效益。质量创新的内涵主要表现在几个方面：质量创新的目标是满足多层次和多样化的消费需求；质量创新的本质是实现更高的效益；质量创新的方法是对大数据的应用。

质量创新的滞后是我国经济发展质量不高的重要原因。我国要在“十三五”期间实现发展质量的根本性提高，必须通过质量创新。质量创新作为重要的供给侧管理内容，主要表现在如下几个方面：质量创新可以创造和释放新的需求；质量创新是企业实现从“速度型盈利模式”向“质量型盈利模式”转变的关键；质量创新可以实现微观产品服务质量基础上的宏观经济发展质量的双提高。

□ 基本概念

质量强国战略（quality strategy）　质量强国战略框架（frame of quality strategy）
质量强国战略的核心目标（core target of quality strategy）
质量强国战略的实现路径（paths of realization for quality strategy）
质量强国战略的实现手段（means of realization for quality strategy）
质量强国战略的制度支撑（institutional support for quality strategy）
经济发展质量（economic development quality）
质量创新（quality innovation）
供给侧管理（supply-side management）

□ 思考题

1. 什么是质量强国战略？其框架是什么？
2. 质量强国战略的核心目标是什么？
3. 质量强国战略的实现路径和实现手段有哪些？
4. 质量强国战略的制度支撑有哪些？
5. 什么是质量创新？其内涵是什么？
6. 大数据在质量创新中发挥着怎样的作用？
7. 如何理解质量创新与经济发展质量的关系？
8. 为什么说质量创新是供给侧管理的重要内容？其表现在哪些方面？

□ 案例分析 8－1

中兴通讯和华为的质量创新

情景一

中兴通讯正在致力于从信息和通信技术（ICT）行业发展两大引擎——万物互联与数字化转型入手，坚持“引领 5G 创新，努力向数字化转型，做运营商最信赖伙伴”的理念。除了继续加大在 Pre5G 和 5G 方面的投入，成为 5G 创新引领者外，中兴通讯还将在虚拟化、云化、大视频、物联网、大数据等领域加大投入。中兴通讯将助力运营商和政企客户实现数字化和信息化转型，同时面向新兴领域，积极探索技术和商业模式的创新与变革，为公司未来发展寻找更广阔的空间。在5G技术已成为连接物联网助推智慧城市的大背景下，中兴通讯不断打造城市级智能网络，从城市的神经末梢（物联网）到信息传递接入骨干网络再延伸到城市云大脑UOC（即通用的输出计算机），构建大集成、大平台。中兴通讯凭借其在网络领域深厚的技术积累及对行业应用的敏锐观察，发布了2016年行业趋势报告，预测到产品个性化、技术智能化、制造服务化、组织扁平化等成为未来趋势，而5G技术也将成为下一代数字经济风口的基础要素。中兴通讯在2014年率先应用质量创新的思路，提出了Pre5G技术理念和系列解决方案，提前在4G网络上实现5G的业务体验。这不仅意味着人们能在网络上享受更快、更好的用户体验，更意味着物联网时代到来之前提前享受数字化的生活。中兴通讯聚焦5G/4G、芯片、云计算、大数据、大视频、物联网等新兴技术的研发投入，现已占据芯片专利申请中国第一、物联网专利持有量全球第三及中国第一、无线充电专利全球TOP 50的地位；累计获得中国专利奖7金31优，位居ICT行业榜首，该奖项是中国政府颁发的衡量企业专利质量和技术创新水平的最高奖项。最近几年，中兴通讯将质量创新作为动力，以5G产品为创新核心，在无线、有线以及大数据的产品创新等多个领域实施质量创新战略，实现了公司运营绩效的全面提升。

情景二

华为时刻铭记质量是华为生存的基石，发挥全体员工的潜能，持续改进；快速响应客户需求，实现可持续发展；承诺建立牢固的质量创新的企业文化。在管理上，华为坚守客户导向，强调最关爱的就是客户。在内部运作模式上，华为坚守流程导向，关注的是流程：流程快，流程高效，流程可复制，流程可测量。在企业文化上，华为坚持高绩效导向，认定最有效的企业管理往往来自人们的常识，并且在共享中提升和创新，追求的不是一些时髦的东西，这充分体现了质量创新是“通过技术、管理和文化等多种方法，实现固有特性持续不断的改进和绩效的提高”。在人工智能领域，华为突破性地创新了业界最先进的神经应答机；发布了业界第一个基于深度学习的单轮对话生成模型；发明了神经机器翻译技术，它支持深度记忆框架，达到业界一流机器的翻译能力。同样，在电池领域，华为所发布的最新电池快充技术，即3 000mAh的手机电池，5分钟可充入48%的电量，这些电量可支持通话10小时。其快速充电技术的充电速度是常规充电速度的10倍，同时电池的能量密度和使用寿命均不会受到影响。这些都反映出华为在质量创新方面取得了巨大的成功。因此，华为成功靠的不是能人，不是英雄，而是管理体系，是质量创新平台的支撑。这个管理平台就像金刚石一样坚不可摧。它形成一个强有力的、相互支撑的、有链接的、可循环的质量创新管理平台。

资料来源：吴士权．质量创新综述及探析（下）．上海质量，2017（8）：40-42.

思考题

1. 你认为中兴通讯和华为为什么不断进行质量创新？

2. 你认为华为和中兴通讯质量创新的异同点在哪里？
3. 你认为中兴通讯和华为还可以在哪些方向上进行创新？

□ 案例分析 8 - 2

福特金牛座汽车设计：为何将质量作为第一优先考虑因素？

福特公司的前身是 1902 年亨利·福特建立的一家改装车商店。1908 年，该公司生产了第一辆低成本的 T 型汽车。人人皆负担得起 T 型汽车的价格，因而该款汽车创造了销售佳绩，"用汽车环绕世界"便是用来形容该款汽车的。此后，福特公司又相继推出了水星、雷鸟、野马以及金牛座汽车，这些车型均是福特公司的重要资产，其中金牛座汽车排名第一。金牛座汽车的故事生动地说明了在产品设计和开发的所有环节中质量的重要性。尽管福特公司有悠久的历史，但它曾在 20 世纪 70 年代惨遭"滑铁卢"。当时，美国汽车市场上质量优良的日本汽车销售正旺，福特公司的竞争力一落千丈。到 70 年代后期，福特公司更是面临销售量下降、全球竞争加剧、大幅裁员以及可能的永久性财务损失等问题。管理层明白，若只是像往常一样小幅修改经营方针，公司将面临破产的危险，唯一的希望是推出一款新型的高质量汽车，这就是金牛座汽车。

对福特汽车公司而言，金牛座汽车不仅是一款新车，它还代表福特公司能以崭新的方法制造汽车。这次，公司不是以职能专业技术来组织金牛座汽车的开发，而是把来自不同职能领域的人融入研发小组。福特公司还意识到金牛座汽车不可能吸引所有的顾客群，因此把金牛座汽车设计为生产线的一部分，而非拯救公司的唯一产品。福特公司仔细地记录了金牛座汽车的整个制造过程以及成功的经验和失败的教训。金牛座汽车一上市，福特公司就宣扬了一套崭新的产品开发理念及面向顾客的设计理念。以下为产品设计新方法的基本原则（金牛座汽车方案中率先使用）：

（1）高层管理者应以主要里程碑而非日程进度表来评审产品开发方案。

（2）产品零部件供应商应对其零部件的原型负责，它们可对外转包零部件原型的生产，但必须对其质量、性能、成本和传递负责。

（3）试运行的零部件应该使用生产工具来制造。

以上原则的发展连同福特公司"面向顾客的理念"中包括的其他原则，代表了福特公司产品开发的新理念。幸运的是，金牛座汽车销售良好，并成为美国汽车行业的新典范，美国大众热情地接受了金牛座汽车的改进技术和设计特色。此外，金牛座汽车还树立了福特公司制造汽车的标准。继金牛座汽车的设计之后，福特公司实践了其他许多创新管理理念，包括并行工程、早期的制造输入、原型改进以及标杆管理。福特公司在金牛座汽车开发过程中获得的对产品设计的新态度，帮助公司重登全球汽车业的头把交椅。

资料来源：托马斯·福斯特. 质量管理：整合供应链：第 4 版. 北京：中国人民大学出版社，2013.

思考题

1. 如果福特公司没有进行质量创新，开发产品设计理念，公司将面临何种状况？你认为公司还会存在吗？为什么？

2. 你认为其他公司可以从福特公司的产品开发和设计创新中学到什么经验？

3. 你认为汽车企业还可以从哪些方面进行质量创新？

参考文献

[1] 陈逢湘. 中国梦是质量强国梦. 大理日报，2017-11-01.

[2] 程虹，陈昕洲，罗连发. 质量强国战略若干重大问题研究. 宏观质量研究，2013 (3)：1-14.

[3] 程虹. 质量创新与中国经济发展. 北京：北京大学出版社，2017.

[4] 第三方机构公布三星 Note7 爆炸原因，这锅该三星自己背. 新浪科技. (2016-12-05). http://tech. sina. com. cn/t/2016-12-05/doc-ifxyiayq2390323. shtml.

[5] 电子商务案例分析——"小米官网构架分析". (2015-03-19). http://blog. sina. com. cn/s/blog_e88fba430102viy1. html.

[6] 贺红燕，朱军勇，许丽红，等. 供应商选择方法综述. 河北工业科技，2005，22 (5)：308-311.

[7] 洪志生，苏强，霍佳震. 服务质量管理研究的回顾与现状探析. 管理评论，2012，24 (7)：154-163.

[8] 李荷华. 现代采购与供应管理. 上海：上海财经大学出版社，2010.

[9] 李俊. 上海惠普公司个人电脑供应商的质量管理研究. 长春：吉林大学，2016.

[10] 吕宝刚. 一汽-大众汽车零部件供应商管理研究. 长春：吉林大学，2015.

[11] 吕永卫，巴利伟. 基于精益六西格玛的质量管理改进实证研究. 科技管理研究，2014，34 (2)：226-232.

[12] 马风才，谷炜. 质量管理. 北京：机械工业出版社，2017.

[13] 码易平台成功通过 ISO 9000 软件质量国际认证. (2016-08-18). http://www. sohu. com/a/111090007_120672.

[14] 青岛财经网：http://www. qdcaijing. com/.

[15] 任郑杰. 供应商的系统选择与管理. 北京：企业管理出版社，2006.

［16］束开宝．最优供应商数量及其选择决定因素．商业时代，2008（16）：18－18.

［17］托马斯·福斯特．质量管理：整合供应链：第4版．北京：中国人民大学出版社，2013.

［18］王明贤．现代质量管理．北京：清华大学出版社，北京交通大学出版社，2011.

［19］威廉·史蒂文森，运营管理．北京：机械工业出版社，2012.

［20］温如春，杨晓哲，颜岁娜．浅谈PDCA循环在质量管理工作中的应用．中国石油和化工标准与质量，2016，36（20）：37－38.

［21］吴士权．质量创新综述及探析（下）．上海质量，2017（8）：40－42.

［22］詹姆斯·埃文斯，威廉·林赛．质量管理与质量控制．北京：中国人民大学出版社，2016.

［23］詹姆斯·A．菲茨西蒙斯，莫娜·J．菲茨西蒙斯．服务管理运作、战略与信息技术．北京：机械工业出版社，2013.

［24］中策橡胶集团有限公司．“互联网＋”制造过程的大数据质量管控系统．(2016－12－14)．http://www.zjqlw.com/news－7782.html. http://www.zjqlw.com/sanfang-detail.php? ID＝7782.

图书在版编目（CIP）数据

质量管理/苏秦主编. —2版. —北京：中国人民大学出版社，2019.2
教育部经济管理类主干课程教材·管理科学与工程系列
ISBN 978-7-300-26654-1

Ⅰ.①质… Ⅱ.①苏… Ⅲ.①质量管理 Ⅳ.①F273.2

中国版本图书馆CIP数据核字（2019）第016402号

教育部经济管理类主干课程教材·管理科学与工程系列
质量管理（第2版）
主　编　苏　秦
副主编　张涑贤
Zhiliang Guanli

出版发行	中国人民大学出版社		
社　　址	北京中关村大街31号	**邮政编码**	100080
电　　话	010－62511242（总编室）		010－62511398（质管部）
	010－82501766（邮购部）		010－62514148（门市部）
	010－62511173（发行公司）		010－62515275（盗版举报）
网　　址	http：//www.crup.com.cn		
经　　销	新华书店		
印　　刷	中煤（北京）印务有限公司	**版　　次**	2011年12月第1版
开　　本	787 mm×1092 mm　1/16		2019年2月第2版
印　　张	17.75 插页1	**印　　次**	2025年7月第3次印刷
字　　数	380 000	**定　　价**	39.00元

中国人民大学出版社　管理分社

教师教学服务说明

中国人民大学出版社管理分社以出版工商管理和公共管理类精品图书为宗旨。为更好地服务一线教师，我们着力建设了一批数字化、立体化的网络教学资源。教师可以通过以下方式获得免费下载教学资源的权限：

★ 在中国人民大学出版社网站 www.crup.com.cn 进行注册，注册后进入“会员中心”，在左侧点击“我的教师认证”，填写相关信息，提交后等待审核。我们将在一个工作日内为您开通相关资源的下载权限。

★ 如您急需教学资源或需要其他帮助，请加入教师 QQ 群或在工作时间与我们联络。

中国人民大学出版社　管理分社

教师 QQ 群：648333426（工商管理）　114970332（财会）　648117133（公共管理）
教师群仅限教师加入，入群请备注（学校＋姓名）

联系电话：010-62515782，82501868，82501048，62514760

电子邮箱：glcbfs@crup.com.cn

通讯地址：北京市海淀区中关村大街甲 59 号文化大厦 1501 室（100872）

管理书社　　人大社财会　　公共管理与政治学悦读坊